王富仁学术文集

第六卷

先秦思想文化论集

王富仁 著

李怡 宫立 编

山西出版传媒集团
北岳文艺出版社
·太原

图书在版编目（CIP）数据

王富仁学术文集.6，先秦思想文化论集/王富仁著；
李怡，宫立编.—太原：北岳文艺出版社，2021.5
ISBN 978-7-5378-6354-4

Ⅰ.①王… Ⅱ.①王… ②李… ③宫… Ⅲ.①王富仁
—文集②先秦哲学—文集 Ⅳ.①C52②B220.5-53

中国版本图书馆CIP数据核字（2021）第005516号

王富仁学术文集.6·先秦思想文化论集
王富仁 著
李怡 宫立 编

策划
续小强
王朝军

项目负责人
王朝军
高海霞

责任编辑
庞咏平

书籍设计
张永文

印装监制
郭 勇

出版发行：山西出版传媒集团·北岳文艺出版社
地址：山西省太原市并州南路57号　邮编：030012
电话：0351-5628696（发行部）　0351-5628688（总编室）
传真：0351-5628680
经销商：新华书店
印刷装订：山西人民印刷有限责任公司
开本：787mm×1092mm　1/16
总字数：3557千字
总印张：238.75
版次：2021年5月第1版
印次：2021年5月山西第1次印刷
书号：ISBN 978-7-5378-6354-4
总定价486.00元（全12册）

本书版权为本社独家所有，未经本社同意不得转载、摘编或复制

目 录

孔子社会学说的逻辑构成（上） ············· 001

孔子社会学说的逻辑构成（下） ············· 034

孟子国家学说的逻辑构成：从孔子到孟子（一） ········· 068

孟子国家学说的逻辑构成：从孔子到孟子（二） ········· 094

孟子国家学说的逻辑构成：从孔子到孟子（三） ········· 118

孟子国家学说的逻辑构成：从孔子到孟子（四） ········· 144

老子哲学的逻辑构成 ··················· 159

通往庄子哲学之路 ··················· 217

论庄子的自由观
　　——庄子《逍遥游》的哲学阐释 ············ 248

庄子的平等观（上）
　　——庄子《齐物论》的哲学阐释 ············ 266

庄子的平等观（下）
　　——庄子《齐物论》的哲学阐释 …………………………… 314
庄子的生命观（上）
　　——庄子《养生主》的哲学阐释 …………………………… 360
庄子的生命观（下）
　　——庄子《养生主》的哲学阐释 …………………………… 379

孔子社会学说的逻辑构成（上）

在鸦片战争之前，在西方文化还没有作为一个整体的文化形态呈现在中国知识分子面前的时候，中国知识分子是把孔子作为圣人进行崇拜的，是把《论语》作为"经典"进行解读的，那时的解读者是把自己认为真善美的东西都纳入孔子思想中来肯定、来宣扬的，而把自己认为的假恶丑的东西都置于孔子思想的对立面来排斥、来诋毁的，这在无形中就用自己的思想替代了孔子的思想，反而消解了孔子思想的独立性，模糊了孔子思想的本质特征。鸦片战争之后，面对一个整体形态的西方文化，当时的儒家知识分子直接把孔子思想投入到抗衡西方文化的中西文化的"战争"之中，但是，他们忽略了一个基本的事实，那就是孔子思想不是在反对西方文化的过程中形成的，在中西文化对立的思想框架中根本无法确定孔子思想的本质特征和实质意义。实际上，他们维护的并不是孔子思想本身，而是自身知识体系的残缺性和思维空间的狭隘性。他们越是把孔子思想作为排斥西方文化的工具并与西方文化直接对立起来，西方文化在中国的传播越是更严重地损害着孔子思想在中国知识分子和普通社会群众中的威信，而西方文化在中国的传播越是损害着孔子思想在中国知识分子和普通社会群众中的威信，中国的儒家知识分子越是要把孔子思想与西方文化直接对立起来。我认为，直到现在，我们仍然陷在这样一个文化的怪圈之中无法自拔。而这也是使我们无法直接面对孔子思想本体的根本原因之一。不能不说，倒是那些在本质上已经不等同于传统儒家知识分子的中国现代知识分子，倒是那些不再把孔子视为一个不可企及的圣人，不再把孔子思想视为无所不包的经典的五四新文化知识分子，开始在孔子研究中获得了自己的主体性，但他们获得的主体性，却往往不是在自己对世界、社会、人生的独立感受和思考的基础上建立起来的，而是在西方某种现成的思想文化学说的话语形式上建立起来的，这种话语形式往往不但是外在于孔子思想的，也是外在于自己的，因而越是以这样的话语形式对孔子思想进行强制性的分析，越是更远地离开孔子思想的本体。在这里，我们看到的主要有三种形式：其一是以类似于西方中世纪宗教神学的价值观念看待孔子及其思想；其二是将孔子及其思想纳入西方某种学院派理论构架内部，例如哲学、伦理学、道德学、政治学的内部；其三是用马克思主义的阶级和阶级斗争学说对孔子及其思想的阶级属性进行非此即彼的判断和综合。显而易见，这些标准都是外在于孔子思想的，也是外在于我们对孔子及其思想的实际感受和理解的。我们几乎在本能中就知道孔子不是一个宗教家，也不是一个西方学院派的哲学家、道德学家和政治学家，而当他作为一个知识分子出现在中国社会的时候，他实际上只能自成一类，是一个没有确定阶级归属的人。这与后代儒家知识分子有着本质的差别。

一

"仁"是孔子思想中的一个核心概念，但要真正理解这个概念，我认为，必须从"学"这个概念开始。

在过去，我们常常提到，"仁"这个概念是从孔子开始成为中国文化中的一个基本概念的，但人们很少提到，"学"这个概念也是从孔子开始成为中国文化中的一个基本概念的。直至现在，"学"（"学习"）在中国文化中仍然较之在西方文化中占有更重要的地位。它不仅仅是教育领域的一个关键词，同时也是遍及政治、经济、文化、日常生活所有领域的一个关键词。

在孔子的思想中，"学"这个概念不但与"仁"这个概念有着同等重要的意义，并且也同"仁"一样，是一个完全独立的概念。"仁"只

孔子社会学说的逻辑构成（上）

有它的反义词"不仁"，而没有与它并列的对应词。也就是说，它是一个最高的概念，没有任何一个概念与它处在同样一个意义的层面上。"学"也是这样。再后来，"学"与"教"是处在同样一个层面上的概念，共同构成"教学"这个带有更大整体性的概念。"教"与"老师"是联系在一起的，"学"与"学生"是联系在一起的，"师生"则是一个带有更大整体性的概念。这样一个"学"的意义在《论语》中已经产生，它所表达的是孔子的弟子与孔子之间的关系，但《论语》中的"学"不仅仅，甚至也主要不是这样一个意义。在《论语》中，不仅有孔子弟子之"学"，更有孔子本人之"学"。正是因为有了孔子本人之"学"，正是因为孔子首先体验到了"学"的价值和意义，所以他才反复教导自己的学生要重视"学"。而只要我们主要从孔子自身理解他所说的"学"的意义，我们就会知道，他所说的"学"，并不主要是后来人所理解的那种有确定的教师、确定的教学内容、确定的教学目标的"学"，而是在更加广泛意义上的"求知"；"学"的人也主要不是后来人所理解的"学生"，而是《论语》中所常常提到的"学者"。孔子说："我非生而知之者，好古，敏以求之者也。"（《论语·述而》）[①]"吾十有五而志于学，三十而立，四十而不惑，五十而知天命，六十而耳顺，七十而从心所欲，不逾矩。"（《论语·为政》）在这里，孔子说的是因为自己并非"生而知之"才"学"，"学"是为了求知，而求知则是自己之所以能够成长的根本原因。之所以能"立"，之所以能"不惑"，之所以能"知天命"，之所以能"耳顺"，之所以能"从心所欲，不逾矩"，都是因为从早年起就"志于学"。他认为自己是通过"学"才不断成长的，所以，他所说的"学"，就是人之所以能够成长的根本原因，是人成长的一种基本形式。"学"，一个人才能成长；不学，一个人就将永远停留在童年的蒙昧无知的状态。

自然"学"是一个人成长的基本形式，所以"学"就不是为了别人，而是为了自己，为了把自己从无知蒙昧状态中摆脱出来，成为一个更加完整的人、更加健全的人。"古之学者为己，今之学者为人。"（《论

[①] 杨伯峻：《论语译注》，中华书局，1980。后凡引《论语》者，均出自此书。

语·宪问》)在这里,孔子把他理解的"学"同一般人所理解的"学"严格地区别开来。一般人所理解的"学",是超越别人的方式,我有学问,我有知识,我有才能,所以我比别人强,别人应该尊重我,我也应当享有较之别人更高的社会地位和更优裕的生活条件。这样的"学",是必须让人知道的。别人不知道,或者知道而不承认其价值和意义,他也就感觉不到"学"的价值和意义,感觉不到"学"的作用。这样的"学",是时断时续的,是零零碎碎的,是浮光掠影的,是有止境的,不会具有系统性,一旦自认为超过了别人,或者自认为已经没有可能超过别人,就没有"学"的动力了。这样的"学",常常追风逐流,人云亦云,什么时髦他"学"什么,被别人牵着鼻子走,被潮流牵着鼻子走,看来是自己驾驭了知识,实际是知识驾驭了自己。主流话语就是通过操纵知识的传播而操纵社会,操纵这些"为人"而学的人们的。孔子理解中的"学"不是这样的"学",而是为了不断地超越自我,求得自我的不断完善。这样的"学",不需要别人知道,不需要别人承认其价值和意义,它的价值和意义是自我能够清醒意识到的,它的作用是自我能够明确感觉到的。但也正是因为如此,孔子才能随时随地地"学",持之以恒地"学"。所以孔子反复地告诫自己的学生:"人不知而不愠,不亦君子乎?"(《论语·学而》)"不患人之不己知,患不知人也。"(《论语·学而》)"不患人之不己知,患其不能也。"(《论语·宪问》)"君子病无能焉,不病人之不己知也。"(《论语·卫灵公》)

为了超越别人而"学",乐趣在于"超越别人","学"只是为了"超越别人"而付出的一定的代价、一定的牺牲,其自身是没有任何乐趣的。为了超越自我而"学",乐趣在于"超越自我",在于自我求知欲望的满足,它是不假外求的。这样的"学"对于"学者"而言,自身就是一种乐趣,就是对自我成长的一种意识形式。《论语》的第一句话就是"学而时习之,不亦说乎?"(《论语·学而》)沈诸梁(叶公)向子路询问关于孔子的事情,子路没有回答。孔子就对子路说:"女奚不曰:其为人也,发愤忘食,乐以忘忧,不知老之将至云尔。"(《论语·述而》)朱熹指出，这是孔子"自言其好学之笃"①。我认为，这也是孔子自言其好学之乐。宋明理学家常常将"孔颜乐处"说得十分神秘，实际上，"孔颜乐处"首先就是"学"的乐处，就是自我求知欲望不断得到满足的乐处，也是体验到自我成长过程的乐处。我们不能认为，面对任何社会的苦难和人生的苦难，孔子都是无动于衷的，都是自得其乐的。如若那样，孔子就不是一个思想家，颜渊就不是一个有思想的人，而是一个阿Q了。

孔子所理解的"学"，不是为了超越别人，不是"为人"而学，而是为了超越自我，是"为己"而学。所谓超越自我，实际就是将自我不断从童年的蒙昧无知状态中超脱出来，不断将自己从纯粹的自我感觉中超脱出来，不断将自己从个体生存的狭小空间中超脱出来，而与外部的世界建立起更广泛的思想和精神的联系。"吾少也贱，故多能鄙事。君子多乎哉，不多也。"（《论语·子罕》）为什么孔子不满足于自己的"多能"？因为所有那些技能都是在自己所生存的狭小空间中才具有价值和意义的东西，同时它们也会将人束缚在纯个体生存的狭小空间内，而与更广大的世界失去思想和精神的联系。在历次的批孔运动中，我们都将孔子反对樊迟学稼当作孔子轻视劳动人民的证据，但只要我们回到孔子那个时代，回到孔子所追求的思想目标和社会目标之中去，我们就会清醒地意识到，孔子理想中的人，不是仅仅为自己的个体生存而活着的人（他称这样的人为"小人"），而是为社会的整体改善而活着的人（他称这样的人为"君子"），这恰恰体现了他对自我、对人，提出了一个更高的要求，恰恰体现了他对人、对社会的关切和爱护，而不是对人的漠视和鄙弃。这与那些仅仅为了自己的权力地位而漠视社会弱势群体的生存权利和人道尊严的政治统治者在根本上是不同的。

中国的文字至少在殷商时期已经产生并且被运用于祭祀、卜筮等官方的活动，与此同时，官学也发展起来，但在孔子之前，却没有人在充分利用古代文献资料的基础上形成自己独立的社会观念和文化观念，并将这种社会观念和文化观念作为自己的思想主张播扬出去，传承下来。在西周的国家政府机构中，有太师、太傅、太保，太宰、太宗、太士、

---

①杨伯峻：《论语译注》，第98页。

太史、太祝、太卜，司徒、司马、司空、司寇等各种不同的官职，每一种官职都需要一门专业的知识，而三公（太师、太傅、太保）则不但辅佐天子处理国家各项重要事务，还要教育幼主。"昔者周成王幼，在襁褓之中，召公为太保，周公为太傅，太公为太师。保，保其身体；傅，傅之德义；师，道之教顺。此三公之职也。"①所有这一切，都积累了大量文献资料，但它们又都是在政治的各项实践活动的基础上形成的，是"学以致用"的，而没有人在所有这些文献资料的基础上对社会和人生进行独立的思考，并以自己的方式将其构成一个完整的思想体系。从客观的条件来说，孔子所处的鲁国是周公的封地，享有祭祀上天和祖庙的特殊权利，天子的礼乐也存在于鲁国，并保存了大量的文献资料和实物资料。但是，仅仅有这样的客观条件，并不能保证像孔子这样的独立思想家的产生。它要求的是一个有强烈求知欲望的人，不是为了任何一项具体的政治实践，而是为了满足自己的求知欲望，为了求得自己在知识、思想和精神上的不断丰富和发展，使自己成长为一个更加完善、更加健全的人，而对所有这些文献资料有一个整体的了解和系统的认识。不难看出，孔子就是因为具有这样的主观条件才成为中国第一个独立的知识分子和独立的思想家的。在这里，我们也更能体会到孔子所说的"学""好学"的真实意义和价值。

在这里，我们还必须指出，孔子的所有的知识，与我们从各种各样的教科书中所获得的知识有一个根本的不同，就是他的知识不仅仅是记忆中的事实，更是他感受中的事实。任何一个知识，都不是首先进入他的记忆中，而是首先进入他的感受中。他不是立于这个世界的旁观者的地位上评价这个世界的批评家，而是深入这个世界的内部企图改善这个世界的思想家。"子在齐闻《韶》，三月不知肉味，曰：'不图为乐之至于斯也！'"（《论语·述而》）在这时，《韶》已经不是外在于他的一个音乐作品，而是他心灵感受中的一个事实。这个事实就是他的一种感受，一种情绪，一种精神的陶醉。"子谓《韶》，'尽美矣，又尽善也'。谓《武》，'尽美矣，未尽善也'。"（《论语·八佾》）他就通过自己的心灵感受

---

① 戴德：《大戴礼记·保傅》，载《皇清经解》。后凡引《大戴礼记》者，均出自此书。

孔子社会学说的逻辑构成（上）

而将世界的万事万物区分开来，同时也联系起来。这种联系首先不是事物在外部世界的联系，而是在他内部世界中的联系。在过去，我们常常将孔子这些话当作他对事物的客观评价。实际上，在《论语》中，孔子所有这些判断都只是他对不同事物的感受。他不像后来人一样喜欢给事物下一个永久正确的所谓客观判断，因而也常常离开自己的实际感受，将事物放在一个大家公认的客观标准上进行分析和评价。孔子的价值标准不是外在于他的内心感受的，而是直接在他内心感受的基础上建立起来的。这样的价值标准和他的内心感受是无法截然分开的。他对事物的感受就是对事物的评价，他对事物的评价就是对事物的感受。他不是为别人而"学"，而是为自己而"学"，他没有必要离开自己的实际感受对事物做出另外一种所谓纯客观的评价。这样一种"学"，用我们现在的话来说，就是有主体性的"学"。只有这样的"学"，获得的才是用自己的心灵去思想的能力，而不是用别人的思想去思想。在这样一个意义上，知识不是别的，而是在人的感受中的事实。因是"感受"中的事实，所以它不是不包含人的主观感情态度的纯客观的事实；因是感受中的"事实"，所以它不是不具有客观性的纯主观的想象。

在后来的一些人那里，例如在后代儒家知识分子那里，知识是作为一个整体结构被一次性地植入人们的头脑中的。"四书五经"就是植入后代儒家知识分子头脑的整体知识结构，一旦被植入，他们就满足于这个结构，而不能怀疑这个知识结构的合理性。此后所有的知识和经验，都必须在这样一个固定了的结构中寻找自己的位置，否则，就要被排斥出去，或被压抑下来。显而易见，孔子的知识结构不是这样形成的，因为在他之前，并不存在一个完整系统的孔子思想，孔子思想是在他自己的头脑中逐渐构筑起来的。知识，也就是他心灵感受中的事实，是一个一个相继进入他的心灵世界的，而这些知识是怎样构成一个完整的结构的呢？我认为，这就是他所说的"思"的作用。"思"就是将不同的知识联系在一起的过程。"学而不思则罔，思而不学则殆。"（《论语·为政》）只记住大量的事实，只把大量的事实杂乱地堆积在自己的脑海里，彼此之间建立不起有机的联系，没有条理，没有系统，事实堆积得越多，头脑越是混乱。但是，假如不"学"，头脑里空空如也，心灵中没有新鲜的感受，没有什么需要条理，没有什么问题值得思考，想"思"也无可"思"，"思"就枯竭了："吾尝终日不食，终夜不寝，以思，无益，不如学也。"（《论语·卫灵公》）而"思"，首先就要有比较、有鉴别，所以孔子所说的"学"又是与"多见而识之"相区别的："多闻，择其善者而从之；多见而识之；知之次也。"（《论语·述而》）"多见而识之"是后来的"学问家"，而不是像孔子这样的"思想家"。"学问家"的学问是平摊在自己的记忆之中的，像孔子这样的"思想家"的思想是由不同的知识构成的一个有深度、有立体感的空间。所以，在孔子这里，"思"和"学"是紧密联系在一起的，"思"同样是他"学"的过程中随时发挥作用的因素，是他的"学"的有机组成成分。

"好仁不好学，其蔽也愚；好知不好学，其蔽也荡；好信不好学，其蔽也贼；好直不好学，其蔽也绞；好勇不好学，其蔽也乱；好刚不好学，其蔽也狂。"（《论语·阳货》）总之，"学"是孔子之所以成为孔子的关键，是他成为中国第一个独立知识分子、成为一个伟大思想家的前提条件。"学"在中国社会中是一个流行太广的概念了，长期以来，孔子关于"学"的论述只成了我们教导学生、勉励学生的名人名言，而在我们的孔子研究中，却不再占有它应有的重要地位。我认为，正是因为这种忽略，给我们的文化发展造成了不论怎样估量都不为过的巨大损失。仅从学术的意义上来说，鸦片战争以来整个中国文化的巨大分裂，实际上都是建立在"学"这个概念的自身分裂之上的。

"学"这个概念在中国文化中的分裂，是在孔子被推到圣人地位上之后发生的，而在儒家经典成为中国教育的基本教材之后则达到了顶点。圣人，就是全体国民的教师，而全体国民则是圣人的学生。在这时，"学"这个概念的独立性就从根本上失去了，它成了与"教"联系在一起的概念，并且被置于"教"的地位之下。"教"是与"师（老师）"联系在一起的，而"学"则是与"生（学生）"联系在一起的。在儒家上尊下卑的等级观念中，"师"尊"生"卑，以谁为"师"就是"尊"谁为"师"。依照后儒的观念，中国人的"学"不应出儒家的经典，"思"不应出圣人的范围，甚至连儒家的经典也必须按照宋明理学家的解读方式进行解读，不能用自己的心灵感受，不能用自己的思想理解。鲁迅说：

孔子社会学说的逻辑构成（上）

"我出世的时候是清朝的末年，孔夫子已经有了'大成至圣文宣王'这一个阔得可怕的头衔，不消说，正是圣道支配了全国的时代。政府对于读书的人们，使读一定的书，即四书和五经；使遵守一定的注释；使写一定的文章，即所谓的'八股文'；并且使发一定的议论。然而这些千篇一律的儒者们，倘是四方的大地，那是很知道的，但一到圆形的地球，却什么也不知道，于是和四书上并无记载的法兰西和英吉利打仗而失败了。"①这是中华民族陷入空前严重的困难境地的时候，按照孔子的观念，这是最应当知"学"的时候："生而知之者上也；学而知之者次也；困而学之，又其次也；困而不学，民斯为下矣。"（《论语·季氏》）而当时的儒家知识分子反而堕落到"困而不学"的地步，倒是那些被儒家知识分子逐出了教门的青年知识分子，反而像当年的孔子那样，充满了强烈的求知欲望，开始接受新的知识和新的思想：

> 看新书的风气便流行起来，我也知道了中国有一部书叫《天演论》。星期日跑到城南去买了来，白纸石印的一厚本，价五百文正。翻开一看，是写得很好的字，开篇便道：——"赫胥黎独处一室之中，在英伦之南，背山而面野，槛外诸境，历历如在机下。乃悬想二千年前，当罗马大将恺撒未到时，此间有何景物？惟有天造草昧……"哦！原来世界上竟还有一个赫胥黎坐在书房里那么想，而且想得那么新鲜？一口气读下去，"物竞""天择"也出来了，苏格拉底、柏拉图也出来了，斯多噶也出来了。学堂里又设立了一个阅报处，《时务报》不待言，还有《译学汇编》，那书面上的张廉卿一流的四个字，就蓝得很可爱。②

我认为，这就是中国现代知识分子的"孔颜乐处"，与孔子"为儿嬉

---

① 鲁迅：《在现代中国的孔夫子》，载《鲁迅全集》第6卷，人民文学出版社，1981，第314页。
② 鲁迅：《琐记》，载《鲁迅全集》第2卷，人民文学出版社，1981，第295—296页。

戏，常陈俎豆，设礼容"①有着异曲同工之妙，都是中国青少年充满强烈的求知欲望的生动表现。

实际上，从整体而言的中国现当代文化，仍然受到"教"尊"学"卑、"师"尊"生"卑观念的沉重压力。中国知识分子的每一次对外开放，几乎都是在感到无法回避自身的落后和贫穷的状况时才开始的，这就不能不带有一种屈辱感和压抑感。这种屈辱感和压抑感驱使中国知识分子在感到自身境遇略有好转时便重新将自我封闭起来；在开放的过程中，往往不是已经具有较丰厚的中国文化知识储备的中国知识分子主动接受外来的文化知识，而更多的是还没有更多中国文化知识储备的青年知识分子通过留学外国而将外国文化知识传入中国。在这时，外国文化往往是作为一些孤立的文化现象而被中国知识分子所宣扬、所利用的，这就带上了独断论的性质，并与中国固有的文化传统简单对立起来……所有这些，实际都是与孔子的"学"的传统不相吻合的。

我们常常讲中国文化传统，我认为，孔子的"学"的观念就是中国文化最重要的传统。没有这样的"学"，就没有中国的文化，就没有中国的知识分子，也没有中国文化的不断丰富和发展。

二

孔子在和弟子子贡谈到他的"学"的时候还说："赐也，女以予为多学而识之者与？""非也，予一以贯之。"(《论语·卫灵公》)孔子在谈到他的"道"的时候也说："吾道一以贯之。"曾子解释说："夫子之道，忠恕而已矣。"(《论语·里仁》)子贡问孔子："有一言而可以终身行之者乎？"孔子回答说："其恕乎！己所不欲，勿施于人。"(《论语·卫灵公》)显而易见，这里三个"一以贯之"的"一"，也就是贯穿孔子的"学""道""行"的东西，都是一样的，那就是：忠恕。

"忠""恕"这两个概念，到了后代儒家学者那里都发生了很大的变化。"忠"因为和"忠君"联系在一起而被后代儒家官僚知识分子加进

---

①司马迁：《孔子世家》，载《史记》卷四十七，中华书局，1982。

孔子社会学说的逻辑构成（上）

了更多人身依附的性质，而孔子在当时周游列国，"用之则行，舍之则藏"（《论语·述而》），是不像后代儒家官僚知识分子那样紧紧依附于一个君主的；"恕"则因为和"宽恕"联系在一起而被后代偏重人际关系的儒家知识分子加进了过多容忍或原谅别人的冒犯和过失的性质。朱熹注为"尽己之为忠，推己之为恕"①，当用到"多学而识之"，就说不很通了。许慎《说文》："忠，敬也。从心，中声。""恕，仁也。从心，如声。"显然也受到《论语》字面意义的影响，与他一贯的解字原则不同。他的解字原则向来是尽量从字的构成体会出字的意义来，但从"忠"这个字本身，很难体会出"敬"的含义；从"恕"这个字的本身，则更难体会出"仁"的意义。我认为，这两个字都不是形声字，而是会意字。"忠"，从中，从心，是说发自内心；"恕"，从如，从心，是说同于内心感受。"忠恕"合在一起，就是心灵的感受。为什么"好学多闻"能够"一以贯之"？因为孔子对自己的所"学"，对自己所闻所见之事、之人，都是用自己的心灵感受到的。很多学者都把这些地方所说的"一以贯之"的"一"，即"忠恕""己所不欲，勿施于人"就等同于孔子所说的"仁"。我认为不是。显而易见，"忠恕""己所不欲，勿施于人"都是孔子对外界事物的感受方式和接受方式，在与外部世界的关系中带有更多的被动性，而"仁"虽然也是一种内在的心理状态，但却是使人能够产生对于外部世界的主动性和积极性的内在精神基础。所以，我们要理解孔子所说的"仁"，还要以他的"学"为根据，还要将他作为中国第一个独立知识分子来理解，来体会。

如上所述，孔子通过自己的"学"，极大地超越了自我纯个体性的存在方式，超越了自我狭小的生存空间，开拓了自我内部的思维空间和精神空间。在这时，孔子所面对的已经不仅仅是自我狭小生存空间中的人和事，而是整个中国的历史和文化，整个中国的社会。实际上，对于当时的孔子，整个中国的历史和文化，整个中国的社会，也就是整个人类的历史和文化，整个人类的社会。这也就发生了一个问题，即如何对待自己面对的这个人类的历史和文化、如何对待自己面前的这个人类社会

---

① 杨伯峻：《论语译注》，第72页。

的问题。假如在这个问题上，孔子仍然依照他的"忠恕"的原则，仍然从他真实的心灵感受出发，仍然遵从他自然形成的情感和情绪的态度，那么，他就会感到，他对这个整体的人类历史和文化，对这个整体的人类社会是关切的，是希望它完善而不希望它残缺的，是希望它越来越美好而不是希望它崩溃瓦解的。这种内心的感受，恐怕是任何一个知识分子都能体验到的：凡是具有了超越于自我狭小生存空间而具有了对人类、人类文化、人类社会的整体意识的人，莫不在内心产生一种希望人类、人类文化、人类社会更加完善和美好的内心愿望。我认为，"仁"这个概念就是在孔子这样一种精神状态中产生的，同时也体现了他的这种精神状态。这种精神状态不再主要是带有被动接受性质的"忠恕"或"己所不欲，勿施于人"，而是充满潜在能量、能够随时转化为外部行动、具有主动性和进取性的精神状态。但它仍然是一种精神状态。用现在的话来说，它实际上是从个体人内在精神中产生的对人类、人类社会的整体关怀。

"樊迟问仁。子曰：'爱人。'问知，子曰：'知人。'"（《论语·颜渊》）在过去，我们通常认为，孔子的"仁"就是他在这里说的"爱人"。我过去也这样认为。但假若"仁"就等同于"爱人"，这个回答就成为同义反复，没有实际意义了。这就说明，"仁"涵盖"爱人"而并不等同于"爱人"。从《论语》中我们可以感到，樊迟是一个很直率但却心性不定的人，一会儿请学稼，一会儿请学圃，有时候大白天就睡起觉来，气得孔子骂他"朽木不可雕也，粪土之墙不可圬也"（《论语·公冶长》）。孔子的回答大概有一种稳定樊迟心性的意思。告诉他要想做"仁者"，首先要"爱人"；要想做"知者"，首先要"知人"，不能心猿意马，没有一个专注的目标。"仁者"对人类、人类社会有整体的关怀，自然是"爱人"的，但"仁者"的"爱人"，是对人类整体的爱，不是仅仅在个体与个体之间直接建立起来的私人感情，所以当樊迟感到难以理解的时候，孔子又补充说："举直错诸枉，能使枉者直。"樊迟还是不理解，退而请教子夏。子夏说："舜有天下，选于众，举皋陶，不仁者远矣。汤有天下，选于众，举伊尹，不仁者远矣。"（《论语·颜渊》）显而易见，在孔子及其弟子们的观念中，舜和禹的"爱人""知人"是与通常意义上的

"爱人""知人"迥然不同的,他们的"爱人""知人"是建立在对人类、人类社会整体关怀的基础之上的。"樊迟问仁。子曰:'居处恭,执事敬,与人忠。虽之夷狄,不可弃也。'"(《论语·子路》)在这里,孔子实际是说,凡是对人类、人类社会具有整体关怀的人,在平时的时候,对自己要求是很严格的,不是恣意妄为的;在做事的时候,是很认真的,不是马马虎虎的;对待人,是很忠诚的,不是表里不一的。就是到了不开化的人群中,仍然不会改变。"仲弓问仁。子曰:'出门如见大宾,使民如承大祭。己所不欲,勿施于人。在邦无怨,在家无怨。'"(《论语·颜渊》)"仁者"必"爱人",但"爱人"不一定就是"仁";"仁者"必然"居处恭,执事敬,与人忠",但"居处恭,执事敬,与人忠"并不一定就是"仁"。一个人有了对人类、对人类社会的整体关怀,假若从政,在公共场合就会像接待高贵的宾客一样严肃谨慎,不会掉以轻心;调集民力从事公共事业的时候,就会像举办隆重的祭祀活动一样诚敬庄重,不会轻率从事。自己不乐意接受的,也不会强迫别人(民众)接受。在国在家都不会有怨言。"子张问仁于孔子……(孔子)曰:'恭、宽、信、敏、惠。恭则不侮,宽则得众,信则人任焉,敏则有功,惠则足以使人。'"(《论语·阳货》)这里说的是,只要对人类、人类社会有着真诚的整体关怀,一个人就能做到恭、宽、信、敏、惠。"颜渊问仁。子曰:'克己复礼为仁。一日克己复礼,天下归仁焉。为仁由己,而由人乎哉?'颜渊曰:'请问其目。'子曰:'非礼勿视,非礼勿听,非礼勿言,非礼勿动。'"(《论语·颜渊》)众所周知,颜渊是孔子最满意的学生,因而孔子对颜渊也就有更高的要求和更大的期望。在这里,他提出的已经不是颜渊自己应当具有什么样的精神素质的问题(这在孔子看来颜渊已经基本具备了),而是如何将"仁者"的愿望实现于人间的问题。"为仁"就是实现"仁者"的愿望。"仁者"是具有对人类、人类社会的整体关怀的人,他们的最高理想就是实现人类、人类社会的整体和谐。要如此,就要克己复礼,能够克己复礼,人类、人类社会就会达到整体的和谐状态("天下归仁"了。"子贡问为仁。子曰:'工欲善其事,必先利其器。居是邦也,事其大夫之贤者,友其士之仁者。'"(《论语·卫灵公》)这里的"为仁",也是实现人类、人类社会的整体和谐的意思。孔子告诉子贡，工匠要想做好自己的活计，必须首先具备好的器械。"为仁"也是这样。到一个国家之后，要到贤良的大夫那里去供职，要结交那里关心人类、关心社会的知识分子。有了这样一些人的共同努力，才能逐渐实现人类和人类社会的整体和谐。"司马牛问仁。子曰：'仁者其言也讱。'曰：'其言也讱，斯谓之仁已乎？'子曰：'为之难，言之得无讱乎？'"（《论语·颜渊》）在其他的场合，孔子也曾多次表达过这样的意思："刚、毅、木、讷近仁。"（《论语·子路》）"巧言令色，鲜矣仁！"（《论语·学而》）为什么"刚毅木讷"就接近"仁"，为什么"巧言令色"的就很少是"仁者"呢？那些关怀人类、关怀人类社会的人，自然是在社会关系中看待事物的价值和意义的，与通常人的看法不尽相同。通常人是从直感、直觉的印象，是从事物与个体自我的当下表面关系，特别是利害关系看待事物的，所以表达起来非常直接、非常容易："小人难事而易说也。说之虽不以道，说也"（《论语·子路》），而着眼于事物对人类、人类社会整体的价值和意义的"仁者"，则必须从事物自身与人类、人类社会整体的关系出发，要说清楚是很麻烦的。虽然很难说清，但关系却很重大，说不清就宁愿不开口。所以孔子认为，"仁者"不会是那些夸夸其谈的人，而常常表现为"刚毅木讷"，有话很难说得出口，但别人也很难说得动他。这显然也是孔子亲身的体会。

在《论语》中，孔子所谈到的人，按其精神境界分类，有下列四种：圣人、仁者、君子、小人。"圣人"是实际为人类、人类社会的整体和谐做出了巨大贡献的人，主要指那些传说中的古代帝王。他们不是通过勤奋的学习才达到这一精神境界的，不是"学而知之"的，所以孔子将他们视为"生而知之"者。在《论语》中，孔子很少谈到"圣人"，因为在他看来，"圣人"是可遇不可求的，在很大程度上，它只是孔子根据对于古代帝王的传说而做出的人性虚设，恐怕连他自己也并不认为有完全符合"圣人"条件的人："圣人，吾不得而见之矣；得见君子者，斯可矣。"（《论语·述而》）"仁者"是有人类关怀和社会关怀的人，这种人类关怀和社会关怀是通过后天的"学"而逐渐形成的，是与自我关怀同体的。关怀自我，也关怀别人；关怀个体，也关怀整体。子贡问："如有博施于民而能济众，何如？可谓仁乎？"孔子回答说："何事于仁,必也圣乎! 尧舜其犹病诸! 夫仁者,己欲立而立人,己欲达而达人。能近取譬,可谓仁之方也已。"(《论语·雍也》)也就是说,一个人很难做到"博施于民而能济众",就是像尧、舜这样的圣人也不可能完全做到。"仁者"是能自立也能帮助别人自立、能自求发展也能帮助别人发展的人。不难看出,"仁"实际上就是孔子作为一个知识分子人性观念的完整体现,是从自己的亲身体验中升华出来的一个人性高度。但他并不认为自己就完全达到了这种人性高度,正像一个虔诚的宗教家并不认为自己就是上帝一样:"若圣与仁,则吾岂敢? 抑为之不厌,诲人不倦,则可谓云尔已矣。"(《论语·述而》)后代儒家知识分子将孔子抬到"圣人"的高度,实际上是不符合孔子关于"圣人"的观念的,这同时连他的"仁"的观念也被扭曲了。当把"仁"当作"圣人"的精神境界的时候,"仁"也就被从知识分子的独立精神感受中抽象出来,成了宋明理学家著作中那种玄而又玄的东西,成了窒息人的"存天理,灭人欲"的"天条"。实际上,对于任何一个知识分子,"仁"的观念都不应当是陌生的,"仁远乎哉? 我欲仁,斯仁至矣"(《论语·述而》)。关键仅仅在于知识分子的自我选择。孔子作为中国第一个独立的知识分子,同时也在自己的体验中发现了知识分子与其他社会群众不同的本质特征,并用"仁"这个概念体现出来,不能不说是一个伟大的创造。后来的命运,是不能完全由孔子本人负责的。

"君子"是讲道德的人,"小人"是不讲道德的人。在《论语》中,"君子"有时与"民"对举,例如:"君子笃于亲,则民兴于仁;故旧不遗,则民不偷。"(《论语·泰伯》)这里的"君子"分明指有身份、有地位的人,主要是当时王公贵族及其子弟,但更多的情况下则与"小人"对举。例如:"君子固穷,小人穷斯滥矣"(《论语·卫灵公》)、"君子和而不同,小人同而不和"(《论语·子路》)、"君子坦荡荡,小人长戚戚"(《论语·述而》)等等。"小人"不同于"民"。"民"主要是与"君""臣"对举的一个社会概念,不是一个人性概念。在社会关系中,"君"应该亲民,"民"位卑而人不卑。"小人"则是一个人性的概念,在社会地位低的人中有,在社会地位高的人中也有,是受到孔子鄙视的一些人。他们没有道德,仅仅从个人狭隘私利出发,对别人无所关心,更莫说有人类关怀和社会关怀。"君子喻于义,小人喻于利"(《论语·里仁》),是说"君子"是重"义"的,要说动他们,得晓之以"义";"小人"是重"利"的,要说动他们,得晓之以"利"。"君子"不一定是"仁者",但可以成为"仁者","小人"则永远不能成为"仁者",因为所有的知识和才能,到了"小人"那里,都成了他们牟取个人私利的工具和手段,对人类和人类社会起的是瓦解作用和破坏作用,"君子"则能从对别人的尊重和关心中逐渐建立起对人类和人类社会的整体关怀,所以孔子说:"君子而不仁者有矣夫,未有小人而仁者也。"(《论语·宪问》)假若仅仅从"君子"同"仁者"的区别说来,"仁者"主要是从内部的精神素质而言的,是内心充满对人类和人类社会的整体关怀的人,是像孔子这样的知识分子的精神境界,"君子"则是重视人与人之间的和谐关系并注意自己的道德修养的人,"君子义以为质,礼以行之,孙以出之,信以成之。君子哉!"(《论语·卫灵公》)但是,"君子"可以成为像孔子这样的知识分子,但也可以在另外一些方面达到很高的境界。"子路问君子。子曰:'修己以敬。'曰:'如斯而已乎?'曰:'修己以安人。'曰:'如斯而已乎?'曰:'修己以安百姓。修己以安百姓,尧舜其犹病诸!'"(《论语·宪问》)"君子道者三,我无能焉:仁者不忧,知者不惑,勇者不惧。"(《论语·宪问》)也就是说,"君子"是可以通过自我修养不断提高的人,但提高的方向可以有不同,有的可以成为"仁者",有的可以成为"智者",有的则可以成为"勇者"。"仁"是孔子通过自身体验提出的一个很高的精神境界,他也从这个方面要求"君子",但"君子"修养的目标却不一定是成为像孔子这样的知识分子。结合当时的现实,我们很容易理解孔子这种对于人的分类方式。在当时,孔子是第一个具有了独立思想追求的知识分子,"仁"的观念在他的实际体验中产生出来,他也用这样一个标准培养弟子,希望他们能够具有像他这样丰富的知识,并通过"学"而建立起对人类和人类社会的整体关怀,成为"仁者",但社会上还有大量的王公贵族及其子弟,其中有的是"小人",根本不讲道德,孔子对他们不抱任何希望,但其中大多数的人是有道德感的人,希望上进。他们有的可以通过书本的学习成为像孔子这样的知识分子,但有的也可以成为"知者"和"勇者"。总之,"仁"

体现的是知识分子的一种独立的精神境界，这种精神境界是从"学"中自然产生的，是对人类和人类社会的整体关怀。

三

"学"是知识分子成长的基础，"仁"是知识分子的精神特征。知识分子是通过"学"而超越自己狭隘的生存空间而具有人类历史与文化、人类社会的整体意识的，一旦这种整体意识建立起来，就会产生对人类和人类社会的整体关怀，就会具有"仁者"情怀。不难看出，这种"仁者"情怀不再像"忠恕""己所不欲，勿施于人"那样，主要停留在被动接受的层面，而是具有主动性、积极性和进取性的精神状态。这种人类和人类社会的整体关怀，在自然的情况下就会希望人类和人类社会的逐步改善，而要实现人类和人类社会的改善就会思考改善人类和人类社会的根本途径。这种改善人类和人类社会的根本途径，在《论语》中就是"道"，就是孔子的思想学说。

过去我们常常将"仁"视为孔子思想学说的本身，这就将孔子的"仁"同他的"道"完全混淆起来。孔子的"道"自然是建立在他的"仁"的基础之上的，是浸透着他的"仁"的精神的，这实际上是说，他所有的社会主张都是从他对人类和人类社会的关怀中提出来的，都是浸透着他对人类和人类社会的关切之情的，但"仁"只是一种内在的心理和精神的因素，只是一种关心，还不具有直接的现实性。"道"才是具有直接现实性的社会主张，是孔子的现实追求目标。"子曰：'志于道，据于德，依于仁，游于艺。'"（《论语·述而》）所谓"志于道"，就是说致力于"道"的实现；所谓"据于德"，就是依照"德"的原则致力于"道"的实现；所谓"依于仁"，是说从对人类和人类社会的关怀出发致力于"道"的实现；所谓"游于艺"，是说灵活运用礼、乐等有意味的活动形式致力于"道"的实现。"道不行，乘桴浮于海，从我者，其由与？"（《论语·公冶长》）可见孔子梦寐以求的是自己的"道"的实现，是用自己的思想学说实际地改善人类和人类社会。

由"仁"向"道"的转化，是从精神向现实的转化，从抽象向具体的转化。这种转化是通过"问题意识"而实现的。在过去的孔子研究中，有的用孔子之前的中国历史和文化发展状况直接说明孔子思想的性质和作用，有的用阶级论的观点分析孔子思想的阶级性质，我认为，这些分析方法为我们提供了大量有价值的历史资料，但却无法真正说明孔子思想本身的性质和作用，因为脱离开孔子当时的"问题意识"，我们就无法进入到孔子思想的本体之中去，而无法进入到孔子思想的本体之中去，我们就无法将孔子思想与当时或稍后的其他思想学说区别开来。同是一个时代的思想家就都是一样的吗？同是一个阶级的思想家就都是一样的吗？显然不是。所以，从孔子提出自己思想主张的"问题意识"出发，理解他的思想学说的建构基础和建构方式，是理解孔子思想的唯一有效的途径。

孔子当时意识到的"问题"是什么呢？用《论语》当中的话来说，就是"上失其道，民散久矣"（《论语·子张》）。孔子也说："天下有道，丘不与易也。"（《论语·微子》）言下之意，也就是"天下无道"。那么，什么叫作"天下有道"？什么又叫作"天下无道"呢？在《论语》中也有一个概括的说明：

> 天下有道，则礼乐征伐自天子出；天下无道，则礼乐征伐自诸侯出。自诸侯出，盖十世希不失矣；自大夫出，五世希不失矣；陪臣执国命，三世希不失矣。天下有道，则政不在大夫。天下有道，则庶人不议。（《论语·季氏》）

在谈到鲁国的情况时，孔子则说："禄之去公室五世矣；政逮于大夫四世矣；故夫三桓之子孙微矣。"（《论语·季氏》）也就是说，当时周王朝的政治统治秩序已经陷入了极端混乱的状态。但我们要切实地理解孔子思想的实质意义，却不能仅仅看到这种混乱的事实，还要看到导致这种混乱局面的根源。

孔子之前的中国社会，是一个纯粹政治化的社会。也就是说，政治的结构就是当时的社会结构，政治的治理就是维持现实社会秩序的唯一方式。广大的下层民众几乎还停留在原始性的自然生存状态之中，只是

孔子社会学说的逻辑构成（上）

按照原始性的、自然的、血缘的、本能的、各种不同部落群体的分散的习惯形式处理彼此之间的关系，没有一种统一、明确的关系模式。唯一的社会关系是由上层政治统治集团建立起来的。从传说中的黄帝通过军事征服建立起统一的国家政权之后，经过传说中的尧、舜、禹时代的禅让制，再经过夏、商两代的世袭制，最后进入周代的分封制，政治的关系不断扩大起来，成为维系中国社会的主要关系纽带，并且不断向中层社会渗透。这种国家的政治关系，向来主要靠两种不同的方式维持着，一是各种不同的暴力手段，一是各种不同的礼仪教化手段。政权是依靠暴力手段建立起来的，也是依靠暴力手段进行维持的，没有暴力就没有政治，所以暴力是所有政治的基础。礼仪教化则是维持正常统治秩序的不可或缺的方式，其中包括政治统治集团与普通民众的关系和政治统治集团内部各成员之间的关系，都要有相应的处理方式。这种方式必须照顾双方的接受程度，维持在双方都能够接受的范围之内，不致造成双方公开的矛盾和冲突，使彼此的关系破裂。但是，不论在何种形式之下，政治关系都是一种权力关系，在政治关系中逐渐加强的都是一种权力意识。在这种纯粹的政治社会中，一个人的权力地位不但与个人的尊严紧密联系在一起，同时也与经济的利益紧密联系在一起，这使统治阶级内部成员的权力欲望总是处在不断增长的过程中。周王朝是通过对商王朝的军事征服建立起自己规模空前庞大的王国的，在当时交通不便、人口分散的历史条件下，为了有效地实现对这个幅员广大的国家的控制，周王朝采取了分封制的形式，将自己的亲属和有功的大臣分封到这个王国的各个地区，正式建立起有中国特色的宗法封建制度。童书业在其《春秋史》中写道：

> 据近人的研究，宗法制是从嫡庶制来的。商代以前没有嫡庶制。周人创立嫡庶之制，本为天子诸侯等继统法而设；从继统法推到分封法，就产生出宗法制来。在宗法制之下，从天子起到士为止，可以合成一个大家族。这个大家族中的成员各以其对宗主的亲属关系而定其地位的高低。封建制度以分封同姓为原则，天子的封诸侯，诸侯的封大夫，都以宗法系统而定；所以封建制度是由家族

系统扩充而成政治系统，封建制度的继续是靠宗法制度维系的！①

周王朝的分封制给中国社会和中国文化的迅速发展带来了契机，但也将权力关系播撒在这个王朝的角角落落。到了孔子那个时代，各个诸侯国的权力空前发展起来，周王朝失去了对各个诸侯国的控制；各个诸侯国之间不断进行着战争，无数小的部落和国家逐渐被大的诸侯国所兼并，有实力的诸侯国之间也开始了争夺霸权的斗争；在同一个诸侯国内部，争夺权力的斗争也越演越烈，父子反目、弟兄相残的事件层出不穷，大夫、陪臣培植个人的势力，威胁着诸侯国王的权力。这就是《论语》中所说的"天下无道"的局面，但对于孔子研究更重要的，则是在这"天下无道"的局面背后所隐藏着的东西，那就是统治阶级成员权力意识的不断增长和权力欲望的不断扩大。我们必须看到，正是这种权力意识和权力欲望的发展导致了当时统治阶级内部的分崩离析和对广大民众压迫力量的加强。

对于当代孔子研究者而言，并不十分关心统治阶级内部的这种矛盾和斗争，甚至还将周王朝统治秩序的混乱当作历史进步的见证，但应该强调指出的是，当时统治阶级成员内部这种矛盾和斗争，恰恰也是整个社会（也包括孔子当时所说的"庶民"）灾难的根源。在当时如此广大的国土上，生活着的只有一二千万的人口，假若没有统治阶级发动的相互兼并的战争、没有统治阶级不断扩大的财富欲望和特别严重的自然灾害，庶民要维持自己古朴自然的生活方式应该是没有太大问题的。有的孔子研究者还会认为，只有当时人民的反抗斗争才能够推动历史的前进。实际上，那时的"庶民"，既是分散的，又是没有文化的，他们还不可能具有整体的社会意识，因而他们的零星的反抗斗争也不会具有社会解放的意义。也就是说，当时统治阶级成员之间的这种权力斗争不仅仅危及统治阶级政权的安定，同时更是整个中国社会的灾难。曾子曾经说过一句非常深刻的话，他说："上失其道，民散久矣。如得其情，则哀矜而勿喜。"（《论语·子张》）用我的话翻译出来，就是说看到政治统治者荒淫无

---

① 童书业：《春秋史》，上海古籍出版社，2003，第8页。

耻、民心涣散，千万不要幸灾乐祸，应该感到悲哀。因为这不仅是国家政治统治者的悲剧，同时也是广大国民的悲剧。其实，正是在这样一种"哀矜"的情怀中，"天下无道"的问题才成了孔子思想学说赖以产生的主观和客观的基础，也是其人类整体关怀和社会整体关怀的具体体现，是他的"仁"的具体体现。

只要认识到当时的"天下无道"是由于统治阶级成员权力意识和权力欲望迅速增长的结果，那么，我们就会看到，孔子的"道"实际是向当时社会输入的一种消解权力意识和权力欲望的意识形式。它不是封建宗法政治制度本身的要求，不是一种政治形态的东西，而是一种意识形态的东西。这种意识形态的东西在孔子那个时代不是与封建宗法的政治制度同体的，而是异体的。它产生在一个独立知识分子的思想愿望中，而不是产生在周王朝最高政治统治者重新获得政治控制权的愿望中；产生在一个独立知识分子对人类和人类社会的整体关怀中，而不是产生在周王朝最高政治统治者自私狭隘的权力欲望中。所以，所有那些将孔子思想完全合并到现实政治制度之中而用对政治制度的评价代替对孔子思想评价的方式都无法合理地阐释孔子思想。孔子不是奴隶主贵族阶级的代言人，也不是新兴地主阶级的代言人，而是当时的一个知识分子。这个知识分子是站在政治统治集团的外部看待这个集团的，是从自身的社会体验和社会历史知识中提取自己的思想的。所以，这使孔子的思想学说在本质上不是一个政治学说，而是一个社会学说。孔子所表达的是自己所理想的一个更加合理和美好的社会，以及这个社会所赖以存在的基础。这个社会主要不是用暴力、用强制的手段维持着的，而是用人与人之间的感情和相互的责任感而维持着的。

只要我们不牵强附会地将孔子思想纳入某种政治制度中来考虑，我们就会很容易地发现，淡化和消解政治权力的职能几乎是孔子思想学说的一个最显著的特征。政治的权力，主要体现在三个主要方面，一是军队，二是法律，三是经济。对于军队在维持政治权力中的作用，孔子分明是了解的，但他的思想学说却是淡化军事的作用的。"子贡问政，子曰：'足食，足兵，民信之矣。'子贡曰：'必不得已而去，于斯三者何先？'曰：'去兵。'子贡曰：'必不得已而去，于斯二者何先？'曰：

'去食。自古皆有死，民无信不立。'"（《论语·颜渊》）卫灵公向孔子讨教关于军事方面的事情，孔子回答说："俎豆之事，则尝闻之矣；军旅之事，未之学也。"（《论语·卫灵公》）对于法律，孔子的态度基本上也是这样的。"听讼，吾犹人也，必也使无讼乎！"（《论语·颜渊》）季康子对孔子说："如杀无道，以就有道，何如？"孔子回答说："子为政，焉用杀？子欲善而民善矣。君子之德风，小人之德草。草上之风，必偃。"（《论语·颜渊》）他主张德治，反对法治，认为"道之以政，齐之以刑，民免而无耻；道之以德，齐之以礼，有耻且格。"（《论语·为政》）在经济上，他更是反对政治统治者加重民众的经济负担。鲁哀公问有若：年饥，国用不足，怎么办？有若就告诉他，按照什一税的办法征收田亩税。哀公说：现在十分抽二还不够用，怎么反降低税收呢？有若就说："百姓足，君孰与不足？百姓不足，君孰与足？"（《论语·颜渊》）……实际上，孔子的全部学说向我们暗示的不是政治统治者应该加强自己的政治统治，而是整个社会不用政治的手段也能治理得好，并且会更好。他说："夷狄之有君，不如诸夏之亡也。"（《论语·八佾》）实际上传达了他内心的这样一种想法：只要老百姓的素质好，没有君主也是可以的。

个体人的权力意识和权力欲望归根到底是在个人狭隘私利欲望的基础上产生的，而不是为了人类的共同生存和发展，不是为了人类社会的整体利益和整体发展。在这里，我们才能真正进入到孔子的"道"的世界。在他的"道"里，"利"就是作为瓦解正常社会关系的权力意识和权力欲望的代名词而出现的，谁假若只有一己私利的考虑而没有对别人的关心和爱护，没有起码的关系意识、社会意识，谁就在孔子的"道"里是一个被鄙弃、被蔑视的"小人"，而被孔子看重的则是对别人有所关爱、在必要时可以放弃自己的私利要求而照顾别人或整体利益的人。这样的人，被孔子尊敬地称为"君子"，这样的品质，就被孔子称为"义"。也就是说，在孔子的"道"中，"义"实际上是消解和对抗个人权力意识和个人权力欲望的思想力量。

在后代儒学家的著作中，孔子思想中的大量概念都混杂在了一起，"道德"当被当成了个体人的品质，"义"的含义就很狭窄了。实际上，孔子对具体人的言行要求主要就是这个"义"字。它是对个体人的最基

孔子社会学说的逻辑构成（上）

本的要求。"道"向"义"的转化，就是从社会整体要求向个体行为原则的转化。"道"是孔子思想学说的整体，反映着他改善社会的整体愿望和要求，而"义"则是他的"道"在个体人和个体人的具体言行中的具体体现。"隐居以求其志，行义以达其道"（《论语·季氏》)，也就是说，"道"只有通过不断"行义"才能最终得到实现。站在孔子的角度，假若人人都能够"见利思义"，整个天下就有"道"了。"道"是从孔子对人类和人类社会的整体关怀中建立起来的，是"仁"的社会化要求，"义"则是影响着个体人的具体言行的内在心理要素，这种内在心理要素就是超于个人利益的他者关怀或集体关怀。正因为一个人在内心有对他人或集体的关怀，所以在牟取个人利益的时候，就是有限制的。这种限制不是来自外部世界，不是来自他人的制止和反对，不是来自集体的规章和制度，也不是来自社会的法律规定，而是来自自我心灵的内部。一个人对他人和集体有所关心，就自然地不愿损害他人和他人的利益，不愿损害集体和集体的利益，遇到这种情况，他就会自动放弃原本可以得到的个人利益。在孔子的"道"中，这就是"义"。"见利思义，见危授命，久要不忘平生之言，亦可以为成人矣。"（《论语·宪问》）是说在利益面前，还不忘对别人的责任；在危险面前，能够挺身而出，不逃避危险；很久以前做出的许诺，至今仍不忘记，就可以被视为一个完满的人，一个"成人"。孔子并不绝对反对个人的利益，"义然后取，人不厌其取"（《论语·宪问》)，但却不能违背"义"的原则："不义而富且贵，于我如浮云。"（《论语·述而》）

与"义"紧密联系在一起的是"忠"和"信"。孔子不止一次地谈到"主忠信""言忠信"，实际上，"忠"和"信"可以认为是"义"的两种主要表现形式。有子说："信近于义。"（《论语·学而》）为什么"信近于义"？因为"义"就是不但有自我关怀，同时也有他人或集体关怀。这样的人对他人和集体自然具有责任意识，对自己做出的许诺，一定会尽心尽力去实现，这就是"信"。对自己承担的"事"一定会认真去做，这就是"忠"。"信"主要对"言"而言；"忠"主要对"事"而言。

显而易见，孔子的"道"与老子的"道"是根本不同的。老子的"道"讲的是包括人在内的宇宙本体，孔子的"道"讲的则是实现人类和人类社会的整体改善的途径和办法。老子的"道"是一个惟恍惟惚的浑然整体，孔子的"道"则有一系列具体的要求。对老子的"道"需要整体的感受，对孔子的"道"则要做精细的分析。老子的"道"没有自己的对立面，也不可能有自己的对立面，孔子的"道"则是建立在对"天下无道"状况的否定之上的。

四

孔子的"仁"，是在他的"学"的基础上体验和感受到的。有了广博的社会历史知识，才有了他对人类和人类社会的整体意识，有了这种整体意识，他才感受和体验到对人类和人类社会的整体关怀；他的"道"，是在"仁"、在他对人类和人类社会的整体关怀中产生的，正因为他感受和体验到对人类和人类社会的整体关怀，他才对"天下无道"的现实状况感到不满，他才会对人类和人类社会有了自己独立的价值观念和价值标准，他才感到一个人应该"见利思义"，应该"主忠信"。但在这里，还存在着一个重要的问题，即如何使当时的人都能够"见利思义"，都能够"主忠信"？在当时，像孔子这样的知识分子极少，并且不是"当权派"，主宰当时世界的是当时的政治统治集团，孔子必须在这个统治集团的内部，在这个统治集团的每一个人身上找到使他们成为一个"君子"而不成为一个"小人"的自然人性基础。我认为，孔子的家庭伦理就是在这种情况下产生的。这种家庭伦理不是他开创的，但只有在他这里，才开始具有独立的世界观和人生观的性质，并使中国社会和中国文化走上了一条与其他民族迥然不同的道路。

如上所述，周初的封建制是从嫡庶制而来的。殷代的继统法以兄传弟为主，无弟才传子，并且不一定是自己的儿子，也可能是弟弟的儿子。王国维说："舍弟传子之法，实自周始。当武王之崩，天下未定，国赖长君。周公既相武王克殷胜纣，勋劳最高，以德以长，以历代之制，则继武王而自立，固其所矣。而周公乃立成王，而已摄之，后又反政焉。摄政者，所以济变也；立成王者，所以居正也。自是以后，子继之法遂为百王不易之制矣。"①由传子法而形成的嫡庶制，使周代整个政治统治集团成了一个贵贱有序、亲疏有统的大家族，这就形成了中国特有的"家""国"同构的社会政治结构。在这里，"国"就是"家"，"家"就是"国"，国家关系实际就是家庭的关系，家庭的关系也是国家的关系。孔子所说的"天下无道"是这个政治统治集团内部关系的混乱，同时也是这个大家族内部关系的混乱。这样，就给孔子构筑自己的社会伦理体系提供了极为方便的条件：他是以家庭伦理为模板构筑整个社会的伦理体系的。

在家庭关系中，传子法首先突出了父子之间的关系，使之不仅具有父子之间的亲亲之义，同时也具有君臣之间的尊尊之义。除父子关系外，最重要的则是弟兄之间的关系，弟兄之间的关系也不仅具有亲亲之义，而且也有尊尊之义。"立子以贵不以长，立嫡以长不以贤，乃传子法之精髓。"②当兄长继承王位之后，兄长为君，弟弟就为臣，兄弟之间的关系就变成了君臣关系。所以，对于当时的政治统治集团，兄弟关系也是极为重要的。被后儒异常重视的夫妻之间的关系，在孔子的思想学说中实际上并没有多么重要的地位，因为它是一种生活关系，而不具有社会关系的性质。这样，子对父之"孝"和弟对兄之"悌"，就成了孔子伦理学说中的两个极为重要的概念。有子说："其为人也孝弟，而好犯上者，鲜矣；不好犯上，而好作乱者，未之有也。"（《论语·学而》）

"孝""悌"的观念，并不自孔子始。在殷代卜辞中，就有了"孝"字。殷代有无"悌"的观念，我不知道，但在周初已有，则是确定无疑的。就其来源，孔子"孝""悌"的观念分明来自周礼。孔子对周代的文化评价甚高，特别是对周公的贡献更是格外重视。"周监于二代，郁郁乎文哉！吾从周。"（《论语·八佾》）用现在的话来说，就是周代的文化在夏、商两代文化的基础上，又有了很大的发展，丰富多彩，他是主要继承周代的文化传统的。"甚矣吾衰也！久矣吾不复梦见周公。"（《论语·述而》）可见他对周公的重视和敬仰。但是，我们却绝对不能认为，孔

---

①②王国维：《殷周制度论》，载《王国维遗书（二）·观堂集林·卷十》，上海古籍书店，1983。

子对周初的文化传统就是全盘接受的,这在《论语》中就有明白的表示。鲁哀公向宰我询问关于"社"的知识,宰我回答说,夏代用松作社主,殷代以柏作社主,周代以栗做社主,是为了让人民"战栗",感到恐惧。孔子听说后,就批评宰我说:"成事不说,遂事不谏,既往不咎。"(《论语·八佾》)依照我的理解,孔子实际是说,事情已经如此,就不必说了,也没有批评的必要了。过去了的事情,就不要追究了。这说明孔子是不同意"使民战栗"的这种国家观念的。这同时也正是孔子和周公等周代政治统治者之间在文化观念上根本不同之所在。

如上所述,政治之维系现实的稳定,主要有两种方式,一是暴力镇压,二是思想教化。在政权得到稳定之后,英明的政治家同样异常重视思想教化的作用,这与知识分子之重视思想的力量没有本质的不同,但政治家的思想教化是建立在暴力镇压的基础之上的。没有用暴力手段夺取的政权,不用暴力手段维持住这个政权,政治家的所有思想教化手段都是无法得到实施的,而知识分子的思想却不是在政治权力的基础上产生的,也不必借助政治手段予以实施,所以政治家的思想和知识分子的思想在其根底上的差别就在于承认还是不承认"使民战栗"的必要性。这同时也是孔子与周公之间的差别之所在。"周公践天子之位以治天下,六年,朝诸侯于明堂,制礼作乐,颁度量,而天下大服。"[①]这是孔子之所以敬佩周公的原因,但周公也曾镇压殷遗民的叛乱:"周武王崩,武庚与管叔、蔡叔作乱,成王命周公诛之,而立微子于宋,以续殷后焉。"[②]而作为一个知识分子的孔子,则是不可能将自己的思想建立在武力征服的基础之上的。也就是说,孔子实际是抽取了政治传统中思想教化的内容而将其组织进了自己独立的思想系统中。我认为,对于孔子的"孝""悌"观念,我们也应当作如是观。"君子务本,本立而道生。孝弟也者,其为仁之本与!"(《论语·学而》)有子这句话,实际是把政治伦理的"孝""悌"观念直接纳入孔子的"仁"的人性体系中来,其内涵也发生了重要的变化。"弟子,入则孝,出则弟,谨而信,泛爱

---

① 《礼记·明堂位》,载《四书五经》,天津市古籍书店,1990。
② 司马迁:《殷本纪》,载《史记》卷三,中华书局,1982。

众，而亲仁。行有余力，则以学文。"（《论语·学而》）在这里，孝、悌、信、爱、仁，构成的是一个人性的序列，而不再是一个政治概念的序列。

那么，我们怎样从人性的角度感受和体验"孝""悌"的价值和意义呢？假若说"仁"是孔子思想追求的制高点，"道"是他社会追求的总体目标，那么，"孝""悌"就是他赖以实现自己社会追求的总体目标"道"和达到自己思想追求的制高点"仁"的自然人性基础。它们实际是自然人性化了的"义"，是"义"赖以生成和发展的自然人性基础。我们知道，人是通过感受、认识对象而与对象建立起基本的联系和联系方式的，而"父"则是一个人从幼年的蒙昧状态起就首先面对的另外一个人，这个人在一般的情况下是他的生命的保护者，是能够引领他成长并逐渐进入社会的一个人。但是，假若一个人只把自己的父亲作为保护者，他就会永远停留在被保护的幼年蒙昧状态，并将世界上的任何一个人都视为像父亲一样的保护者，而自己却不需要主动感受、了解、爱护、照顾任何别的人。世界上的任何人都要为他的幸福和自由负责，而他却不必为世界上任何别的人负责。显而易见，这是与孔子对"人"的理想背道而驰的，这样的人在孔子思想学说中就是一个只关心自己的利益而不关心别人的"小人"。相反，在自然的人性中，一个人就有感受和体验对象，并保护自己的保护者的本能欲望。在这时，他不但要接受保护者的保护，还有帮助和保护自己的保护者的本能欲望。而孔子的"孝"就是在这种本能欲望的基础上建立起来的。这使一个人不但关心自己，同时也关心别人，并且当感到别人幸福时自己也感到幸福，当感到别人痛苦时自己也感到痛苦。不难看出，"孝"就是要儿子主动关心父亲，并通过关心父亲而超越纯粹的自我，建立起自我与他人的超自我的关系。这实际上就是"义"的萌芽。假若他能将与父亲的这种超自我的整体关系运用到与他人的关系之中去，他就成了"以义为质"的"君子"；假若他能将君子的"义"自觉地运用于所有的社会关系，并用这种关系改善整个人类和人类社会的关系，他就体现了"道"的要求，就得到了"道"；假若他能像孔子一样"好学沉思"，通过人类历史和文化的学习而具有了人类和人类社会的整体意识，并对人类和人类社会具有真诚的整体关怀，他就体现了"仁"的精神要求，他就得到了"仁"；假若他对人类和人类社会做出了实际的整体贡献,并实现了人类和人类社会的整体和谐、幸福和美满,他就成了"圣",成了"圣人"。实际上,在这个意义上,"悌"的意义和价值与"孝"没有什么不同。它是"孝"向外扩展的第一个人性波,并且这个波还会进一步向外扩展至朋友关系,使所有这些关系都具有超自我的社会人性性质。孔子常常说"入"则孝,"出"则悌,就是因为"悌"已经不仅仅是家庭内部的关系,而具有了一定的社会性质。至此,我们可以看到,孔子在自然人性的基础上为人类和人类社会的发展开辟了一个思想的通道。这个通道就是他的"道"、他的思想学说的本体。

在孔子这里,还不存在爱有无等差的问题。在后来,墨子是主张"兼爱"的,他认为世间所有的祸乱,都起于不相爱,而要改变这种状况,必须提倡"兼相爱,交相利"的原则:"视人之国,若视其国。视人之家,若视其家。视人之身,若视其身。是故诸侯相爱,则不野战。家主相爱,则不相篡。人与人相爱,则不相贼。君臣相爱,则惠忠。父子相爱,则慈孝。兄弟相爱,则和调。天下之人皆相爱,强不执弱,众不劫寡,富不侮贫,贵不敖(傲)贱,诈不欺愚。凡天下祸篡怨恨,可使勿起者,以相爱生也。"①孟子则反对墨子的兼爱说,他说:"杨氏为我,是无君也;墨氏兼爱,是无父也。无父无君,是禽兽也。"②他认为爱是有等差的。但他们都不是从人性培养的角度,而是从结果,从人与人关系的现状提出问题的。这进一步说明孔子重视"孝""悌",重视的是通过"孝""悌"而形成的人生观念和社会观念的本身。只有在这样一个意义上,从"孝""悌"养成的才是对别人的"谨而信",是没有等差的"泛爱众",这就接近了"仁"的精神境界,对人类和人类社会就会产生关切之情。再加上勤奋的学习,就成了孔子所理想的人:"仁人"。在孔子这里,"孝""悌"主要不是一个最终的目标,更是建构健全人性的基础。从"孝""悌"到"仁"是由内向外、由部分到整体、由具体到抽象的人性发展的全过程。

---

① 《墨子·兼爱中》,载《墨子》,中华书局,1986。
② 《孟子·滕文公下》,载《四书五经》,天津市古籍书店,1990。

孔子社会学说的逻辑构成（上）

孔子说："君使臣以礼，臣事君以忠。"（《论语·八佾》）这大概是后儒将"忠君"提高到与"孝父"同等地位，甚至更重要地位在《论语》中能够找到的最有力的根据。但只要从孔子当时的地位和处境出发，我们就会很容易地感觉到，在孔子那里，在其本能中重视的就不是周王朝的政权本身，而是当时的社会和社会的安定。这在形式上与当时的政治统治者有了相互沟通的思想渠道，但在其内在意识中仍然是有根本不同的。孔子重视的始终是人性的修养与完善，而"孝"在一个人的人性形成与发展中是有不可代替的价值和意义的，这只有在君与其长子的关系中才与政权的利益发生完全的重合关系，一旦孔子将"忠"从"孝"中提取出来，它的人性的意义就与社会的一般关系没有本质的不同了。在《论语》中，"孝""悌"所体现的是特定的父子和弟兄的关系，而"忠"却绝对不是仅仅用于"君"一个人，而是为人处世的一般性原则。"为人谋而不忠乎？"（《论语·学而》）"居处恭，执事敬，与人忠，虽之夷狄，不可弃也。"（《论语·子路》）"爱之，能勿劳乎？忠焉，能勿诲乎？"（《论语·宪问》）"言忠信，行笃敬，虽蛮貊之邦，行矣；言不忠信，行不笃敬，虽州里，行乎哉？"（《论语·卫灵公》）所有这些，都明显地看得出他所讲的"忠"不是与"君"的特定关系，而是一般的待人接物的言行原则。也就是说，在孔子的观念中，君臣关系并不是一个多么特殊的关系，处理君臣关系只要遵循一般的社会关系准则就可以了。

在《论语》中，"孝""悌"大都是单独提出的，这并不说明孔子认为父亲可以不慈爱，兄长可以不爱护弟弟，而是在这种血缘亲情关系中，父亲对儿子、兄长对弟弟的爱护，更是在亲情关系中自然形成的，只有儿子对父亲的"孝"和弟弟对兄长的"悌"则是必须着重提出来的，这不仅关系着父亲和兄长的利益，更是一个人的人性健全成长的前提，是全部社会教育的基础。但在君臣关系中，孔子大都着眼双方的责任，并且特别强调君的责任。上引"君使臣以礼，臣事君以忠"是回答鲁定公的话，强调的重点不是"臣事君以忠"，而是"君使臣以礼"，意思是说，只有你"使臣以礼"，才能让你的臣僚以忠心对你。"季康子问：'使民敬，忠以劝，如之何？'子曰：'临之以庄则敬，孝慈则忠，举善而教不能则劝。'"（《论语·为政》）这都表明，在孔子的观念中，君臣关系是双方的，只有君依照正确的原则对待自己的臣僚，才能保证自己的臣僚以正确的原则对待君主。

"事君尽礼，人以为谄也。"（《论语·八佾》）关于这句话，一般的解释是"事奉国君，一切按照礼制，人却以为是谄媚。"①言下之意是孔子确定地认为"事君尽礼"是正确的，而人们认为是谄媚则是错误的。我认为，在这里，孔子并没有做出确定的判断，意思是，对待国君，事事都讲礼数，人们会以为是谄媚。是不是谄媚呢？那是很难说的！我之所以这样认为，是因为孔子在谈到"事君"时，一般用"忠"不用"礼"。"忠"，是对"事"言，不是对"人"言，"臣"的职责是为国君处理政事，认认真真将国家的事务处理好，就是"事君以忠"，而"礼"是对"人"而言，对"君主"礼数很周到，还无法确定他对"政事"的态度，所以是不是谄媚那是说不定的。"君使臣"则应"以礼"，这包含着"君"对"臣"的尊重，是对人的。

综上所述，我认为，"孝""悌"，特别是"孝"，是孔子伦理道德的核心，但他之所以重视"孝"，与此前的周公等政治统治者和后代儒学家都有不同，他重视的不是"以孝治天下"的政治教化作用，而是作为"仁之本"在人性成长中的作用。"忠君"在孔子思想中的地位远不如在后代儒学家那里么重要，并且在意义上也有很大不同，臣对君的人身依附性质是后代儒学家加进孔子思想的。这说明孔子基本上还是一个独立的知识分子，他的思想学说也是建立在一个知识分子对人类和人类社会的独立感受和理解基础之上的，不是对当时政治统治者的曲意逢迎。

五

从"学"到"仁"是孔子自我成长和发展的过程，是孔子之成为一个独立的知识分子、一个思想家的根本原因，这使他具有了人类和人类社会的整体意识，产生了对人类和人类社会的整体关怀；从"仁"到"道"是孔子的主体意识由内向外、由抽象到具体的生发过程，具体体现

---

①李泽厚：《论语今读》，安徽文艺出版社，1998，第82页。

了他对人类和人类社会的整体关怀,具体体现了他改善人类和人类社会的内在愿望和要求;从"道"到"义"、到"主忠信",是孔子的社会关怀向人性关怀的转化过程,是他希望用人与人之间的精神联系消解人与人因利益争斗而导致的权力意识和权力欲望的思想表现。但是,不论是"义""忠""信",还是"孝""悌",都还主要是孔子对于人性和人性建构方式的思考,都还不是人类和人类社会的整体改善。人类和人类社会的整体改善,体现在他的"礼"上。"礼"是什么?按照我的理解,"礼"就是人与人各种和平的交往方式以及这些交往方式所必须遵循的规范和原则,是人与人建立超自我整体联系的方式。是孔子的"仁"的观念在人类和人类社会生活中的具体体现。

"颜渊问仁。子曰:'克己复礼为仁。一日克己复礼,天下归仁焉。为仁由己,而由人乎哉?'颜渊曰:'请问其目。'子曰:'非礼勿视,非礼勿听,非礼勿言,非礼勿动。'"(《论语·颜渊》)如上所述,颜渊是孔子最得意的门生,他对颜渊的希望也正是他自己的愿望,他自己所要达到的社会目标。在这里,他所说的"为仁"其实就是"复礼",而要"复礼",就必须"克己"。"克己"的意思是什么?那就是"非礼勿视,非礼勿听,非礼勿言,非礼勿动",就是一切的言行表现都要服从于"复礼"的整体社会目标。这里的"克己"与理学家的"存天理,灭人欲"的根本区别在于,它不仅仅是为了自我的修养,而是为了实现"复礼"的整体社会目标,而是为了"天下归仁"的人类理想。在孔子这里,是理想在前,"克己"在后。"克己"的动力在"仁者"的主观内面,是"己欲立而立人,己欲达而达人"的现实实践;在宋明理学家那里,是"灭人欲"在前,"平天下"在后,"灭人欲"是对所有人的外在要求,是从根本上窒息自我的自然欲望。从"克己复礼为仁"我们可以看到,"仁"是孔子的出发点,"复礼"才是他的最终的追求目标。

我认为,在这里需要特别指出的是,孔子的"复礼"绝对不是为了恢复旧的礼仪形式本身,而是为了恢复"礼"的精神内涵。对于礼仪形式,孔子明确表示是随时代的推移有因革、有损益的:"殷因于夏礼,所损益,可知也;周因于殷礼,所损益,可知也;其或继周者,虽百世,可知也。"(《论语·为政》)自然历代都有因革,都有损益,现在当然也要有因革、有损益，不是没有选择地将已有的礼仪形式照搬到现在："行夏之时，乘殷之辂，服周之冕，乐则《韶》《舞》。放郑声，远佞人。郑声淫，佞人殆。"（《论语·卫灵公》）表达的就是孔子对礼仪形式的选择和评价。所以，将孔子的"复礼"简单地理解为恢复旧的政治制度或旧的文化，是没有充分理论根据的。他的"复礼"，是为了在人间实现自己的社会理想："天下归仁"。他所说的"礼"，不能离开他的"仁"而孤立存在，不能没有"仁"的精神内涵："礼云礼云，玉帛云乎哉？乐云乐云，钟鼓云乎哉？"（《论语·阳货》）"人而不仁，如礼何？人而不仁，如乐何？"（《论语·八佾》）假若说礼仪形式是外在于人的主观评价的一种社会性的客观存在，有好有坏、有旧有新，而孔子所说的"礼"则是已经包含着他的主观评价的各种不同社会交往形式及其评价尺度和标准。"道之以德，齐之以礼"（《论语·为政》）、"兴于《诗》，立于礼，成于乐"（《论语·泰伯》）"君子敬而无失，与人恭而有礼"（《论语·颜渊》）、"博学于文，约之以礼"（《论语·颜渊》）、"不学礼，无以立"（《论语·季氏》）等等，都是作为一个尺度、一个标准被孔子及其弟子所运用的。所以，孔子所说的"礼"，主要不是已有的礼仪形式本身，而是在礼仪形式中灌注的精神内涵。

有子说："礼之用，和为贵。先王之道，斯为美；小大由之。有所不行，知和而和，不以礼节之，亦不可行也。"（《论语·学而》）"和为贵"在这里说的是"礼"的性质和作用，而不是一般的人与人之间的关系。为什么"礼之用，和为贵"？因为"礼"本身就是人与人之间的交往形式，是人与人之间的社会联系。自然是交往形式，自然是社会联系，当然是以"和"为价值的最高表现形式的。假若人们不需要相互的沟通和了解，不需要相互的帮助和协作，人类就不需要各种不同的交往方式，不需要社会的联系了。但"礼"以"和"为贵，并不意味着一个人在任何情况下都应当成为"和事老"。我们必须记住，孔子是一个思想家，而思想家是有自己独立的价值观念和价值标准的。只要有自己独立的价值观念和价值标准，他就不可能对所有的人和所有的事都讲"和"，都能和睦共处。孔子极其明确地指出："惟仁者能好人，能恶人。"（《论语·里仁》）"仁者"对人类和人类社会有整体的关怀，所以他对有利于人类和人类社会的人和事必然有较之其他人更自觉的"爱",而对不利于人类和人类社会的人和事必然有较之其他人更自觉的"恶"。子贡问孔子："君子亦有恶乎?"孔子回答说："有恶:恶称人之恶者,恶居下流而讪上者,恶勇而无礼者,恶果敢而窒者。"孔子又回问子贡说："赐也亦有恶乎?"子贡回答说："恶徼以为知者,恶不孙以为勇者,恶讦以为直者。"(《论语·阳货》)君子有"恶",就有"不和",这与"礼之用,和为贵"并不矛盾。所以,有子又说:"有所不行,知和而和,不以礼节之,亦不可行也。"(《论语·学而》)

从黄帝到孔子,是中国由原始性的自然存在状态向社会化转变的过程,这个过程是通过国家化、政治化而具体实现的。这就决定了这种社会化主要采取了两种主要的形式,一种是暴力的形式,一种是和平的形式。战争、刑法和各种形式的武力镇压都属于暴力形式。这种形式推进了中国的社会化进程,但也给中国社会带来了更巨大的灾难。但在社会化的过程中,人与人的各种形式的社会交往也发展起来。这些交往是在相互合作的愿望中发展起来的,需要的是相互的了解、理解、谅解或同情,人们也逐渐掌握了避免公开冲突,使彼此能够相互了解、理解、谅解或同情的各种不同的交往形式。显而易见,孔子所说的"礼"就是这种非暴力的人与人相互交往的形式的总名。孔子之所以非常重视"礼"的作用,就是因为只有这种和平的交往方式才既有利于社会化程度的提高,又有淡化或消解权力意识和权力欲望的作用,从而减少甚至消灭社会的暴力冲突。

总之,孔子的"礼"是在精神上将人类和人类社会联系在一起的方式。他要求的不仅仅是形式,更是形式所包含的将人类和人类社会联系在一起的精神内涵。

孔子社会学说的逻辑构成（下）

六

儒家的礼学著作汗牛充栋，具体规定多如牛毛，在《礼记》中就有"经礼三百，曲礼三千"①的说法，所有这些，都是当时已经形成的人与人相互交往的具体形式，不是孔子自己的独立制作。他像所有思想家一样，只能在人类和人类社会已经形成的各种不同的规章制度和生活习俗的基础上进行取舍，并以自己的思想阐释它们，将其改造为自己思想的外壳，而不可能完全改变这些已经形成的规章制度和生活习俗的本身。我认为，要理解孔子的思想不能从这些礼仪形式的本身来理解，而必须从其取舍的标准和他阐释这些形式所遵从的原则来理解。根据这样的原则，我们可以将《论语》中关于"礼"的论述分为以下几个大类：

（一）鬼神祭

殷商时代是特别重视鬼神的，所以祭祀鬼神的礼仪形式在孔子那个时代仍然非常流行。孔子重视的是人与人之间的社会关系，对于社会兴衰的社会历史性思考使孔子不再将人间的祸福完全系于鬼神的喜怒，而将人类对于自身命运的把握提高到了前所未有的高度。只要从这一点出

---

① 《礼记·礼器》，载《四书五经》，天津古籍书店，1988。

发,我们就会看到,孔子对于鬼神以及祭祀鬼神的仪式采取的不是推波助澜的作用,而是淡化和消解的态度。"子不语怪,力,乱,神"(《论语·述而》),"务民之义,敬鬼神而远之,可谓知矣"(《论语·雍也》)。季路问事鬼神,孔子说:"未能事人,焉能事鬼?"季路问死,孔子说:"未知生,焉知死?"(《论语·先进》)都是为了淡化鬼神观念。孔子之所以不断然地反对鬼神观念,是因为在他看来,鬼神观念在当时人的精神生活中仍然有着特定的积极意义。可以说,世界上的所有民族,在其历史的初期,都是通过自然崇拜而建立起超自我的人生观念和宇宙观念的。在祭祀鬼神的活动中,人通过对鬼神的想象,超越了自我的物质性存在,而有了跨时空的精神联系。"祭如在,祭神如神在""吾不与祭,如不祭"(《论语·八佾》),就是说,在祭祀的时候,要在观念中感到"神"是存在的,并且"神"有自己独立的意志和要求,祭祀者要获得"神"的庇护和保佑,就必须反省自我,将自我提高到"神"所要求的高度。否则,祭神就没有任何的意义了。正是在这样一个意义上,他同时又高度评价那些虔诚的信仰者:"禹,吾无间然矣。菲饮食而致孝乎鬼神,恶衣服而致美乎黻冕,卑宫室而尽力乎沟洫。禹,吾无间然矣。"(《论语·泰伯》)在这里,他把对鬼神的虔诚同对人类和人类社会的真诚关切联系在了一起,认为是同一种神圣精神的表现。

(二)孝、丧礼和祭祖

"生,事之以礼;死,葬之以礼,祭之以礼。"(《论语·为政》)这三者,"礼"的形式不同,但在孔子的意识里,其意义则是相同的。它还能向我们表明:孔子所谓的"礼"与后儒所理解的"礼"是有一个根本的差别的。后儒常常将"礼"仅仅视为一个人对他者的义务和责任,主要是一种报恩行为:"礼尚往来。往而不来非礼也,来而不往亦非礼也。"(《四书五经·礼记·曲礼上》)实际上,在孔子这里,"礼"更重要的作用不是对于他人的,而是对于主体的,是一个人精神发展的主要形式之一。曾子说:"慎终,追远,民德归厚矣。"(《论语·学而》)为什么"慎终,追远"就能够"民德归厚"呢?因为"慎终追远"所能够改变的主要不是"终"者和"远"者,而更是"慎终追远"之人。同样,在

"孝""葬""祭"的过程中，特别是在"葬"和"祭"中，孔子所看重的主要不是孝、葬、祭对象的实际利益，而更是孝、葬、祭主体的精神意义。

如上所述，在孔子的伦理道德中，"孝"是核心中的核心，因为这是他实现人性理想的自然人性基础。一个人是首先通过感受、理解父母而开始感受、理解他人和整个社会的，一个人是首先通过关心父母而学会关心他人和整个社会的，一个人是首先通过服务于父母而增长服务于他人和整个社会的能力的。这在社会联系还相当薄弱的孔子时代就更是如此。"父母唯其疾之忧。"（《论语·为政》）"父母在，不远游，游必有方。"（《论语·里仁》）"父母之年，不可不知也。一则以喜，一则以惧。"（《论语·里仁》）这些都是要求儿子不要只是被动地接受父母的抚养和保护，还要主动地关心父母，而在这种关心中，物质生活的关心当然重要，但更重要的还是心灵感受上的。"今之孝者，是谓能养。至于犬马，皆能有养；不敬，何以别乎？"（《论语·为政》）对父母物质生活和精神生活的关心，不仅有益于父母，同时有益于子女超越纯自我狭隘私利的关怀，将自我同他人在精神上联系在一起。"事父母，能竭其力"（《论语·学而》），"事父母几谏，见志不从，又敬不违，劳而不怨"（《论语·里仁》）。这不仅在精神上加强了与他人的联系，同时也逐渐增强了社会实践的能力。我认为，只要考虑到孔子那时社会的具体情况，我们就会感到，他首先重视一个人与父母之间的物质生活和精神生活的联系，对于中国人的成长和发展是有极其重要的影响作用的。

在孔子的"孝"的观念中，最有争议的是他对"父为子隐，子为父隐"的主张。叶公对孔子说："吾党有直躬者，其父攘羊，而子证之。"孔子则说："吾党之直者异于是：父为子隐，子为父隐，直在其中矣。"（《论语·子路》）为什么孔子说"父为子隐，子为父隐"就是"直"呢？因为父亲保护儿子的生命与安全、儿子保卫父亲的生命与安全，是他们的自然本性。这种自然本性是在父子亲情关系中形成的，是在长期共同生活中巩固和发展的。父亲保护儿子、儿子保护父亲，是自然而然的事情，不是勉强做出来的，倒是儿子主动帮助与自己没有亲情关系的公职人员，揭发父亲的犯罪行为并使父亲受到惩罚，不是自然的。这种情与法的矛盾，至今仍然是我们无法回避的问题。至少在我认为，强迫一个人揭发其亲属的罪行或出庭作证，是不人道的行为。因为对于这个特定的人，他损害的是曾经赋予他生命并保护了他生命的一个人，这对他的精神是一种严重的摧残，并且是终生难以愈合的。

孔子对葬礼是格外重视的，这甚至受到墨子的攻击。墨子"主俭"，讲"兼爱"，所以虽然主张"明鬼"，但却反对"厚葬"，孔子"敬鬼神而远之"，但却不反对"厚葬"，仍然坚持"三年之丧"的主张，这充分说明他的本意不在迷信鬼神，不在重视"死者"，而更是从生者人性发展的角度来思考问题的。对丧礼，孔子像对任何礼仪形式一样，重视的不是外在的排场，而是心灵的感受。"居上不宽，为礼不敬，临丧不哀，吾何以观之哉？"（《论语·八佾》）"礼，与其奢也，宁俭；丧，与其易也，宁戚。"（《论语·八佾》）这里的"哀"，这里的"戚"，就是临丧者应有的心灵感受和情感感受。一个人有过还是没有过这种感受，在精神上是绝对不会完全相同的。

香港国学家饶宗颐先生曾经写过一篇名为《史与礼》的文章。他在文章中指出，中国的历史观念同中国的礼学观念是紧密联系在一起的，"中国的谱牒记录，远在三代已相当成熟"[①]。而这，又是同当时人的祖先崇拜及其祭祖活动分不开的。假若说"孝"对于一个人超自我社会联系观念的建立起到的是奠基的作用，假若说"丧礼"对于一个人整体人生观念的形成有着重要的影响作用，那么，"祭祖"对于一个人历史观念的形成则是极其重要的。真正的历史意识从来不是仅仅为历史负责的，而是通过对历史的反思而为现在和未来服务。但是，没有历史意识，也不会具有未来意识，未来是在过去与现在的连线中自然引申出来的。孔子的思想就是因为有了大量的历史知识之后才形成的，但他的思想学说却不是为了历史的本身，而是为了改善人类和人类社会的现在的和未来的生存状况。

[①] 饶宗颐：《史与礼》，载《二十世纪中国礼学研究论集》，陈其泰、郭伟川、周少川编，学苑出版社，1998，第52页。

(三）君礼

孔子思想中最受后代儒学家重视的，一个是"仁"，一个是"礼"，但我认为，后代儒学家对孔子的误读最严重的也正是这两个核心概念。孟子主要阐发了孔子的"仁"，但也将"仁学"与政治学等同起来；荀子主要阐发了孔子的"礼"，但也将"礼学"与政治学等同起来。实际上，孔子的"仁"，反对的是政治手段的"不仁"；孔子的"礼"，反对的是政治手段的"非礼"。孔子虽然不是一个政治的否定论者，但在他的社会理想中却是没有强权存在的，因而在他的思想理想中也没有权力意识和权力欲望的立足之地。而孟子和荀子却都把孔子的思想视为完全符合政治统治需要的思想手段，从而将实现"仁政"和"礼治"的愿望完全寄托在政治统治者本人的觉悟上。荀子是以"分"释"礼"的，将"礼"主要解释为定尊卑、别亲疏的宗法封建等级制度的本身。他说："故人之所以为人者，非特以二足无毛也，以其有辨也。夫禽兽有父子而无父子之亲，有牝牡而无男女之别。故人道莫不有辨，辨莫大于分，分莫大于礼。"（《荀子·非相》）①这种"分"，是以政治统治的需要为标准的。此后的儒家礼学著作，几乎无一例外地坚持荀子以"分"释"礼"的传统，从而重新回到宗法封建等级制度本身的需要上来，"礼"也便成了与"法"并列的两种政治统治手段。"夫礼，坊民所淫，章民之别，使民无嫌，以为民纪者也。"（《四书五经·礼记·坊记》）实际上，孔子张扬"礼"，就是为了淡化和消解权力意识和权力欲望的。可以说，在《论语》中，孔子主要讲的是"君之礼"，而不是"民之礼"。而对于"君"，"礼"不是为了"分"，而是为了"和"。"分"不是孔子的愿望，而是在封建宗法等级关系中已经形成的既定的事实。孔子所面对的社会现实是：这种"分"，已经不仅仅是职务之"分"，身份之"分"，而更是权力之"分"，利益之"分"。这种"分"带来的是"争"：权力之争、利益之争，并且是在政治统治集团内部进行的。这造成了整个社会关系的紊乱，造成了父子、弟兄之间的相互倾轧和残杀，从而也给普通民众带来了空前严重

---

① 王先谦：《荀子集解》，中华书局，1988。后凡引《荀子》者，均出自此书。

的社会灾难。孔子就是在这种情况下提出自己的"礼"的观念的。他提出"礼",就是为了淡化和消解政治统治集团内部的权力斗争。也就是说,他的"礼"是在"分"的基础上求"和",而不是在"和"的基础上求"分"。在《论语》中,甚至连后代儒学家作为出发点的"亲亲""尊尊"这样的字眼都没有出现过,说明连"亲亲""尊尊"的等级观念也是后代儒学家根据自己的理解从孔子的思想之中引申出来的,而不是孔子自觉追求的目标。

孔子不但突出了"君礼"的重要,而且几乎所有有关"礼"的规定,都直接与"君"有关。在《论语》中,有"民"可以不守的"礼",却没有"君"可以不守的"礼"。在这里,我们可以谈一谈孔子主张的"三年之丧"。子张问"高宗谅阴,三年不言"是什么意思,孔子回答说:"何必高宗,古之人皆然。君薨,百官总己以听于冢宰三年。"(《论语·宪问》)宰我提出,三年之丧,时间太长了。孔子对他说,时间短了,你吃着白米饭、穿着锦缎衣,心里能安吗?假若你心里能安,当然可以不守三年。宰我走后,孔子则说:"予之不仁也!子生三年,然后免于父母之怀。夫三年之丧,天下之通丧也,予也有三年之爱于其父母乎?"(《论语·阳货》)但是,在孔子思想中,这个"三年之丧"却不是孤立的,而是与国家政治统治秩序联系在一起的。在谈到"孝"的时候,孔子说:"父在,观其志;父没,观其行;三年无改于父之道,可谓孝矣。"(《论语·学而》)这个"三年无改于父之道"又是什么意思呢?我认为,我们可以用曾子转述孔子的话更清楚地阐释它。曾子说:"吾闻诸夫子:孟庄子之孝也,其他可能也;其不改父之臣与父之政,是难能也。"(《论语·子张》)在这里,我们可以看到,孔子对孝、丧礼、祭祖的重视,在很大程度上是针对"君"而言的,是与"君"的政治统治方针密切相关的。所谓"三年之丧"实际上就是为了"三年无改于父之道",就是为了中国社会发展的连续性和缓慢的进化。在连续中求进化,在进化中保持连续性。当然,在现在看来,孔子这种用"死人"制约"活人"的办法未免有点儿太幼稚了,但我们却不能由此而否定孔子整个礼学思想的深刻性。

我认为,孔子礼学思想在这个方面的深刻性在于:它在封建政治统治体制之外，建立起了一个完整的政治评价体系，为中国知识分子观察、分析和评价专制政治统治提供了可能性。尽管后代儒学家越来越把这个评价体系合并到专制政治统治体系的内部，并利用它来巩固和加强封建专制政治统治，但这个评价体系到底是存在的，它使中国古代任何一个政治帝王都无法用权力建造起自己永恒的神圣地位。

（四）乐、舞、诗

在孔子思想中，"礼"和"乐"是并称的。实际上，"乐"是孔子"礼"的重要组成部分，并且是作为"礼"的最高表现形式而受到孔子的重视的。

在后代儒学家那里，常常把孔子描绘成一个一本正经的道学家，好像孔子在任何时候都是很理智、很严肃的，这不符合《论语》所呈现出来的孔子的形象。实际上，较之任何一个后代儒学家，孔子都更富于诗人气质。"子在川上曰：逝者如斯夫！不舍昼夜。"（《论语·子罕》）"甚矣吾衰也！久矣吾不复梦见周公！"（《论语·述而》）"颜渊死。子曰：'噫！天丧予！天丧予！'"（《论语·先进》）这是多么富有诗意的表达啊！他是一个音乐爱好者，并且有很好的音乐艺术的感受力。"子与人歌而善，必使反之，而后和之。"（《论语·述而》）"子在齐闻《韶》，三月不知肉味，曰：'不图为乐之至于斯也。'"（《论语·述而》）艺术感受力的高低，并不表现为用一种固定的标准衡量一切，对符合这个标准的一律加以赞美，对不符合这个标准的一律加以否定。艺术是要用心灵来感受的，并且能用心灵感受到各种不同艺术作品的差异和等级。这就表现为艺术的鉴赏力。"子谓《韶》，'尽美矣，又尽善也。'谓《武》，'尽美矣，未尽善也。'"（《论语·八佾》）艺术的分析是建立在艺术的感受力和艺术的鉴赏力的基础之上的，对艺术没有感受力，也就不可能有真正的鉴赏力，也就不可能对艺术做出真正的艺术分析。

《诗经》是否是孔子亲自编订的，这恐怕很难考定，但他对诗的熟悉和重视则是不容置疑的。"兴于诗，立于礼，成于乐。"（《论语·泰伯》）按照我的理解，"兴于诗"是说"诗"能够唤起人的内心情绪感受，"立于礼"是说人的内心情绪感受要通过适当的言语和行动表现出来，

"成于乐"是说人的情绪感受在"乐"中能够得到完整而充分的表达。"诗，可以兴，可以观，可以群，可以怨。迩之事父，远之事君；多识于鸟兽草木之名。"（《论语·阳货》）这是孔子关于诗的社会作用的论述，也是对于一般性的文学社会作用的论述。"可以兴"，就是可以唤起人的情绪感受；"可以观"，就是可以了解社会、批判社会；"可以群"，就是可以传达感情、沟通心灵；"可以怨"，就是可以表达痛苦，宣泄感情。它是语言的艺术，不论是在家孝父，还是在社会上事君，都离不开语言，都要善于表达自己的思想和感情，并且通过文学作品还能增长知识，扩大视野。在这里，我们可以看到，孔子的文艺思想与后代儒学家"文以载道"的思想是有根本的区别的。在后代儒学家那里，"文艺"是一回事，"道"又是另外一回事。有的文艺是"载道"的，有的文艺是不"载道"的，有的文艺则是背"道"而驰的。而在孔子这里，文艺本身就是"道"的一种表现形式，不论在社会关系还是家庭关系中，都要有真实感情的交流，都要有心灵与心灵的沟通，所以也都离不开文学以及文学的语言。它是淡化和消解人与人之间的物质实利关系和政治权力关系的一种联系形式。所以，孔子肯定的不是带有那种政治倾向的文艺，而是文艺本身。"诗三百，一言以蔽之，曰：'思无邪'。"（《论语·为政》）什么叫"思无邪"？后代儒学家根据自己的道德观念对"思无邪"做了各种严苛的规定，但只要结合孔子当时的思想追求，我们就会看到，这里的"思无邪"实际就是纯粹的情感情绪的表达而不具有任何侵害社会、侵害他人的实利主义目的，不具有足以破坏人与人之间情感和情绪交流的暴力强制性质。在《诗经》中，有揭露政治统治者骄奢淫逸生活的诗，有表达"吾与汝偕亡"的愤懑情绪的诗，有表达男女之间爱情关系的诗，在孔子看来，它们都是"思无邪"的。为什么呢？因为它们表达的都是自己真实的生活体验和真实的感情情绪，没有外在于这种表达的实利主义目的。《关雎》是一首爱情诗，但孔子却对它赞赏有加，说它"乐而不淫，哀而不伤"（《论语·八佾》），说它的音乐"洋洋乎盈耳哉"（《论语·泰伯》）。所谓"乐而不淫"就是只感到精神上的愉悦，而没有物质欲望的刺激；所谓"哀而不伤"，是说情绪上是悲哀的，但没有自残的倾向，整个属于内在感情情绪的真实表现，是"精神的"，而不是"物质的";是"艺术的",而不是"非艺术的"。它强调的是诗的心灵感受的意义和价值,否定的是离开内在心灵感受而追求外在的物质效果。

关于"舞",在《论语》中几乎没有正面的论述,大概"舞"从祭祀仪式和民间集体的娱乐活动中独立出来之后,就变成了仅供当时政治统治者观赏的享乐活动,并且以展览女性的美色为主。而在政治统治者的享乐欲望中,又渗透着他们的权力意识和权力欲望。"八佾舞于庭,是可忍也,孰不可忍也?"(《论语·八佾》)在这里,孔子批判的是在这种娱乐活动中渗透的权力意识和权力欲望,而不是对舞蹈本身的否定。

总之,我认为,在《论语》中,孔子对乐、舞、诗等文艺形式也是作为一种"礼"、一种加强人类与人类社会的精神联系的形式而重视的。孔子对文学艺术的重视不但对后来中国文学艺术的发展具有重大的意义,而且也向我们表明,他的礼学观念、伦理道德观念是与他对文学艺术的感受和理解交织在一起的。

(五)饮食起居、言行谈吐、人际交往

在《论语》的《乡党》篇里,孔子的弟子大量记述了孔子在日常生活中的言行表现,这都属于"行"的范围。这种"行",有一个"怎样"的问题,更有一个"为什么这样"的问题。"怎样"属于"仪式"的范畴,在历史的发展过程中是经常发生变化也必须发生变化的,而"为什么这样"才体现了孔子的人性追求和社会追求。对于现在的读者,"怎样"的问题已经没有实质的意义,但"为什么这样"的问题却仍然是值得重视的。假若我们从"为什么这样"的角度感受孔子在现实社会关系中的表现,我们便可以说,孔子是按照当时社会可以理解、可以接受的方式与他周围的人进行实际的交往的,这就是孔子的"礼",但在这种交往中他所努力实现的却不是获得政治的权力和物质的实利,这就使孔子的"礼"即使在外在表现形式上也与当时社会的繁文缛节有着本质的不同。

后代儒学家的礼学,经过先秦、两汉、魏晋南北朝的演变和发展,到了唐代的《开元礼》,正式确定为吉、嘉、军、宾、凶五礼。我们可以清楚地看到,后代儒学家的礼学观念已经与孔子的礼学观念有了根本的不同。在孔子这里，礼学是为了代替法学而提出的一整套人类和人类社会的非暴力联系方式，而后代儒学家的礼学，则是法、礼并用，并且以巩固和加强政治统治权力为根本目的的政治统治方式。

七

假若我们细心体察，就会发现，中国学术的发展和演变是有一些奇异的现象的。例如，《老子》上讲"道"，下讲"德"，是一个完整的道德论体系，但在后代学者的观念中，老子思想更是一个"无为"哲学，他的道德论反而被隐蔽在他的"无为"哲学的背后。与此相反，在孔子思想中，"仁"主内，"礼"主外，但后代学者却把孔子思想归结为一个伦理道德学说。这种归结，实际上是把具有人类和人类社会整体关怀和整体改善性质的孔子思想变成了单个人实现自我道德完善的理论信条。虽然后代儒学家也将这种自我道德完善挂靠在"治国、平天下"和"宏大叙事"之中，但最终也没有突破"忠君""孝父"的个人关系的框架。在这里，我们不能不重新感受和理解孔子的道德论及其实质意义。

如前所述，孔子是通过广泛的学习，特别是对古代文献资料的阅读形成了关于人类、人类历史和人类社会的整体意识，从而也具有了对人类、人类历史和人类社会的整体关怀的。他之所以高度重视"仁"，就是因为他的思想主张都建立在对人类和人类社会的整体意识和整体关怀之上，没有这种整体意识和整体关怀，他的思想主张就不可能产生，也不可能被接受、被理解。所以，在他这里，"仁"是"道"的前提，但"道"却不包括"仁"。他从不轻许"仁"于人。孔子甚至也不以"仁"自许。他说："若圣与仁，则吾岂敢？抑为之不厌，诲人不倦，则可谓云尔已矣。"（《论语·述而》）按照后代儒学家的道德观，上述所有的人都是有"道德"的人，都是"君子"，但却不一定属于"仁"的范畴。在孔子思想中，"道"是从"仁"、从孔子对人类和人类社会的整体关怀中产生的，是实现人类和人类社会整体改善的途径和办法，所以"义""忠""信""孝""悌"都属于孔子的"道"的范畴。自然"义""忠""信""孝"都是实现人类和人类社会整体改善的途径和办法，一个人以义、忠、信、孝为标准加强自我的修养就是有所"得"的。但这种"得"不仅仅属于自我，同时也属于他人，属于社会；自己的所"得"也不建立在损害他人和人类社会的利益的基础上，所以自我在精神上是充实和完善的。用现在的话来说，就是能够感到自我生存的价值和意义。我认为，这就是孔子思想中的"德"。这个"德"，既是社会性的，也是精神性的。既有外在的影响，也有自我精神上的感受。

"德"的观念，不自孔子始，但在孔子之前，"德"主要有两种具体含义，一是"天之德"，一是"帝王之德"。"上天"的赐予广被人类，人类普遍从"上天"的赐予中获得生命和幸福，感到这是"天"之大"德"。人间的帝王也像上天一样，能够给民众带来幸福和安全，所以好的帝王及其臣僚也是有"德"的。"非予自荒兹德，惟汝含（舍）德，不惕予一人。"（《尚书·盘庚上》）①"作福作灾，予亦不敢动用非德。"（《尚书·盘庚上》）"肆上帝将复我高祖之德，乱（治）越我家。"（《尚书·盘庚下》）"式敷民德，永肩一心。"（《尚书·盘庚下》）其意都是帝王施"德"于民，这样的帝王也是有"德"的。在《论语》中，孔子也是这样要求帝王及其官僚的。"为政以德，譬如北辰，居其所而众星共之。"（《论语·为政》）"泰伯，其可谓至德也已矣。"（《论语·泰伯》）但孔子的"德"的重心不在于此。在老子那里，"德"还主要是圣王之德，只有到了孔子这里，"德"才作为对每一个人的要求，是"人之德"。他认为，不仅"天""帝王"可以有"德"，每一个人都可以有"德"，并且"德"是每一个人做人的基本原则。"志于道，据于德，依于仁，游于艺。"（《论语·述而》）"据于德"就是按照"德"的原则。"德"的原则是什么样的原则呢？德，得也。"德"的原则就是"得"的原则，就是"有利"的原则，但它不是损人利己之"得"、之"利"，而是"己欲立而立人，己欲达而达人"（《论语·雍也》）之"得"、之"利"。但自然是"得"，自然是"有利"，就不是"有损"。既不"有损于人"，也不"有损于己"，而是能够造福于人，造福于人类的。这应当是每一个人、每一个"君子"

---

① 孙星衍：《尚书今古文注疏》，中华书局，1986。后凡引《尚书》者，均出自此书。

孔子社会学说的逻辑构成(下)

为人处世的基本原则。"志于道"也不能违背这样一个基本原则,"依于仁""游于艺"也不能脱离开这样一个基本原则。所以,后代儒学家在孔子的旗帜下宣扬的所谓"存天理,灭人欲""克己奉公""大公无私""自我牺牲"等等所谓道德教条,都是与孔子的道德观念绝无相同之处的,这甚至也歪曲了"德"这个词的基本含义。

但是,孔子的"德"又不是完全功利主义的,而是同时有物质和精神的两种内涵,并且以精神内涵为主。樊迟问"崇德",孔子的回答是"先事后得"(《论语·颜渊》)。也就是说,先有追求,有努力,而后有所收获,是自己努力的成果,不是建立在剥削他人成果基础上的个人享乐,就是"德"。"仁者先难而后获,可谓仁矣。"(《论语·雍也》)说的也是这个意思。子张问"崇德",孔子的回答是"主忠信,徙义"(《论语·颜渊》)。"义""忠""信"都是孔子"道"的主要内容,这里的"得"是"道"之"得",而"道"之"得"自然也就是后世说的"道德"。"道"能够"得"什么呢?自然"道"是在"仁"、在人类和人类社会整体关怀的基础上建构起来的,"道"就是有利于人类和人类社会的,这是人类和人类社会之"得",而行"道"之人则在他人、人类和人类社会的"得"中感到精神的愉悦和充实,感到自我生存的意义和价值。所以,他也有"得",但得到的不一定是实际的物质利益,而是内在精神上的充实和满足。这种"得",是与自己真诚的信仰与追求紧密联系在一起的。有了某种信仰、某种追求,就有某种"得"的感觉。没有这种信仰,没有这种追求,就不会有这种"得"的感觉。所以,在孔子的"德"中,不仅有一个"有利"与"无利"的问题,同时还有一个如何感受和理解"有利"与"无利"的标准的问题,这个标准是内在于己的,所以这个"得"也是内在于己的。后代儒学家与政治权力的结合,也表现在常常迷恋于以"法"治"德",以"权"治"德"。"法"和"权"建立在公众对它们的畏惧心理之上,没有畏惧,就没有"法",没有"权";有"法"、有"权"也起不到"法"和"权"的作用。在孔子那里,"德"与"法"是有严格区别的,"道之以政,齐之以刑,民免而无耻;道之以德,齐之以礼,有耻且格"(《论语·为政》)。民众没有"耻"感就没有道德心,所以"政""刑"(即"权""法")起不到治"德"的作用。子贡问伯夷、叔齐怨不怨，孔子说："求仁而得仁，又何怨？"（《论语·述而》）这里是说伯夷和叔齐"求"的就不是权力，不是政治地位，而是和平和正义，所以他们失去的是自己愿意失去的，得到的也是自己愿意得到的，不会感到后悔。"泰伯，其可谓至德也已矣。三以天下让，民无得而称焉。"（《论语·泰伯》）"无得"是没有得到实际的物质利益，但政治统治阶级成员的权力欲望，经常造成人与人之间的相互残杀，给整个社会带来巨大的灾难，泰伯没有个人的权力欲望，对于人类和人类社会是"有利"的，民众称赞他的行为，他的"德"较之那些为了自己的权力和地位而给民众施了些小恩小惠的人还要大。"齐景公有马千驷，死之日，民无德而称焉。伯夷、叔齐饿于首阳之下，民到于今称之。"（《论语·季氏》）齐景公得到的是物质的实利，伯夷、叔齐发生的是精神的影响，所以伯夷、叔齐有"德"，齐景公有"得"而无"德"。总之，孔子不但将"德"普及到每个人的身上，同时也将有利与无利的原则提高到了社会的、精神的高度。他的"德"是"道"之"得"，他的"道"也是"得"之"道"。不是自残式的个人修养，也不是脱离开人的精神需求的功利主义、实用主义、物质主义、科学主义。

　　从来的道德都是社会性的，没有人与人之间的社会联系，也就没有道德可言，但是，并不是所有的社会联系都是道德的。道德是精神性的，是从自我的信仰和追求中产生的，不是"利"与"利"的结合，而是心灵与心灵的沟通。"乡原，德之贼也。"（《论语·阳货》）为什么"乡原（愿）"是德之"贼"呢？因为它也是社会联系的一种方式，各自为了个人的物质实利或权力地位而暂时结合起来，共同对付不同的利益集团，与有德之人为了社会的改善而联系在一起一样，但这不是"德"，而是对人类和人类社会起破坏作用的联系形式。这种联合，失败了就作鸟兽散，成功了就相互争夺既得的利益。我们看到，"乡愿"恰恰是瓦解中国社会道德联系的主要形式。它在开始具有道德的外观，但最终导致的却是社会道德遭到更加严重的破坏。"乡愿"既然是社会的联系，这种联系也要有联系的方式，也要有"礼"，但这样的"礼"不是孔子的"礼"，孔子的"礼"与孔子的"仁"和"道"是一体的，而"乡愿"的"礼"则不是"仁"之"礼"、"道"之"礼"，所以后代儒学家将"礼"

孔子社会学说的逻辑构成（下）

全部纳入"道德"之中来，并且以"礼"论"道"、论"德"，恰恰颠倒了"礼"与"道德"的关系。在"礼"的形式下发展的政治专制和社会腐败，是中国社会道德危机的两种主要表现形式。"礼"是需要的，但"礼"必须建立在真诚的社会关怀的基础上，建立在"仁"上。

"中庸之为德也，其至矣乎！民鲜久矣。"（《论语·雍也》）自从唐代儒学家将《大学》《中庸》从《小戴礼记》中独立出来，与《论语》《孟子》并称，宋代儒学家又对它们进行了大量阐发，推崇为儒家的经典，"中庸"就作为儒家道德的中心概念流传下来。《中庸》中说："喜怒哀乐之未发，谓之中；发而皆中节，谓之和。中也者，天下之大本也；和也者，天下之达道也。"①程颢、程颐称《中庸》为"孔门传授心法"，但他们对"中庸"的解释却又与《中庸》的有所不同。他们的解释是："不偏之谓中，不易之为庸。中者，天下之正道；庸者，天下之正理。"（《四书五经·中庸章句集解》）但是，人们很少发现，《中庸》中所说的"中庸"与孔子这里所说的"中庸"实际上并不是一个概念。在《论语》中，"道"和"德"是有严格区别的两个各自独立的概念，在上引"志于道，据于德，依于仁，游于艺"中，"道""德""仁""艺"分明是四个并列的概念，其含义是各不相同的，而孔子说"中庸"之为"德"，就不是"中庸"之为"道"，但在《中庸》和宋明理学家那里，"中庸"都是作为"道""达道""正道"而被阐发和运用的，并且至今称为"中庸之道"。"道"是什么？在孔子那里，"道"是在"仁"、在对人类和人类社会整体关怀基础上提出的思想主张，是实现人类和人类社会整体改善的途径和方法，落实到每一个人，就是为人性的发展提出的理想的标准。这种标准，应当是确定的，按照孔子的说法，即使到了"夷狄"也不能变更的。但到了孔子"德"的范畴之中，情况就有了不同。"德"，得也。"得"有大、中、小的问题，所以"德"也有"大德"（达德、至德）、"中德""小德"的区分。除"至德"之外，《论语》中还有"大德"和"小德"的说法："大德不逾闲，小德出入可也。"（《论语·子张》）（子夏）从这个角度理解孔子这句话，我们就会知

---

① 《中庸章句集解》，载《四书五经》，天津市古籍书店，1988，第1页。

道，孔子这里讲的实际是"至德"（"达德"或"大德"），但他指出，"中庸"就是人之"大德""达德""至德"。"中"不是最大，但也不是"最小"。"庸"就是平平常常，不是异常的显豁，也不是微不足道。为什么"中庸"就是人之"至德""达德""大德"呢？自然"仁"是对人类和人类社会的整体关怀，"道"是改善整个人类和人类社会的途径和办法，"德"就是人类和人类社会的整体改善以及一个人对自我社会价值和意义的感觉，那么，人类和人类社会整体改善的基本形式是怎样的呢？是像人们常常期待的那样，经过一次努力，整个世界就发生了天翻地覆的变化，立即成为黄金世界了呢？还是在原来的基础上有了一个较大的改善呢？前者看来是"大德"、不平凡的"德"，但这是不可能的，后者看来不是多么大的"德"，不是不平凡的"德"，但因为前者是根本不可能的，是空幻的，所以后者也就是实际上的"至德"。这对于一个人而言也是这样，尽管出于对人类和人类社会的整体关怀，也不要设想经过一次的努力就可以从根本上解决人类和人类社会的所有问题，要追求能够达到的最高的目标，而不是想象中的最大的目标。

《论语》中的"中庸"讲的是"德"，是对社会效果的追求和感受，是对自我存在价值和意义的期待或感觉，而《中庸》中的"中庸"讲的则是情感的表达方式。在《中庸》的作者看来，一个人喜怒哀乐的主观感情只有在没有表达之前才是最适宜的，如若表达，就得受到节制，没有节制的表达就是不适宜的。也就是说，表达出来的情感理应与自己内在感受中的有所不同。这大概与《大学》中的"正心论"也有直接的联系："所谓修身在正其心者，身有所忿懥，则不得其正；有所恐惧，则不得其正；有所好乐，则不得其正；有所忧患，则不得其正。"[1]显而易见，《大学》《中庸》的道德论完全转向了人与人的关系论，并且在这种关系论中走向了对人的自然情感感受的否定。它们都认为，只有在没有任何情感态度的时候，才会对事物有一种不偏不倚的正确认识。这实际上与孔子之"仁"、之"道"完全是两码事，也与"德"这个概念的原始意义有了根本的不同。孔子讲诗可以兴、可以观、可以群、可以怨，

---

[1]《大学章句》，载《四书五经》，1988，第4页。

孔子社会学说的逻辑构成（下）

讲仁者能爱人也能恶人。在孔子这里，关键在于一个人是不是仁者，是不是从人类和人类社会的整体关怀出发，而不是要不要表达自己真实的情感态度的问题。"君子素其位而行，不愿乎其外。素富贵，行乎富贵；素贫贱，行乎贫贱；素夷狄，行乎夷狄；素患难，行乎患难。君子无入而不自得焉。在上位不陵下，在下位不援上，正己而不求于人则无怨。上不怨天，下不尤人。故君子居易以俟命，小人行险以侥幸。"①在这里，缺少孔子的什么呢？缺少的恰恰是孔子的"仁"和"道"。

《礼记》原本是孔子的后学记载当时流行的礼仪形式的著作，在孔子的思想中，属于"礼"的范畴，但孔子是由"仁"、由"道"而接近"礼"的，是对现实流行的礼仪形式的一种再阐释，其中也包含着对"礼"的改造，而《礼记》则是对现有礼仪形式的记录和整理，并且是在礼仪形式本体的意义上建构起自己的思想和理论的，建构起自己的"道"的。这种"道"，是"礼"之"道"，而不一定是"仁"之"道"。在孔子那里，"仁"是主体，"礼"是必须适应"仁"的需要的，而在《礼记》的作者这里，"礼"是主体，人必须适应"礼"的要求。当时的"礼"不是孔子本人制定的，而是在周王朝封建宗法制度之下逐渐形成的，因而在当时礼仪形式的基础上构建起来的思想体系在其本质的意义上就是封建宗法制的思想体系，与在"仁"的基础上建构起来的孔子思想有着根本不同的基础。"尊尊、亲亲"这两个体现封建宗法制度基本要求的思想原则恰恰是产生在《礼记》中，而不是产生在孔子的《论语》中。这使它失去了孔子思想消解权力意识和权力欲望的本质职能。唐宋儒学家之所以重新从《小戴礼记》中发现了《大学》和《中庸》这两篇文章，就是因为这两篇文章更加适应了以维护现实政治统治为指归的官僚知识分子的思想需要，并以这两篇文章的基本思想对《论语》做了重新的阐释，将以"仁"为基点的孔子思想置换到这两篇文章的"性"与"天道"的基点上，名正言顺地重新返回到孔子之前的最高政治统治者的视点上去。朱熹在阐释"中庸"的意义时说："中庸何为而作也？子思子忧道学之失其传而作也。盖自上古圣神继天立极，而道统之

---

① 《中庸章句集解》，载《四书五经》，天津市古籍出版社，1988，第6页。

传有自来矣。其见于经，则'允执厥中'者，尧之所以授舜也；'人心惟危，道心惟微，惟精惟一，允执厥中'者，舜之所以授禹也。尧之一言，至矣，尽矣！而舜复益之以三言者，则所以明夫尧之一言，必如是而后可庶几也。"①也就是说，朱熹将"中庸"的意义归结于"允执厥中"一句话，但这句话则是完全站在古代帝王的角度看世界的。而孔子讲的却是"人"的世界观和人生观，讲的是"人"的道德。他的"义""忠""信""孝""悌"是每个人都可以也都应该遵行的，并且对自我的成长和发展也是有益的，但"允执厥中"却不是。"允执厥中"必须是具有控制一个社会整体的力量的人，否则，这个人在现实世界就是完全被动的，就是被周围社会环境所左右的，而不能对周围的世界发生积极的影响。一个知识分子之所以能够对人类和人类社会产生积极的影响，就是因为知识分子有自己独立的思想追求和社会追求，有信仰，有在任何情况下都不会放弃的思想理想和社会理想。

孔子关于"德"还有一个观点，我认为也是相当深刻的。他说："德不孤，必有邻。"（《论语·里仁》）按照我的理解，孔子是说，"德"也是相互联系着的，任何一种"德"，都与其他的"德"有连带的关系。丧失一个，其他的"德"也会相继丧失，而具有了一种德性，只要继续追求，其他的也可以相继获得。我认为，这也是孔子自己的体验。他之所以成为中国最早的一个伟大的思想家，不是靠着西方的逻辑思维，而是靠着他对人类和人类社会的一种关切之心，靠着他的"仁"。一旦有了这种关切，他的思想便以连锁反应的形式展开了。一个人是这样，一个社会也是这样。当一个社会腐败下去的时候，是以连锁反应的形式腐败下去的，但当一个社会重新获得自己的生命力量的时候，也是以连锁反应的形式走向繁荣的。关键在于一个社会有没有人为之做出自己的努力，以及这个社会对这样一些人的努力持一种什么样的态度。

---

① 《中庸章句集解·中庸章句序》，载《四书五经》，天津市古籍书店，1988。

八

孔子关心的是人类和人类社会的整体改善，所以他不但不否定社会政治的作用，反而对政治充满极高的热情。因为在当时的社会上，政治的关系就是社会的关系，社会的关系就是政治的关系，政治秩序的混乱带来了整个社会的混乱，而要改善社会就必须改善政治。但是，孔子的思想从本质上就不是一种政治的思想。他既不是从巩固和加强当时周天子的政治统治权力出发，也不是从巩固和加强哪一个诸侯国的政治统治权力出发，而仅仅为了社会存在状况的改善。所以，不论后代儒学家如何张扬他的政治活动的意义和价值，都无法掩盖他在仕途上的失败。但也正是在孔子政治实践活动的失败中，才使我们不能不区分"政治"和"社会"这两个概念的不同含义，才使我们不能不注意"政治学说"和"社会学说"这两种文化学说的不同要求。政治是建立在权力意识和权力欲望的基础之上的，没有权力意识和权力欲望就没有政治的活动和政治的关系。任何的政治学说都是在承认社会暴力的特定合理性和合法性的基础上建立起来的，不承认社会暴力的特定合理性和合法性就建构不起任何一种政治的学说。而孔子思想的本质特征就是对权力意识和权力欲望的否定与颠覆，在他的社会理想中，是没有任何形式的社会暴力、没有任何形式的社会强制手段的。这是他与秦始皇这类政治家的根本差别，也是他与韩非子这类政治学家的根本差别。他也热衷于谈论政治，并且希望通过政治改革现实社会，但他理解中的"政"实际上不是"政治"，而是"社会"；他理解中的"为政"实际上不是真正意义上的政治实践活动，而只是脱离具体政治统治集团利益的一般意义上的社会公益活动。有人问孔子："子奚不为政？"孔子回答说："《书》云：'孝乎惟孝，友于兄弟，施于有政。'是亦为政，奚其为为政？"（《论语·为政》）实际上，他所说的"为政"，只是一般的社会活动。这种社会活动会对社会政治发生一定的影响，但却不是政治实践活动的本身。但是，孔子思想追求和社会追求的真诚性与坚韧性，使他的努力并没有完全落空，他在政治仕途上的失败换来的是他在社会教育上的成功。孔子的出现不但标志着中国知识分子阶层的正式诞生，同时也标志着中国知识分子独立社会观念的正式形成，标志着中国社会在固有的政治关系之外也开始具有了根本不同于政治关系的另外一种社会关系形式。这种社会关系是在孔子教育实践活动的基础上形成的。

　　对于孔子的教育思想，我们已经有多方面的研究和探讨，但我们却很少看到，孔子通过自己的教育活动，开辟的是一个根本不同于社会政治空间的社会教育空间。在孔子之前，政治的关系几乎是中国唯一具有社会性质的联系形式，其他所有的联系都局限在个体人和个体人、家庭与家庭之间，它们的联系不具有社会整体联系的性质，也不具有社会整体的价值和意义。孔子与其弟子们的联系，则是超于纯粹个体人和个体家庭的联系性质，具有广泛的社会性质和广泛的社会价值与意义的；它开辟的是不同于社会政治空间的另外一种空间形式。它不是按照政治结构的形式建构起来的，也不是按照当时政治统治者的需要建构起来的，而是按照不同于政治结构形式的另外一种结构形式建构起来的，体现的是孔子自己的思想观念和社会观念。现实的政治空间是依照权力的原则具体地建构起来的。在政治结构的内部也有维持现行权力关系与颠覆、重组现行权力关系的矛盾和斗争，但即使这种斗争也是围绕权力展开的。权力意识和权力欲望是构成政治结构内部全部矛盾和斗争的思想基础，并且也是社会政治结构之能够充满生命活力的思想源泉。社会民众总是认为政治统治集团内部的权力斗争是自己灾难的根源，这当然是真理，但却只有一半的真理性。它的另一半的真理性则在于：假若政治统治集团内部没有这样的斗争，假若这个集团中的所有人都安于已经获得的政治地位和经济地位，假若这个集团构成的是一个针插不进、水泼不进的凝固整体，他们之中的任何一个人也不会真正地关心社会民众的疾苦了。因为超于个体人的社会整体利益在政治统治集团内部的权力斗争中永远是作为一个砝码而受到关注的。"水可载舟，亦可覆舟"，关心"水"是因为关心"舟"，假若政治统治集团的成员连自己的"舟"都不关心或不用关心了，也就根本不需要关心"水"了。但到了孔子所开辟的这个社会教育的空间中，这种权力关系很自然地就被另外一种关系取代了。孔子作为一个教育家，与西方的苏格拉底处在大致相同的情境之中。他的弟子们之所以纷纷投奔到他的门下，在他的周围形成了一个虽小但却独立的社会，不是由于他有着较之别人更高的政治地位和更多的经济财富，而是受到他的思想、知识、精神和人格的吸引，而是基于自身成长的需要。这是两种相互吸引的力量，正是依靠这种内在的、精神的相互吸引，将他们联系在了一起。我们现在常常提倡一种自由的教育，实际上，孔子那时的教育，恐怕就是世界上最自由的教育。它之所以是自由的，是因为受教育者到孔子这里来接受教育，正像苏格拉底的弟子们到苏格拉底那里去接受教育一样，是没有任何强制性的因素的。他们是自觉自愿来接受教育的，因而也把接受孔子的教育视为一种光荣、一种幸运，而没有后来一些受教育者的迫不得已的自卑感觉。而对于孔子而言，受教育者来接受教育，本身就是对孔子自身存在价值和意义的认定，孔子是在他的弟子们的成长过程中感受到自己存在的价值和意义的，他对弟子们的尊重同他的弟子们对他的尊重一样，都是一种自然的倾向。这两种尊重是相互激发的关系，而不需要政治权力和经济权力的外部规范。政治的权力和经济的权力在这种精神的相互激发关系中被无形地消解了，至少在当时，它是一种完全新型的社会联系形式，并且影响着整个社会的存在与发展。

在我们对孔子教育思想的批判中，经常将他的"惟上知与下愚不移"（《论语·阳货》）的思想拿出来示众。我认为，这恰恰是孔子作为一个教育家的最深刻的观察和体验之一。教育不是万能的，对于一些已经具有自己独立、完整的世界观念和人生观念的人物，教育是无能为力的。他们的思想不是通过教育传承下来的，而是从他们自身的世界感受、社会感受、人生感受和自身的思维逻辑中自然孕育出来的。他们的思想在他们那里具有原创性，而原创性的思想就不单单是从学校教育中传承下来的。他们在孔子这样的教育家的眼光里，都属于"上知"之人。与此同时，那些从根本上就没有求知的欲望、对外部世界的刺激取着完全封闭的态度，像阿Q一样从来没有过自我缺失的感觉、从来都是自满自足的人，在孔子这样的教育家的眼里，就属于"下愚"，教育对这样的人也是不起作用的。教育的对象永远是那些正在成长着的人，并且在其内部就有成长的愿望。也就是说，在以孔子为核心构成的这个社会教育的空间里，每一个人都是正在成长着的人，都是具有成长愿望的人。正是成长的愿望、发展的愿望，不满足现有的自我、追求更加丰富和完善的自我的愿望，使这个世界充满了生命的活力。正像权力意识和权力欲望使政治社会充满了生命的活力、财富的欲望使商业的社会充满了生命的活力一样，人的自求发展的愿望也可以使一个社会充满生命的活力，并且在这样的基础上获得的生命活力是没有因为争权夺利所导致的战争、破坏和各种形式的社会灾难的。我认为，只要认识到这一点，我们就会更加深切地体会到孔子的社会理想并不是没有特定的现实根据的，并且也能体会到孔子的社会理想之所以能够在中国社会上，特别是在中国知识分子中间世代流传的原因。任何社会理想都是不可能完全转化为现实的，但任何真诚的社会理想都会在现实社会中找到一定的根据，因而对这种理想的执着追求也是会有特定的社会效果的。

必须看到，孔子的"大成至圣文宣王"等阔得可怕的头衔是由政治家以政治社会的价值标准赋予他的，这同时也把社会教育的空间政治化了，教育也被纳入现实政治的直接控制之下，但这是在孔子死后几个世纪的事情。在孔子在世的时候，孔子开辟的这个社会的空间还是一个独立的社会空间。在这个空间之中，决定孔子与其弟子们的关系的不是后来人对他的评价，而是孔子当时的自我意识。必须看到，像孔子这样伟大的思想家，是没有、也不可能以全知全能的"圣人"意识自诩或标榜自我的，因为只有像孔子这样的思想家，才能更清醒地意识到自我在这个庞大的世界中的地位和作用的有限性，才会更清楚地意识到自我知识、才能、道德和人格发展的有限性，所以他宁愿将古代帝王"圣贤化"，也不会将自我"圣贤化"。他将古代帝王"圣贤化"是为了弟子们、同时也为自己树立一个追求的目标，是为了激发弟子们以及自己向往崇高、追求崇高的精神力量。所以，孔子一再表示自己不是"圣人"，不是"不学而知"的人，而只是一个"学而不厌，诲人不倦"的有追求、有责任感的教师。"若圣与仁，则吾岂敢？抑为之不厌，诲人不倦，则可谓云尔已矣。"（《论语·述而》）"我非生而知之者，好古，敏以求之者也。"（《论语·述而》）"十室之邑，必有忠信如丘者焉，不如丘之好学也。"（《论语·公冶长》）我并不认为这是孔子的自谦之词，而是一个知识分子的真实的自我意识。在这里，我重视的也不是孔子的道德品质，而是由于这种自我意识而与他的弟子们构成的社会联系形式。我认为，正是因为孔子有了这样的自我意识，并且也希望自己的弟子们这样看待他自己，他才会作为一个真实的人而出现在弟子们面前，从而与自己的弟子们构成一种较近乎平等自由的师生关系。孔子经常批评自己的弟子的缺点，但他自己也不文过饰非。陈司败问鲁昭公是否知礼，孔子回答说"知礼"。孔子走后，他的弟子巫马期又去见陈司败，陈司败说，我听说君子"不党"，君子也"党"吗？鲁国与吴国同姓，依礼是不应该通婚的，鲁昭公却娶吴国的女子为妻，并且称之为吴孟子。若要说鲁昭公知礼，那谁不知礼呢？巫马期出来后告诉孔子，孔子说："丘也幸，苟有过，人必知之。"（《论语·述而》）"子之武城，闻弦歌之声。夫子莞尔而笑，曰：'割鸡焉用牛刀？'子游对曰：'昔者偃也闻诸夫子曰："君子学道则爱人，小人学道则易使也。"'子曰：'二三子！偃之言是也。前言戏之耳。'"（《论语·阳货》）至少在我阅读《论语》的感受中，孔子似乎是比我们这些当代中国知识分子更没有"架子"的一个人，他并不怕自己的弟子们认为他没有知识、没有学问，而是怕自己的弟子们把他当作一个不可理解、高不可攀的人。他有时甚至表示自己在某些方面不如自己的弟子。有一次，他问子贡："女与回也孰愈？"子贡说："赐也何敢望回？回也闻一以知十，赐也闻一以知二。"孔子接着说："弗如也！吾与女弗如也。"（《论语·公冶长》）他认为"后生可畏"（《论语·子罕》），也是他不把自己放在不可超越的"圣人"地位的一个最好的证明。只要记住孔子自己也是通过"学"而成长起来的一个知识分子，我们就会知道，在他的意识中，他的那些同样希望通过"学"而获得更迅速成长的弟子们，与他是同样的人。他对他的任何一个弟子都不会采取鄙弃和歧视的态度。他们在人格上是平等的。这与政治权力化之后的师生关系是完全不同的。后代儒学家"天、地、君、亲、师"的观念，从表面上提高了"师"的地位，但在实际上，"师"在这个等级序列中被排在了末位。"文化大革命"中，"红卫兵"就是在"君""师"的矛盾关系中从"君"不从"师"而成为迫害"师"的主要力量的。这分明与孔子当时的思想追求和孔子弟子们的实际表现截然不同。与此同时，将"师"

从"师生"的整体联系中抽取出来,使"师"成为政治权力的执行者和国家意识形态的灌输者,实际上是将"师"在教育空间中孤立起来,极大地扩大了"师"与"生"的心理距离,将"师"变成了一个敬畏的对象。这与我们在《论语》中感到的孔子与其弟子们的关系也有根本的差别。二者的差别就在于,孔子为我们建立的是完全不同于政治关系的另外一种社会关系,而后代儒学家则将这种关系重新合并到了政治权力关系之中。

只要我们能够感到孔子与他的弟子们在人格上的平等关系,就会知道,孔子对他的弟子们的任何褒扬和批评体现的都不是他和他的某个弟子的私情,而是在关心着每一个弟子的成长过程中形成的超于个人私情的社会关系。通过孔子与他的弟子们的关系,我们最能够清楚地感受到孔子的"仁"和我们通常意义上的"爱人"的联系和区别。为什么孔子用"仁"这个在当时很生僻的字眼,而不用在当时已经很流行的"爱人"这个概念体现他的最高的思想追求呢?显而易见,孔子感受中的"仁"与当时社会上流行的"爱人"是有着不同的内涵和外延的。仅仅从社会上流行的"爱人"的观念出发,我们可以说孔子爱颜渊而不爱樊迟,但从"仁"的角度出发,我们就会感到,孔子对颜渊的爱和对樊迟的爱是完全同等的。也就是说,不论孔子对他的弟子们是褒扬,是批评,体现的都是他对弟子们的爱,是对他们成长过程的关心,这些批评也没有在他的弟子们那里引起憎恶的情绪。它形成的是孔子与他的弟子们之间的经常的、广泛的、活泼的思想交流,他的弟子们甚至孔子自己就是在这种思想交流中共同成长、共同发展的。在这里,笔者仍然必须强调,在孔子的思想中,这种相互关心、平等交流、共同发展的关系形式,不但是社会教育的形式,同时也是他的理想的社会联系形式。一种在"己欲立而立人,己欲达而达人"基础上形成的有差异、有矛盾、有批评但却没有相互之间的怨恨、抵触、倾轧、残害、屠戮和战争的社会联系形式。笔者认为,孔子与中国知识分子关于大同社会的理想,与孔子当时的教育实践是有着内在的紧密联系的。直至现在,不论大同理想在人类社会实践上遇到过多少次惨重的失败,大多数中国知识分子在其最深层的意识中,也仍然认为大同理想并不是一种完全虚幻的乌托邦,而是通过人类的努力可以实现的理想。

孔子当时的这种教育形式，带有教育初创时期的素朴性质，但与此同时，它也具有为后来的学校教育所极难复演的完美性。严格说来，孔子的教育才是真正的"人"的教育，而此后直至现当代的教育，不论怎样强调学生素质的培养，归根到底也仍然主要是"知识"和"才能"的传授。当代教育普及化了，广大社会群众都有了受教育的机会，这是当代教育较之孔子的教育以及中国古代的教育更加先进的地方，但同时也职业化了。教育是按照不同职业的要求设立课程的，一个教师担任的只是一个门类的知识的传授，学生从一个教师那里接受的只是一个门类的知识和才能。而在孔子的教育里却截然不同。在孔子的教育里，知识、思想、情感、意志、言语、行为方式都是通过孔子其人相互融为一个整体的。在孔子这里，任何一种知识都是他的思想的构成成分，都浸透着他的情感和情绪态度，都体现着他的追求意志，并且是用他自己的语言表达出来的，都体现在他的行为方式中。与此同时，孔子的言语和行动，是诉诸他的弟子们的心灵的，而不是一些需要记忆的教条。总之，孔子和他的弟子们构成的是心灵和心灵的交流，孔子重视的是他的语言和行动对于弟子们的心灵的影响，是弟子们的整个心灵的丰富和充实，不仅仅是知识和能力的片面发展。

在孔子教育思想的研究中，我们常常提到他的"启发式"的教学方法。孔子自己也说："不愤不启，不悱不发。举一隅不以三隅反，则不复也。"（《论语·述而》）依照我的理解，这种启发式实际就是在此情此境中的情感、情绪、意志的综合表现，其信息量是无限丰富的。而接受者受到对方情感、情绪、意志的影响，其心灵也进入到一种特定的兴奋和活跃的状态，产生各种形式的丰富联想，从而跨越对方语言的表面含义，而形成仅仅属于自己的思想。在知识的传授中，接受者的思想就停留在教师传授的知识上，而心灵的交流则是一个可以无限运演的过程，它不会仅仅停留在对方的语言上。这也不仅仅是教育的过程，而是一种积极主动的、高质量的社会交流形式。孔子在谈到颜渊的时候说："吾与回言终日，不违，如愚。退而省其私，亦足以发，回也不愚。"（《论语·为政》）也就是说，颜渊并没有停留在孔子对他所说的话上，而是会思考很多的东西,从而形成自己特有的体会和感受。但与此同时,孔子又说:"回也非助我者也,于吾言无所不说。"(《论语·先进》)这里的意思是说,因为颜渊能够立即领悟孔子的话,也就不会提出质疑,进一步促进孔子的思考。倒是子路、樊迟等其他的弟子,因为没有颜渊那样高的领悟能力,倒常常提出问题,引起孔子的进一步思考。如上引子路质疑"正名"的话,就引出了孔子"名不正则言不顺"的一番议论,实际上,假若子路没有表示怀疑,孔子也不会进一步思考"正名"的意义和价值。启发式主要不是把别人诱导到自己已经知道的结论上去,而是在相互的激发下对事物做出更深入的感受和思考。所以,"启发式"又是与"教学相长"紧密联系在一起的。有一次,子贡问孔子:"巧笑倩兮,美目盼兮,素以为绚兮"这几句诗是什么意思,孔子并没有直接讲诗,而是用绘画作答,说是"绘事后素"(在素地上再进一步用鲜艳的色彩加以描绘)。子夏受到启发,说:"礼后乎?"亦即应当先存忠信之心,然后才用礼仪形式更加突出地表现出来。孔子也没有想到子夏会从他的回答联想到"礼"上去,所以很有感慨地说:"起予者商也!始可与言《诗》已矣。"(《论语·八佾》)这种交流形式使交流双方的心灵永远处于动态的流动过程,而没有一种死的教条能够凝固住人的心灵。所以孔子又告诫自己的弟子们:"毋意,毋必,毋固,毋我。"(《论语·子罕》)

孔子在教育上的成功,几乎是不用论证的。《论语》本身就是孔子教育成果的最集中的表现。孔子死后多年,他的弟子们仍然感到他的思想的深刻性和独立性,甚至更加感到他的思想的深刻性和独立性,所以才将他的言行记载下来,编成了《论语》这部不朽的经典。这说明孔子的这些话对他们的心灵、对他们的精神的成长,是发生了深远而又持久的影响的。这不仅是孔子思想的胜利,同时也是他与弟子们实现的新型社会联系形式的有效性的有力证明。这是一种思想的联系,精神的联系,情感的联系,意志的联系;一句话,心灵与心灵的联系,这种联系绝对不是靠权力、靠强制和压迫建立起来的。

孔子社会学说的逻辑构成（下）

九

到了中国现当代社会，知识分子的人格问题成了学术研究的热点话题之一，关于孔子及儒家知识分子的人格问题也有了各种不同的议论。

我认为，知识分子的人格问题，归根到底是知识分子与自己的知识和思想的关系问题。没有知识、没有思想，或者有知识而不需要传承，有思想而不需要传播，也就没有知识分子，知识分子同普通社会公民也就没有任何区别，不应当区分出一个知识分子的人格问题。正是知识分子有了自己的知识，有了自己的思想，自己的知识需要传承下去，自己的思想需要传播出去，所以知识分子就是有自己特殊的社会使命和社会责任的。这也就产生了一个知识分子与自己的知识和思想的关系问题。

在孔子这里，实际上就是孔子同他的"道"的关系问题。

自从人类进入所谓的文明时代以来，不论是哪个民族的哪个时代的哪个人，都同时生活在三种基本社会联系的形式之中，一种是政治的权力关系，一种是物质的财富关系，一种是人与人的情感的和精神的社会关系。在孔子之前，这三者的关系基本上是统一在一起的：在社会上具有更大政治权力的人同时也是在社会上具有更多物质财富的人，每一个人都是在自己政治和经济的地位上同其他人构成特定的社会联系的。也就是说，每一个人都是凭着自己在特定环境、特定时刻的直感感觉与实际利益同周围的人建立起特定的社会关系的。虽然古代帝王也在自己的地位上提出过对政治统治者的某些思想要求和行为要求，但仍然是他们在自己的特定政治经济地位上感觉到的，不是社会上所有人都有一整套系统的价值观念和价值标准。但是，这三者的统一并不意味着社会的统一和稳定。恰恰相反，它成了政治统治阶级内部争权夺利斗争的总渊薮。政治、经济地位的不平等使政治统治集团内部的各个成员都希望获得更大的政治权力和更多的物质财富，而当他们按照自己的利益要求同周围的人建立起特定的社会联系的时候，不同利益集团之间的斗争就成了不可避免的现象。孔子是立于这个政治统治集团的外部而感受和思考这个政治统治集团内部的关系的，他身感这个政治统治集团内部争权夺利的斗争给整个社会带来的动荡和不安，依凭着他对这个社会的整体关切，依凭着他的丰富的历史知识和现实的观察，对人与人的社会联系做出了自己的整体思考，并且为这种关系的改善提出了自己的一系列思想主张。这就是他的"道"。但是，这个"道"自然是孔子在对人类和人类社会的整体关怀的基础上提出来的，是在"仁"的基础上提出来的，是在淡化或消解权力意识和权力欲望的基础上提出来的，也就与任何一个人的现实私利要求有了区别。这种区别就是"义"与"利"的区别。这种区别不但发生在别人的身上，同时也发生在孔子和他的弟子们身上。到了后代儒家知识分子那里，由于孔子的思想学说已经有了很高的社会地位，并且与政治权力和物质利益联系在了一起，"义"和"利"的矛盾被严重地遮蔽起来。但在孔子和他的弟子们所处的历史时代，这种矛盾还是能够明确地意识到的。作为一个个体的人，特别是作为一个知识分子，不可能对自我的本能欲望和私利要求没有明确的意识，为了他人和社会整体的利益而放弃自己的私利要求，并不是一件容易办到的事情，特别是当社会的其他人都在运用自己的全部力量争取着更大的政治权力和物质财富的时候，一个人关心的却是人类和人类社会的整体利益，这个人不但得不到他原本可以得到的更大的个人利益，而且还不被当时的社会所理解。所有这些，孔子是不可能感受不到的。也就是说，作为一个有血有肉的"人"的知识分子与作为一个带有抽象性、理想性、整体性的"道"的载体的知识分子是经常处在二者的矛盾关系之中的。

正是在作为一个人的知识分子同作为"道"的载体的知识分子的矛盾关系中，孔子体验到了"志"的重要性。孔子之所以说"志于道"，就是因为，在他的意识中，"道"是必须依靠主观意志的力量才能实际地追求到的，没有主观意志的力量，仅仅依靠自然本能，仅仅依靠直感感受，或者仅仅依靠社会的自然演化，是不可能达到"道"的境界、实现"道"的要求的。曾子说："士不可以不弘毅，任重而道远。仁以为己任，不亦重乎？死而后已，不亦远乎？"（《论语·泰伯》）任务重，道路远，没有意志的人是达不到的。

"志"是什么？用现在的话来说，就是人的主观能动性，就是自我能够自觉地把握自己、选择自己、设计自己并向着自己所理想的目标主动做出努力的意识和行为。它是一种精神性的力量，是从人的心灵内部产生的。但这种精神的力量并不是没有内在的心理根据和心理基础的。具体到孔子"志于道"的"志"，其基础就是他的"仁"，就是他在有了关于人类、人类历史、人类社会的整体意识之后产生的对人类和人类社会的整体关怀。它不是在自然本能欲望要求的基础上产生的，而是在更广泛的社会历史知识的基础上产生的，这使他不但在精神上超越了纯粹个人的私利欲望，而且也超越了所有囿于个人私利欲望的人的思想视野和精神境界，具有了更宽广的心怀，并且感到一种精神上的愉悦。这种愉悦感既是来自对外部世界的发现，也是来自对自我内在愿望和要求的发现。正是这种心灵的感受，使孔子发现了根本不同于其他人的一个新的、更高尚、更远大也更光明的追求目标。这个目标在外部世界中不像现实实利目标那样具体和明确，但在心灵感受中却有一种更真实、更有价值和意义的感觉。它使孔子的心灵更加充实和光明，因而对他也有更大的吸引力量。它是在追求中感到的，在心灵中看到的，没有追求就没有这样的目标；有了追求就有这样的目标，并且越是追求就越是具有内在的明确性和具体性，越是变得宽广和光明。"仁远乎哉？我欲仁，斯仁至矣。"（《论语·述而》）孔子在这里说的，就是当一个人追求"仁"的时候，就会感到"仁"的存在的情况，但当人被自己眼前的狭隘私利所蒙蔽，忘记了对它的追求，它也就在人的心灵中消失了，那种心灵的宽阔、光明的感觉也就消失了。孔子的"志"，就是在他体验到"仁"、体验到"道"之后，自觉地、主动地、不断地进入这种精神体验，而不让自己眼前的狭隘私利完全占据自己心灵的努力。

如前所述，孔子不是一个政治否定论者，更不是一个经济否定论者。子贡问孔子："有美玉于斯，韫椟而藏诸？求善贾而沽诸？"孔子回答说："沽之哉！沽之哉！我待贾者也。"（《论语·子罕》）"富而可求也，虽执鞭之士，吾亦为之。如不可求，从吾所好。"（《论语·述而》）也就是说，孔子不是人的本能欲望的扼杀论者。他不提倡它们，是因为在当时的社会环境中，它们是所有的人自然能够感到的，也是自然会去追求的，不用他去大力地张扬。后代的反孔论者，常常拿出他的"自行束修以上，吾未尝无诲焉"（《论语·述而》）的话来嘲笑他，这是有失忠厚的。知识分子也是人，也不能饿着肚子救国救民。但是，孔子还是与当时的其他人有严格区别的，那就是他始终坚持着他的"道"，而没有因为权力和金钱而放弃自己的思想追求。要说人格，我认为这就是孔子的人格，也是任何一个知识分子都应该具有的基本人格。"富与贵，是人之所欲也；不以其道得之，不处也。贫与贱，是人之所恶也；不以其道得之，不去也。君子去仁，恶乎成名？君子无终食之间违仁，造次必于是，颠沛必于是。"（《论语·里仁》）"君子去仁，恶乎成名"，用现在的话来说，就是君子假若没有他人意识、社会意识、公共意识和人类意识，那就不是君子了。"造次必于是，颠沛必于是"，就是说不论做什么，不论境遇如何，都是为了"道"，为了"仁"。

直至现在，我们仍然将孔子作为儒家知识分子的代表，将老子当作道家知识分子的代表，而认为孔子是入世的，老子是出世的。我认为，这种笼而统之的概括方式对我们的研究工作并不是有利的。研究工作是为了将对象看得更细致、更准确，而不是为了看得更模糊、更笼统。假若我们更精确地认识孔子及其思想，我认为，作为中国最早出现的一个独立知识分子，是不能仅仅归结到儒家文化传统的，也不能认为他就是入世的。孔子的真正意义在于，他标志着中国独立知识分子的诞生，标志着中华民族具有个人独创性的完整而又系统的思想学说的诞生，标志着一种新的、更具有完整性、系统性的思维方式在汉语言文字发展的基础上已经正式形成并体现了中国人思维能力的质的飞跃。这一过程是中国文化从政治统治集团内部及其直接的政治实践经验的基础上逐渐独立出来、在政治统治集团之外形成独立的知识分子及其文化的过程。传说中的周公制礼作乐还只是政治统治者直接政治实践的需要，而不是个体人自行建构起来的思想学说。孔子则是通过古代文献的掌握和更广泛的学习而在直接的政治实践之外形成自己的独立思想学说的。他的从政不是为了巩固当时的政治统治政权，而是具体实现自己的思想主张——"道"。说得更浅白一些，"政治"只是他的"道"的实验基地，对于这个实验基地他是有自己的自由性的，是无所谓"入世"和"出世"的。这一点，孔子说得很明白。他说："笃信好学，守死善道。危邦不入，乱邦不居。天下有道则见，无道则隐。邦有道，贫且贱焉，耻也；邦无道，富且贵焉，耻也。"（《论语·泰伯》）"邦有道，谷；邦无道，谷，耻也。"（《论语·宪问》）"隐居以求其志，行义以达其道。"（《论语·季氏》）所以，入世和出世都不是他的特征，不屈服于政治权力、物质利益和世俗舆论的任何压力，始终坚持自己独立的思想主张和思想追求，才是孔子作为一个知识分子的根本标志，也是他的基本的人格特征。在这个意义上，他是后代所有具有独立思想追求的中国知识分子的先驱，并不仅仅属于特定派别的儒家文化。与此同时，老子也是中国最早出现的独立知识分子之一。只要不从具体文化派别的利益上考虑问题，到底是孔子在前还是老子在前实际上是没有任何意义的。老子与孔子的差别是两个思想家由于关注着不同问题而建构起的具体思想学说的不同，而这种不同并不是在"出世"和"入世"的区别上。老子对于中国文化的意义几乎与孔子没有根本的差别。他们都是中国最早的独立知识分子，都在汉语言文字的基础上建构起了具有个人独创性的完整而有系统的思想学说，都标志着中华民族思维空间的新的开拓和精神境界的新的升华。仅就具体的思想主张，老子也不是"出世的"，他的"无为"是在"圣王"地位上的"无为"，是为最高政治统治者提供的一种统治策略。但老子却不是当时的最高政治统治者，他也是像孔子一样借助文化典籍的阅读和现实人生的观察和体验，在政治统治集团外部建构起自己独立的思想学说的。在当时的社会上，孔子和老子都是既不完全像"官"、也不完全像"民"的"另类"，他们共同孕育了中国独立知识分子阶层的诞生。"出世"和"入世"的分别，是到了孟子和庄子那一代知识分子才产生的。孟子以孔子的传人自居，但其思想并不完全等同于孔子；庄子以老子的哲学为本，但老子哲学到了庄子这里也有了重大变化。后代人实际上是在孟子和庄子的分别中形成了关于"入世"和"出世"这两种不同人生态度的观念的，因而也有了儒家文化和道家文化这两种不同文化传统的观念，但这是后代人的选择，而不是孔子和老子本人的特征。也就是说，"入世精神"和"出世精神"是中国知识分子自身分裂的产物，并不能作为评论整个中国知识分子和中国知识分子文化传统的价值标准。实际上，一种思想一旦成为传统，其内部一定是鱼龙混杂的，研究者的任务是从各种不同的传统中发掘出真正具有价值和意义的文化精神和文化内涵，而不是进一步加强它们之间的矛盾和对立。在这个意义上，过去那种"入世浊、出世清"的观念，或者"入世积极、出世消极"的观念，都是不能成立的。历史的事实是：入世的未必浊，出世的未必清；入世的未必积极，出世的未必消极。其中的关键在于一个知识分子有无自己的"志"以及"志"在何方。具体到孔子，我们只能说，他是有自己的"志"的，他的"志"在于他的"道"。"出世""入世"都不是他的"志"之所在，也不体现他的人格。

知识分子之所以在社会上有自己的存在价值和意义，就是因为它是知识和思想的生产者和传播者，而知识和思想则是人类和人类社会存在和发展的重要前提条件之一。所以，知识分子的人格也就是具体体现在它的知识和思想的生产和传播上的人的精神因素。没有这种人的精神因素，这种知识和思想就不会发生或者即使发生也无法得到传播。也就是说，知识分子的人格是体现在他的知识和思想的本体的，没有离开知识和思想的知识分子人格，也没有离开知识分子人格的知识和思想。具体到孔子来说，没有他的"志"，就没有他的"道"；没有他的"道"，也见不出他的"志"。他的"志"应该从他的"道"中发现，而不应当到他的"道"之外去寻找。后代的儒家知识分子，大都成了官僚，他们在文化上是信奉"孔孟之道"的，但"孔孟之道"并不是他们自行建构起来的思想，他们中的绝大多数也不是为了传播"孔子之道"才去做官，所以他们中的那些直言敢谏之士，表现出来的主要是政治人格，而不是严格意义上的知识分子人格。这样的政治人格是在具体的政治实践过程中表现出来的，而不是在某种知识和思想的发生和传播过程中表现出来的。后代的儒家知识分子，在将孔子思想政治化的同时，也将它道德化了，将《论语》主要当成了加强个人修养的道德教科书，大量的忠臣、孝子、节妇、烈女在实践儒家伦理道德信条的过程中都表现出了坚强的意志，表现出了人格的力量，但在严格的意义上，这属于道德人格，而不属于知识分子人格。政治人格是在特定政治结构之内发挥作用的，是为了这个政治结构的整体利益而坚持自己的独立主张所表现出来的意志和品质。不同的政治统治集团，甚至相互对立的政治统治集团内部都有具有这种

孔子社会学说的逻辑构成（下）

人格模式的成员，仅就其政治人格本身的价值和意义，是局限于他所服务的政治统治集团的，没有更大的超越性。道德人格是在特定社会环境的人际关系中发挥作用的，是为了实践这个生活环境中人际关系的准则而不惜放弃自己的幸福追求所表现出来的意志和品质，道德人格的价值和意义是在其生活的具体环境中表现出来的，是在特定伦理道德标准之上发挥其实际作用的。仅就一个人的道德人格本身，也没有更大的超越性。中国古代的节妇、烈女，在其生活的小环境中，不能认为是毫无价值和意义的，但到了现当代社会，随着社会道德价值标准的变化，就没有什么价值和意义了。除此之外，后代儒家知识分子又常常将孔子思想归结为"礼"，归结为待人接物的方式。他们将《论语》中所说的"温良恭俭让""温文尔雅"作为一种标准，并且将其提高到人格的高度。实际上，孔子的这些表现都是在特定场合对待特定人的态度，而并不体现他作为一个知识分子的特征。这里所说的"人格"，实际上只是人的脾气、性格……我认为，以上那些标准，都是不适于孔子这个具有原创性意义的思想家的。在当时的社会上，孔子不是一个固定政治统治集团的内部成员，他也不像后代儒家知识分子宣扬的那些忠臣良将一样忠于一个君主，忠于一个政治统治集团，后代儒家知识分子宣扬的那些直言敢谏之士，那些忠臣良将尽管与孔子思想的影响有着某种联系，但却无法概括孔子本人的人格模式；后代那些忠臣、孝子、节妇、烈女是在儒家伦理道德已经成为不可逾越的伦理道德信条之后、具体实践了这些伦理道德信条的人物，在他们的自我约束力之中同时也包含着社会环境的约束力，尽管我们仍然不能完全无视他们的道德人格的力量，但却无法以此概括孔子本人的人格特征。孔子是在他自己的道德观念基础上形成自己的道德标准的，他的伦理道德完全是自己自由意志的产物，与当时社会上流行的道德习俗并不相同。他对"乡愿"的厌恶，实际上就是对当时流行的道德习俗的厌恶。也就是说，在当时的社会生活环境中，孔子并非社会公众认可的道德楷模。至于性格，人各不同，即使孔子也不是一个扁平型的人物。脱离知识分子与其知识和思想的关系而专注于脾气和性格的评论，是没有学术价值和意义的，并且容易抹杀人的个性、束缚人的自由。所以，孔子的人格，归根到底还应回到他和他的"道"、他的思想学说的关系上来。

在书面文化已经相当普及的现当代社会上，我们都比较轻易地有了"知识"，有了"思想"，有了"文化"，成了"知识分子"。但我们的"知识""思想""文化"却常常不是从自己的生命体验之中生成的，而大都是从书本中接受过来的。在这个过程中，帮助了我们的是我们的"智商"。我们大都很自信，但自信的是自己的聪明才智，而不是"知识""思想"和"文化"本身的价值和意义。因为我们的这些"知识""思想"和"文化"已经是在文化市场上公开出售的商品，是我们在文化市场上收购进来的。我们感觉不到"知识""思想"和"文化"的崇高，因而我们也感觉不到其他知识分子的崇高，"消解崇高"就成了我们时代的文化潮流。但对于像孔子、墨子、苏格拉底、释迦牟尼、哥白尼、伽利略、布鲁诺、伏尔泰、尼采、列夫·托尔斯泰、甘地、鲁迅这样一些人，情况就有不同。他们的思想就是在他们的人生体验中产生的，他们的思想本身也就是一种知识。在他们的感觉中，这些知识和思想，并不仅仅有益于自己，而更有益于整个人类和人类社会。他们从知识和思想中感到的不仅仅是自己的"智商"，自己的聪明和才智，同时更是自己的知识和思想对于人类和人类社会的价值和意义。在这种情况下，他们的"知识"和"思想"的价值和意义往往是远远超越于自身的存在的。在孔子那里，"道"的意义联系着整个人类和人类社会，联系着人类社会的过去、现在和未来，是比他这个"人"更加重要的东西。相对于"道"的意义，他在人对人的统治权力中所感到的那点短暂的精神满足感，在物质享乐生活中所感到的那点短暂的感官愉悦感，实在是太微不足道了。这也就意味着这类知识分子重视自己的精神生命更胜于自己的物质生命。当二者并不构成直接对立性质的关系的时候，二者在他们的心灵中是浑成一体的，但在二者的矛盾关系中，他们就会感到物质生命的虚幻和精神生命的崇高，甚至会以物质的生命去维护自己的知识和思想，维护自己的精神生命。孔子说："朝闻道，夕死可矣。"（《论语·里仁》）"志士仁人，无求生以害仁，有杀身以成仁。"（《论语·卫灵公》）他甚至想到"道"若不行，就"乘桴浮于海"，离开这个污浊的世界。我认为，在孔子这里，这些话都是非常容易理解的。因为在他的感觉中，他的

孔子社会学说的逻辑构成（下）

"道"实际上是比他这个"人"更重要的一个存在物。他的生存，他的奋斗，实际上已经不是为了自己这个"人"，而是为了自己这个"道"。所以他又说："人能弘道，非道弘人。"（《论语·卫灵公》）他是为"道"而存在、而奔波的。

总之，我认为，孔子的人格就是一个真正知识分子的人格，这种人格是在他与他的"道"的矛盾关系中表现出来的，是以自己的"志"坚持自己的"道"、不屈从于现实政治经济权力和社会舆论的压迫所表现出来的精神和气质。它就凝结在他的"道"中。孔子面临的困境，实际上也是中外所有知识分子都不能不面临的人生困境；孔子的人格，实际上也是中外所有真正意义上的知识分子所不能没有的人格。

假若我们用一句话来概括孔子及其思想的伟大意义，那么，我们就可以说，孔子是中国第一个在自己的思想中重构起人类和人类社会整体的思想家，并且将自我生存的价值和意义与人类和人类社会的整体改善紧密结合起来，从而实现了对自我狭隘私利欲望的超越，为中国人，特别是中国知识分子的精神发展开辟了一个新的、无限广袤的空间。在孔子之后，书面文化以及与此相联系的学校教育迅速发展起来，用书面语言的形式建构自己独立的思想并力图用自己的思想影响社会的发展成了中国知识分子的一种自觉的、明确的自我意识和自我期待，从而酿成了先秦百花齐放、百家争鸣的文化局面。知识分子成了中国社会的一支独立的社会力量，知识分子创造的文化越来越成了广义的中国文化的主体组成部分。所有这一切，实际上都是与孔子及其思想的社会影响息息相关的。在这个意义上，孔子绝不仅仅属于我们后来所说的儒家文化传统，而是整个中国书面文化（知识分子文化）传统的开创者。

假若说中国书面文化是一个潘多拉的盒子，孔子就是揭开了这个盒子的盖子的一个人。

原载《文史哲》2006年第3期

孟子国家学说的逻辑构成：
从孔子到孟子（一）

一

随着宋明理学的昌盛，中国的儒家文化传统就是以"孔孟之道"的形式保留在我们的思想观念之中的，可见孟子在中国儒家文化传统中的地位和作用是至关重要的。我认为，事情还远远不止于此。我们甚至可以说，我们现在所理解的中国儒家文化传统，与其说是以孔子思想为基础具体建构起来的，不如说是以孟子思想为基础具体建构起来的。孔子与老子是中国知识分子文化的两个并列的原点，老子是在人与自然的联系和区别中建构起自己的世界观念和人生观念的，孔子是在人与人之间的社会联系中建构起自己的世界观念和人生观念的。但是，从其中的任何一个文化原点出发，都能够有无数个发展演变的方向，因而也可以形成无数个不同的文化传统。正像韩非子所说，孔子之后，"儒分为八""取舍相反、不同"，"皆自谓真孔"，孔子不可复生，"将谁使定世之学乎？"（《韩非子·显学》）所以，我们现在所说的"中国儒家文化传统"，在更大的程度上取决于第二个文化支点的确立。两点之间才能连成一条直线，才能形成我们现在所说的"文化传统"，这种"文化传统"也才有一个大致确定的发展方向，并与其他的文化传统严格区别开来，使其后来的追随者能够有较为分明的"正统"与"异端"的感觉。一种文化传统就是在后代的追随者不断抵制、反对并排斥异端学说，维护、坚持并发展自己的"道统"的过程中存在并传承下来的。但在这时，决定这种"文化传统"基本性质的已经不是它的文化原点（因为在它的基础上是可以建构起无数个不同的传统，因而也可以从无数个角度概括它的基本性质的），而是它的第二个文化支点。这个支点以自己的需要解读文化原点的意义和价值，并将其纳入自己的体系中，成为自己思想体系的一个有机构成成分。具体到我们理解中的中国儒家文化传统，如果细心体察，我们就会感到，我们往往不是依照孔子的思想需要感受和理解孟子的思想学说，而是常常依照孟子的思想需要感受和理解孔子的思想学说，其中也包括对孔子思想学说中一系列思想概念的感受和理解。在这个意义上，我认为，儒家文化作为一种文化传统，与其说传承的主要是孔子的文化思想，不如说更是孟子及其后代儒学家的文化思想。

　　孟子的思想学说作为中国儒家文化的第二个文化支点，是由唐代儒学家韩愈给我们确立下来的，这同时也形成了我们对于中国儒家文化传统的具体感受和理解。"尧以是传之舜，舜以是传之禹，禹以是传之汤，汤以是传之文武周公，文武周公传之孔子，孔子传之孟轲。轲之死，不得其传焉。"（韩愈：《原道》）这个儒家文化传统的谱系是以将孟子的思想学说抬到与孔子同等崇高的地位为其主要特征的。"始吾读孟轲书，然后知孔子之道尊。"（韩愈：《读荀》）"求观圣人之道，必自孟子始。"（韩愈：《送王秀才序》）恰恰是孟子，赋予了韩愈感受和理解孔子思想学说的基本形式。宋明理学家则是在孟子思想学说的一系列基本概念的基础上演绎出自己的思想体系的。所谓"天"，所谓"性"，所谓"理"，所谓"心"，这些宋明理学的"关键词"，都不是孔子思想学说中的主要概念，而是演绎的孟子思想学说中的哲学命题。这样一个历史事实向我们表明，我们关于中国儒家文化传统的观念，并不像一个朝代的帝王谱系那样是以确定无疑的历史事实为根据的，而只是韩愈和宋明理学家对中国儒家文化传统的一种编码方式和阐释方式。它是通过强化孟子思想与孔子思想的本质联系而弱化孔子思想的其他传承者与孔子思想的本质联系的方式而具体建构起来的。直至现在，我们仍然自觉或者不自觉地将孔子思想同孟子思想简单等同起来，似乎二者在本质上是没有任何差别的，其间的不同仅仅是具体内容上的不同，并且主要反映着孟子对孔子思想的进一步丰富和发展。但是，只要我们超越于韩愈和宋明理学家为我们确立的关于中国儒家文化传统的固有观念，而把中国思想史视为由众多独立的思想家共同构成的历史，我们就会看到，孟子思想和孔子思想在极其相近的表面形式下，是包含着极其不同的实质性内容的：它们是两种不同的思想学说，而不只是一种思想学说具体内容的简单积累。假若说孔子在其整体上就是一个"人之师"，孟子在其整体上就是一个"君之师"（"国师"）；假若说孔子的思想学说在其整体上讲的就是"人之道"，孟子在其整体上讲的就是"君之道""王之道"（"王道"）；假若说孔子通过对"人"、对"人"的社会性的感受、认识和思考，建构起来的是一种社会学说，孟子通过对"君"、对"王"的批评和建议建构起来的就是他自己的一种国家观念和政治理想。作为思想学说，它们甚至并不真正属于同样一个思想范畴。

在我们过去研究一种思想学说的时候，往往仅仅注重一种思想学说产生的政治背景以及这种思想学说在历史上的政治价值和意义，有时则仅仅局限于阶级立场和阶级利益的分析和研究。显而易见，仅仅在这样一个范围中，我们是无法发现孔子思想和孟子思想的本质差别的。我认为，在这里，起着关键作用的是文化自身的演变和发展。孔子的时代，是中国书面文化尚处在"乍暖还寒"的早春季候的时代。孔子是最早通过历史典籍、历史传说和现实知识的广泛学习而开拓了自己的思想视野和文化视野的知识分子，他从而也建构起了与社会一般人迥然不同的思想观念和文化观念。带着这样一些观念，他也曾想服务于现实政治，走仕途，但他的思想观念、他的"道"，已经与现实政治的需要发生了严重的分裂，周游列国的经历不是使他积累了更多的从事现实政治斗争的经验，而是更加强化了他自己的独立思考和独立追求。作为一个具有更宽阔的社会视野和历史视野的知识分子，他的价值和意义不是被政治家首先感觉到的，而是被他的那些学生们首先感觉到的。他们是一些渴望成长、渴望发展、渴望成为更加健全的人的年轻人。他们之所以聚集在孔子的周围，不是因为孔子有实际的政治权力，也不是因为孔子有更多的物质财富，而是因为崇敬孔子这个人，并且希望自己也成为像孔子这样一个有知识、有思想、有道德的人。与此同时，孔子也是依照他的"人"的观念而引导和培养他的学生们的，其中也广泛涉及国家政治的问题，但这也是为了学生的成长和发展，表达的是他自己的国家观念和政治观念。孔子思想就是在这样一种关系中得到丰富和发展，同时也得到更加充分的表现的。孔子对于自己的思想是有自信力的，但这种自信力来自于他对自己思想价值和意义的感受和体认，而与个人在中国社会上的身份和地位没有直接的关系。他还不可能清晰地预见到他所开创的知识分子文化历史在未来的伟大发展，更不会将自己想象成一个至高无上的"圣人"。他是以自己想象中的古代贤明的政治帝王为自己的榜样的，也将自己的思想附着在这些圣王身上。他甚至并没有意识到需要将自己的思想整理出来，著之竹帛，使之世世代代流传下去。他的言行是在他死后由他的学生们记述下来的。他们之所以记述它们，是因为孔子的这些言行给他们留下了深刻的印象，并影响到他们社会观念和人生观念的建立。所有这一切，都决定了孔子思想是围绕着"人"和"人的成长"的观念展开的。他是"人之师"，讲的是"人之道"，是从"人"的成长和发展出发的。假若说鲁迅思想是中国现代社会的立人思想，孔子思想就是中国古代社会的立人思想。

我认为，孔子的更大历史作用，在于唤醒了"士"这个社会阶层的生命自觉，同时也激发了它的创造力量。在孔子之前，在"天子""诸侯""大夫""士""庶民"这五个社会阶层中，可以认为，"士"对于现实社会是最不具有重要性的一个社会阶层。"庶民"是当时社会的底层，但又是整个社会的基础，它所从事的物质生产是整个社会赖以存在和发展的根本命脉。尽管作为其中任何一个人的社会作用是微乎其微的，但作为整体的"民"却是历代政治统治者都无法忽视、不能忽视的；"天子"曾经是整个社会的最高统治者，起着控制和管理整个社会的作用。随着时间的推移，它失去了自己的绝对控制权，但仍然是整个中国社会的象征，当时的社会还不能无视它的存在；随着"天子"绝对控制权的丧失，发展起来的是各个诸侯国的统治权力。各个诸侯国的政治权力集团，是由国王与大夫们构成的，不论在整个中国社会还是在本诸侯国内部，都起着举足轻重的作用。唯独"士"这个社会阶层，既不是一个生产者阶层，又远离了政治统治的权力集团，在当时社会上几乎没有任何的重要性。在当时社会上，"庶民"人口数量的增加，标志着经济的发展和社会的繁荣，而实际参与国家管理以及政治权力争夺的贵族集团的人物，人数则是极少的。贵族集团几乎像排泄粪便一样将自己的远房亲属不断排泄到"士"这个社会阶层中来，使之成为当时社会一个尾大不掉的赘瘤。孔子作为一介布衣，通过与书面文化的结合，神奇般地上升到社会领袖的地位。"天下君王至于贤人众矣，当时则荣，没则已焉，孔子布衣，传十余世，学者宗之，自天子王侯，中国言六艺者，折中于夫子。"（《史记·孔子世家》）其影响甚至远远超过了当时的"天子"或诸侯国的国王。我们现在有句话叫作"榜样的力量是无穷的"，实际上，在当时的社会上，孔子就是"士"这个阶层成员的一个"光辉榜样"。孔子的出现，像一道亮光一样为"士"这个阶层的成员劈开了一条通往成功之路：通过掌握文字语言，通过历史知识和现实社会知识的广泛学习，形成自己独立的思想观念，从而将自己提高到与当时的贵族成员同等甚至更重要的社会地位上来。

其后，在"士"这个阶层的越来越多的成员，充满雄心壮志，大踏步地走到社会前台来的时候，也正是各个诸侯国的国王逐渐陷入更加严重的政治困境中的时候。越来越激烈的列国争战和越来越残酷的贵族集团内部的权力斗争使各个诸侯国的国王再也不能仅仅按照传统的习惯治理自己的国家、维持自己的统治权力。对于那些有广泛的历史知识和社会知识并在社会上享有极高威望的知识分子，开始有了一点尊敬，有了一点重视。在当时各个诸侯国国王之间，"礼贤下士"不但是一种现实的需要，甚至还成了一种风气，一种习惯。这从根本上改变了当时中国社会的结构形态。在孔子之前，社会上只有一种主要的价值观念，那就是按照政治等级感受看待人的存在价值的观念，即使萌芽中的道德标准，在尧、舜、禹、汤、文、武、周公这些人身上，也还和政治实践紧密联系在一起，没有自己的独立性。孔子的出现，从根本上改变了这种单一的社会结构，将道德从政治关系中完全脱离开来，而成为一种完全独立的标准："天下有达尊三：爵一，齿一，德一。朝廷莫如爵，乡党莫如齿，辅世长民莫如德。"（《孟子·公孙丑上》）这就在观念上将像孟子这样的知识分子上升到了与政治君王平等的地位上："彼以其富，我以吾仁；彼以其爵，我以吾义，吾何慊乎哉？"（《孟子·公孙丑上》）孟子就是在这样一种境况下走进中国社会的。"……这一类人声名大，待遇优，如儒家大师孟子，后车数十乘，侍从数百人，往来各国间，凭他的声名，所到国家，国君们都得馈赠黄金，供给衣食，听取孟子的议论。"①

　　这是一种由文化的发展带来的社会的变化，而这种社会的变化又具体表现为知识分子话语空间的扩大。凡是一种充分展开的思想，都是在一个更自由的语境中产生的。没有这样一种语境，这样一种思想就无法得到充分的表现，而无法得到充分表现的思想是无法得到不断的丰富和发展的，因而也不可能成为一种独创的思想。这样，不同语境产生的独创性思想也就有了根本性质的不同。孔子曾经周游列国，但在当时的历史条件下，孔子在与各个诸侯国王的交往中还不能不处在相对被动的地位，当时的君主在知识分子面前还没有那么恭顺谦卑，当时的孔子在君主面前也还没有那么气盛神旺。孔子在与君王们的对话关系中还没有充分表现自己思想的自由。"道不同，不相为谋"（《论语·卫灵公》），"不在其位，不谋其政"（《论语·泰伯》），"君子思不出其位"（《论语·宪问》）是孔子在现实政治关系中所坚持的基本原则，这使他的思想主要停留在一般的国家观念和政治观念的层次，而不可能进入到国家具体政策和措施的层面。他的自由是在他与自己的学生们的关系中取得的，因而他的思想也是在这样一种语境中丰富和发展起来的。孟子的情况则与之不同。"人伦明于上，小民亲于下。有王者起，必来取法，是为王者师也。"（《孟子·滕文公上》）他已经有了做"王者师"的资格和意识，这使他在与各个诸侯国王及其王公大臣的关系中有了充分表达自己思想见解的自由。《孟子》全书首先给我们这样一个深刻的印象：不是孟子更加有求于各个诸侯国王的赏识，而是各个诸侯国王更加有求于孟子的知识和思想。正是在这样一种语境中，孟子几乎是酣畅淋漓地展开了自己关于国家、政治的思想见解。假若说孔子是从政治庙堂开始而最后落脚于社

---

①范文澜：《中国通史简编（修订本）》第1编，人民出版社，1958，第246页。

会教育，孟子则是从社会教育开始重新返回了政治庙堂。虽然他也像孔子一样终生未得君主们的赏识，但至少在精神和气势上却是不让于那些政治统治者的。它反映着孔子之后中国知识分子在中国社会影响力的扩大、社会地位的提高，也反映着各个诸侯国的政治统治集团在内外两个方面所面临的严重危机。

我认为，正是这种由书面文化的发展所带来的"士"这个阶层社会地位的提高以及由此而发生的社会结构的变化、知识分子语言环境的变化，导致了孟子思想学说与孔子思想学说在本质意义上的不同。

二

伯夷，圣之清者也；伊尹，圣之任者也；柳下惠，圣之和者也；孔子，圣之时者也。孔子之谓集大成。集大成也者，金声而玉振之也。金声也者，始条理也；玉振之也者，终条理也。始条理者，智之事也；终条理者，圣之事也。智，譬则巧也；圣，譬则力也。由射于百步之外也，其至，尔力也；其中，非尔力也。（《孟子·万章下》）

自有生民以来，未有孔子也。（《孟子·公孙丑上》）

宰我曰："以予观于夫子，贤于尧舜远矣。"子贡曰："见其礼而知其政，闻其乐而知其德。由百世之后，等百世之王，莫之能违也。自生民以来，未有夫子也。"有若曰："岂惟民哉？麒麟之于走兽，凤凰之于飞鸟，泰山之于丘垤，河海之于行潦，类也。圣人之于民，亦类也。出于其类，拔乎其萃，自生民以来，未有盛于孔子也。"（《孟子·公孙丑上》）

昔者孔子没，三年之外，门人治任将归，入揖于子贡，相向而哭，皆失声，然后归。子贡反，筑室于场，独居三年，然后归。他日，子夏、子张、子游以有若似圣人，欲以所事孔子事之，强曾

子。曾子曰："不可。江汉以濯之，秋阳以暴之，皜皜乎不可尚已。"（《孟子·滕文公上》）

非其君不事，非其民不使；治则进，乱则退，伯夷也；何事非君，何使非民；治亦进，乱亦进，伊尹也。可以仕则仕，可以止则止；可以久则久，可以速则速，孔子也。皆古圣人也，吾未能有行焉；乃所愿，则学孔子也。（《孟子·公孙丑上》）

予未得为孔子徒也，予私淑诸人也。（《孟子·离娄下》）

圣王不作，诸侯放恣，处士横议，杨朱、墨翟之言盈天下。天下之言，不归杨，则归墨。杨氏为我，是无君也；墨氏兼爱，是无父也。无父无君，是禽兽也。公明仪曰："庖有肥肉，厩有肥马，民有饥色，野有饿莩，此率兽而食人也。"杨墨之道不息，孔子之道不著，是邪说诬民，充塞仁义也。仁义充塞，则率兽食人，人将相食。吾为此惧，闲先圣之道，距杨墨，放淫辞，邪说者不得作。作于其心，害于其事；作于其事，害于其政。圣人复起，不易吾言矣。昔者禹抑洪水而天下平，周公兼夷狄驱猛兽而百姓宁，孔子成《春秋》而乱臣贼子惧。《诗》云："戎狄是膺，荆舒是惩，则莫我敢承。"无父无君，是周公所膺也。我亦欲正人心，息邪说，距诐行，放淫辞，以承三圣者……（《孟子·滕文公下》）

毫无疑义，孟子在主观上是衷心地敬仰孔子、信奉孔子的思想学说并以孔子思想的传人而自居的，但当他将孔子思想带到了另外一个社会语境中，孔子的思想在有形与无形中就发生了某些本质方面的变化。在这里，我认为，一个最基本、但也最重大的变化就是"学"的观念和"教"的观念的分裂性变化。

知识分子，实际上就是"学者"，是以"学"为主要特征的人。它通过"学习"增长自己的知识、开阔自己的视野，从而形成了与其他阶层的人的不同特征。在人类发展的特定历史时代，书面文化主要是靠这样一些人创造出来并丰富、发展起来的。所以，我们向来不太注重的"学"的观念，实际上对于知识分子的文化创造是极具关键意义的。人类的"学"的观念是怎样形成的？只要我们返回到人类存在的本体去思考这个问题，就很容易发现，"学"实际是人类以及其中的任何一个人不断超越自己、不断成长的一种方式。在知识分子这个阶层正式产生之前，"学"已经是人类乃至所有动物自发生成的一种本能需要。人类乃至所有动物都是靠着不断"学"而增长自己生存和发展的能力的。及至人类社会积累了更多的文字资料和口传文化，才产生了知识分子，"学"才成了知识分子自觉追求的目标，但在这时，"学"仍然首先是自我成长和发展的需要。孔子说："吾十有五而志于学，三十而立，四十而不惑，五十而知天命，六十而耳顺，七十而从心所欲不逾矩。"（《论语·为政》）说的就是通过自觉的学习而不断成长的过程。他明确指出，学习首先是为了自己的成长和提高，而不是为别人而学："古之学者为己，今之学者为人。"（《论语·宪问》）在这个意义上，"教"不是一个人的学习目的，而只是一个人学习过程中的衍生效果。"教"是在别人"学"的需要的基础上产生的，一个人通过学习得到了更迅速的成长，另外一个人或一些人感到从这个人身上可以学到更多的东西，这就将他当成了"学"的对象，这个"学"的对象就成了"教者"，成了"师长"，但这个"教者"，这个"师长"，就其自身，仍然主要是一个"学者"，一个"学生"，他不但可以学习其他人或其他对象，并且可以向视他为"教者""师长"的"学者""学生"学习。在这种情况下，"教"和"学"、"教师"和"学生"实际还是交融在一起的，还是没有一个截然的分界的。"三人行，必有我师焉。择其善者而从之，其不善者而改之。"（《论语·述而》）"后生可畏，焉知来者之不如今也？"（《论语·子罕》）孔子对学生的教育，从来不是单向的，而是有反馈、有折射的。他与他的学生的关系仍然处在"教"和"学"、"师"和"生"没有一个截然分界的浑融状态中，处在一种平等交流的关系中。他的学生在这种交流中成长，孔子的思想也在这种交流中得到继续的丰富和发展。但到了孟子，"教"和"学"的这种浑融一体的关系就不存在了。这是由于他的主要教育对象有了变化，他与他的主要教育对象所构成的语境有了变化。"君仁莫不仁，君义莫不义，君正莫不正。一正君而国定矣。""夫国君好仁，天下无敌。"（《孟子·离娄上》）正是在这样一种文化错觉中，孟子将教育的对象主要转向了当时各诸侯国的国王，《孟子》一书所陈述的思想大都是通过与当时的"当权派"的对话具体展开的。正是这种主要教育对象的转移，将孟子的"教"的观念与"学"的观念切成了截然不同的两段。对于孟子本人而言，此前作为"学者""学生"的学习只是达到他现在作为一个"教者"、一个"王者之师"的必要准备，而现在作为一个"教者"、一个"王者之师"则是此前作为"学者""学生"长期学习和积累的结果。"教者""王者之师"的地位尊贵起来，而"学者""学生"的地位就显得卑贱了；"教"和"学"是附着在人的关系之上的，"教者"与"学者"的关系的变化也不能不表现在"教"和"学"的关系上。在现实的"教"和"学"的关系中，作为"教者"，作为"王者之师"的孟子与作为"学者""学生"的各个诸侯国的国王，也是截然分为两侧的：孟子是作为"教者"，作为"王者之师"而出现的，那些诸侯国的国王则只是孟子的"受教者""聆听者""学生"；二者的关系是不可能发生变化的，否则，一个无权无势的知识分子与一个国家的最高政治统治者就构不成对话关系了。"天之生此民也，使先知觉后知，使先觉觉后觉也。予，天民之先觉者也。非予教之，而谁也？"（《孟子·万章上》）虽然这是孟子假托伊尹而说的话，实际也是孟子对知识分子、对自我存在价值和意义的意识。在这里，"先知先觉者"就是"教者"，"后知后觉者"就是"学者"。相对于"后知后觉者"，"先知先觉者"是拥有知识和道德的人；相对于"先知先觉者"，"后知后觉者"则是无知无德的人，二者的关系是固定不变的，"教"和"学"的关系也成了单向的传输关系。

"教"和"学"二元分立观念在孟子思想学说中的直接反映是"越位思考"与"跨道对话"特征的形成。孟子不是一个政治统治者，但思考的却是政治治理的问题，他思考的问题不是他职责范围中的问题，他与周围人所构成的也不是政治权力关系，他的思考并不建立在他较之别人更加实际、更加丰富的实践经验之上，其思考属于一种越位思考：不在王位而思考君王应当思考的问题。在这个基础上，他表达的实际只是一个无权无势的知识分子对政治统治者的愿望和要求，而这种愿望和要求与拥有实际政治权力的政治统治者是不可能完全重合的。与此同时，政治统治者对于国家的政治治理是有较之孟子更加切近的体验和感受的，是有更丰富的实践经验的，但这些体验和感受，这些实践经验，主要是运用政治权力维护并加强自己政治权力的经验，这并不符合作为一个无权无势的知识分子的孟子的愿望和要求，因而也无法成为孟子思想继续丰富和发展的基础。也就是说，孟子有孟子之"道"，政治统治者有政治统治者之"道"，二者的追求目标就不是完全相同的，孟子与当时各个诸侯国王的对话属于跨"道"对话。我们没有必要也没有理由怀疑孟子政治追求的真诚性，更没有必要也没有理由否认他的政治理想的合法性与合理性，但作为一种思想学说，却也不能不说，是与孔子"道不同，不相为谋""不在其位，不谋其政""君子思不出其位"的主张截然不同的。司马迁说孟子的思想"迂远而阔于事情"（《史记·孟轲荀卿列传》），就是因为孟子为当时的政治统治者设计的政治蓝图，并不完全符合这些政治统治者的现实愿望和要求，也无法起到帮助他们改革政治的具体作用。实际上，直至现在，世界上仍然存在着为了自己的成长和发展而学和为了最终成为"导师""教导者"而学的两种学习观念，也存在着以自我的亲身感受和体验为中心展开自己的思想与劝人为善、代人立言、代君筹策的两种类型的学术语言。这是两种不同的文化形态，对这两种不同的文化形态，我们也要有两种不同的阐释方式和接受方式。我认为，孔子思想和孟子思想则分属于这两种不同的文化形态，其基本特征是有所不同的。

"教"与"学"的分裂，必然导致"教"与"教"、"学"与"学"的分裂。"教"与"学"的分裂，是与"教"尊"学"卑观念的发生和发展同步进行的。自然"教者"为尊，"教者"有了权威性，就成了"文化权威"，而"学者""学生"就相对卑贱下来。这样，"学者"与"学者"之间就有了竞争，以争夺"教者""文化权威"的身份和资格，而"教者"与"教者""文化权威"与"文化权威"也有了竞争，以争夺更高一级的"教者""文化权威"的身份和资格。对于这样的文化现象，我们是不会感到陌生的，因而我们也常常用这样的观念感受和理解孔子的文化活动。但孔子的情况却有根本的不同。在孔子的当时，"教者"在社会上还没有先在的权威性，这种权威性仅仅存在于他的学生们的感受和体验中，即使这种感受和体验也是随着这些学生自身的成长而逐渐形成的。孔子也获得了极大的成功，也享有极高的社会荣誉，但所有这些，都出现在他人生的终点上，而不是他赖以成为一个伟大思想家的精神基础。用句孔子的话来说，就是"先难而后获"（《论语·雍也》）。他走的是当时的人们不愿走也不能走的一条新的人生道路。在这条道路上，他几乎没有竞争者，因而他也不会排斥和否定其他知识分子及其思想学说。而在他创立的文化价值获得了社会的普遍认可之后，大多数知识分子是在追求荣誉和成功的精神动力的直接推动下走上文化道路的，但这也是在这条道路上有了越来越多的竞争者的原因。他们都要成为"教者"，成为"文化权威"，都希望自己能够登上"王者之师"的文化宝座。一个知识分子要想获得预想的成功，除了自己的"学"之外，还要以自己的所"学"排斥和否定其他知识分子的所"学"，战胜这些同行竞争者，并且这也是他全部奋斗的一个重要内容。这就导致了"教者"与"教者"的分裂，"文化权威"与"文化权威"之间的矛盾和斗争，而争夺话语权或者话语霸权就成了这种矛盾和斗争的核心。《论语》一书，也有大量批判性的内容，但《论语》的批判是社会批判，是对"天下无道"的社会现状的批判，而不是对另外一些知识分子及其思想学说的否定和排斥。"攻乎异端，斯害也已！"（《论语·为政》）从这句话可以看出，孔子实际是承认不同的人对同一事物有不同的感受和认识的。绝对排斥与自己不同的思想学说，是不利于自己思想的继续成长和发展的。对于他，更重要的是要"学"，要"思"，要感受，要理解，不要"困而不学"。他甚至认为，即使"赌博"，也比什么事也不做、也不想要好得多（"饱食终日，无所用心，难矣哉！不有博弈者乎？为之犹贤乎已。"——《论语·阳货》）《孟子》一书，当然也继承了《论语》的社会批判性质，但同时也有对不同思想学说的排斥和否定。他认为，不排斥其他的思想学说，就无法弘扬自己的思想主张——"杨（朱）墨（翟）之道不息，孔子之道不著，是邪说诬民，充塞仁义。"他甚至将对异端学说的排斥就视为自己神圣的文化使命和社会使命："正人心，息邪说，距诐行，放淫辞，以承三圣……"（《孟子·滕文公下》）显而易见，韩愈之所以格外重视孟子在儒家文化发展史上的地位和作用，正是因为孟子对异端学说排斥和否定的坚决性和彻底性。他对佛、老的决绝排斥态度，与孟子对杨、墨的决绝排斥态度，是一脉相承的。"不塞不流，不止不行。人其人，火其书，庐其居，明先王之道以道之"（韩愈：《厚道》）的儒家文化战略传统，实际是从孟子开其端的。

在全部的人类文化史上，总是有各种不同的文化流派、各种不同的思想学说和各种不同的文化主张的，这些不同的文化流派、思想学说、文化主张又总是处在各种不同的差异、矛盾乃至斗争、对抗之中，这恰恰是人类文化不断发展的重要推动力量。但在这里，我们仍然必须看到，孟子对异端思想的排斥是有超于正常的学术争鸣的性质的：他不是在知识分子内部的学术争鸣中对不同的思想学说进行反驳和证伪的，而是在力图将自己的思想主张上升到国家意识形态的高度并通过国家政权的力量实现自己的社会理想的过程中对不同的思想学说进行排斥和否定的。这种排斥和否定固然也反映着不同思想学说之间的矛盾和差异，包含着特定的文化内容，但同时也伴随着争夺话语霸权的性质，对其他知识分子及其思想学说的排斥和否定具有窒息性的扼杀作用，不但不利于整个人类文化的发展，同时也不利于自身的不断丰富和发展。"杨朱无书"（鲁迅：《而已集·小杂感》），我们已经无法证明孟子对杨朱的排斥和否定与中国文化的正常发展有什么具体的关系，但他对墨家思想学说的绝对排斥和否定显然是简单粗暴的，甚至还带有同室操戈的性质。"杨氏为我，是无君也；墨氏兼爱，是无父也。无父无君，是禽兽也。"（《孟子·滕文公下》）像这样的批评，严格说来，并不具有学术争鸣的性质，这在中国文化的后来发展中造成了极其严重的后果。

伴随着"教者"与"教者"的分裂，"学者"与"学者"也势必发生分裂。孔子作为一个"学者"的意义，是向当时他所关心的所有事物"学习"，这种学习就是为了获得新的信息和知识，获得新的感受和认识，一个人的成长就是在这种不断学习并对通过学习获得的新信息、新知识、新感受、新认识进行思考以有效地纳入自己的知识结构、思维结构的过程中逐步实现的。"子入太庙，每事问。"（《论语·八佾》）"加我数年，五十而学易，可以无大过矣。"(《论语·述而》)"吾少也贱，故多能鄙事。君子多乎哉？不多也。"(《论语·子罕》)这种学习是自由的、自主的，学者对自己的学习有其主动性，但到"教者"与"教者"、文化权威与文化权威发生了分裂，学生学习的对象就发生了根本的变化。在这时，学生已经不是向整个世界、整个人类和人类文化学习，而是向某个"教者"、某个"文化权威"学习；他学习的也不是"教者"和"文化权威"之所以成为"教者"和"文化权威"的一切，而是"教者"和"文化权威"通过学习而建构起来的具体思想主张或思想学说。中国文化中常常说的"道统""学统"，往往不是在更广泛的学习基础上形成的不同思想流派，而是在不同师承对象的基础上形成的不同"门派"。张三的学生传承的是张三的思想，李四的学生传承的是李四的思想。彼此的不同不是来自于不同"学者"的不同个性，而是来自于不同的师承关系。

在人类文化的发展史上，"教"和"学"的分裂几乎是不可避免的，但却不是完全合理的。这种分裂标志着知识分子社会地位的提高和文化生产的繁荣，但却不一定意味着知识分子实际社会作用的加强和文化品位的提高。变化有时是发展，有时则是退婴；繁荣有时带来丰富，有时则导致平庸。在更多的情况下，则是发展与退婴杂糅，丰富与平庸共生。但也正是因为如此，对于任何一种文化现象，都需要研究，需要分析，世界上并不存在一种不须研究就能够继承的文化传统、不须分析就能确定其价值的思想学说。

三

当"教者"不再同时是一个"学者"，当"教者"不再在自我成长的意义上感受和意识自己的知识、才能或思想、道德，从而也把受教育者视为一个个不同的生长着的个体，而是将自己的知识、才能或思想、道德视为自己有知识、有才能、有思想、有道德的一种标志，从而也认为受教育者只要接受了这些知识、拥有了这些才能、掌握了这些思想、遵从了这些道德信条，就能够成为像自己一样有知识、有文化、有思想、有道德的人，其知识、才能、思想、道德就会发生一种根本的变化：由具有内在精神性特征的浑融整体转化为外在的、平面的、分散的、教科书式的知识和技能，即使思想和道德，也能够成为外在于自我心灵整体的固定信条，同一般意义上的知识和才能没有本质上的区别。"子绝四：毋意，毋必，毋固，毋我。"（《论语·子罕》）人类文化中的所有知识和才能，所有思想和道德，都是在人的成长和发展过程中获得其具体的意义和价值的，都是脱离不开人对它的具体的感受和理解的。所以，人类文化中的所有知识和才能，所有思想和道德，其中也包括像孔子这样伟大的思想家的思想学说及其思想概念，都是不能依照毫无根据的猜想确定其意义和价值的，都是不能只有一种确定不疑的绝对化理解的，都是不能完全凝固起来使其无法发生变化的，并且也不能把自己的看法强加于人，不同的人可以并且应该有不同的感受和理解。但当"教"和"学"发生了内在的分裂，当知识和才能、思想和道德仅仅被理解为属于"教者"的一方，而不同时属于受教育者，它们就在"教者"这里被凝固化起来。"教者"是以自我的感受和理解作为某种知识、才能、思想、道德的唯一的评价标准的，他的任务是将其原封不动地输入到受教育者的头脑中去，不须加以任何的改变。在这种情况下，要想做到"毋意、毋必、毋固、毋我"，几乎是不可能的。

众所周知，"仁"是孔子思想学说中的一个核心概念，但他的学生却说："子罕言利与命与仁。"（《论语·子罕》）"罕言利"，是因为"利"是每一个人凭直感、直觉都能够感觉到的，不用孔子加以强调，他重视的是人们常常忽略的"义"；"罕言命"，是因为"命"是无法用主观意志加以改变的，言之无用。但"仁"在孔子思想学说中具有如此重要的地位，他为什么也"罕言"之呢？我认为，在这里，只有一种较近正确的理解，那就是"仁"只在孔子的心灵感受中才有其相对的明确性，而并不是一个具有明确外在规定性的概念。颜渊问"仁"，他说"克己复礼为仁"（《论语·颜渊》）；仲弓问"仁"，他说"出门如见大宾，使民如承大祭，己所不欲，勿施于人。在邦无怨，在家无怨"（《论语·颜渊》）；司马牛问"仁"，他说"仁者其言也讱"（《论语·颜渊》）；樊迟问"仁"，他说"爱人"（《论语·颜渊》）；子张问"仁"，他说"能行五者于天下，为仁矣：恭宽信敏惠"（《论语·阳货》）。即使同一个人，在不同场合问，他的

孟子国家学说的逻辑构成：从孔子到孟子（一）

回答也不相同。樊迟第一次问，他回答说"爱人"，但在另外一次，他则说"居处恭，执事敬，与人忠，虽之夷狄，不可弃也"（《论语·子路》）……"仁"，对于不同的人有着不同的含义。这种含义不是它的唯一的定义，而是对于不同的人的思想境界的提高有着不同的作用和意义。在拙作《孔子社会学说的逻辑构成》一文中，我曾经用"对人类、人类社会和人类历史的整体关怀"概括孔子"仁"的含义，①而这种整体关怀恰恰是人所可能有的一种心灵状态，是无法给以一个具体明确、精确无误的说明的。我们永远无法确凿无疑地告诉人们，怎样做才是"对人类、人类社会、人类历史的整体关怀"。"由也，千乘之国，可使治其赋也，不知其仁也。"（《论语·公冶长》）"求也，千室之邑，百乘之家，可使为之宰也，不知其仁也。"（《论语·公冶长》）"赤也，束带立于朝，可使与宾客言也，不知其仁也。"（《论语·公冶长》）"子张问曰：'令尹子文三仕为令尹，无喜色；三已之，无愠色。旧令尹之政，必以告新令尹，何如？'子曰：'忠矣。'曰：'仁矣乎？'曰：'未知，焉得仁？'"（《论语·公冶长》）"崔子弑齐君，陈文子有马十乘，弃而违之。至于他邦，则曰：'犹吾大夫崔子也。'违之。之一邦，则又曰：'犹吾大夫崔子也。'违之。何如？子曰：'清矣。'曰：'仁矣乎？'曰：'未知，焉得仁？'"（《论语·公冶长》）"'克、伐、怨、欲不行焉，可以为仁矣？'子曰：'可以为难矣，仁则吾不知也。'"（《论语·宪问》）……毫无疑义，这些人所表现出来的都是很好的品质，但孔子却不将其归结为"仁"，说明"仁"并不是各种外在的具体的良好品质，甚至也不是这些良好品质的总和，而是人的一种内在的心灵状态或精神素质。但是，对于孔子，"仁"又不是高不可攀、抽象模糊的。"仁远乎哉？我欲仁，斯仁至矣。"（《论语·述而》）"有能一日用其力于仁矣乎？我未见力不足者。盖有之矣，我未之见也。"（《论语·里仁》）也就是说，只要人真心诚意地追求"仁"，对人类、人类社会、人类历史的发展有所关心，在这时，你就有了"仁"，因为你内心的这种心灵状态就是"仁"。孔子是在自我的心

---

① 王富仁：《孔子社会学说的逻辑构成》，载《新国学研究》，汕头大学新国学研究中心编，人民文学出版社，2005。

灵感受中感觉到这种心灵状态的存在的，也是在这种感受中感觉到它的价值和意义的，这就形成了他的关于"仁"的观念，并将其转化为一个核心的思想概念。它是一个心灵的概念、精神的概念，而凡是心灵的概念、精神的概念，都是当你有这种心灵感受、精神感受的时候，它就是存在的，就有其内在的明确性和具体性，你就可以对之进行自由的言说，并且所有这些言说都有互相发明的作用，构成一个浑融和谐或结构完整的整体，而当你没有这种心灵感受、精神感受的时候，它对你就是不存在的，它对你就没有其明确性和具体性。你对它的言说就是支离破碎、矛盾重重的。"仁"在孔子的思想学说中，就是一个具有内在明确性和具体性的真实的心灵概念、精神概念。它是孔子的精神追求目标，也是他感受、理解、褒扬、批评自己的学生并引导他们不断成长和发展的终极性精神高度。但这样一种心灵状态，这样的"仁"，是无须用语言直接加以定义的。孔子的教育目的不是让他的学生们知道什么是"仁"，什么是"不仁"，而是把他们从对自我狭小私利的关切中逐渐引导到对人类、人类社会、人类历史发展的整体关怀中来，并使这种关怀成为他们较为稳定的内在精神素质，成为他们的习惯性的感受方式、情感方式和思维方式，成为他们意识自我、意识自我的人生价值和意义并从中感到精神自由、精神愉悦的生命存在方式。孔子思想学说中的"仁"，也像老子思想学说中的"道"一样，是一个无法"落到实处"的精神概念。

　　在孔子的思想学说里，"仁"和"义"不是同样一个精神层面的概念。假若"仁"体现着孔子对人的终极性的精神要求，"义"则是对人的各种现实的、具体的人生选择的要求。但是"义"又是离不开"仁"的。"义，宜也。"这个"宜"的标准从哪里来？我认为，在孔子的思想学说里，它是从"仁"的心灵要求当中生发出来的，是从对人类、人类社会、人类历史发展的整体关怀中生发出来的。假若人们不仅仅从个人的狭隘私利要求出发，而是从人类、人类社会、人类历史发展的整体关怀出发感受一个具体的情景和事物，这就有了与个人狭隘私利要求不同的另外一种选择标准。这种标准，在孔子思想学说中就是"义"。"见利思义""见得思义"就是说遇到对自己有利的事情，还要想到"义"。"义"是离不开"仁"的，离开"仁"就没有了一个"义"不"义"的问题。"义"是更加具体的,"仁"是更加抽象的;"义"是更加外在的,"仁"是更加内在的;"义"更是行为层面的概念,"仁"更是心灵、精神层面的概念。

在这里,我们必须看到孔子的"仁""义"这两个概念的知识分子世界观和人生观的性质。在孔子之前,作为一个思想概念的"仁"是不存在的,只有到了孔子这里,作为一个思想概念的"仁"才正式进入中国的语言概念系统。为什么在孔子所尊崇的尧、舜、禹、汤、文、武、周公这些职业政治家那里还没有出现"仁"这个思想概念,只有到了孔子这里才突然出现了呢?我认为,这恰恰说明它是只有在像孔子这样的知识分子的意识里才能感觉到的一种心灵状态和精神状态。知识分子不是仅仅在直接经验的基础上形成自己的世界观念和人生观念的,而是通过阅读文字资料而形成自己的世界观念和人生观念的。正是通过阅读文字资料、通过书面文化,他们才具有了丰富的社会知识和历史知识,从而有可能在自己的头脑里建构起一个统一而又完整的时空体系,形成真实的(至少在人的意识中感到是真实的)而不是幻想的宇宙整体和社会整体的观念,这种真实的而非幻想的宇宙整体和社会整体的观念,是不可能仅仅在直接经验的基础上建构起来的。孔子作为一介布衣而表现出了如此高涨的社会追求的积极性和思想追求的积极性,只有具有这种真实的而不是幻想的宇宙整体和社会整体并对其有所真诚关心才是可能的。当孔子用自己的思想引导着自己的学生并希望学生们也能沿着这样一个方向成长和发展的时候,"仁"这个概念尽管仍然只是一种内在的心灵状态和精神状态,但在孔子的意识中却是不断得到丰富和充实的,也逐渐明确化和具体化起来,但不论在孔子的意识中变得如何丰富和充实、明确和具体,它仍然只是一个知识分子才可能拥有的。因为它不仅仅是一个概念,还是一种心灵状态和精神状态。仅仅接受了这个概念,而没有足以建构起完整的时(历史)空(社会)结构的历史知识和社会知识,或建构起这样的时空结构而对之无所关怀,没有改善它的愿望和要求,"仁"在他的头脑中还只能是一个凝固而又空洞的词语,而不是一个具有实际意义和价值的内涵丰富的思想概念。"仁"这个思想概念的知识分子世界观念和人生观念的性质,也决定了"义"这个概念的知识分子性质。只有具有人类、人类社会、人类历史的整体观念并对其有所关怀的人，才能够真正感受到孔子所说的"义"的原则和标准的存在，并在自己的义言义行中感到一种精神上的愉悦和满足。否则，"义"的原则和标准就不会真正呈现在一个人的内在意识里。

"仁""义"这两个概念在孔子思想学说中的知识分子世界观念和人生观念的性质，具体体现在它淡化、消解乃至颠覆人与人之间的权力关系的终极目标上。在现实关系的层面上，孔子是不否认国家政治的存在的，甚至也曾周游列国，求取仕途，但他所致力的目标却不是加强国家的政治管理，而是淡化、消解乃至颠覆人与人之间的政治权力关系。他所重视的"义"的关系实际就是"忠信"关系，而"忠信"关系恰恰是不伴随政治权力的强制性的，是建立在两个或多个独立、平等的人的基础之上的，是通过每一个人对整体的关切以及在这种关切基础上自觉自愿地做出合理的言语和行为选择而实现的。孔子分明认为，只要人人都有这样的自觉意识，都有这样的精神境界，"志于道，据于德，依于仁，游于艺"（《论语·述而》），人类社会就会实现整体的改善，有"君"无"君"都没有多大关系。"夷狄之有君，不如诸夏之亡也。"（《论语·八佾》）人的自觉性提高了，"君"的作用就降低了。在孔子的时代，"士"这个阶层是一个无权无势的阶层，孔子是在这个阶层中成长起来的，是通过对历史知识和社会知识的广泛学习和思考形成自己的世界观念和人生观念的，不论他对现实的政治制度采取了何等灵活的态度，但作为体现他自身世界观念和人生观念的"仁"，都是建立在一个无权无势的知识分子的思想愿望之上的，都是对自我人生价值的追寻和发现，而不是为当时的政治统治者、当时的"君王"制定的政治守则和道德守则。他的"仁"的理想的实现也是从自我、从知识分子自身的努力中发现出来的。当颜渊向他请教关于"仁"的问题时，他说："克己复礼为仁。一日克己复礼，天下归仁焉。为仁由己，而由人乎哉？"（《论语·颜渊》）在孔子的这个回答里，我们可以体会到这样一个意思：不要把"仁"的理想的实现寄托在别人的身上，其中也包括寄托在国家的最高政治统治者和国家的政治统治集团身上，而要通过自己的努力去实现。我们知道,在孔子的学生中,颜渊是德行第一①,"其心三月不违仁"(《论语·雍也》),其内在精神境界已经达到了较高的程度。孔子认为,在此基础上,只要他能够知道克制自己(不是克制自己的欲望,而是克制自己的情绪,不要急于求成),重新建立起与周围世界的礼义关系(以"仁"的观念建立起来的关系),就能带动人类社会向"仁"的方向发展了。显而易见,这实际就是孔子所设想的改善人类社会的基本道路。在这条道路上,起主要作用的不是政治统治者,而是像孔子、颜渊这样的知识分子。这样的人越多,人类、人类社会也就越趋于完善,人类历史也越是进化发展的历史。与此相反,假若人类全都陷入狭隘私利的无情争斗,没有人关心人类、人类社会、人类历史的整体发展,人类走上的就是一条自我毁灭的道路,物质越发展,手段越先进,自我毁灭的力量就越大,自我毁灭的速度就越快。也就是说,"仁"体现的是知识分子的理想,是知识分子的世界观念和人生观念,它的基本特征就是不依靠政治经济的权力,而以知识、思想、精神的力量致力于人类、人类社会的根本改善,致力于人类历史的进化和发展。

毫无疑义,作为一个知识分子的孟子也是通过长期的学习和思考而具有了广泛的历史知识和社会知识的,也是在自己的头脑中建构起了一个人类、人类社会、人类历史的完整的时空结构的,在某种意义上,他对人类、人类社会、人类历史的发展也是有所关心的,但是,当他试图通过政治的力量、通过文化与政治的结姻而实现自己的社会理想的时候,他就将改善社会的希望寄托在政治君王一个人的身上了。他观念中的人类社会,就与政治君王统治下的国家整体混淆起来了。在这时,他走的实际上已经不是一条独立的文化道路、思想道路,他实现的也不再是与知识的联合,与知识分子的联合,而是与当时政治统治者的直接联合。在这种联合中,孟子首先需要做的就是将孔子关于"仁"、关于"义"的观念灌输到政治君王的意识之中去,企图使政治君王能够像知识分子一样去感受世界,感受社会人生,并通过这样的君王而具体地实现

---

① 《论语·先进》中说:"德行:颜渊、闵子骞、冉伯牛、仲弓;言语:宰我、子贡;政事:冉有、季路;文学:子游、子夏。"

自己的政治理想。这就如我们前面所说，导致了"教"和"学"的绝对分裂，二者的对话也成了一种跨"道"对话。在这种对话中，他要达到自己的目的，首先就要把自己的思想凝固起来，使之成为固定不变的思想信条，然后才能将这种思想信条原封不动地输入到没有足够的社会历史知识，没有对人类、人类社会、人类历史发展的整体关怀，并且也不是知识分子的政治君王的头脑之中去。这是一种思想灌输，是将在知识分子精神基础上形成的世界观念、人生观念通过话语灌输到政治统治者精神基础上的过程。这就不能不迁就政治统治者自身的利益和要求，不能不迁就政治统治者固有的价值观念和价值标准。这样，他从孔子思想学说中接受过来的一系列基本思想概念，都不能不发生某些方面的根本性变化。

如上所述，在孔子的思想学说中，"仁"只能是一个"仰之弥高，钻之弥坚，瞻之在前，忽焉在后"（《论语·子罕》）的精神追求目标，是孔子所理想的一个最高的精神境界。它虽然不像佛教里的涅槃、基督教里的"天国"那样茫远，那样缥缈，但也是引导人们不断追求的一个崇高的精神境界。他和他的学生们就是在这个高悬的精神发光体的照耀下不断成长的。而到了孟子这里，"仁"就不再可能是这样一个纯粹精神性的概念。孟子虽然在自我的意识里是一个"王者之师"，但那些政治君王却没有耐心像孔子的学生接受孔子的教诲那样接受孟子的教诲，他们也不会像孔子、孟子那样在掌握充分的历史知识和社会知识的基础上形成自己独立的世界观念和人生观念，而只想让孟子这样的贤达之士直接告诉他们应当如何治理自己的国家和民众，怎样才能巩固自己的政治统治权力。面对这样一些一开始就怀着明确而又强烈的实利主义目的的不可一世的"学生"，孟子根本无法像孔子那样在长期的共同生活中实现自己与学生们之间的相互了解、理解和同情，并在这种相互了解、理解和同情的过程中实现各自精神上的丰富和提高，他只能利用有限的时间三言两语地将自己的思想主张整个地表达出来，并一次性地转变他们的观念，让他们认识到孟子思想学说对其政治统治的重要性。在这种情况下，孔子思想学说中的"仁"在无形中就现实化、具体化了，就不再可能是一个纯粹的精神概念了。它必须直接落实到政治治理的层面上，将

"仁"与"政"直接结合起来,使"仁"成为"政"的直接思想基础,使"政"成为"仁"的直接政治实践。这就形成了孟子思想学说中特有的"仁政"这个思想概念。

那么,"仁政"中的这个"仁",是怎样的一个"仁"呢?"分人以财谓之惠,教人以善谓之忠,为天下得人者谓之仁。"(《孟子·滕文公上》)在这里,孟子具体说的是尧荐舜、舜荐禹的事情,但我认为,从"得人"的角度理解孟子的"仁",恰恰是一条最为便捷的路。"得人"可以是得贤才,也可以是得民众。用句我们熟悉的话来说,就是:一个政权的巩固和发展,一个政治君王统治地位的稳固和加强,能否得到广大人民群众的拥护是其关键。"今王发政施仁,使天下仕者皆欲立于王之朝,耕者皆欲耕于王之野,商贾皆欲藏于王之市,行旅皆欲行于王之涂,天下之欲疾其君者皆欲赴愬于王。其若是,孰能御之?"(《孟子·梁惠王上》)这种"得人"之政、得到广大人民群众拥护的"政",在孟子的思想学说里就是"仁政"。而君王怎样才能得到广大人民群众的拥护、怎样才能"得人"呢?这就要求君王要"爱人","仁者爱人,有礼者敬人。"(《孟子·离娄下》)但君王之"爱人",与孔子告诉樊迟要"爱人"的"爱人",其意义是不尽相同的。孔子告诉樊迟要"爱人",正像我们现在告诉自己的学生要"爱人"一样,更加接近"爱人类"的意思。孔子不是要樊迟爱哪一个人,而是要他"爱"作为人类成员的"人"。这样的"爱",在人生的长途中,逐渐浸润、扩大、深化,就成为我们所谓的"人类之爱"。这种"人类之爱"是发散型的,不断向更大的空间发展,并在不断发展中升华。它不期待任何回报,没有任何预定的实利性目的。主体只在"爱"的体验中感受到自己的存在,感受到自己存在的自由性,感受到自己存在的价值和意义,不会期待人类对自我的回报。而孟子要求于君王的"爱人",实际上只是我们后来常常说的"爱民","爱"他治理下的民众。这是一种相互对待的关系,君王对民众的爱是因为他是这些民众的治理者,他要对这些民众负有一定的责任。他爱这些民众是因为他需要这些民众的拥护和支持,否则就会影响到他政权的安全和稳定。也就是说,这是一种有所期待的"爱",需要回报的"爱",有预先设定的实利目的的"爱":"君行仁政,斯民亲其上,死其长矣。"(《孟子·梁惠王下》)"仁则荣，不仁则辱。今恶辱而居不仁，是犹恶湿而居下也。"(《孟子·公孙丑上》)"三代之得天下也以仁，其失天下也以不仁。国之所以废兴存亡者亦然。天子不仁，不保四海；诸侯不仁，不保社稷；卿大夫不仁，不保宗庙；士庶人不仁，不保四体。今恶死亡而乐不仁，是犹恶醉而强酒。"(《孟子·离娄上》)"苟不志于仁，终身忧辱，以陷于死亡。"(《孟子·离娄上》)所有这些，都有一个明确的功利主义目的：保住自己的政权，保住自己的身家性命。"仁者无敌"也是孟子思想学说中的一个独立的思想命题，这个命题在孔子思想学说中是没有的，甚至也不会有。对于孔子和他的学生们，学习是为了自己的成长和发展，而不是为了与任何人为敌，所以对于孔子，仁者"有敌"还是"无敌"，根本不是一个问题。但孟子的学生是一些诸侯国的国王，他们之向孟子请教就是为了保住自己的政权。仁者"有敌"还是"无敌"的问题就成了首要的问题，成了他们要不要接受"仁""义"这些价值标准的关键。"仁者无敌，王请勿疑！"(《孟子·梁惠王上》)"国君好仁，天下无敌。"(《孟子·离娄上》)它的意思是说，一个政治君王只要得到人民群众的拥护，就是所向无敌的，其政权就是巩固的，其生命就是安全的。因此，孟子又把"仁"比作"安宅"："仁，人之安宅也；义，人之正路也。旷安宅而弗居，舍正路而不由，哀哉！"(《孟子·离娄上》)一种独立的心灵状态和精神素质，恰恰表现在对同一种人生现象会有与一般人不同的感受和体验。伯夷、叔齐饿死首阳山，人问他们怨不怨，孔子回答说："求仁得仁又何怨？"(《论语·述而》)这恰恰表明，孔子对"仁"这种精神现象是有明确的内在意识的。

实际上，"仁者爱人"的"爱"，在孟子的思想学说中是有两种不同的含义的，他所说的"仁"也就有两种不同的含义。"君子之于物也，爱之而弗仁；于民也，仁之而弗亲。亲亲而仁民，仁民而爱物。"(《孟子·梁惠王下》)在这里，他明确区分了三种不同的"爱"：对物的爱、对亲人的爱和对民的爱。对物的"爱"还不是"仁"，"仁"是对"人"的爱。属于"仁"的"爱"又有两种："亲亲，仁也。"(《孟子·尽心上》《孟子·告子下》)"仁之实，事亲是也。"(《孟子·离娄上》)按照孟子"爱有等差"的主张和他对墨翟兼爱说的批判，这种"爱"才是完整意义上的

"爱",同时也是完整意义上的"仁"。不应有实利主义的目的,也不应求取回报,像舜对瞽叟那样,是没有任何前提条件的。对"民"的爱则介于上两种"爱"之间,"民"是"人",所以要考虑其作为"人"的需要,但却不等同于对亲人的爱。它只是一种怜悯、同情、关心、爱护的态度。在这里,我们不但可以发现孔子思想学说中的"仁"在孟子思想学说中已经降落到现实的、具体的人与人之间感情态度的层面上,而且也可以发现,在这个层面上,"仁"这个概念已经不是一个完整统一的概念。

孟子思想学说中的"仁",与其说更接近孔子思想学说中的"仁",不如说更接近孔子思想学说中的"义"。孟子所说的"仁政",实际上也可以称之为"义政",是遵照合理的原则实施的政治治理。当"仁"从精神性的高度降落到了"义"的现实性的层面上,"仁"和"义"就没有了统领关系,而成了在同一思想层面上的两个并列的概念,"仲尼只说一个仁字,孟子开口便说仁义。"①这种开口便说"仁义"的现象,恰恰是因为将"仁"和"义"放到了同样一个思想层面上,将"仁"直接当成了"义"的心理根据,将"义"直接当成"仁"的外在表现,从而也将具有立体感的孔子思想平面化了。假若如此,上引陈文子的"清"、令尹子文的"忠"等等,就都可以称之为"仁"了。这种平面化的结果,也使孔子思想学说中的大量思想概念在孟子学说中相互混淆起来,并且用孔子思想学说中抽象性、精神性很强的概念完全取代了具体性、现实性很强的概念。"亲亲,仁也;敬长,义也。无他,达之天下也。"(《孟子·尽心上》)"亲亲",在孔子思想学说中是"孝";"敬长",在孔子思想学说中是"悌"。"孝""悌"都在"义"的统领之下,都属于"义"的范畴,"达之天下"才更接近孔子所说的"仁"。"仁之于父子也,义之于君臣也,礼之于宾主也,智之于贤者也,圣人之于天道也,命也,有性焉,君子不谓命也。"(《孟子·尽心下》)在孔子思想学说里,父慈、子孝、君敬、臣忠,"礼"是处理所有人与人之间关系的具体形式。贤者也不仅是智者,而是智、仁、勇三种品德兼备的人;而"圣人"则是孔

---

① 程颐语,引自朱熹撰《四书章句集注》,中华书局,1983,第199页。

子对在人类历史上做出过巨大贡献，表现出几近完美人格的历史人物的称谓。孔子重"人道"，讲"道"，有时讲到"天命"，而"天道"则不是孔子思想学说中的基本思想概念。"仁之实，事亲是也；义之实，从兄是也。智之实，知斯二者弗去是也；礼之实，节文斯二者是也；乐之实。乐斯二者，乐则生矣……"（《孟子·离娄上》）在这里，表面上突出了"仁"和"义"，实际上是用"孝""悌"取代了全部孔子的思想学说，而在孔子的思想学说里，"孝""悌"只是一个人成长过程中的两个基础性、关键性因素，是家庭教育的中心内容。孔子思想学说的诞生，标志着中国知识分子社会意识的加强，"仁""义""智""礼""乐"都是在人的社会性层面形成的文化概念，绝对不能完全包括在"孝""悌"两个思想范畴之内。所有这一切，都是孟子将孔子思想学说中不同层面的思想概念平面化之后带来的理解上的混乱。而企图将一种在广泛学习基础上形成的知识分子的世界观念、人生观念直接转化为政治统治者的政治策略思想则是导致这种混乱的基本原因。

在这里，还应指出的是，当"仁"从精神性的高度降落到了"义"的现实性的层面上，"义"实际也降落到了"利"的层面上。只不过这个"利"不是眼前的狭隘的"小"利，而是更长远、更根本的"大"利。孟子解决的也不是"义"和"利"的关系的问题，而是我们至今常说的目前利益和长远利益的关系的问题。

孟子见梁惠王。王曰："叟不远千里而来，亦将有以利吾国乎？"孟子对曰："王何必曰利？亦有仁义而已矣。王曰'何以利吾国'？大夫曰'何以利吾家'？士庶人曰'何以利吾身'？上下交征利而国危矣。万乘之国弑其君者，必千乘之家；千乘之国弑其君者，必百乘之家。万取千焉，千取百焉，不为不多矣。苟为后义而先利，不夺不餍。未有仁而遗其亲者也，未有义而后其君者也。王亦曰仁义而已矣，何必曰利？"（《孟子·梁惠王上》）

孟子在这里营造的实际是一个逻辑圆圈：王曰利—孟子否定利—孟子肯定仁义—仁义更充分地满足了王的根本利益要求。不难看出，孟子与当时各诸侯国王的对话，大都是绕的这样一个逻辑圆圈。

　　实际上，这也是一个没有办法的事。政治君王关心的就是自己的政权，就是自己的利益，而要让他们接受一种思想，不满足他们的这种最根本的利益要求是绝对不可能的。

原载《西南民族大学学报》（人文社科版），2006年第5期

孟子国家学说的逻辑构成：
从孔子到孟子（二）

四

"夫子之文章，可得而闻也；夫子之言性与天道，不可得而闻也。"（《论语·公冶长》）

关于"性"，孔子只说过一句话："性相近也，习相远也。"（《论语·阳货》）

其实，这在孔子那里，也是极容易理解的。孔子面对的是一个个活生生的人，一个个活生生的学生。这些人，这些学生，有什么"性"，有什么"普遍的人性"，对于他一点都不重要，重要的是他们现在的道德状况、思想状况、知识状况、个性特点。他是根据对这些的具体感受和了解而与之交往、与之建立特定的关系的，也是根据这样的了解对学生进行教育的。他只能认为，人与人在幼年、少年时期，都是差别不大的，只是由于后天的学习，彼此的差别才大了起来。这种差别，当然也有善恶、智愚的差别，但也包括性格特点、才智特征的差别。在他的学生中，就有以德行见长的、以辞令见长的、以政治才能见长的。假若我们一定要从人性论的角度研究孔子的思想学说，我认为，他的"仁"，体现的就是他对完满人性的理解；他的整个思想学说，就是一套完整的人性论；他的一生，追求的就是完美的人性。而从这样一个角度理解孔子的人性观，我们就会看到，孔子并不认为人性是先天就具有的，而是在后天人与人的社会交往中逐渐发展起来的，并且越是通过自觉的学习和思考，其人性越能得到更加迅速、更加健全的发展。对人做出性善、性恶、性有善有恶、性无善无恶这样一些绝对判断，对于孔子的人性追求都是毫无意义的，关键在于人怎样塑造自己、怎样被人塑造。在他的意识中，只有将人提高到"仁"的精神高度，才能够被认为是一个完整的人、完满的人，因而也更有人性。但到了孟子这里，"性"的问题就不同了。孟子面对的主要不是一般的人，而是一些掌握着国家权力的政治君王们。这些政治君王原本是不懂仁义、不重仁义、也不讲仁义的，从孟子看来，他们过去做的都是些"率兽食人"的事情。他们能不能认识到"仁义"的重要性，能不能遵循仁义的原则治理自己的国家？亦即他们能不能接受孟子的政治主张，依照孟子的政治主张发政施仁、解民倒悬呢？这就有了一个如何看待人、如何看待人性的问题。假若他们自身根本没有"仁"根"义"种，孟子的一切说辞都是对牛弹琴，孟子的一切努力都是毫无意义的。既然孟子还在雄心勃勃地做着这份训导君王的工作，他就不能认为这些政治君王就不能萌生仁义之心，就不能洗心革面、成为像尧舜那样的圣君圣王。那么，既然他们现在满脑袋的利害观念，不知"仁"，也不知"义"，他们的仁义之心又从哪里能够生长出来呢？这就使孟子想到，他们也是人，人所共有的东西他们也会有，他的任务就是从这些他们与其他人共有的东西中找出能够生长出仁义的因素，以助其生长。"人皆可以为尧舜"（《孟子·告子下》），这些政治君王也就可以成为仁义之人，行仁政，讲王道了。关于这一点，我们从孟子与齐宣王的一次谈话中可以看得十分清楚：

……曰："若寡人者，可以保民乎哉？"曰："可。"曰："何由知我可也？"曰："臣闻之胡龁曰，王坐于堂上，有牵牛而过堂下者，王见之，曰：'牛何之？'对曰：'将以衅钟。'王曰：'舍之，吾不忍其觳觫，若无罪而就死地。'对曰：'然则废衅钟与？'曰：'何可废也？以羊易之！'不识有诸？"曰："有之。"曰："是心足以王矣。百姓皆以王为爱也，臣固知王之不忍也。"（《孟子·梁惠王上》）

孟子所说的"性"，实际上就是指的这种"不忍人之心"。他在另一处说：

> 人皆有不忍人之心。先王有不忍人之心，斯有不忍人之政矣。以不忍人之心，行不忍人之政，治天下可运之掌上。所以谓人皆有不忍人之心者，今人乍见孺子将入于井，皆有怵惕恻隐之心。非所以内交于孺子之父母也，非所以要誉于乡党朋友也，非恶其声而然也。由是观之，无恻隐之心，非人也；无羞恶之心，非人也；无辞让之心，非人也；无是非之心，非人也。恻隐之心，仁之端也；羞恶之心，义之端也；辞让之心，礼之端也；是非之心，智之端也。（《孟子·公孙丑上》）

这是研究孟子人性论思想的学者一定会引用的一段重要论述，但在这里，我们必须看到，孟子的人性论并不是从对人的全面考察中生发出来的，而是从劝说政治君王行施仁政的实践过程中产生出来的。现代中国的学者，关于"人性"，曾经说过许许多多的话，但我认为，任何对人性的探索和论说，都是在特定角度做出的。离开一个思想家的基本社会追求和思想追求，一般地、笼统地谈论人性论的问题，是不可能对各种不同的人性论观点做出较为合理的理解的，甚至也无法做出真正有价值、有意义的批判或否定。什么是"人性"？有没有"普遍的人性"？这不是一个物理学意义上的纯客观的问题，而是一个特定的思想家在特定的思想追求过程中依照一种特定的标准对"人性"做出的特定的界定，并以这种界定对他所要阐发的思想进行阐发。关于这一点，孟子其实说得相当明白。他说："口之于味也，目之于色也，耳之于声也，鼻之于臭也，四肢之于安佚也，性也，有命焉，君子不谓性也。仁之于父子也，义之于君臣也，礼之于宾主也，智之于贤者也，圣人之于天道也，命也，有性焉，君子不谓命也。"（《孟子·尽心下》）按照我的理解，孟子实际是说，"口之于味""目之于色""耳之于声""鼻之于臭""四肢之于安佚"，其实都是人之"性"，其中也有"命"的成分，但君子却不称它们为"性"，而称它们为"命"。为什么呢？因为孟子观念中的"人性"就是"人"之所以区别于"兽"的因素，是好的东西，假若君子称这些为"性"，为"人性"的表现，就等于肯定并鼓励人们去追求这些东西，追求感官享乐，这对人是有害无益的，所以它们是"性"，好心的人（"君子"）却不称它们为"性"，只称它们为"命"。"命"是天赋予的，不须着意追求。与此相反，"仁之于父子""义之于君臣""礼之于宾主""智之于贤者""圣人之于天道"，其实是"命"，体现的是"天"意，其中也有"性"的成分，但君子却不称它们为"命"，而称它们为"性"。为什么呢？因为君子肯定并鼓励人们在这些方面进行追求，加强自己的道德修养。在这里，孟子讲的是一个"选择"的问题，"取"的问题。关于"选择"、关于"取"，孟子曾经说："……所以考其善不善者，岂有他哉？于己取之而已矣。体有贵贱，有小大。无以小害大，无以贱害贵。养其小者为小人，养其大者为大人。"（《孟子·告子上》）孟子分明认为，这种"不忍人之心"，对于一个政治君王而言，是最重要的，孟子将其"取"出来，是希望政治君王重视自己的这种内心感受，"养其大者"，成为"大人"。所以，孟子的人性论，其意不在对人的基本性质的全面考察和研究，而在于为政治君王们找到一种感受仁义、理解仁义并自觉培育自己的仁义之心的思想道路。同我们现代中国知识分子所讨论的"人性论"并没有直接的关联。

西方近现代思想家，也非常重视"人性"问题，但他们更是从反对宗教神学的人文主义思想中脱胎出来的。他们笔下的"人性"，与中世纪宗教神学中的"神性"是两个相对举的概念，其含义也是相互发明的。在中世纪宗教神学中，"神性"与"魔性"是对立的。"神性"是纯粹的，"魔性"也是纯粹的。"神性"集真善美于一身，是各种好的性质的集合体，是与人的所有物质欲望绝缘的；"魔性"集假恶丑于一身，是各种不好的性质的集合体，是与所有精神价值绝缘的。而与"神性"

相对举的"人性",则是复杂的,既不等同于"神性",也不等同于"魔性",而是"神性"与"魔性"的交织,真善美和假恶丑的变奏,物质欲望与精神追求的错杂。正是人性的这种复杂性,牵动着西方近现代思想家的神经,分别以不同的形式对"人性"做出了各种不同的解读。它成了西方近现代思想家重新认识人、探索人、感受人和理解人的一条重要途径,并且构成了西方文学艺术家的各种不同的人生观念和美学观念,浸透到他们具体的文学艺术的创作之中去。孟子人性论的意义却绝不在此。孟子的"人性"不是与"神性"相对举的,而是与"兽性"相对举的,它反映着当时中国知识分子社会意识的加强,反映着他们对人的单纯物质本能欲望的不满和对人的社会性的追求,而在孟子这里,则直接表现为对政治君王的政治选择的关切。在他的观念中,政治家只有两种主要的选择形式,一种是在"利欲"基础上的"率兽食人",一种是在"仁义"基础上的保民"仁政"。所以,在孟子这里,"人性"是与"兽性"相对举的。孟子的"人性论",与其说更接近西方近现代思想家的"人性论",不如说更接近西方中世纪宗教神学的"神性论"。他的"人性"是纯善的,不包括"恶",但他谈的"善"仍然是人的"善",而不是神的"善"。这就又与西方中世纪宗教神学的"神性论"不同。他的"人性"与"兽性"的对立,实际上暗示的是"仁政"与"暴政"的对立、"王道"与"霸道"的对立。我认为,假若我们不把孟子的人性论视为一般的人性论,而具体地视为"政治人性论",我们就会看到,正是在这里,孟子才开始了自己真正意义上的文化创造,才真正开拓出了一片属于自己的文化领地。在这个意义上,孔子思想学说中的"仁"的观念、"义"的观念、"礼"的观念,都只是他敲开政治思想大门的"敲门砖",不但没有给这些思想概念充实进新的思想内涵,而且将这些精神性的思想概念严重地政治化、现实化、功利化了,但他对"政治人性"的探索却是他建构自己独立的国家观念和政治理想的基石。而在这个领域,他所从事的是孔子所未曾从事过的文化建树。我们可以毫不夸大地说,我们中国人,特别是我们中国知识分子的国家观念及其政治理想,是孟子为我们具体建构起来的。在两千余年间的各种不同的严峻政治环境里,我们中国人,特别是中国知识分子,尽管成效甚微,但却始终没有完全放弃过这种政治理想。我认为，这与孟子为我们建构起来的国家观念以及政治理想是有莫大关系的。

国家的支柱是权力，而权力就是一种压迫手段，它是建立在军事（由此导致战争）和法律（由此导致各种严酷的刑罚）基础之上的。政治的这一方面的本质，"恶"的本质，在中国是通过以韩非子为代表的法家知识分子给我们揭示出来的。但是，政治还有没有"人性"的一面？政治能不能完全抛弃它的人性的一面？假若不能，它的"人性"的一面又是怎样建立起来的，其内在基础何在？我认为，假若我们从这样一个角度思考问题，我们就会真正感到孟子"政治人性论"的深刻之处。不论在什么时代，在什么政治体制下，政治权力都是通过"人"，特别是通过他的最高统治者进行实施的。至少在他掌握着国家政治权力的时候，他是高踞于社会宝塔尖上的人物，是国家最高权力的象征，是一个权力意志得到最充分实现的"超人"，即使在人的其他各种物质欲望的实现程度上，他也是社会上出类拔萃的人物之一。这样一个高踞于社会顶尖的人物，依靠什么才能与其他社会成员、与他治下的臣民建立起思想上、感情上以及精神上的联系？才能使他仍然作为整个人类的一员、整个国民的一员而活在这个世界上，而不是自外于人类、自外于自己的国民，从而成为一个像野兽一样的暴君和独裁者呢？不正是孟子所说的"不忍人之心"，不正是对别人的痛苦的感同身受的能力吗？不论对于别人怎样，至少对于一个政治君王而言，这种"不忍人之心"，这种对别人痛苦的感同身受的能力，都是最最重要的，并且几乎是唯一能够唤起政治君王的社会责任心的东西，是通往"仁"、通往"义"、通往"仁政"的唯一的人性之路。这同时也决定了孟子的"人性论"本身就是"性善论"。政治君王在这样一个可以"率兽食人"的权力地位上，唯一使他们能够施行仁政的动力就是他是一个"人"，并且也有一个人不能没有的"性"，这个"性"假若仍然是恶的，他们就注定不能成为一个"人"、一个"好人"了。

在我们的研究活动中，常常将孟子的"人性论"同荀子的"性恶论"放在一起加以讨论，但在孟子本人，具体反驳的却不是"性恶论"，而是告子对他的"人性论"提出的种种驳难。假若我们按照一般的"人性论"看待孟子对告子的反驳,不能不感到孟子有些强词夺理,但假若从"政治人性论"的角度,我们就不难发现他之所以不能同意告子的这些观点的原因。告子提出,仁义不等同于人性,而是对人性的改造。孟子对他说:"率天下之人而祸仁义者,必子之言夫!"(《孟子·告子上》)为什么呢?一个政治君王将怎样改造他的"不忍人之心"呢?他会以维护自己权力地位的需要压抑自己这种内心的感受,而这样做的结果是使之变得更加残酷,其仁义之心也就无从产生了;告子说:"性犹湍水也,决诸东方则东流,决诸西方则西流。人性之无分于善不善也,犹水无分于东西也。"(《孟子·告子上》)如上所述,孟子所说的"人性",本身就是能够启发那些政治君王们良心发现的心理因素,本身就是善的,他根本不把其他因素归入"人性"的范围,所以在他看来,人性只能是善的,也只能向善的方向发展;告子说"生之谓性"(《孟子·告子上》),亦即存在本身就是性,性与性是相同的。我们知道,孟子的"人性"是与"兽性"相区别而言的,对于那些政治君王而言,"人性"是"仁政"的思想基础;"兽性"是"暴政"的思想基础,二者是绝对不能混淆起来的;告子说:"食色,性也。仁,内也,非外也;义,外也,非内也。"(《孟子·告子上》)根据我的理解,告子的意思是说,饮食男女这些人的物质欲望本身就是"性",而"仁"是内在心灵的事实,不取决于外在的条件;"义"则取决于外在的条件,而不是内在心灵的要求。这实际是将"性""仁""义"都割裂了开来,是彼此不相关联的东西。但孟子的"人性论",恰恰是为了从"人性"中发现政治君王能够感受、理解、接受并自觉培育自己的"仁义"之心的根据,而所有这一切,又都是为了政治君王能够讲"王道"、行"仁政",落实在政治实践之中,内和外是相通相联的。所以他不能接受告子这种将彼此割裂开来的理论;告子还说"性无善无不善""性可以为善,可以为不善""有性善,有性不善",这都与孟子建构自己的"人性论"的目的不相符合,所以也无法动摇孟子自己的人性论观念。

五

在上引孟子那段关于"不忍人之心"的论述中，孟子还认为从政治君王的"不忍人之心"，可以发展出"四心"：恻隐之心、羞恶之心、辞让之心、是非之心。这就为政治君王的人性发展疏通了一条管道。实际上，"不忍人之心"就是一种"恻隐之心"，就是对那些"无罪而就于死地的人"产生的一种怜悯和同情。有了这种怜悯心和同情心，对自己的某些行为和做法就有了与平日不同的感受，就有了"羞恶之心"。这种"羞恶之心"，使人能够对自己有所约束，不再像野兽一样肆无忌惮、横行霸道，而将人当作人来对待，以礼待人，这同时也就有了是非的感觉和分辨是非的能力。在孟子看来，只有有了这"四心"，才成其为"人"，否则，就与野兽没有任何区别了。与此同时，这"四心"又是人的四种基本品质的生长点（"四端"）："恻隐之心"是"仁之端"，"羞恶之心"是"义之端"，"辞让之心"是"礼之端"，"是非之心"是"智之端"。在另外一处，孟子又将这"四心"直接说成是四种基本品质（我们可以称之为"四德"）："恻隐之心，仁也；羞恶之心，义也；恭敬之心，礼也；是非之心，智也。"（《孟子·告子上》）这样，孟子就将自己的"政治人性论"同孔子的"社会人性论"结合在了一起。这种结合对理解孔子思想学说带来了某些混乱，但对于接受孟子的思想学说却是有益的。我们必须意识到，孟子的"四心"仍然只能作为孟子"政治人性论"的基础，而不能取代孔子的"社会人性论"，更不能取代西方近现代所谓的"资产阶级人性论"。政治结构向来是一个宝塔型的上下等级结构，政治也是一种自上而下的管理体制。虽然政治家总是谦卑地自称为"人民的公仆"，但对于从政治上层发出的指令，还是要求全体国民必须遵从的。作为"四心"基础的"恻隐之心"，就是建立在这种上对下的怜悯和同情的基础之上的。对于政治家，这是同其治下的国民建立精神联系的人性基础，也是保障其政治活动的社会意义的根本命脉。至今在中国老百姓中间还流传着一句话："当官不为民做主，不如回家卖红薯。"说的就是这种上对下的怜悯与同情，以及在此基础上建立起来的政治责任感。对于一般的社会关系，这种上对下的怜悯和同情就有一种居高临下的姿态，是不利于平等关系的建立的。在充分理解别人的基础上尽量充分地表达自己，在充分表达自己的基础上充分地理解别人，从而建立起相互同情和理解的关系。应该说，这才是社会人性论的基本特征。我认为，在中国社会，孔子与其学生的关系最早地体现出这种平等交流的关系，虽然在此后的中国社会与中国文化的发展中没有得到持续的、正常的发展，但其意义却是不能抹杀的。

接触到孟子的"人性论"，就不能不注意到他的"心论"。

"心"这个概念肯定不是孟子发明的，但这个概念之在中国文化中成为一个"关键词"，一个核心概念，却是孟子的功劳。

在孟子的思想学说里，孔子的"仁"也成了一个"心"的概念，被组织进了他的"心论"的思想体系之中。他说："仁，人心也；义，人路也。"（《孟子·告子上》）但是，孔子的"仁"却没有如此单纯。我认为，孔子思想学说中的"仁"，并不是一个单纯的"心"的概念，而是一个由"心""脑"共同构成而又超于"心"、超于"脑"的整体精神概念。假若我们从中国知识分子的产生及其基本特征的角度理解孔子思想学说中的"仁"，我们就会知道，"仁"所包含的绝不仅仅是一种感情态度，还有一种与当时绝大多数社会成员迥不相同的知识结构。知识分子不是产生于现实社会的经验世界里，也不是产生于单个人的直感、直觉印象的基础上，这些都参与了它的构成过程，但却不是主要的条件。知识分子产生的主要条件是能够通过阅读文字资料接受更大量的间接知识。这是一个"学"的过程，在这个过程中，"脑"的作用是关键的，它不但吸纳了大量的历史知识和社会知识，同时也将这些散碎的知识通过"思"而不断使之条理化、不断构成较之其他人更加庞大、更加细密、也更加完整的知识体系，而这个知识体系同时也是一个人类、人类社会、人类历史的时空结构。与此同时，中国知识分子的产生还有自己的特点。它主要不是在对自然世界的认识过程中产生的，而是在对社会和历史现象的感受和了解的过程中产生的。所有这些知识，都与人自身的存在和发展有着极为密切的关系，这使这些知识在被纳入大脑的过程中也伴随着"心"的感受，伴随着特定的情感和情绪的态度。"尧"和

孟子国家学说的逻辑构成：从孔子到孟子（二）

"桀"作为两个概念，是与欧几里德几何学中的"点"和"线"这两个概念极为不同的，其差别就在于前者同时也是"心"的概念。是"心"，将这两个并列的名词推到了情感世界的两极，而"点"和"线"这两个概念却永远处于零度情感的平面上。这样，中国知识分子的整体知识结构，同时也是一个整体的心灵结构。它不仅仅在知识的层面上改变了人，同时也在心灵的层面上改变了人；不仅改变了人与外部的知性关系，同时也改变了人与外部世界的情感关系，甚至也改变了人的直感和直觉的本身。我们现在有个名词是"新新人类"，实际上，孔子在当时的中国，就是"新新人类"的第一个成员。他的这样一个"知识—心灵"结构同时也是一个全新的"心—脑"结构，其整体效应，就是我所说的作为个体人的孔子对人类、人类社会、人类历史发展的整体关怀，就是孔子思想学说中的"仁"。所以，我认为，"仁"不仅是一个"心"的问题，也不仅是一个"脑"的问题，而是"心""脑"共同构成而又超于"心"、也超于"脑"的整体精神结构。但到了孟子这里，特别是当他企图用孔子的仁义观启发政治君王的觉悟时，因为关注的不是知识分子的培养，也不是那些政治君王新的知识结构的建立，而只是情感趋向和情感态度的改变，孔子的"仁"在无形中就成了一种情感态度的代名词，同时也被组织进了他的"心论"系统之内。

在中国文化的概念系统里，"脑"是一个知识的世界，"心"则是一个情感情绪感受的世界。显而易见，仅仅在知识的世界里，孟子是找不到那些政治君王讲仁义、行仁政的根据的，倒是当时的法家知识分子是在知识论的基础上建构起他们的思想学说的，但那是孟子无论如何也不会接受的，是与他的政治理想直接冲突的。他依靠的不是知识论，而是情感论，而情感则是一个"心"的问题。我认为，"心"在孟子思想学说中的位置实际上就等同于"仁"在孔子思想学说中的位置，其重要性是不言而喻的。"君子所以异于人者，以其存心也。君子以仁存心，以礼存心。仁者爱人，有礼者敬人。爱人者人恒爱之，敬人者人恒敬之。"（《孟子·离娄下》）孟子所谓的"存心"，就是在自己的情感情绪的世界里，记住什么、淡化什么以及遗忘什么的问题，是一个"取"的问题、"选择"的问题、信息处理的问题。"取"什么呢？孟子告诉人们，应该"取"仁、"取"礼。经常记住"仁"，就是"仁者"，而"仁者"就会"爱人"；经常记住"礼"，就是"有礼者"，而"有礼者"就会尊敬人。你爱别人，别人就会爱你；你尊敬别人，别人就会尊敬你。这样，一个互相爱、互相尊敬的关系就建立起来了。我认为，这里的这个"存"字，也是非常重要的。假若说孟子实际上用"心"取代了孔子思想学说中的"仁"，那末，这个"存"字，取代的就是孔子思想学说中的"学"。孔子面对的是自己的学生，他所希望自己学生的是要不断地成长，不断地超越自己狭小的生活空间和直接经验的世界，不断地纳入新的知识、新的信息，不断地建构起自己新的知识结构和精神结构，以不断地向"仁"的境界攀登。"学"则是这个过程中须臾不可离的推动力量。但孟子，面对的是一些已经成人的政治君王，他所关心的是他们如何处理情感世界的信息问题。在他们的情感世界里，在他们的直感和直觉的感受中，现实利害的感受是大量的，充满的是利害之心。所以孟子首先想到的是他们应该重视自己经验世界中的那些情感感受的问题，而不是主动去"学"什么的问题。

正因为在这些政治君王的内心充满的是利害之心，所以孟子的"存心"并不是要让政治君王"存"其现有之心，而是要"求其放心"。

"仁，人心也；义，人路也。舍其路弗由，放其心而不知求，哀哉！人有鸡犬放，则知求之；有放心，而不知求。学问之道无他，求其放心而已矣。"（《孟子·告子上》）孟子所谓的"求其放心"，是建立在他的"性善论"基础之上的。他认为人的本性都是善的，其"不善"都是因为自己不注意"养"其善心，"苟得其养，无物不长，苟失其养，无物不消。"（《孟子·告子上》）他以牛山之木为例，说牛山之木本来是很美的，只是因为"郊于大国"，斧斤旦旦而伐之。即使如此，"日夜之所息，雨露之所润，非无萌蘖生焉"，但又加之在里面放牧牛羊，将幼苗啃光，人看到的就是一片荒凉景象了。但这却不是牛山之"性"，而是人为砍伐的结果。人也是这样，人人都有仁义之心，人的本性都是善的，只是有的人"放其良心"，把自己的善心放弃了，不注意保护它、培养它，所以看来就像禽兽了。现在的任务是要重新找回已经放弃的善心、已经丢失的"人性"，但到哪里去找呢？"仁义礼智，非由外铄我也，我固有之也。"

(《孟子·告子上》)也就是说,仁、义、礼、智,并不是由外而内地改变人,而是每个人原来就有的。这就不需要到外部世界去找,而是要在自己的"心"中找。上面所说的"存心","存"的实际就是找回来的这种"心",这种"放心",而这种"放心"才是人之所以区别于兽类的"性""人性":"人之所以异于禽兽者几希,庶民去之,君子存之。"(《孟子·离娄下》)

20世纪是中国文化走向全面开放的一个世纪,西方哲学的大量介绍,特别是马克思主义哲学的广泛传播,使我们常常用西方的一些哲学概念概括、分析和评价中国古代的思想学说,而孟子的"心论"则极其自然地被归入了主观唯心主义的范畴,从而也模糊了它自身的意义和价值。实际上,唯物主义和唯心主义的划分,是在西方哲学发展的过程中建立起来的,是适应着对西方不同哲学思想、哲学流派、哲学著作的感受、分析和理解的具体需要的。它的一个基本前提就是西方哲学的"心""物"二元观。只有当哲学家普遍将"心""物"视为两个不同的世界的时候,才有一个以哪一个世界为基础综合观察和了解整个世界和人类社会的问题,这种唯物主义和唯心主义的划分也才是有意义、有价值的。自然科学的存在与发展及其在西方社会的广泛影响,则是西方"心""物"二元观产生的重要条件。中国春秋战国时期的社会思想则是由社会政治结构的变化以及随之而来的社会观念、人生观念的变化而引发的,基本上不存在一个"心""物"关系的问题,即使存在也与当时的知识分子的思想追求没有直接的关联。对于孟子而言,他的"心论"解决的不是一个怎样看待人与宇宙、人与周围世界的关系的问题,而是如何启发当时的政治君王重视自己治下的民众的疾苦,切实地负起自己的政治责任的问题,"心"和"物"之间谁是第一性、谁是第二性、谁决定谁的问题与他具体思考的这个问题几乎毫无关系,所以我们也没有权力要求他对这些问题做出符合我们要求的回答。而假若我们从孟子以及孟子所关心的这个问题出发,我们就会感到,他的"存心论"和"求其放心论"是在一定程度上触到了这个问题的要害的。一个政治君王在其人生过程中主要积累了两种不同的人生感受,一种是作为"人"的生命感受,一种是作为"君"的政治感受。前者是对于人与人情感关系的感受，后者是对于人与人政治权力关系的感受；前者是非功利主义的，后者则是功利主义的；前者可以使政治君王对其治下的国民充满人道主义的同情，后者可以使政治君王的权力欲望发展到毫无人性的独裁暴君的程度。孟子的"存心论"与"求其放心论"对于他们实际上是一个返回"人"的生命感受、克服政治权力欲望对自身的异化、重建与自己治下的民众的感情联系的问题，其思想价值是不可抹杀的。

　　与孟子"存心论"和"求其放心论"直接相联系的，还有他的"尽心论"。他的"求其放心"的主张，实际上已经是他的"尽心论"的一个重要内容。一个人的情感体验是经常发生变化的，特别是一个政治君王，在位期间的情感体验主要是在政治权力关系中的体验，这种体验实际是在权力欲望以及其他各种物质欲望的基础上产生的，假若仅仅沉浸在这种体验中，一个人还是没有充分发掘和利用自己的内心体验的，孟子讲"尽心"，首先是要政治君王将被利害心遮蔽了的作为一个"人"的生命体验充分发掘出来，意识到自己内心被压抑着的人性要求，这才算"尽"了自己的"心"。否则，一个政治君王实际并不了解自己全部的心愿，实际上丢失了作为一个"人"的自己，丢失了自己的"人性"。与此同时，当一个政治君王找到自己的"放心"、发现了自己的"人性"之后，还不能停留在现有的水平上，还要"扩而充之"，因为这时的仁义之"心"还如"火之初然，泉之始达"，必须进一步"扩而充之"，"苟能充之，足以保四海，苟不充之，不足以事父母。"（《孟子·公孙丑上》）"人皆有所不忍，达之于其所忍，仁也；人皆有所不为，达之于其所为，义也。人能充无欲害人之心，而仁不可胜用也；人能充无穿窬之心，而义不可胜用也。人能充无受尔汝之实，无所往而不为义也。"（《孟子·尽心下》）与"扩而充之"的主张相联系，孟子还提出了"反身而诚"的要求。他说："爱人不亲反其仁，治人不治反其智，礼人不答反其敬。行有不得者，皆反求诸己，其身正而天下归之。"（《孟子·离娄上》）……所有这些，也都是孟子"尽心论"的内容。一个政治君王，只有"尽心"，才能从自我的权力欲望和所有的物质实利欲望的束缚中解放出来，才能够从内心重新发现自己作为一个"人"的本质特征，才能在精神上同自己治下的民众紧密联系起来，并将自己至高无上的政治权力真正用于国家的管理事业，真正用于自己治下的民众的安全和幸福——而这，恰恰是一个政治君王的社会使命和历史使命。

"存心论""放心论""尽心论"，我们可以统称之为"三心论"。

六

孟子的"政治人性论"，我认为，主要是由三部分内容组成的："性善论""三心论"和"天命论"。"性善论"是其基础，它为政治君王的自我道德完善找到了内心的根据；"三心论"是其实践，它为政治君王的自我道德完善设计了一条心路历程；"天命论"则是其终极形式，它为政治君王的自我道德完善提出了一个精神高度。

> 尽其心者，知其性也。知其性，则知天矣。(《孟子·尽心上》)

孟子指出，政治君王只要"尽心"，只要将自己内心储藏的全部感受和体验全都调动起来，只要充分扩充自己的"不忍人之心"，就能够发现自己的"人性"，就能够意识到自己的善良，并且也能够意识到自己其实是不愿成为一个利欲熏心、冷酷无情的野兽一样的人的，而意识到这一切，也就知道"天"了。这就将他的"三心论"与他的"天命论"联系在了一起。

"天""命"这两个概念，在孔子的思想学说里，并没有实质性的意义，是游离于孔子思想学说的主体结构之外的两个概念，而在孟子的思想学说里，其价值和意义则是不能忽略的，它们都是孟子思想学说主体结构的构成要素。孔子"罕言命"，也很少谈"天道"，因为在他看来，"天"和"命"都是人力所无法改变的，讨论"天道""命运"这些问题，对于一个人的成长和发展，对于一个人的思想追求和道德追求，都没有太大的必要性。虽然他也说"五十而知天命"(《论语·为政》)，"不知命，无以为君子也"(《论语·尧曰》)。但也只是知道罢了，并且是在奋斗了大半生之后才知道的，知道了也没有办法改变它，也还得照常努力地做下去。他说："君子有三畏：畏天命，畏大人，畏圣人之言。"(《论语·季氏》)之所以"畏",就是因为"死生有命,富贵在天"(《论语·颜渊》),"天命"是不可改变的,对之必须怀有敬畏之心,严肃对待。"获罪于天,无所祷也!"(《论语·八佾》)"亡之,命矣夫,斯人也而有斯疾也!斯人也而有斯疾也!"(《论语·雍也》)"予所否者,天厌之!天厌之!""天生德于予,桓魋其如予何?"(《论语·述而》)"天之将丧斯文也,后死者不得与于斯文也;天之未丧斯文也,匡人其如予何?"(《论语·子罕》)"颜渊死,子曰:'天丧予!天丧予!'"(《论语·先进》)"不怨天,不尤人,下学而上达,知我者其天乎!"(《论语·宪问》)"道之将行也与?命也。道之将废也与?命也。公伯寮其如命何!"(《论语·宪问》)……在所有这些话里,孔子都将"天""命"当作世人所无法左右的一种力量。但到了孟子的思想学说里,"天"和"命"就不是政治君王不必关心的对象了,而是他们必须用全身心的力量所追求的东西。不论是"存心""求其放心"还是"尽心",都是为了一个最终的目标:"知天""正命"。

　　孔子与孟子天命观的这种区别,我们是不难理解的。孔子思考的是自己和他的学生们的成长和发展的问题,是作为一个社会人的思想道路的问题。对于他们,也有一个无法左右的力量("天"),一个无法超越的极限("命"),但只要他们"畏天命",不要企图左右这个根本无法左右的力量,不要企图超越这个根本无法超越的极限,把自己所有的力量都用于自己能够克服的困难、能够超越的限度上去,一个人就能得到更充分的发展、更健康的成长。但对于孟子所面对的政治君王,情况就有了根本的不同。政治君王已经拥有了巨大的政治权力,至少在孟子看来,这个巨大的政治权力是外在于政治君王这个"人"的本体的。它不是强化了政治君王作为一个"人"的本质,而是构成了对他的严重"异化",使其越来越忘记了自己是一个"人",忘记了自己作为一个"人"曾有的生命体验和情感体验,因而也使他越来越远离开"人",远离开"人"的本质。他的"性善论"肯定了政治君王作为一个"人"还是有"人性"的,还是有"善心"的;他的"三心论"就是要政治君王找回自己的"人性",找回自己的"善良"。但是,事情到此还没有结束,因为孟子的意图绝对不是要求政治君王放弃自己的权力,离开这个政治的环境,仅

孟子国家学说的逻辑构成：从孔子到孟子（二）

仅成为一个超凡脱俗的"善人"，所以，在他的"政治人性论"中，还必须为政治君王的人性修养指出一个目标、一个结果。有了这个目标，有了这个结果，他的"政治人性论"才是完整的，有效的；没有这个目标，没有这个结果，他的"政治人性论"就是一个断尾巴蜻蜓。而"知天""正命"就是政治君王人性修养的最终目标和结果。

为什么我不同意将孟子的"心论"视为主观唯心主义的呢？因为他的"心论"最终的归结是"知天"，而不是认为"心"就是"天"，那么，孟子的"心论"是不是客观唯心主义的呢？也不是！因为他并不总是认为"天"就是一种抽象理念或绝对精神，有时又可以是我们所说的不以人的意志为转移的自然规律。在他的"人性论"里，有一个"故"的概念，这个概念就接近我们现在所说的"自然规律"。他说："天下之言性也，则故而已矣，故者以利为本，所恶于智者，为其凿也。如智者若禹之行水也，则无恶于智矣。禹之行水也，行其所无事也。如智者亦行其所无事，则智亦大矣。天之高也，星辰之远也，苟求其故，千岁之日至，可坐而致也。"（《孟子·离娄下》）按照我的理解，这段话的意思是：人们所说的"性"，实际是"原本如此"的意思。"原本如此"的存在依据是"顺其自然"。我之所以看不起一般的智者，是因为他们好穿凿附会。假若他们像大禹治水那样，我就不会看不起他们了。大禹治水，是顺其自然，按照水流的规律治理洪水，智者若像大禹那样，智慧就大了。天是很高的，星辰是很远的，只要了解了它们运转的自然规律，即使千年之后的日至的度数，现在也可以推算出来。在这里，孟子实际是说，"人性"也是原本如此的，也是有自己发展演变的自然规律的。但孟子的思想学说也不是唯物主义的。在这里，我们还应当注意孟子所说的"类"的概念。"故凡同类者，举相似也。"（《孟子·告子上》）"类"是按照一定的方式划分开来的，而不同的"类"又各有其不同的"类本质"，"类本质"也就是这个类的"共性"，是"举相似"的结果，是在这种分类方式所划分的各种不同类别的相互比较中以其相区别的特征概括出来的。西方唯物主义和唯心主义虽然属于不同的哲学派别，但在其分类的方式上却是相同的，它们都首先区分物质和精神、存在和意识、客观和主观，并且对什么是"物质"、什么是"精神"、什么是"存在"、什么是"意识"、什么是客观、什么是主观,都有大致相近的理解。孟子则不是按照这样一个标准分类的。他首先区分的是"人"和"兽"、"人性"和"兽性"。在他这里,"人性"是"人"在与"兽"的对比中呈现出来的"类本质","兽性"是"兽"在与"人"的对比中呈现出来的"类本质";"人性"是"人"共同具有的与"兽"不同的特征,"兽性"是"兽"共同具有的与"人"不同的特征。按照这种分类方式,我们就会理解为什么孟子认为"人性"是"善"的、"兽性"是"恶"的。"人性"自然是"善"的,"恶"当然就不是"人性";"兽性"自然是"恶"的,"善"当然就不是"兽性"。这样,"人"和"兽""人性"和"兽性"就成了绝对对立的两对概念。那么,人身上所表现出来的"恶"是什么呢?那就不是"人性",而是"兽性"。为什么"人"身上也有"兽性"?因为"人"与"兽"的差别原本是很小的,人很容易迷失自己的"本性","恶"就是一个人迷失了自己"本性"的结果。这样,孟子事先就把人的感觉方式、感受方式、认知方式分成了各不相同的两种:一种是迷失了自己的本性的人的感觉方式、感受方式和认知方式;一种是扩充了自己的"不忍人之心"、恢复了人的本性后的人的感觉方式、感受方式和认知方式。前者不是人类的,不是正常的,他所感知到的世界自然也是不正常的,不是人类应当感知到的样子,从中所获得的所谓认识也是不正常、不正确的。只有后者,才是人原本应当如此的,正常的,他所感知到的世界也是一个真实的世界,从中所获得的认识才是正常的、正确的。前者不可能"知天",后者才"知天"。这样,"天"有时可能是自然规律,有时又可能只是一种有类于西方哲学中的绝对精神或绝对理念的东西。"口之于味也,有同嗜焉;耳之于声也,有同听焉;目之于色也,有同美焉。至于心,独无所同然乎?心之所同然者何也?谓理也,义也。圣人先得我心之同然耳。故理义之悦我心,犹刍豢之悦我口。"(《孟子·告子上》)这里的"理"和"义",与西方哲学中的绝对理念就有极为相似的特征。但所有这一切,当纳入孟子的"政治人性论"之中,又都是一个统一的整体。孟子无非是说:政治君王假若关心的只是自己的权力地位而对"人"、对"民"无所关心,那么,他就不会有真正合理的政治观念:"有天爵者,有人爵者。仁义忠信,乐善不倦，此天爵也；公卿大夫，此人爵也。古之人修其天爵，而人爵从之。今之人修其天爵，以要人爵，既得人爵，而弃其天爵，则惑之甚者也，终亦必亡而已矣。"（《孟子·告子上》）也就是说，政治君王应当通过"知天"而更好地进行政治管理，而不能通过"知天"而加强个人的独裁地位。这是一种与西方近现代哲学不同的分类方式，在这种分类方式之下，既不会完全走向唯物主义，也不会完全走向唯心主义。它区分的是政治君王"仁"与"不仁"的差别，而不是主观与客观的差别。

"知天"是政治君王的人性修养的目标，但如何才能"知天"呢？万章曾问孟子，尧是不是曾经将天下送给舜？孟子说，天子不能将天下送给人。万章又问，那么，舜的天下又是谁送的呢？孟子回答说，是"天"送的。万章又问，"天"是谆谆教导了一番之后送给舜的吗？孟子说，"天"不会说话，是通过行与事表示出来的。万章又问，怎样通过行与事表示出来的呢？孟子说，天子能向"天"推荐人，但不能让"天"将天下送给这个人；诸侯能向天子推荐人，但不能让天子将这个人封为诸侯；大夫能向诸侯推荐人，但不能让诸侯将这个人封为大夫。过去尧把舜推荐给"天"，"天"接受了舜；让舜在人民面前表现自己，人民也接受了他。所以说，"天"是以行与事表示出来的。万章又问，怎样才算推荐给"天"而"天"接受了他，让他在人民面前表现自己而人民接受了他呢？孟子说，让他主持祭祀而百神享用了他的祭祀，就是"天"接受了他；让他主持政事而政事成功、人民安定，就是人民接受了他。最后，孟子说："《太誓》曰：'天视自我民视，天听自我民听'，此之谓也。"（《孟子·万章上》）一言以蔽之，"天"的意见，也就是"民"的意见。所谓"知天"，其实就是"知民"。

自然政治君王有一个找回自我与没有找回自我、善与不善、行"仁政"与"率兽食人"的差别，所以他们也会有不同的"命"。不过在所有这些"命"中，只有一种是"正命"，那就是在"存心""养性""事天"的前提下的个人命运："尽其心者，知其性也。知其性，则知天矣。存其心，养其性，所以事天也。夭寿不二，修身以俟之，所以立命也。"（《孟子·尽心上》）以这样的方式"立"起来的"命"，就是"正命"："莫非命也，顺受其正。是故知命者，不立于岩墙之下，尽其道而

死者，正命也。桎梏而死者，非正命也。"（《孟子·尽心上》）

"知天""正命"是政治君王人性修养的目标，但"知天"之后，就要"事天"，这就进入到政治实践的领域了。

七

如上所述，孟子的"政治人性论"是在孟子企图通过启发政治君王的觉悟而实现自己的政治主张的过程中建构起来的。这就至少给我们两个感受和理解它的视角：一个是直接实践层面上的，一个是超越于直接实践的文化思想层面上的。在直接实践的层面上，孟子的"政治人性论"是为了实际地改变政治君王的政治观念，以让他们接受自己的政治主张。在这个层面上，孟子的"政治人性论"显然是"迂远而阔于事情"的，不但当时的政治君王不会接受他的建议，任何一个时代的任何一个政治家都不会完全相信他的理论并将其付诸实践。在这里，是一个怎样看待"政治"的本质和政治家的"人性"的问题。"政治"是什么？政治是对社会的一种管理方式。而通过政治权力的强制手段实施对社会的管理就是政治的基本特征。而政治家的本质特征就是能够有效地使用政治权力的强制性手段具体实施社会管理的人。我们不妨用孟子提出的"类"的概念分析研究一下孟子自己的"政治人性论"。孟子关于"人性"的观念是在"人"与"兽"的区别中具体建立起来的，即使我们承认他对"人"的"类本质"（"性"）的概括是完全正确的，他所概括的也只是作为一个一般的"人"的本质特征，而不是作为一个政治君王同一个一般社会民众的不同本质特征。所以，当孟子用这样一种普遍的人的本质特征要求于一个政治君王的时候，他是忽略了政治君王不同于一般社会民众的特殊要求的，而这个特殊要求就是他与政治权力的关系，就是他如何维持住自己的政治权力，维持住他之所以能够对社会实施政治管理的至高无上的权力地位。而对于这一点，任何一个政治君王的感受和体验都是较之孟子更加直接也更加强烈的。在这个意义上，我们可以看到，从孟子开始中国儒家知识分子产生的关于"王者之师"的梦想，实际都是虚幻不实的，都是在"教"与"学"的观念发生分裂之后

孟子国家学说的逻辑构成：从孔子到孟子（二）

在一些精英知识分子头脑里产生的错觉。而大量的历史事实告诉我们的却是，中国儒家知识分子的这种梦想在更多的情况下倒是使自己更严重地丧失了独立性，而仅仅成了政治家实现自己独裁统治的附庸。他们没有重视孔子"不在其位，不谋其政"的主张，没有为中国知识分子的独立性留下足够的社会空间。实际上，"不在其位"就没有实际的政治权力实施有效的政治管理，不能实施有效的政治管理就不能为其政治管理的结果担负责任，就必须追究被赋予了这种政治权力也必须实施其政治管理的人的责任。这对于不断提高社会政治管理的水平是有直接的作用的。中国儒家知识分子用"王者之师"的意识几乎把全部治国的责任都揽到了自己的头上，使大量知识分子（并且多是有责任心、有才能的知识分子）成了中国古代君主专制制度的替罪羊和殉葬品，反而使掌握着国家最高政治权力的帝王可以不为政治管理上的失误担负任何罪责。

但是，一种思想学说虽然常常是在特定社会实践目标的推动下产生的，但它一经产生，就成为一种"文化成果"，而"文化成果"则是不受特定时空条件限制的，是可以在更广泛的社会空间进行传播、在更长久的历史时间中延续的。这是"文化"的魅力，也是"文化"之超越于任何现实实践而具有自己的独立性的根源之所在。在这个"文化"的时空结构内，起关键作用的不是在当时的社会实践中有没有发挥具体的社会作用，而在于它有没有推进人类对自身和与自身有密切关系的周围世界的感受和认识，有没有通过这种感受和认识将自己、同时也将人类的主体性地位提高到一个新的水平。我认为，只要从这样一个角度感受和认识孟子的"政治人性论"，我们就会感到，正是孟子的"政治人性论"，将孟子带入了一个新的文化世界，并在这个文化世界里建构了自己独立的思想学说。毫无疑义，就其文化传统而言，孟子是主要继承着孔子的思想传统的，是从孔子所创立、所充实了的"仁""义""礼""智"等基本思想概念出发的。但在孔子的时代，中国知识分子在中国社会上还没有如此高的社会地位，还没有取得与政治君王平等对话的权利，所以他是从求仕开始而最终回归于社会教育并以社会教育为其思想立足点而建构起自己的思想学说的。如上所述，孔子的思想学说是以"立人"为主体的，是从作为一个"社会人"的角度看待世界（其中也包括政治）

的，讲的是"人之道"。作为一个现实的人，孔子虽然对现实政治感到不满，但却从来没有认为，自己应该负起教育当时的"当权派"的任务。在政治的范围内，他是以一个求职者的身份出现在各个诸侯国内以及各个诸侯国王的面前的，他是一个按照自己的思想观念恪守他所获得的各项政治职务的臣僚，是在无法按照自己的意愿从事自己的政事时一走了之的"政治职员"。正是因为如此，他有着一般的政治观念，但却从来没有从一个政治君王的角度思考整个国家的治理问题，他的关于国家的观念也是不完整、不系统、不具体的。他关心的更是"社会"，而不是"国家"；是"人"，而不是"政治"；是不借助政治权力的介入也能处理好的人与人的关系，而不是只有通过拥有国家权力的政治君王才能实现的"国家建设"目标。而到了孟子的时代，中国知识分子的社会影响扩大了，而各个诸侯国的国王却在列国争战的严峻现实环境中有了危机感，这就戏剧般地将还没有丰富的政治实践经验的中国知识分子颠上了此后中国知识分子再也无法达到的社会地位的最高峰。孟子就是在这种特殊的历史条件下突入政治领域的一个中国知识分子，他虽然也像孔子一样未得重用，但即使作为一个游说列国的知识分子也能够将各个诸侯国的国王当作自己的学生那样来教诲，来训导。这恰恰激发了他对国家政治的想象，也加强了他对国家政治的思考，尽管这些想象和思考并不能满足当时各个诸侯国王的现实需要，但不能满足他们的现实需要却恰恰是一种思想学说对现实实践具有超越性的根本标志，是一种思想学说具有自己的独立文化价值和认识价值的证明，因为它体现的原本不应当是当时那些政治君王的思想和理想，而应当是作为一个知识分子的孟子的国家观念和政治理想。事实上，任何一个真正有价值的思想学说都是无法完全满足现实社会直接实践的要求的，正像任何现实社会的直接实践也无法完全满足一种思想学说的要求一样。我们对孟子的思想学说也应当这样来感受、来思考。

从这个文化的视角，孟子的"政治人性论"实际也是他的全部政治理想的一个有机组成部分。在他的政治理想中，他的"政治人性论"可以视为他的"君王论"，是他理想中的一个善良的、对其治下的民众有着深厚的关切之情、不牟私利、对国家事务尽职守责的政治君王。只有在

孟子国家学说的逻辑构成：从孔子到孟子（二）

这样一个君王的领导下，他的政治理想才会化为现实。

中国国家的产生，是在很早很早以前的事情，是在传说中的黄帝时代的事情。国家，改变了中国社会，也改变了人的生活方式和价值观念。但在中国知识分子形成之前，国家一直是在直接实践需要的推动下盲目地发展和演变的。什么是国家？国家存在的根据是什么？国家应当担负什么样的社会职责？怎样的国家管理才是合理的、有效的？怎样的国家管理是不合理、不能容忍的？如何保证国家管理的合理性与有效性？……所有这些问题，除了少数政治家面对实际的政治问题有一些散碎的思考之外，实际上是没有人给以一个较为系统、较为全面的思考的。也就是说，国家产生了，国家存在着，每一个人都在国家这个搅拌机中被搅拌着，但人们在它面前却是盲目的。

中国国家的产生，是在部落与部落之间的矛盾中产生的，黄帝联合了一些部落的力量，用军事的力量驱逐了另外一些部落，建立了最早的国家政权。这个国家政权的产生，将在这个国家政权管辖范围内的"人"变成了"民"。而国家则是凌驾在全体民众之上的一个"上层建筑"，一个独立的集团。这个独立集团的成员从普通民众的自然性的生活中脱离开来，从生产性的劳动中脱离开来，成为管理国家公共事务的机关。在开始阶段，这个集团成员的人数是很少的，其组织结构也是很简单的，与普通民众的生活也不会有很大的距离。但我认为，也正是在这种情况下，它不断证明了自己存在的价值和意义，使其治下的民众不但没有联合起来将这个凌驾在自我之上的统治集团扼杀在摇篮里，而且默认了抚养这个新生儿的责任和义务。到了传说中的三皇（尧、舜、禹）时代，大概是国家的地位得到进一步巩固和加强的时代，国家不但继续在与其他部落的战争中显示了自己强大的力量，而且在治理洪水等公共事务中建立起了自己崇高的威望，国家的作用加强了，国家的组织系统也更完整、更严密了。社会也从远古的个人英雄崇拜逐渐转向了国家崇拜。国家集体的力量赋予了尧、舜、禹等帝王和他们的助手们以神奇的色彩，从而将国家权力神圣化、绝对化为不可触犯的天条。国家权威的确立，悄然改变着人与人的关系，上下等级的权力关系在所有与国家政治有联系的范围内逐渐建立起来，下对上的绝对服从不但成为国家的法规，同时也成为人们的行为习惯。国家对人的言语行为要求成为感受人、评价人的主要价值尺度，并且在社会上得到扩散和普及。显而易见，夏、商、周三代就是在这种国家权力被神圣化之后建立起来的，但这也导致了国家政治的异化发展趋势。国家产生在人类相互联合、构成一个统一整体的自然需要中，但其结果却导致了人类的更严重的分裂。国家被神圣化之后，人们在观念上就将包括土地、财产、人民在内的所有事物，都当成了帝王一个人的私有财产，所谓"普天之下，莫非王土；率土之滨，莫非王臣"的观念给政治帝王各种物质欲望的满足提供了条件，从而也加强了政治帝王无限度地使用国家权力、无限度地聚敛物质财富、无限度地满足自我物质享乐欲望的倾向。这种发展趋势返转来加剧了社会的矛盾，并将这种矛盾集中在国家政治权力的争夺上。在这种非理性的权力争斗中，一般说来，那些生活上荒淫无度、政治上凶狠残暴的君主因为得不到更多人的支持而容易丧失自己的政权，而那些能够有限地克制自己、照顾到别人利益的君主则更容易在政治斗争中获得胜利。这就是儒家知识分子为什么在夏、商两代的政治君王中区分出了圣君和暴君的历史根据。周是从中国西部发展起来的，最终灭掉殷商，建立起一个更加庞大的封建制国家。周是从外部入侵的一个政治势力，它不但面临着据说是一个暴君的殷纣王，还面临殷的一个贵族集团，所以在灭殷的过程中需要为自己的军事入侵找到一个合法性的借口，找到一个安定人心的口号，这就将一个国家的君主同这个国家的臣、民区分开来，并且以对待臣、民的态度作为评价一个君主的价值标准。也就是说，君主的神圣地位开始受到挑战，现实的政治标准进入到中国人的观念中，并成为中国政治理论的萌芽。与此同时，周人将自己的风俗习惯、礼仪形式带入中原，与殷的风俗习惯、礼仪形式结合起来，形成了一套更加完备的礼乐制度。军事镇压与"制礼作乐"相结合，将周人的政治统治巩固下来，而在和平时期，国家的权威是通过一整套礼乐制度的实施而宣示给民众的，并以此维持着民众对国家的敬畏。周是以分封制的形式进行统治的，这种统治形式既形成了家国同构的政治统治形式，也形成了家国同构的伦理形式，将伦理与政治紧密结合起来，成为后来儒家知识分子建构自己思想学说的现实基础。但是，所有这一切，都还是在历代政治家的实践活动中自然地演变和发展而来的，任何一个时代的任何一个人，都还未曾对这样一个历史和这样一个历史形成的国家统治进行过整体性的叩问：国家的存在有必要吗？国家的这种存在形式是合理的吗？还有没有一种更好、更合理的国家统治呢？更好、更合理的国家统治应该是什么样子的呢？

周王朝分封制的国家统治形式维持了一个相当漫长的历史时期，它在加强了国家表面的统一性的同时，也把政治权力关系普及到全国各个地区的各个社会领域中，使这个国家的各个角落里都有了一个非生产性的政治统治集团，也把全体民众置于这个集团的直接控制之下。在国家统治集团内部，权力不但是社会地位的标志，同时也是财富以及所有人生价值的占有形式。这就使统治集团内部的争权夺利的斗争普及到全国各地，而社会民众也被直接或间接地裹挟进统治集团内部的这种权力争斗之中去。不难看到，这种以统治集团内部的权力争夺为核心的社会斗争和列国争战，带来了国家政治的全面异化：国家再也不是为民众而存在的，而是民众是为国家而存在的；不是国家是为民众服务的，而是民众是为国家服务的。这种国家关系的根本颠倒，使国家失去了国家的本质，政治失去了政治的本质，君王失去了君王的本质，也使臣、民失去了臣、民的本质。国家不但没有给社会民众带来安全和幸福，而且成了几乎所有社会灾难的总渊薮。正像孟子所说："王者之不作，未有疏于此时者也；民之憔悴于虐政，未有甚于此时者也。"（《孟子·公孙丑上》）现代中国的知识分子大都是主张进化论的，但仅就国家的本质职能而言，在没有一种力量足以遏制国家权力的无限膨胀的情况下，它一经产生便会迅速地发展为一个异己性的社会力量。这种国家政权在自身运转过程中的迅速蜕化现象，恰恰是人类历史发展过程中的一个规律性的现象。

孟子就是在国家已经异化为非国家，政治已经异化为非政治，君王已经异化为非君王，臣、民也异化为非臣、民的现实环境中，开始思考国家的本质并提出自己对于国家、对于政治的理想的。

原载《西南民族大学学报》（人文社科版）2006年第6期

孟子国家学说的逻辑构成：
从孔子到孟子（三）

八

中国的20世纪，是一个文化革命的世纪，也是一个政治革命的世纪。在20世纪中国文化革命的过程中，西方社会进化论学说发挥了重要作用；在20世纪中国政治革命过程中，马克思主义的阶级斗争学说发挥了重要作用。西方社会进化论学说和马克思主义的阶级斗争学说也被广泛地运用于分析和研究中国古代的社会现象和文化现象。这在孟子研究中也不例外。在用西方社会进化论学说研究孟子思想的时候，人们常常提出的问题是：孟子是一个复古主义者呢，还是一个社会进化论者呢？在用马克思主义阶级斗争学说研究孟子思想的时候，人们经常提出的问题是：（一）孟子思想是代表当时统治阶级利益的呢，还是代表当时广大人民群众利益的呢？（二）孟子思想是代表没落奴隶主贵族阶级利益的呢，还是代表新兴地主阶级利益的呢？我认为，所有这些问题，都忽略了一个最根本的问题：孟子是一个什么样的人？他向当时的中国人提出了一些什么样的问题？他为什么会提出这些问题？他对这些问题做出了怎样的回答？他为什么会做出这样的回答？

孟子国家学说的逻辑构成：从孔子到孟子（三）

孟子是一个什么样的人？孟子在当时不是一个有权有势的政治统治阶级的人物，更不是一个政治君王，但他也不是一个体力劳动者，一个我们现在所说的"劳动人民"。他是从"士"这个阶层出身的知识分子。知识分子拥有的是什么？是"知识"。他之所以受到当时政治君王们的有限度的重视，也是因为他有"知识"。假如孟子没有"知识"，那些政治君王是不会听他的教训和唠叨的，更不会重金赏赐他。他的知识是什么样的知识呢？是当时的社会知识和历史知识。他的社会知识是对于现实社会的了解，他的历史知识是对古代社会的了解。假如他仅仅了解现实社会的知识，现实社会在他的感受和理解中就是完全合理的，即使不合理，也是无法改变的。这无疑是当时除知识分子之外的所有其他人关于国家的感受和认识；假如他仅仅是一个历史学家，对现实社会毫无了解，或者有了解而毫不关心，他的历史知识就仅仅是历史知识，而不会成为他的思想学说的构成成分，他也不会成为一个独立的思想家。他的独立思想学说是怎样建构起来的，亦即他的知识结构是怎样构造起来的？显而易见，以其对古代历史的广泛了解具体分析批判现实社会并在此基础上提出自己的思想主张，是孟子思想学说构成的主要形式。在这里，我们可以回答现代进化论者提出的那个问题：孟子是一个复古主义者呢，还是一个社会进化论者呢？

我的回答是：他既不是一个复古主义者，也不是一个社会进化论者，而是现实政治的批判者和政治理想的建构者。

"孟子道性善，言必称尧舜。"（《孟子·滕文公上》）在这里，我们应该提出的问题是：他为什么"言必称尧舜"？他到底要到尧舜时代去寻找什么？

我认为，他到尧舜时代寻找的是中国国家的起源和本质。

> 当尧之时，天下犹未平，洪水横流，泛滥于天下。草木畅茂，禽兽繁殖，五谷不登，禽兽偪人。兽蹄鸟迹之道，交于中国。尧独忧之，举舜而敷治焉，舜使益掌火，益烈山泽而焚之，禽兽逃匿。禹疏九河，瀹济漯，而注诸海；决汝汉，排淮泗，而注之江，然后中国可得而食也。当是时也，禹八年于外，三过其门而不入，虽欲

耕，得乎？

  后稷教民稼穑。树艺五谷，五谷熟而民人育。人之有道也，饱食、煖衣、逸居而无教，则近于禽兽。圣人有忧之，使契为司徒，教以人伦：父子有亲，君臣有义，夫妇有别，长幼有叙，朋友有信。放勋曰："劳之来之，匡之直之，辅之翼之，使自得之，又从而振德之。"圣人之忧民如此，而暇耕乎？

（《孟子·滕文公上》）

  这尽管有些想象的成分，但至少在基本理念上是符合国家起源的一个基本特征的："国家"在其形成的时候，是满足着人们共同生存和发展的需要的，否则，它就不会发生，即使发生，也不会继续存在下来。自然国家是为了满足人类共同生存和发展的需要而产生的，那么，最初的政治君王就是关心人类共同利益的那些人。如果说民众是为了满足个人或自己家人的需要而生活、而劳作的人，是"为自己的人"，那么，政治君王则是为更广大的民众而生活、而劳作的，不是仅仅"为自己的人"。不难看出，这种在国家源头处对国家的思考，对于孟子国家观念的形成是十分重要的。任何一代人都不是从历史的开头开始自己的生活的，任何一代人都是在历史积淀成的既定的现实社会中生活的。孟子生活在一个国家已经异化为非国家、政治已经异化为非政治的时代，他在现实社会中所感受、所熟悉的就是这种非国家的国家、非政治的政治。那时的政治君王，正如他所说"未有不嗜杀人者也"（《孟子·梁惠王上》）。即使那些有雄心大志的政治君王，其理想也只是"欲辟土地，朝秦楚，莅中国而抚四夷"（《孟子·梁惠王上》）。当时的政治统治者，几乎都把巩固和加强自己的政治统治权力视为自己神圣的使命，视为理所当然的事情，而民众则只是供他们驱使的牛马。在这样的时代，人们几乎只能产生两种对于国家的观感：其一是将现实的政治统治神圣化、合法化，从而成为国家的盲目崇拜者；其二是从根本上否定国家存在的必要性和合法性，从而成为国家否定论者。我认为，恰恰是孟子这种返回国家源头的思考，才不仅使他能够认识到现实政治状况的荒诞性，强化了他对现实政治统治的批判力度，同时也使他没有走向对国家的根本否定，没有走向专制主义的另外一个极端——无政府主义。

只有当一个人将国家存在的必要性与合法性承认下来之后，他才会重新思考关于国家的构成、国家的职能等等有关国家的一系列根本问题，他才会重新建构自己独立的国家观念。

首先，承认了国家，就承认了社会分工，承认了不同的人可以从事不同的事业，因为国家是一个整体，它是由不同的事业和从事不同事业的人共同构成的。关于社会分工，孟子有一段很有名的话：

> 陈相见孟子，道许行之言曰："滕君，则诚贤君也；虽然，未闻道也。贤者与民并耕而食，饔飧而治。今也滕有仓廪府库，则是厉民而以自养也，恶得贤？"孟子曰："许子必种粟而后食乎？"曰："然。""许子必织布而后衣乎？"曰："否。许子衣褐。""许子冠乎？"曰："冠。"曰："奚冠？"曰："冠素。"曰："自织之与？"曰："否。以粟易之。"曰："许子奚为不自织？"曰："害于耕。"曰："许子以釜甑爨，以铁耕乎？"曰："然。""自为之与？"曰："否。以粟易之。""以粟易械器者，不为厉陶冶；陶冶亦以其械器易粟者，岂为厉农夫哉？且许子何不为陶冶，舍皆取诸其宫中而用之？何为纷纷然与百工交易？何许子之不惮烦？"曰："百工之事，固不可耕且为也。""然则治天下独可耕且为与？有大人之事，有小人之事。且一人之身，而百工之所为备。如必自为而后用之，是率天下而路也。（《孟子·滕文公上》）

但他接下来所说的一段话，却是常常被人非议的：

> 故曰：或劳心，或劳力；劳心者治人，劳力者治于人；治于人者食人，治人者食于人：天下之通义也。（《孟子·滕文公上》）

在这里，孟子将整个国家，分为两个大的阶层：劳心者和劳力者。"劳力者"相当于我们现在所说的"劳动人民"；"劳心者"则包括政治统治集团的成员和知识分子。

毫无疑义，在孟子的这种分工理论中，是注入了他的上下等级观念的。这种上下等级观念又与他的尊卑观念相结合，被后代儒家知识分子改造成了维护现实政治统治秩序的一整套伦理道德观念。在孔子的思想学说中，也有"君子"与"小人"之分，但还主要是就个体人的精神素质而言的："君子"是讲道德的人，"小人"则是不讲道德的人，"君子"和"小人"并不是两个不同的社会阶层。而到了孟子这里，"大人"就成了"劳心者"这个阶层的人的统称，"小人"则成了"劳力者"这个阶层的人的统称。这就有了上下等级的区别。实际上，仅从社会分工的角度，是无法产生"大人""小人"的观念的：自然是"一人之身"需"百工之所为备"，自然都是构成国家的不同结构成分，自然不同的人起到的是不同的社会作用，彼此也就没有"大""小""上""下"之别。孟子这种将"劳心者"当作"大人"、将"劳力者"当作"小人"的观念，分明是从当时社会在封建等级制度的基础上产生的封建等级观念中接受过来的，甚至在他的这段论述中也显得有些突兀。但我们必须看到，我们过去对孟子这段论述的解读也是过于笼统、极不精确的，这也影响到我们对它的实际意义和价值的感受和评价。

这要从"劳心者"这个思想概念的理解说起。

仅在社会分工的意义上，我们可以说"劳心者"就是政治统治集团的成员和当时的知识分子，但从孟子对"劳心者"这个概念的具体界定而言，它又不仅仅是指具有这两种身份和地位的人，而是像孟子所说的尧、舜、禹、汤、文、武、周公、孔子这样的政治统治者和知识分子。他们的特征是"劳心"，而结合孟子对尧舜禹等人事迹的介绍，我们知道，这里的"劳心"实际就是"忧民"，是关心民众的疾苦。自然"忧民"，就不是不做事，或者只做于巩固和加强自己的特权地位有利的事。孟子提出，"有大人之事，有小人之事"，"小人之事"才是仅仅为自己做的"事"，而"大人之事"则是为全体民众分忧解难的，是关系全体民众生活命运的。"劳心者"就是做"大人之事"的人，假如不做事，或者仅仅做对自己有利的事，那就不是"大人"，不是"劳心者"了。所以，这个"劳心者"不但与"劳力者"是相互区别的，与那些不关心民众疾苦、仅仅为了巩固和加强自己的政治权力的政治统治者也是相互区

孟子国家学说的逻辑构成：从孔子到孟子（三）

别的。有一次，孟子问齐宣王：如果你的一个"臣"要到楚国去旅游，将妻子儿女托付给了自己的朋友，但当他回来的时候，却见到他的妻子儿女在朋友处受冻挨饿，那他怎么办呢？齐宣王说：那就与他的朋友绝交。孟子又问：如果一个"士师"领导不了他的下属，那怎么办呢？齐宣王说：那就罢免他。孟子又问：如果你的国家没有治理好，那怎么办呢？齐宣王"顾左右而言他"，没有回答。（《孟子·梁惠王下》）孟子显然是说，一个君王对自己的国家是负有责任的，如果你没有尽到你应当尽的责任，你就得引咎辞职。孟子还举过大王居邠的例子。当时遇到狄人的侵略，无力抵抗，贡上皮币、犬马、珠玉，仍然不能阻止，大王就对国人说：狄人想要的是我国的土地。土地是养活我国民众的，我不能以养活我国民众的土地加害于我国民众。你们还愁没有自己的君王吗？所以我决定放弃王位，离开这片土地。我认为，孟子在这里所表现出来的国家观念，是相当超前的。周代的分封制，为"国家"制造了一个假象，好像"国家"包括它的人民、土地和财产都只是君王一家的私有财产，好像他们为保卫自己的政治统治地位而做的一切，包括对外的战争与对内的镇压都是天然合理的。这样一种国家的观念，实际上一直主宰着中国人的国家观念和与此有关的一系列价值观念，"忠君"思想就是这种国家观念的集中表现。而后代儒家知识分子在宣扬这种"忠君"思想的时候，又总是举着孔孟之道的旗帜，好像他们的"忠君"观念就是从孔子、孟子那里继承过来的。实际上，直到孟子，虽然已经不自觉地接受了当时社会的等级观念的某些影响，但在整个国家观念上，与当时分封制条件下的国家政治制度以及国家观念，是没有多少相似之处的。历史帮助了他，历史的思考在孟子思想学说中成了超越现实政治制度及其国家观念的束缚、将自己的国家观念上升到一个新的历史高度的助推器。他始终坚持着国家的民众主体论，而痛诋那些将国家视为自己以及自己一家的私有财产的荒诞的国家观念。从他的国家观念中，我们得不出民众应当忠于君王的结论，只能得出君王应当忠于民众的结论（过去我们将孟子的思想概括为"民本主义"，我不取这个概念。"民本"注重的是民众作为国家的基础的作用，但孟子不仅认为民众是国家的基础，同时更强调上层政治统治者应该对民众的生活和命运负责，枝叶和根本的关系无法体现这种关系）。

那么，我们应当怎样理解孟子关于"劳心者"与"劳力者"关系的论述呢？我认为，孟子的意思实际是说："劳力者"是养活"劳心者"者的，"劳心者"是被"劳力者"所养活的。所以，"劳心者"必须为"劳力者"服务，而"劳力者"则是理应接受"劳心者"的服务的人。正是在这样一个意义上，所以，孟子又说：

民为贵，社稷次之，君为轻。（《孟子·尽心下》）

显而易见，孟子用"劳心者""劳力者"及其关系构成的就是他的国家观念的整体框架：整个国家，是由"劳心者"和"劳力者"两个阶层构成的，既不能只有"劳心者"，也不能只有"劳力者"。它们各有自己的职责，各有自己的作用。国家的基础是"劳力者"，但每个个体的"劳力者"，是为自己而生存的，彼此构不成一个整体，无法保证自己的安全，无法战胜自然的灾害。"劳心者"是适应着民众的集体需要而产生的，"劳力者"供给他们物质生活的需要，使他们不必为自己的物质生活需要而从事体力劳动的生产。所以他们必须关心民众的疾苦，为民众排忧解难，起到保民、养民、教民的作用。用最简单的语言表述出来，就是："劳力者"养活"劳心者"，"劳心者"为"劳力者"服务。

在这里，我们可以回答上述第二个问题：孟子是代表当时统治阶级利益的呢，还是代表当时广大人民群众利益的呢？

我的回答是：他既不是仅仅代表统治阶级利益的，也不是仅仅代表广大劳动人民群众利益的，而是从国家的整体构成及其内部关系的角度对国家的重新思考。这种从国家整体构成及其内部关系出发进行的思考，重视的是国家结构的完整性与有效性，不会用任何单独一方的利益取代整个国家的利益，任何单独一方都要在这个结构中发挥自己能够发挥的作用，从而也在这个结构中获得它应该得到的利益。

尽管孟子的理想从来没有得到实现过，但他尽到了一个思想家应尽的责任。

九

　　诸侯之宝三：土地、人民、政事。宝珠玉者，殃必及身。（《孟子·尽心下》）

　　孟子的国家民众主体论，不仅意味着在"劳心者"和"劳力者"的关系中，是以"劳力者"为基础，重点强调"劳心者"应当对"劳力者"所担负的不可推卸的责任，而且也意味着，在孟子所说的国家四要素（土地、人民、政事、财富）之间，是以"人民"为基点的。

　　在这里，孟子通过政治统治者对国家四要素的态度区分了三种不同的治国路线：王道、霸道、贼道。

　　"王道"，在孟子的思想学说中，实际就是在国家民众主体论基础上建构起来的治国路线，自然民众是国家的主体，所以，得到民众的信赖和爱戴，就是"王"。为"王"之道就是得人之道、得民之道，而得人、得民之道则是得心之道："桀纣之失天下也，失其民也；失其民者，失其心也。得天下有道，得其民，斯得天下矣；得其民有道，得其心，斯得民矣；得其心有道，所欲与之聚之，所恶勿施尔也。"（《孟子·离娄上》）"国土"是一个国家所不可缺少的，但"王道"自然重视的是人，是人心，所以与国土的大小就没有关系。国小，上下和睦，人民幸福，就是"王道乐土"；国大，在上的荒淫无耻、专横跋扈，在下的流离失所、啼饥号寒，也不是孟子理想中的国家。重视开疆辟土，就会行霸道，以力压人；重王道，就不会把开疆辟土当作国家的主要目标，就会"以德服人"："以力假仁者霸，霸必有大国；以德行仁者王，王不待大。汤以七十里，文王以百里。以力服人者，非心服也，力不赡也；以德服人者，中心悦而诚服也，如七十子之服孔子也。"（《孟子·公孙丑上》）"政事"也是一个国家所不能懈怠的，但政事实际就是行使政治权力、贯彻国家的各项措施，尽管这些措施有时是必要的，但总带有一定的强制色彩，所以孟子认为，"教民"较之"善政"更得人心，也更加重要："善政不如善教之得民也。善政民畏之，善教民爱之；善政得民财，善教得民心。"(《孟子·尽心上》)所谓"善教",在孟子那里,还不是教给民众怎样伏伏贴贴,而是像后稷、契一样,教给人民怎样生产、怎样生活,当然,也包括怎样处理人与人之间的关系。

"霸道",在孟子的思想学说中,是倚恃军事的或政治的强制性力量强迫别人或别的国家服从自己的意志的一种政治路线,也就是现在所说的强权政治、霸权政治。这一类的君王往往打着主持正义、维护和平等冠冕堂皇的旗号,但使用的却是暴力手段。春秋"五霸"实行的就是这种"霸道"政治。在孔子那里,对于辅助齐桓公称霸诸侯的管仲还有很高的评价。他说:"管仲相桓公,霸诸侯,一匡天下,民到于今受其赐。微管仲,吾其被发左衽矣。岂若匹夫匹妇之为谅也,自经于沟渎莫之知也。"(《论语·宪问》)但到了孟子,对这种霸权政治就显得严峻多了。齐宣王向孟子请教齐桓公、晋文公称霸诸侯的事情,孟子回答说:"仲尼之徒无道桓、文之事者,是以后世无传焉。臣未之闻也……"(《孟子·梁惠王上》)我认为,孟子的这种严峻态度是可以理解的。晚于孔子百余年的孟子,面临的是列国之间更加残酷的兼并战争,"争地以战,杀人盈野;争城以战,杀人盈城。"(《孟子·离娄上》)以提倡"王道"为己任的孟子,当然对"霸道"政治采取批判态度了。但对于孟子,"霸道"仍然不是一个完全的贬义词,不是与"王道"完全相反的:

> 五霸者,三王之罪人也;今之诸侯,五霸之罪人也;今之大夫,今之诸侯之罪人也。天子适诸侯曰巡狩,诸侯朝于天子曰述职。春省耕而补不足,秋省敛而助不给。入其疆,土地辟,田野治,养老尊贤,俊杰在位,则有庆,庆以地。入其疆,土地荒芜,遗老失贤,掊克在位,则有让。一不朝,则贬其爵;再不朝,则削其地;三不朝,则六师移之。是故天子讨而不伐,诸侯伐而不讨。五霸者,搂诸侯以伐诸侯者也,故曰:五霸者,三王之罪人也。五霸,桓公为盛。葵丘之会诸侯,束牲、载书而不歃血。初命曰:"诛不孝,无易树子,无以妾为妻。"再命曰:"尊贤育才,以彰有德。"三命曰:"敬老慈幼,无忘宾旅。"四命曰:"士无世官,官事无摄,取士必得,无专杀大夫。"五命曰:"无曲防,无遏籴,无

孟子国家学说的逻辑构成：从孔子到孟子（三）

有封而不告。"曰："凡我同盟之人，既盟之后，言归于好。"今之诸侯，皆犯此五禁，故曰：今之诸侯，五霸之罪人也。长君之恶其罪小，逢君之恶其罪大。今之大夫，皆逢君之恶，故曰：今之大夫，今之诸侯之罪人也。（《孟子·告子下》）

从这里的论述可以看出，孟子思想学说中的"霸道"，并不是与"王道"完全对立的概念。二者都是一种政治权力行为，其施政原则也是大致相同的。二者之间的差别仅仅在于，王者"讨而不伐"，是追究诸侯的责任、行使自己的权力，而不是对其他国家的武力压迫，"霸者"则"伐而不讨"，是联合别的诸侯国共同对一个或数个诸侯国实施武力压迫，用强制性的手段迫使对方服从自己的意志，而不是行使自己固有的权力，但其最后宣布的原则仍然是正当合理的。用孟子自己的话来说，就是"以力假仁"；用我们现在的话来说，就是："只要目的正确，可以不择手段。"总之，"霸道"就是不以"得人""得心"为目的，而以"土地""政事"为主要原则的政治权力行为。

在孟子的思想学说里，与"王道"完全对立的是"贼道"。"贼道"这个词是我概括出来的，但"贼"这个词却是孟子在这种场合常常用到的。假如从孟子的国家民众主体论出发，国家、国家的政治权力实际是在广大民众生存和发展需要的基础上产生的，并且是由广大社会民众养活的，是应当有利于而不是不利于广大民众的安全和幸福的。但当国家产生之后，当政治统治者拥有了国家政权，拥有了运用政治权力强制别人、贯彻自己的主观意志、实现自己的愿望和要求的自由，就可以利用国家的合法政治权力而为自己或自己的一个统治集团牟取私利。他们感到宝贵的既不是"人民"，也不是"土地"和"政事"，而是个人的权力、个人的财富和个人的享乐。这种行为，在孟子看来，就是"贼"的行为，就是窃取了国家的权力，窃取了"仁""义"的名号，以达到窃取人民财产的目的。"今之事君者皆曰：'我能为君辟土地，充府库。'今之所谓良臣，古之所谓民贼也。君不乡道，不志于仁，而求富之，是富桀也。'我能为君约与国，战必克。'今之所谓良臣，古之所谓民贼也。君不乡道，不志于仁，而求为之强战，是辅桀也。由今之道，无变今之俗，虽与之天下，不能一朝居也。"（《孟子·告子下》）窃取了国家权力，将为民众的安全与幸福而存在的国家权力变为加强个人独裁、扩大个人财富的手段，而不顾民众的利益，孟子认为这样的君王率领着自己的臣僚就像率领着一群野兽一样，成了一个吃人的集团："庖有肥肉，厩有肥马，民有饥色，野有饿莩，此率兽食人也。"（《孟子·梁惠王上》）孟子甚至认为，这种窃取国家权力、行私利己的君王已经不能被视为君王，因为他已经不能代表国家、代表人民，而只是一个独夫民贼。在这时，人民可以推翻他，杀掉他，而不是犯上作乱，不是颠覆国家："贼人者谓之贼，贼义者谓之残，残贼之人谓之一夫，闻诛一夫纣矣，未闻弑君也。"（《孟子·梁惠王下》）用我们现在的话来说，"贼道"其实就是对国家职能的破坏，对国家本质的背叛。当国家异化为统治人民、压迫人民的工具，人民就有权利用革命的手段推翻这样的政府，制裁这样的暴君。

行"王道"也要有土地（国土），但"王不待大"；也要有"政事"，但这个"政事"既不是开疆辟土，也不是聚敛财富，而是为了得到人民的信任和拥戴，为了得民、得"民心"。孟子所谓的"仁政"，实际上就是在"王道"基础上的政治统治者的"政事"。

十

关于孟子的"仁政"措施，孟子研究者多有论述。在这里，我只想做一下简要的概括，并重点突出其与"王道"政治的内在联系。

（一）发展生产，保障人民的基本生活需要

在这里，我们首先应当廓清的一个问题是，孟子思想并不像宋明理学家所阐释的那样，主要是一种伦理道德学说，更不主要是所谓"理学"或"心学"，而是一个完整系统的国家学说。既然是一个完整的国家学说，他所涉及的就不是国家中的一个特殊的阶层，或者一个特定的个人，而是一个由各种不同的人、各种不同的阶层构成的有机整体。在这个有机整体中，按照孟子的理解，国家首先是由"劳心者"和"劳力者"这两个大的社会阶层构成的。孟子讲"心"，个别地方也讲"理"，

孟子国家学说的逻辑构成：从孔子到孟子（三）

但所有这一切，都仅仅针对"劳心者"这个阶层的人、并且主要是政治君王。孟子之所以对这个阶层的人讲"心"、讲"理"，是因为这个阶层的物质生活是由"劳力者"所承担的，他们的社会职责就是要"劳心"，就是要在物质生活需要得到基本满足之后主要关心人民的安全和幸福，主要关心国家的事务。在与梁惠王的谈话中，孟子问梁惠王："为肥甘不足于口与？轻暖不足于体与？抑为采色不足视于目与？声音不足听于耳与？便嬖不足使令于前与？王之诸臣皆足以供之……"（《孟子·梁惠王上》）言下之意是说，这些物质生活上的享受你还不感到满足吗？你在这方面还用动什么心思吗？你的职责就是要关心民众的生活、治理好自己的国家。对于这些人，最大的危险是什么呢？最大的危险就是认为自己在物质利益上的所得是理所当然的，是不用为此承担什么义务的，或者虽然理性上明白而与广大社会民众建立不起情感上的联系，对民众的疾苦无所关心。所以，"心"的问题，"养心"的问题，对于他们是一个关键的问题，首要的问题。而"养心"，就要"寡欲"。他们的物质生活是由"劳力者"负担的，他们的物质享乐欲望的加大，也就意味着"劳力者"负担的加重，所以孟子说："养心莫善于寡欲，其为人也寡欲，虽有不存焉者，寡矣；其为人也多欲，虽有存焉者，寡矣。"（《孟子·尽心下》）但孟子的"心""性""理"的论述绝不是针对社会每一个人的，更不是针对当时广大的"劳力者"的。与此相反，孟子认为，"劳力者"的问题首先是一个物质生活的问题，首先是一个温饱的问题。他指出，民无"恒产"，即无"恒心"。没有"恒心"，"放僻、邪侈，无不为己"。这是由于政治统治者没有尽到自己的责任，将他们陷于犯罪的境地，假如因此而惩治他们，就是"罔民"，就是欺骗民众。（《孟子·梁惠王上》）用现在的话来说，政治统治者必须保证社会民众的劳动权和生存权，如果连这一点都没有做到，有罪的就是政治统治者，而不是社会民众。在这个意义上，社会民众满足基本物质生活欲望的要求就是合理、合法的，在这种基本欲望和要求没有得到保障之前，向社会民众要求道德，要求仁义，要求"存天理、灭人欲"，都是"罔民"，都是对人民的欺骗，都是推卸自己的责任，嫁祸于民。"禹思天下有溺者，由己溺之也；稷思天下有饥者，由己饥之也。"（《孟子·离娄下》）孟子认为，政治统治者必须有这样的责任意识，必须将改善社会民众的生产与生活状况当作自己不可推卸的社会责任，使他们"仰足以事父母，俯足以畜妻子。乐岁终身饱，凶年免于死亡。"（《孟子·梁惠王上》）否则，就是"率兽食人"，就是"刺人而杀之"："狗彘食人食而不知检，涂有饿莩而不知发；人死，则曰：'非我也，岁也。'是何异于刺人而杀之，曰：'非我也，兵（兵器——引者）也。'"（《孟子·梁惠王上》）

  不违农时，谷不可胜食也；数罟不入洿池，鱼鳖不可胜食也；斧斤以时入山林，材木不可胜用也。谷与鱼鳖不可胜食，材木不可胜用，是使民养生丧死无憾也。养生丧死无憾，王道之始也。（《孟子·梁惠王上》）

  五亩之宅，树之以桑，五十者可以衣帛矣；鸡豚狗彘之畜，无失其时，七十者可以食肉矣；百亩之田，勿夺其时，八口之家可以无饥矣；谨庠序之教，申之以孝悌之义，颁白者不负戴于道路矣。老者衣帛食肉，黎民不饥不寒，然而不王者，未之有也。（《孟子·梁惠王上》）

  五亩之宅，树墙下以桑，匹妇蚕之，则老者足以衣帛矣。五母鸡，二母彘，无失其时，老者足以无失肉矣。百亩之田，匹夫耕之，八口之家足以无饥矣。所谓西伯善养老者，制其田里，教之树畜，导其妻子，使养其老。五十非帛不煖，七十非肉不饱。不煖不饱，谓之冻馁。文王之民，无冻馁之老者，此之谓也。（《孟子·尽心上》）

  易其田畴，薄其税敛，民可使富也。食之以时，用之以礼，财不可胜用也。民非水火不生活，昏暮叩人之门户，求水火，无弗与者，至足矣。圣人治天下，使有菽粟如水火。菽粟如水火，而民焉有不仁者乎？（《孟子·尽心上》）

孟子的所有这些论述，我认为，重要的不是他所说的一些政策细节的问题，而更加重要的，是他说出了一个真正意义上的国家元首，一个尽职尽责的政治君王，一个真正爱护自己治下的民众的政治统治者，在当时的历史条件下，不可能不想到的问题，不可能不关心的问题。如果一个国家的元首，连这样一些问题都无所关心，想的只是如何保住自己的王位、如何巩固和加强自己的政治权力，这个国家还有什么存在的必要呢？人民为什么要养活君王和他手下的那么一大批政治官僚呢？所以，孟子这里说的不仅仅是一个怎么做的问题，更是一个国家的本质、国家的基本职能的问题。

（二）正经界，薄税敛，减轻人民负担

> 夫仁政必自经界始。经界不正，井地不钧，谷禄不平。是故暴君污吏必慢其经界。经界既正，分田制禄可坐而定也。夫滕壤地褊小，将为君子焉，将为野人焉。无君子莫治野人，无野人莫养君子。请野九一而助，国中什一使自赋。卿以下必有圭田，圭田五十亩。余夫二十五亩。死徙无出乡，乡田同井。出入相友，守望相助，疾病相扶持，则百姓亲睦。方里而井，井九百亩，其中为公田。八家皆私百亩，同养公田。公事毕，然后敢治私事，所以别野人也。此其大略也。若夫润泽之，则在君与子矣。（《孟子·滕文公上》）

关于孟子在这里提出的井田制和什一税法，历史学家曾做过很多考证，但我私意认为，这更像是孟子根据当时的情况而为滕国设计的经济政策。显而易见的是，至少滕国在此前是未曾"正经界"，也未曾实行井田制和什一税法的。因为这是孟子的意见，所以，最后他还特地指出，滕文公和他的父亲还可以根据具体情况将其具体化、细致化。假如这是历史上一直沿用的经济政策，孟子大可介绍得更详细些，是不必让对方再费脑筋的。孟子还曾谈到历史上的三种税法：贡、彻、助。他说："夏后氏五十而贡，殷人七十而助，周人百亩而彻，其实皆什一也。彻者，彻也；助者，藉也。龙子曰：'治地莫善于助，莫不善于贡。贡

者，挍数岁之中以为常。乐岁，粒米狼戾，多取之而不为虐，则寡取之；凶年，粪其田而不足，则必取盈焉。为民父母，使民盼盼然，将终岁勤动，不得以养其父母，又称贷而益之。使老稚转乎沟壑，恶在其为民父母也。'夫世禄，滕固行之矣。诗云：'雨我公田，遂及我私。'惟助为有公田。由此观之，虽周亦助也。"（《孟子·滕文公上》）贡法、彻法、助法，分明是历史上就有的，但是不是什一税，孟子也没有落实，周代实行的是不是助法，也是孟子根据《诗经》上的两句诗推测出来的。他也曾劝宋国一个大夫实行什一税法，而这个大夫说："什一，去关市之征，今兹未能。"（《孟子·滕文公下》）我认为，所有这些都说明，历史上未必真正实行过井田制，什一税也是孟子根据过往各种不同的税法归纳出来的一种税额较少的税法。

孟子还谈到"布缕之征"（实物税）、"粟米之征"（粮食税）、"力役之征"（徭役）三种税收形式，认为"用其一"，就要"缓其二"。"用其二而民有殍，用其三而父子离。"（《孟子·尽心下》）

任何的政治措施，都是根据当时的具体情况而制定的，所以，对于后来的研究者，重要的不是当时的人制定了一种什么样的措施，这种措施是什么性质的，重要的是当时的人为什么制定了这些措施，这些措施是解决什么实际问题的，其效用何在？假如这些措施没有得到实行，其原因何在？假如得到了实际的贯彻，其实际效果如何？关于"正经界"，孟子说得非常清楚，那就是防止暴君污吏随意地占有民众的土地，随意地将民众不应负担的税收摊派在民众身上。在孟子看来，"井田制"就能够公平合理地分担国家税收，而什一税则是按照收入的多少纳税且税额较小的一种。周人白圭曾提出用二十取一的办法征税，孟子也表示反对，认为是"貉道"。他说："夫貉，五谷不生，唯黍生之。无城郭、宫室、祭祀之礼，无诸侯币帛饔飧，无百官有司，故二十取一而足也。今居中国，去人伦，无君子，如之何其可也？陶以寡，且不可以为国，况无君子乎？欲轻之于尧舜之道者，大貉小貉也；欲重之于尧舜之道者，大桀小桀也。"（《孟子·告子下》）也就是说，孟子寻求的是在"劳心者"和"劳力者"两个阶层之间比较合理地分配社会财富的一种办法，太少则无法维持国家的公共事务；太多则影响"劳力者"阶层生产与生活的基本需要。孟子所说的"尧舜之道",实际是尧舜治国的原则,未必是尧舜当时的具体措施和办法。

(三)国家的集体设施应与国民共享,"与民同乐",加强君、民之间的精神联系

中国自先秦之后的古代文化遗址、佛寺、道观属于当时的公共场所,不仅善男信女可以入内烧香许愿,一般的老百姓也可以入内观览,而属于国家系统的,例如皇宫、皇帝的避暑山庄、皇陵、王府,直至像颐和园这样的园林建筑,在当时都不是公共场所,一般的老百姓是无缘进入的。这与西方古代的文化遗址也有很大的不同,施政厅、大教堂、国家大戏院、运动场,都是一些公共设施,甚至中世纪的贵族庄园,也具有半开放的性质。这反映着中国古代国家政治统治集团与广大国民之间越来越大的差距和矛盾,不但贫富悬殊,而且在情感上也是对立的。他们越来越把自己治下的国民当作自己的敌人,并用高墙厚垒和枪刀剑戟将自己孤立起来,营造着与广大社会群众毫无关系的另一种奢华但缺少生命活力的生活。但是,这个责任却不应当由先秦儒家知识分子来负,尤其不应当让孟子来负。孟子思想学说的全部精髓,都在于要打破政治统治集团为自己建造的物质的和精神的壁垒,重新找到自己与其治下的广大社会民众物质的和精神的有机联系。他并不反对建造能够体现国家意志和国家荣誉的公共设施,甚至也不反对君王及其整个政治统治集团享有较之"劳力者"更优裕的生活条件和文化品味,但孟子认为,所有这一切,都要具有与广大社会民众共享的性质,"与民同乐",使民众从中也感到自己的力量和自己的尊严。在谈到文王和齐宣王园囿的区别时,孟子说:"文王之囿方七十里,刍荛者往焉,雉兔者往焉,与民同之。民以为小,不亦宜乎?臣始至于境,问国之大禁,然后敢入。臣闻郊关之内有囿方四十里,杀其麋鹿者如杀人之罪。则是方四十里,为阱于国中。民以为大,不亦宜乎?"(《孟子·梁惠王下》)在这里,孟子所说的"为阱于国中",实在是一句非常深刻、非常到位的话。只要政治统治集团将自己的利益从广大社会民众的利益中孤立出来,并且将其置于国家权力的保护之下,国家内部就会布满大大小小的陷阱,使民众无往而不处在危险之中。这就造成了国家自身的异化。所有国家的集体设施，都是依靠民财、民力建造的，假如民众从中感觉不到自身的意愿、自身的力量、自身的尊严，他们就不会感觉到国家以及整个政治统治集团存在的价值和意义，国家的这两个大的社会阶层就会陷于分裂的状态。"文王以民力为台为沼。而民欢乐之，谓其台曰灵台，谓其沼曰灵沼，乐其有麋鹿鱼鳖。古之人与民偕乐，故能乐也。《汤誓》曰：'时日害丧，吾与汝偕亡。'民欲与之偕亡，虽有台池鸟兽，岂能独乐哉？"(《孟子·梁惠王上》)"乐其有麋鹿鱼鳖"，是因为民众并没有意识到政治统治者与自己是完全不同的另一类人，所以能够与之取着同样一个角度感受世界、感受客观事物。这正像当代迪士尼乐园的游客不会想到迪士尼乐园的老板是一个与自己不同的资本家一样。仅仅贫富之间的差别不会将国家完全分裂开来，导致国家分裂的永远是情感和精神。精神分裂了，整个社会、整个国家、整个宇宙都分裂了；情感上、精神上是一体的，整个社会、整个国家，乃至整个宇宙就是一体的。正是在这个意义上，孟子认为，政治君王好乐、好色、好勇，都不足惧，关键在于他在关心自己的时候，是不是同时关心到自己的民众，是不是同时想到自己的民众的同样的愿望和要求。

"人不得，则非其上矣。不得而非其上者，非也；为民上而不与民同乐，亦非也。乐民之乐者，民亦乐其乐；忧民之忧者，民亦忧其忧。乐以天下，忧亦天下，然而不王者，未之有也。"(《孟子·梁惠王下》)在这里，我们可以看到孟子与后代儒家知识分子的一个根本不同：当后代儒家知识分子将"忠君"提高到了法律的高度，"非其上"就成了弥天大罪；而孟子则认为，"人不得"而"非其上"，是人之常情，虽然也是不对的，但是可以理解；"为民上"而"不与民同乐"，同样也是错误的，并且是较之"非其上"更严重、更关键的错误。

（四）教育人民，引导人民，使人民适应现实社会生活的需要

中国国家的产生以及中国国家的形态与古希腊国家的形成以及古希腊国家的形态有着显著的不同。古希腊的国家是在古希腊民族定居在希腊这块土地上之后形成的，是以定居在同样一个地点的居民为了共同生

活的需要具体建构起来的,所以国家组织的形成与其国民的生产方式、生活方式基本是同步的,而中国国家的产生则与此不同。它是由部落军事联盟驱逐了部分敌对部落之后由军事首领们组建起来的,是少数上层人物的主观意志的体现。当国家产生之时,绝大多数国民还没有,也不可能有国家的意识、社会的意识,土地的广大、居住的分散、交通的不便、文字未产生前的相互交流的困难,都使最广大的居民仍然处于原始的或半原始的生存状态,既没有共同认可的伦理道德观念和伦理道德标准,也没有起码的社会意识和国家意识。这种意识是从上而下地形成的,是首先在国家管理者的集体实践中产生出来的。虽然儒家文化的创始人用自己的意识圣化了古代帝王在这些方面所做的零星的努力,但那些从简单朴素的自然生存状态中走出来担当起国家集体事业的早期的国家领袖们,为了取得国民的承认并具体实现他们已经意识到的国家共同的追求目标,是肯定要向有关的民众做出一些说明的,这就将一种属于早期的朦胧的国家意识形态逐渐扩散到民众之中去。但是,不但这种扩散是极其缓慢的,而且政治统治者自身的国家意识、社会意识也是相当朦胧、相当零碎的,并且随着政治统治集团逐渐蜕化为一个"作威作福"的权力集团,更形加强了民众与国家的隔膜和对立,从而将政治统治者和社会民众都同时滞留在蒙昧和半蒙昧状态。直到孔子,仍然认为:"民可使由之,不可使知之。"(《论语·泰伯》)"中人以上,可以语上也;中人以下,不可以语上也。"(《论语·雍也》)如果我们考虑到孔子并没有故意贬低当时民众的理由,我们就必须承认,至少在孔子看来,广大社会民众在对国家、社会没有较为明确的意识的情况下,是无法对国家、对政治统治者的行为做出基本正确的合理判断的,甚至也无法意识到政治统治者的哪些举措符合自身的根本利益和长远利益,而哪些举措则是对自身根本利益和长远利益的损害。所以,从孔子开始,就注意到"教民"的问题:"以不教民战,是谓弃之。"(《论语·子路》)"善人教民七年,亦可以即戎矣。"(《论语·子路》)"子适卫,冉有仆。子曰:'庶矣哉!'冉有曰:'既庶矣,又何加焉?'曰:'富之。'曰:'既富矣,又何加焉?'曰:'教之。'"(《论语·子路》)孟子与孔子一样,认为政治统治者假如只用民而不教民,是把民众当作自己的牺牲品,是不道德、不仁义的："不教民而用之，谓之殃民。殃民者，不容于尧舜之世。"（《孟子·告子下》）但在孟子这里，"教民"的问题是被纳入他的"王道"和"仁政"的整个思想体系之中而得到重视的，较之在孔子思想学说中具有更加重要的地位和作用。我们甚至可以说，把教育当作国家的一项重要事业来认识，是从孟子开始的。但也正因为如此，他所说的教育与孔子的教育实践也有了明显的差别。假如说孔子的教育是一种新生事物，是以培养有独立思考能力和独立生活能力的人为主要目标的，其性质主要不是国家主义的，那么，孟子所重视的则更是孔子之前已经生成的国家教育传统，他是从国家和民众的关系中看待教育的重要性的，是从政治君王"得人""得民心"的角度提出教育的问题的，因而也具有鲜明的国家主义的性质。他异常明确地指出，"善教"是一种政治君王"得民""得民心"的方式："善政不如善教之得民也。善政民畏之，善教民爱之；善政得民财，善教得民心。"（《孟子·尽心上》）当论述教育问题时，他更多地是以古代帝王的教育为楷模的，因而其内容主要有两个方面：（1）劳动技能；（2）以尊尊、亲亲为主要内容的人伦关系。"后稷教民稼穑。树艺五谷，五谷熟而民人育。人之有道也。饱食、煖衣、逸居而无教，则近于禽兽。圣人有忧之，使契为司徒，教以人伦：父子有亲，君臣有义，夫妇有别，长幼有叙，朋友有信。"（《孟子·滕文公上》）"谨庠序之教，申之以孝悌之义。"（《孟子·梁惠王上》）"壮者以暇日修其孝悌忠信，入以事其父兄，出以事其长上……"（《孟子·梁惠王上》）这与孔子开创的教育传统显然是不同的。孔子的教育是"士"的教育，所以不重视劳动技能的培养；孔子的思想学说以"仁"为核心，培养对人类、人类社会有整体关怀的人，主要不是教会学生怎样处理个体人与个体人的关系，孟子所说的人伦，则是具体处理社会关系的方式。这同时也将人纳入国家所需要的上下等级关系之中，是适应国家产生之后逐步加强了的等级秩序的需要。所以孟子所说的"学校"也仍是孔子之前已经存在的官办学校："夏曰校，殷曰序，周曰庠，学则三代共之，皆所以明人伦也。人伦明于上，小民亲于下……"（《孟子·滕文公上》）

(五)去关市之征,各诸侯国之间自由通商

从《孟子》中,还看不出明显的重农轻商的倾向。他从"王道"政治理想出发,反对政府对民众过多地干预和盘剥,希望"商贾皆欲藏于王之市,行旅皆欲出于王之途"(《孟子·梁惠王上》),自然反对征收影响自由贸易的关税。他说文王治岐,"关市讥而不征"(《孟子·梁惠王下》),他还劝说宋国"去关市之征"(《孟子·滕文公下》)。但他对囤积居奇、牟取暴利的商人是不满的,认为征商业税是因他们而起:"古之为市也,以其所有易其所无者,有司者治之耳。有贱丈夫焉,必求龙断而登之,以左右望而罔市利。人皆以为贱,故从而征之。征商,自此贱丈夫始矣。"(《孟子·公孙丑下》)

(六)在诸侯国之间的关系上,能以大事小,也能以小事大,以人民的态度确定战争的性质

战国时期是中国社会大动荡、大分化的历史时期,诸侯国之间相互兼并的战争此起彼伏,接连不断。历史学家往往认为,战国时期列国争雄的结果是秦王朝的建立、大一统政治局面的形成和社会某些方面的进步,所以,对当时各个诸侯国之间的兼并战争取着基本肯定或者不置可否的态度。实际上,战争永远是人类的灾难,虽然人类的战争至今没有导致人类的毁灭,但战争之后的和平却正像地震之后的稳定一样,并不能说明战争是合理的。从形式上,战争也会带来人类历史的某些进步,有时甚至是巨大的进步,但有些进步却未必是人类非有不可的,有些进步在没有战争的条件下,很可能会取着更为直接、更为合理的形式。原子弹的试制成功是由于存在着人类之间的战争,而为了战争试制成功的原子弹,则推动了原子技术的发展,而原子技术的和平利用则是人类的一大进步。但在没有战争威胁的世界上,原子能也可能直接以和平利用的方式出现在人类社会的发展中,并不像现在这样给人类社会留下一个几乎无法消除的隐患。战争是人类的灾难,同时也是国家的罪恶。国家集中了权力,将权力合法化,从而也极大地发展了权力,成为一个越来越庞大的政治统治集团的正式职业。战争就是在政治统治集团的职业范围内发展起来的,是不同政治统治集团之间维护或扩张自己权力范围的

需要，是不同政治统治集团越来越膨胀的权力欲望的激烈冲撞。战争将杀人变为荣誉，将残酷变为勇敢，将疯狂变为智慧，将掠夺变为胜利。春秋战国时期的战争就是在各个诸侯国政治统治集团不断进行的权力再分配的过程中发生的。孟子不否认国家，但又否认伴随着国家权力的产生与强化而愈演愈烈的国家之间的战争，这就给他的战争观带来了微妙性和复杂性。

孟子的战争观是从他的国家观念中派生出来的，是与他的王道政治的主张紧密联系在一起的。

孟子的国家民众主体论是对政治统治集团脱离广大民众利益的独立权力地位的消解和否定，这在他的战争观上的具体表现就是：他反对一切建立在国家政治统治集团独立利益基础上的战争，而对得到广大民众"拥护"的对内与对外的战争则取着肯定的态度。

孟子说"春秋无义战"（《孟子·尽心下》）。这反映着他对当时进行的各个诸侯国政治统治集团之间争夺霸权或者整个中国（"天下"）的统治权的战争的否定态度。"争地以战，杀人盈野；争城以战，杀人盈城。此所谓率土地而食人肉，罪不容于死。故善战者服上刑，连诸侯者次之，辟草莱、任土地者次之。"（《孟子·离娄上》）孟子看到，这种仅仅在政治权力欲望支配下的战争，成了一种血的游戏，并且在这种血的游戏中建构起了一种非人性的人的价值观念和价值标准："善战者"成了英雄，为了战争的目的"连诸侯者"成了"功臣"，与战争、与杀人有关的一切都具有了正面的价值和意义，这极大地刺激了政治统治集团的杀人欲望，他们甚至将战争、将杀人变成了自己的嗜好："今夫天下之人牧，未有不嗜杀人者也。"孟子不是所有这些政治统治集团中的一员，他是从一个第三者，一个知识分子的立场上来看这些政治统治集团之间进行的战争游戏的。在他看来，这是一些毫无意义的杀人游戏，是人类之间的相互残杀，同时也是人类的一种自杀行为："杀人之父，人亦杀其父；杀人之兄，人亦杀其兄。然则非自杀之也，一间耳。"（《孟子·尽心下》）显而易见，孟子是从根本上反对战争，反对人类间这种相互残杀的行为的，但是，他与孔子仍然有所不同。孔子主要是向自己的学生传道的，即使面对那些政治君王，他也不把改善人类的希望主要寄托在他们身

孟子国家学说的逻辑构成：从孔子到孟子（三）

上，所以他不必为他们找到一种既能维护自己的尊严、维护自己的领袖地位，又能不成为这个"杀人团"中的一员的政治出路。孟子则不同，他面对的是这些政治君王，并且把社会改善的希望完全寄托在他们身上，这就使他不能不为他们找到这样一个自新之路。

与其他各个方面一样，他是从他理想化了的古代君王那里找到这样一条道路的。

但当回到国家的源头，回到古代的政治帝王那里去之后，却不可能从根本上否认战争的必要性。直到现当代的中国知识分子，大都将孟子的"王道"理解为不借助任何政治压制手段、不借助任何战争而单纯依靠文化教育而实现整个社会的和谐。针对这种幻想，鲁迅说：

> 在中国的王道，看去虽然好像是和霸道对立的东西，其实却是兄弟，这之前和之后，一定要有霸道跑来的。人民之所讴歌，就为了希望霸道的减轻，或者不更加重的缘故。汉的高祖，据历史家说，是龙种，但其实是无赖出身，说是侵略者，恐怕有些不对的。至于周的武王，则以征伐之名入中国，加以和殷似乎连民族也不同，用现代的话来说，那可是侵略者。然而那时的民众的声音，现在已经没有留存了。孔子和孟子确曾大大的宣传过那王道，但先生们不但是周朝的臣民而已，并且周游历国。有所活动，所以恐怕是为了想做官也难说。说得好看一点，就是因为要"行道"，倘做了官，于行道就较为便当，而要做官，则不如称赞周朝之为便当的。然而，看起别的记载来，却虽是那王道的祖师而且专家的周朝，当讨伐之初，也有伯夷和叔齐扣马而谏，非拖开不可；纣的军队也加反抗，非使他们的血流到漂杵不可。接着是殷民又造了反，虽然特别称之曰"顽民"，从王道天下的人民中除开，但总之，似乎究竟有了一种什么破绽似的。好个王道，只消一个顽民，便将它弄得毫无根据了。
>
> 儒士和方士，是中国特产的名物。方士的最高理想是仙道，儒士的便是王道。但可惜的是这两件在中国终于都没有。据长久的历史上的事实所证明，则倘说先前曾有真的王道者，是妄言，说现在

还有者,是新药。孟子生于周季,所以以谈霸道为羞,倘使生于今日,则跟着人类的智识范围的展开,怕要羞谈王道的罢。(鲁迅:《且介亭杂文·关于中国的两三件事》)

实际上,这是一个如何看待国家的本质的问题。国家,就是一种权力;权力,就是一种强制性的手段,而战争就是发展到极致的权力,是权力与权力之间用军事力量进行的一种残酷的竞争。所以,当孟子返回到古代政治帝王那里去之后,仍然无法抹掉战争的阴影,但他"希望霸道的减轻,或者不更加重"的主观愿望又是不会放弃的,所以,他必须引进一个区别古代帝王和当代政治统治者的标准,那就是人民的态度。

孟子并没有回避,也无法回避那些古代帝王所进行的军事镇压,但孟子则将这些镇压说成是得到人民拥护的行为:

舜流共工于幽州,放驩兜于崇山,杀三苗于三危,殛鲧于羽山,四罪而天下咸服。(《孟子·万章上》)

《书》曰:"汤一征,自葛始。"天下信之。"东面而征,西夷怨;南面而征,北狄怨。曰,奚为后我?"民望之,若大旱之望云霓也。归市者不止,耕者不变。诛其君而吊其民,若时雨降,民大悦。(《孟子·梁惠王下》)

"汤始征,自葛载",十一征而无敌于天下。东面而征,西夷怨;南面而征,北狄怨,曰:"奚为后我?"民之望之,若大旱之望雨也。归市者弗止,芸者不变,诛其君,吊其民,如时雨降。民大悦。(《孟子·滕文公下》)

诗云:"王赫斯怒,爰整其旅,以遏徂莒,以笃周祜,以对于天下。"此文王之勇也。文王一怒而安天下之民。《书》曰:"天降下民,作之君,作之师。惟曰其助上帝。宠之四方。有罪无罪,惟我在,天下曷敢有越厥志?"一人衡行于天下,武王耻之。此武王之

孟子国家学说的逻辑构成：从孔子到孟子（三）

勇也。而武王亦一怒而安天下之民。(《孟子·梁惠王下》)

周公相武王，诛纣伐奄，三年讨其君，驱飞廉于海隅而戮之。灭国者五十，驱虎、豹、犀、象而远之。天下大悦。《书》曰："丕显哉，文王谟！丕承哉，武王烈！佑启我后人，咸以正无缺。"(《孟子·滕文公下》)

所有这些，显然都带有某种理想化的色彩，但也正是这种理想化的色彩，与当时各个诸侯国政治统治集团所进行的争夺霸权或整个中国的统治权的战争拉开了思想的距离，成为孟子批判现实政治的一个思想武器，并将人民的态度提高到了判断战争性质的价值标准的高度。显而易见，这实际上是他的"王道"政治理想在战争观中的具体体现。他面对的是政治君王，对于这些政治君王，在列国争战中能否保持住自己的政权是其根本的一环，孟子必须创造出一个"王者无敌"的神话才有可能说服他们放弃"暴政"，具体实现他的"仁政"理想。孟子指出，战争的胜负主要取决于三个因素：天时、地利、人和。而在这三个因素之中，孟子认为，"人和"是最重要的。"天时不如地利，地利不如人和。三里之城，七里之郭，环而攻之而不胜。夫环而攻之，必有得天时者矣，然而不胜者，是天时不如地利也。城非不高也，池非不深也，兵革非不坚利也，米粟非不多也，委而去之，是地利不如人和也。故曰：域民不以封疆之界，固国不以山谿之险，威天下不以兵革之利。得道者多助，失道者寡助。寡助之至，亲戚畔之；多助之至，天下顺之。以天下之所顺，攻亲戚之所畔；故君子有不战，战必胜矣。"(《孟子·公孙丑下》)

但是，"人和"这个条件并不是容易达到的，即使具备了"人和"的条件，也有一个国大与国小、国强与国弱的差别，所以，在外交路线上，他则提出了"以大事小"与"以小事大"两种不同的外交路线。齐宣王问孟子："交邻国有道乎？"孟子回答说："有。惟仁者为能以大事小，是故汤事葛，文王事昆夷；惟智者为能以小事大，故大王事獯鬻，句践事吴。以大事小者，乐天者也；以小事大者，畏天者也。乐天者保天下，畏天者保其国。"(《孟子·梁惠王下》)直至今日，这个问题仍然是一个非常复杂的问题。国家，原本是一个权力集团，而在国家与国家之间的关系上，理应是两个独立权力集团的平等关系，但这种平等关系实际又是极为不平等的，其中有着利益的冲突，也有权力大小的差别、强和弱的差别。人类如何处理这种国家与国家之间的关系，实际上关系到整个世界的和平、整个人类的前途。在书面上，在口头上，大都是承认国家与国家之间的平等关系的。但迄今为止的世界，都还不能不是大国政治、强国政治。这就有了一个具体的外交路线的问题。孟子是在当时各个诸侯国之间的关系中思考这个问题的，是以尽量避免战争、尽量降低战争的残酷性而提出问题的。在这种情况下，他就不能不正视各个诸侯国之间关系的不均衡，不能不正视小国、弱国面对大国、强国时的困窘状态。所以他一方面劝说大国、强国要善待小国、弱国（"以大事小"），另外一方面也要劝说小国、弱国屈从大国、强国的意志，尽量避免大国、强国的侵略（"以小事大"）。他批评那些模仿大国、强国而又不听命于大国、强国的小国、弱国，说这就像学生不听老师的话那样，是不合理的。这就将不平等的关系引进了国家与国家之间的关系。但与此同时，他又指出，假如小国、弱国不甘心于受大国、强国的支配，就应当像文王那样，奋发图强，经过几年的努力，使自己"无敌于天下"（《孟子·离娄上》）。当小国、弱国受到大国、强国的侵略，则有两条出路，一是为了人民的利益放弃自己的政权，一是"凿斯池也，筑斯城也，与民守之，效死而民弗去，则是可为也"。（《孟子·梁惠王下》）

现代的世界，仍然有国家，有国家与国家之间的关系，有国家与国家之间的战争，现代人类仍然因其具体立场的不同而有各种不同的战争观念。对于孟子的战争观，我们还没有做出最终的是非判断的可能。我们只能说，他的战争观，是建立在他的"王道"政治理想基础之上的，是以人民拥护与否而确定其价值和意义的。

（七）以弱势群体的基本生存状况为标准，衡量一个国家的总体发展水平

直到现在，衡量一个国家的总体发展水平，基本上有三个不同的标准：（1）以这个国家所达到的最高水准为其国家的总体发展水平，例如有多少项目达到世界最先进的水平，有多少运动员获得世界冠军，有几部作品获得诺贝尔奖金等等；（2）以人均收入为其国家的总体发展水平，例如，人均经济收入、人均占有的住房面积、人均寿命等等；（3）以弱势群体的基本生活状况为其国家的总体发展水平，例如失业人数以及失业救济金的标准、最低工资数量、失学儿童数量等等。因为孟子将民众作为国家的主体，认为国家主要是为民众而存在的，所以他认为，一个国家发展的总体水平不是以上层统治者所能够获得的最大利益为标志的，也不是以贫富混合起来的人均占有数量为标志的，而是以老弱病残这些失去劳动能力的社会成员能否获得最基本的生存权利为标志的。"老而无妻曰鳏，老而无夫曰寡，老而无子曰独，幼而无父曰孤。此四者，天下之穷民而无告者。文王发政施仁，必先斯四者。诗云：'哿矣富人，哀此茕独。'"（《孟子·梁惠王下》）说到底，孟子的"王道"就是强调"上"对"下"、"君"对"民"的责任。他承认社会关系中的等级关系，承认社会上有尊卑、贵贱的差别，但他认为，"上"对"下"，"富"对"贫"是有责任的，整个国家不是为少数政治统治者而设的，而是为广大社会民众而设的，放弃这种责任，就离开了国家的本质，同时少数政治统治者也没有了存在的理由。

　　孟子这些"仁政"措施，涉及国家政策的多个方面，时代虽有变化，但这些方面的内容恐怕是在国家存在的一个极其漫长的历史时期，都还是存在的。

　　孟子的政治批判并未完全过时，关键在于当代儒者是在何种意义上接受孟子的思想遗产的。

原载《西南民族大学学报》（人文社科版）2006年第7期

孟子国家学说的逻辑构成：
从孔子到孟子（四）

十一

"君"是国家政治的宝塔尖顶，"民"是国家政治的宝塔基座。从尖顶到基座是国家从上到下的最大距离。这是一个物理距离，更是一个精神距离。"君"将怎样跨越这个遥远的精神距离而到达"民"的"心"呢？如果说孟子的整个国家学说至今仍然有其不可低估的价值和意义的话，那末，在从"君"到"民"的这条精神道路的疏通上，我认为，却是孟子思想中最薄弱的一环。这既反映着"教"与"学"发生分裂之后给思想者的"思想"带来的"硬伤"，也反映着作为知识分子的孟子与作为政治家的君王们的难以逾越的思想鸿沟。这在孔子的思想学说中是不存在的。如前所述，在孔子那里，还没有一个"教"和"学"、"教者"和"学者"的绝对分裂的问题。孔子自己想成为一个什么样的人，他也努力将他的学生们培养成什么样的人；孔子自己是怎样在"学"的过程中成长的，他也努力让学生们怎样在"学"的过程中成长。孔子像一只破冰船，"活"在头里，"学"在头里，他让他的学生们也沿着这条航道前进，但却多了一些方便，少了一些阻力。至于他的学生在这条道路上能够走多远，能否达到孔子或者孔子最欣赏的颜渊这样的学生的水

孟子国家学说的逻辑构成：从孔子到孟子（四）

平，则取决于每一个人的具体条件和具体努力，所有这一切都不会影响孔子自身和他的思想学说的可信度。至于他的那些政治上的见解，也只是作为他的政治观念的表现，他从来没有把政治君王作为代替自己实现其政治理想的替身，所以他也没有为政治君王的"思想改造"设计一条具体道路。而到了孟子，"教"与"学"就成了两码事。孟子不是一个政治家，他对国家的所有认识和理解，都是在自己知识分子的感受和愿望的基础上建构起来的，而不是在作为一个政治君王的人生经历和人生感受的基础上建构起来的。他向自己的"学生"提出的要求较之孔子向自己的学生提出的要求更高，但他的"学生"却不可能像孔子的学生那样在本能的愿望中就乐意听从老师的教导。而一旦他的"学生"并不把孟子的话语当作必须认真思考、认真对待的教导，孟子整个的思想学说在他的"学生"那里就会轰然倒塌。这就使他的思想学说有了司马迁所说的"迂阔而远于事情"的弱点，或者如程颐所说："有圭角"。

> 孟子有些英气，才有英气，便有圭角，英气甚害事……"英气见于何处？"曰："但以孔子之言比之，便可见。且如冰与水晶非不光。比之玉，自是有温润含蓄气象，无许多光耀也。"①

假如按照我的理解，这种"圭角"实际是历代精英知识分子文化的通病，也是精英知识分子"精英意识"的思想表现。这类精英知识分子因为有了"精英意识"，就将自己的思想想象成了几近于绝对真理的东西，从而也将自己的困难估计得过低，将自己思想的力量估计得过高，这在理论上的表现就是将在实际上根本无法实现的目标，说得好像是极易实现，将大量干扰性因素排斥在了自己的论述过程之外，而仅将有利于自己的某些似是而非的因素当成了论证自己思想的唯一根据。在这样的基础上建立起来的自信心，表现在理论上，就有了程颐所说的"圭角"。《论语》一书所呈现出来的孔子，是一个有思想、有见解、有道德的长者形象，但没有后来那些精英知识分子的"精英意识"，没有包打天

---

① 程颐语，引自朱熹撰《四书章句集注》，中华书局，1983，第199页。

下的气概。在大多数场合，孔子对自己的思想、对人类和人类社会、对人的成长和发展是充满信心的，但在极少的场合，也常常流露出一些无可奈何的感伤情绪。"道不行，乘桴浮于海，从我者其由与？"(《论语·公冶长》)"甚矣吾衰也！久矣吾不复梦见周公。"(《论语·述而》)"颜渊死。子曰：'噫！天丧予！天丧予！'"(《论语·先进》)"道之将行也与？命也。道之将废也与？命也。"(《论语·宪问》)……所有这些，都展示出孔子思想的另外一面：对自己及其思想的无力的感受，对自己不可逃避的局限性的感受，这同时也让自己的学生感受到自我成长的艰难和自我所能发挥的社会作用和历史作用的限度。"君子于其所不知，盖阙如也。"(《论语·子路》)这在理论上的表现则是给自己的思想学说勾勒了一个模糊的边缘，从而也将自己的思想学说在这个边缘内部的结构完整化、系统化了。这个结构自身的张力，实际上就是我们所说的含蓄，而含蓄则是激活读者自身想象和自身思考的一种力量。孟子则不同，他将自己思想的征服力想象得太大了，以致模糊了对他的"学生们"的更清晰、更深入的了解。这并不直接表现在他的政治人性论和他的以"王道"为基础的"仁政"理想上。这些我们都可以从作为一个知识分子的孟子对国家的理解和在这种理解基础上对政治君王社会责任的认定以及对政治君王可以发挥的具体社会作用的思想期待来看待、来接受，但当涉及政治君王如何才能做到对民众疾苦的真正关心并在此基础上实现孟子仁政理想的问题，就不能仅仅依照孟子自己的主观想象了，就必须对这些政治君王的实际处境与心理轨迹有一个比较切实的感受和理解，在此基础上，才能意识到问题的全部复杂性，并提出一条切实可行的思想道路和政治道路。用现代科学的一个概念来说，就是要有"可操作性"。

如果仅就国家观念本身而言，至少在我看来，孟子的国家民众主体论的思想将人类的国家观念推向了一个不可逾越的高度，并且直至现在，这个高度我们还是不可能超越的。国家，不是自人类产生之日起就存在的，它是人类的一种创造。而凡是一种人类的创造物，其价值和意义都必须从其对于人类存在和发展的作用中发现出来，这与自然事物是绝不相同的。一只苍蝇，一头牛，一株树，一个星球，乃至整个宇宙，其存在的根据并不在于对人类的作用，它自己就是自己的存在根据，但

孟子国家学说的逻辑构成：从孔子到孟子（四）

国家的存在根据却必须到对人类生存和发展的需要中来寻找，它自己不能成为它自己存在的根据。具体到一个国家来说，这个国家的存在根据必须在其对于这个国家的民众的意义和价值中来寻找，除此之外，没有任何一条其他的途径是完全合理的。孟子的国家学说就是在这样一个关系中建立起来的，所以，它是不可逾越的。仅就这一点，孟子的国家学说甚至较之古希腊民主体制所实际体现出来的国家观念更具有彻底性与合理性，因为古希腊的民主制度是在排除了一个从事体力劳动的阶级——奴隶阶级之后建构起来的，这就使古希腊的民主制具有一种悬空的性质；它的民主是建立在对奴隶阶级的绝对专制的基础之上的。西方民主制的这种悬空性质直至西方马克思主义诞生之前一直是严重存在的，工人阶级的崛起以及工人阶级民主权利的获得在更大程度上克服了西方民主制的这种悬空感，但要完全克服它，我认为，在国家还是一个国家的时候，亦即在国家还是一个庞大的、强大的、集中而又有效的权力机构的时候，大概是不可能的。但是，古希腊的民主制在其可操作性上却是为孟子的政治构想所不可企及的。如前所述，古希腊的国家原本是由聚居于一地的希腊民族成员共同建构起来的，公民的直接参与不但是国家形成的原因，同时也是不断进行自我调整的内在动力。这样，执政者与公民就始终处在互动的状态之中。正是这种互动性，才决定了没有一个绝对稳定的政治统治集团，也没有一个绝对稳定的人民的意志。执政者是在公民中推选出来的，他同时也是一个公民，并且始终受到人民意志的制约，而人民的意志始终只能是多数公民的意志，而不可能是所有公民的意志，执政者的政治管理随时可以影响到"人民的意志"，使其发生各种形式的变化，二者永远在共同制定的法律的基础上联系为一个国家整体，而法律又使二者在这个国家整体中拥有自己自由活动的空间，拥有自己的独立性，并以自己的独立性制约对方，使对方不致完全脱离开法律的轨道，将其权力上升到绝对权力的高度，从而导致对对方的绝对控制。在古希腊的民主政体形式下，人民的权力和执政者的权力是同时存在的，执政者的权力无法完全脱离人民的权力而独立存在，而人民的权力也无法完全脱离开执政者的权力而单独存在，两者处在多级交叉之中。它永远不是完美无缺的，但也永远具有自己的可操作性，只要没有从国家外部来的力量（其中也包括那些不享受公民权利的被压迫阶级的反抗）的毁灭性打击，仅就这个国家的内部矛盾和冲突，永远不会导致这个国家整体的解体。孟子在建构自己的国家学说的时候，面对的却是另外一种类型的国家体制。中国的国家从一开始就不是由一个住地的民众自行构成的，而是通过军事征战由少数拥有军事权力的人组建起来的，是由这个集团将权力强加在普通民众之上的。这个集团一旦从民众中脱离开来，就成了一个独立的集团，并与广大社会民众生活在两个完全不同的物质世界和精神世界中：民众只是纳税的阶级，而不是这个权力集团的一员，而政治统治集团只是一个掌握国家权力的集团，而不是一个从事生产活动的集团。这两个世界的联系仅仅通过国家对民众的权力控制和民众对国家的物质供应联系在一起，除此之外就没有什么必然的联系。这就是孟子所说的"劳心者治人，劳力者治于人；治于人者食人，治人者食于人"的国家结构。正是在这种情况下，孟子建构起了自己的国家民众主体论，不能不说，孟子的这种国家民众主体论是有很高的理论品格的，它绝对不是仅仅从历史的经验和现实的经验中总结出来的（虽然他自己这样认为），而是从对国家本质职能的思考中抽象出来的。但当他在理论上对国家的本质职能做出了相当深刻的思考之后，却不可能在当时的国家政体形式之中找到回归国家本质的具体途径。

"人有恒言，皆曰'天下国家'，天下之本在国。国之本在家，家之本在身。"（《孟子·离娄上》）不难看出，对于一个政治君王，这是与"劳心者治人，劳力者治于人；治于人者食人，治人者食于人"完全不同的两种国家结构观念。在由"劳心者"和"劳力者"这两个不同的阶层构成的国家整体中，"国"之本在"民"，作为"劳心者"阶层意志集中体现的政治君王应当是直接面对"劳力者"阶层的，是在自己对于"劳力者"阶层的作用中意识自己、同时也意识"国"的存在价值的。按照孟子国家民众主体论的要求，在这样一种关系中，政治君王只要借助"不忍人之心"（用西方的思想概念来说，就是对广大社会民众的人道主义同情）、借助孟子主张的"三心"（"存心""求其放心""尽心"）就可以跨过各种精神障碍而承担起自己应当承担的社会责任和政治责任。但在"天下之本在国，国之本在家，家之本在身"这样一个国家结构形式中，"国之本"并不在"民"，而在"家"。而对于政治君王，这个"家"既不是"劳力者"阶层，甚至也不是"劳心者"阶层意志的体现。在其根本的意义上，它只是一个物质享乐主体。政治君王首先属于"家"，然后才属于"国"，也就意味着，政治君王首先关心的是这样一个物质享乐群体，而不是首先关心社会民众。在孟子这部分的思想结构中，"亲亲"不但先于"亲民"，而且先于"尚贤"，实现了"亲亲"才能过渡到"尚贤"；实现了"亲亲"和"尚贤"，才能过渡到"亲民"。正像在上一种国家结构形式中，孟子给政治君王设计了"三心论"，以一种精神三级跳的形式而抵达"知天""正命"的境界，亦即抵达"乐民之乐""忧民之忧""乐以天下""忧以天下"的精神境界，而在这样一种国家结构形式中，孟子也为政治君王设计了一个精神三级跳的形式：推"己"及"亲"，推"亲"及"民"。用"推恩"的方式将君王的恩情"推"到民众身上去。但在实际上，这条道路是根本走不通的。如果说他的国家民众主体论通过对国家本质职能的思考已经超越了当时以封建制为基础的国家观念，那末，他的"亲亲"观念则反映着当时以分封制为基础的国家政体形式对他的国家民众主体论的干扰和破坏，使他根本不可能将他的国家民众主体论推进到政体改革的高度，从而取得自己的"可操作性"。同时我们也可以看到，后代儒学家正是通过他的"亲亲"的政治主张而在郡县制的国家形式下保留了"家天下"的国家观念及其特征的。

　　在孔子的思想学说中，"孝"和"悌"也是两个重要概念，他甚至将"父为子隐""子为父隐"当作一种正当、合理的行为加以称赞（《论语·子路》）。但是，我们必须看到，孔子是从"人"的成长出发的。在人的成长过程中，特别是在当时学校教育尚不发达的条件下，一个人的成长首先是在家庭环境中进行的。在这时，一个人只有通过对父母、兄长的学习和关心才能够得到更迅速的成长，也才能够逐步建立起与社会其他人的相互理解和同情的关系。而对于一个社会"人"，在孔子的观念里，是不能完全被纳入国家权力结构之中去的，而这种亲情关系不但对一个人的精神成长有着更加重要的作用，同时也是对国家政治权力关系的一种消解形式。但对于一个政治君王，情况就截然不同了。对于一个政治君王，首要的问题既不应当是自我成长的问题，也不应当是"孝"

和"悌"的问题,而是一个如何治理好自己的国家、如何完成自己对自己治下的国民应当担负的政治职责的问题。其他的所有问题都应当首先纳入这样一个政治职责中来考虑,而不应当将这样一个职责问题首先纳入其他任何一个问题中来考虑。因为其他任何问题都不是他拥有国家权力的基础,只有这样一个问题才是他拥有国家权力的基础。"事孰为大?事亲为大;守孰为大?守身为大。不失其身而能事其亲者,吾闻之矣;失其身而能事其亲者,吾未之闻也。孰不为事?事亲,事之本也;孰不为守?守身,守之本也。"(《孟子·离娄上》)这对于一个政治君王是不适用的。他要将"事亲"放在万"事"之首,将"守身"放在万"守"之首,当然是可以的,但必须放弃国家的最高权力。只要他还拥有国家的最高权力,他就必须以"守国"为大,以"事民"为大。"尧舜之仁,不徧爱人,急亲贤也。"(《孟子·尽心上》)"仁之实,事亲是也;义之实,从兄是也。"(《孟子·离娄上》)在这里,我们可以看到,到了孟子这里,孔子思想学说中的"仁"和"义"这两个核心概念,已经开始发生重大的变化。这个变化的实质就是将在孔子那里带有整体感的两个核心概念,全都纳入了个体人与个体人之间的双边关系中,并做了庸俗化的理解。试想,假若"仁"仅仅是从"事亲"开始形成的一种世界观和人生观,与知识分子的更为广博的历史知识和社会知识毫无关系,这个概念不就在孔子之前早就成为一个流行的思想概念了吗?孔子作为一个知识分子的世界观和人生观还有什么深刻之处呢?还有什么独立的价值和意义呢?孔子在"孝""悌"这两个概念已经相当流行的时候,又将"仁"和"义"这两个概念凌驾在"孝"和"悌"之上,不就是床上架屋了吗?特别是当将尧舜这样的政治君王的"仁"说成不是对国家整体、国民整体的爱,而是将对自己亲属的爱置于对国家整体、国民整体之上,这个"仁"还有什么精神的价值和意义呢?尧舜与其他的政治统治者还有什么根本的区别呢?"人人亲其亲,长其长,而天下平。"(《孟子·离娄上》)但假如这样,政治君王也就没有了存在的价值和意义。而在政治权力的关系中,人人亲其亲、长其长,又恰恰是政治派系之间争权夺利斗争的主要原因之一,并且这种斗争对于国家的发展和人民生存状态的改善毫无意义。

孟子国家学说的逻辑构成：从孔子到孟子（四）

必须看到，对于任何一个政治君王。"国"和"家"都是两个完全不同的世界。"家"是一个生活的世界，它是按照血缘亲情关系的原则建立起来的，它不但不是，也不应当是用政治权力关系组织起来的，同时也不是，也不应当是完全按照社会道德原则组织起来的。孟子自己就说过"父子之间不责善"（《孟子·离娄上》）的话，说明他对家庭关系的复杂性是有一定认识的。在家庭关系中不存在一个政治君王的问题，甚至也不存在一个绝对的善和恶的问题。政治君王在家庭关系中也只是作为一个"家人"而存在的，并且也只能是一个"家人"。他不会因为是政治君王就会让自己的叔父在其内心就更疼爱他而不更疼爱自己的儿子，甚至他的善和恶也不会对这种关系产生根本的影响。"国家"则是一个政治权力机关，只有在"国家"中，政治君王才是一个政治君王，按照孟子自己的国家民众主体论的要求，他的权力是在对于"劳力者"阶层的作用和意义中获得的，也只能在这个事业中才会得到合理的运用。假如政治君王也以"事亲为大"，他的政治权力首先服务的就是这个物质享乐的主体，并且这个物质享乐主体也会利用国家的权力无限制地发展自己的物质享乐欲望，因为就这个家庭本身是不必承担对于国家整体治理的责任的。这样，在政治君王治理的这个政治的国家之内，同时也就有了另外一个非政治性的、以物质享乐欲望为主要推动力量的"国家"，这个"国家"在政治君王还拥有国家政治权力的时候，亦即在一个封建王朝尚处于"和平"延续的过程中的时候，就是不断向四处伸展的。"亲"者有"亲"，"亲"者又有"亲"，如此不断蝉联下去，到后来，连刘姥姥也能够攀附到这个"国"中之"国"上来。不难看到，正是这个"国中之国"，是使中国即使在和平时期也不断走向四分五裂、走向争权夺利、走向依靠自身的力量根本无法挽回的政治腐败的主要原因。而皇亲国戚、宦官专权都是这个"国"中之"国"的力量膨胀到极致的表现。从孟子的国家民众主体论，原本可以将政治君王从其家庭中独立出来，亦即将他的国家权力从他对家庭的义务中独立出来，但由于孟子从当时的社会上无法发现制约政治君王政治方向的社会力量，只是立足于说服现实的政治君王，使其自觉地意识到自己的社会责任，这就不能不迁就当时政治君王在封建制国家政体中已经形成的牢不可破的传统观念，使他在理论上无法迈出这关键的一步,从而也为后来的"家天下"在理论上留下了一个活口。

时至今日,我认为,我们对西方民主观念的接受,仍然是以孟子的国家民众主体论的思想为基础的,并且仍然没有真正找到它在中国向可操作性政体形式的转换渠道,这使我们对孟子国家观念的批判都不可能是真正有力的批判。所以,我们与其批判孟子,不如回过头来反观我们自己:我们的国家观念真正超越了两千余年前的孟子了吗?

在这里,我可以回答上面提到的第三个问题:孟子是代表奴隶制贵族阶级利益的呢,还是代表新兴地主阶级利益的呢?

我的回答是:他既不是代表奴隶制贵族阶级利益的,也不是代表新兴地主阶级利益的。他在自己的时代深刻地思考了国家存在的根据及其本质职能,但却没有将自己的国家学说贯彻到底,而是在理论上为当时在分封制基础上形成的"家天下"的政体形式留下了一个活口。

但这不是孟子国家学说的主体,孟子国家学说的主体仍然是他的国家民众主体论。

十二

假如我们更细心地体察孟子关于"心"的论述、关于"人性"的论述,我们就会看到,他的有关的内容实际是在两条线上展开的:一条是我们上面提到的"政治人性论"。他的"性善论",他的"养心论"("存心论""求其放心论""尽心论"),都是围绕着政治君王的政治选择及其人性修养展开的,都是他的"政治人性论"的有机组成部分。但与此同时,他又讲"恒心""不动心",讲"养勇",讲"志",讲"气",讲"知言",讲"浩然之气",所有这些,都是围绕着知识分子人格的修养展开的。我称之为孟子的"知识分子人格论"。

在《论语》中,对"士"就有了专门的论述,最典型的就是曾子所说的那句话:"士不可以不弘毅,任重而道远。仁以为己任,不亦重乎?死而后已,不亦远乎?"(《论语·泰伯》)这说明知识分子作为一个独立的阶层已经有了明确的自我意识。孟子对于知识分子的见解,基本上继承了先秦儒家的这个传统，但却有了更加丰富的内容，具有了初步的"士论"（"知识分子论"）的规模。

提到孟子的"知识分子论"，我认为，我们首先应当想到的还不是关于"浩然之气"、关于"不淫、不移、不屈"的著名论述，而应当是他对知识分子的这样一个基本认识："无恒产而有恒心者，惟士为能"（《孟子·梁惠王上》）。关于知识分子的论述多如牛毛，但我认为，像孟子这样简洁而有力地概括出知识分子特征的话，并不多见。直至现代社会，知识分子仍然是一个没有"恒产"的阶层。它拥有的只是知识，只是思想，它必须依靠自己的知识和思想获得社会的承认，获得维持自身再生产的生活资料。但是，现实社会向知识分子所要求的知识和思想是有限的，并且是时时发生变化的。多数知识分子当然也可以随着文化市场的需要经常更新自己的知识和思想，与时俱进，以适应现实社会的需要，也获得现实政治权力的保护和更丰裕的物质报酬，但其中也有极少的人，因为对自己的知识和思想有着更大的亲和力，有着更加执着的追求，以致使他不能或不愿放弃这种追求。在这时，他就要经受各种困苦乃至压迫。对于一个根本没有自己独立的思想坚守的人来说，是不会甘心经受这种困苦和压迫的，也无法经受这样的困苦和压迫。正因为这样一些知识分子有了自己独立的思想坚守，同时也有了经受这种困苦和压迫的精神力量。一般的人是善变的，"无恒心"，只有知识分子之中才会有这样一些在任何艰难困苦的条件下都坚守着自己的思想、自己的信仰的人，虽"无恒产"，但有"恒心"。

孟子的知识分子论，既是在感受和思考了孔子等前辈知识分子思想选择、人生选择的实际经验的基础上形成的，也是在自身现实感受的基础上形成的。孟子通过对历史的考察，总结了知识分子与政治的三种不同的关系：伯夷、叔齐是"不同道。非其君不事，非其民不使，治则进，乱则退"；伊尹是"何事非君，何使非民；治亦进，乱亦进"；孔子是"可以仕则仕，可以止则止；可以久则久，可以速则速"（《孟子·公孙丑上》）。孟子对这三种选择方式都取着肯定的态度，但他更欣赏孔子的人生选择。那末，他为什么更欣赏孔子的人生态度呢？我认为，他欣赏的实际是孔子自由地、独立地而又严肃认真地面对社会、面对政治、面对自己的人生的那种姿态和态度。它之所以是自由的,就是因为孔子是完全根据自己的意愿进行选择的,他没有屈服于政治权力的压迫和政治权力的诱惑,也没有屈服于经济权力的压迫和物质实利的诱惑;我们之所以说它是严肃的、认真的,是因为他是按照自己一向的信仰、一向的"道"而进行人生选择的,他没有因为任何理由而放弃自己一向的信仰和主张。在孟子看来,孔子才是一个真正有恒心的人。

"恒心"就是"不动心",要做到"不动心",实际上是很不容易的,实际上是要有勇气的。所以,在孟子看来,知识分子不能是后来在中国戏剧舞台上出现的那种白面书生,不能是懦夫和懒汉,而是较之当时那些侠义之士毫不逊色的大勇之人。知识分子也要"养勇",也要培养自己的勇敢精神、大无畏的精神。孟子说,子夏的"勇"就像北宫黝,"不肤挠,不目逃,思以一毫挫于人,若挞之于市朝。不受于褐宽博,亦不受于万乘之君。视刺万乘之君,若刺褐夫。无严诸侯。恶声至,必反之。"(《孟子·公孙丑上》。意译:"刀砍来,皮不颤;箭射来,目不眨。认为受到一丁点儿的挫折,就好像在街市上当众被人毒打一样。不肯受辱于穷苦百姓,也不肯受辱于豪门巨富。刺杀豪门巨富,好像刺杀一个穷苦百姓一样。不怕诸侯。你对他恶言恶语,他也会对你恶言恶语,睚眦必报。")曾子的"勇"则像孟施舍,孟施舍说:"视不胜犹胜也。量敌而后进,虑胜而后会,是畏三军者也。舍岂能为必胜哉?能无惧而已矣。"(《孟子·公孙丑上》。意译:"将根本无法获胜的战斗视为必能获得胜利,认为估量了敌人的实力、分析了胜败的可能之后才决定是否投入战斗是害怕敌军的表现。我哪能每战必胜呢?只不过是无所畏惧罢了。")孟子认为,这两种人的"勇",无法分出好坏,只是孟施舍的"勇"更近于"勇"的本身,但较之曾子,孟施舍的"勇"则更属于"气"盛,曾子的"勇"才是真"勇",才是大"勇"。曾子的"勇"是按照孔子的教导培养而成的,是知识分子的"勇"。他要首先审视自己,假如他自己是不正义的,即使老百姓,也不会怕他;如果自己是正义的,即使是千军万马,也敢冲向前去。这就把知识分子之"勇"同义侠之士的"勇"区别了开来:知识分子的"勇"是"心勇",是从坚强的心灵和坚定的意志中生发出来的。到了后代儒家知识分子,逐渐将孔子所说的"温良恭俭让"当成了知识分子的主要特征,实际上,在孔子那里,"温良恭俭让"只是知识分子平时待人接物的态度，而不是知识分子心灵的特征。"知""仁""勇"才是孔子心目中的知识分子的三个主要特征。"勇"在孟子这里，得到了更加突出的强调。

孟子还谈到他的"不动心"与告子的"不动心"的区别。实际上，告子所谓的"不动心"，在很大程度上靠的是不用心，没有自己远大的志向，更没有思想追求的热情。正像现在一些知识分子，只要别人表现出一点真诚的社会热情，就认为别人是"煽情"，是"过激"，而他自己却从来没有热情地追求过一点什么，"心"像死了一样。这也像"不动心""恒心"，但这种"不动心""恒心"，其实是没有远大志向、没有思想追求、对社会对人类没有真正的关切之情的表现。而孟子则认为，知识分子首先要"立志"，而"立志"之后还要有追求的热情。告子说："不得于言，勿求于心；不得于心，勿求于气。"孟子则说，"不得于心，勿求于气，可；不得于言，勿求于心，不可。夫志，气之帅也；气，体之充也。夫志至焉，气次焉。故曰：'持其志，勿暴其气。'"（《孟子·公孙丑上》）告子说，不是心中所想，就不要煽情，不要故意用情感和情绪渲染它。孟子认为这一点是对的。告子还说，如果说不出来，也不要去想它。孟子认为这是不对的。孟子的看法是，即使言语无法表达，也要去想。这样才能在自己的心灵中建立起自己的志向，才有自己的追求。有了自己的志向，有了自己的追求，然后才能调动起自己的感情情绪来，才能产生出追求的热情来。志向、追求是感情和情绪的统帅，感情和情绪则是志向和追求的推动力量。志向、追求是第一位的，感情和情绪应当建立在自己的志向、追求的基础上。所以，要坚持自己的志向，坚持自己的追求，也不要随意地宣泄自己的感情和情绪，以使自己的志向和追求丧失其情感和情绪的推动力量。孟子还说："志壹则动气。气壹则动志也。今夫蹶者趋者，是气也，而反动其心。"（《孟子·公孙丑上》）也就是说，只要自己的志向是统一的，不是随波逐流，不是见异思迁，不是见好处就捞，见荣誉就抢，而是坚定执着地追求一个远大的目标，你对这个目标就会具有追求的激情，就会充满追求的力量。你的情感和情绪也发生了变化，不再像无头的苍蝇，乱飞乱撞。但假如你沉溺于一时一事的感情和情绪，心志就不稳定了，就会动摇自己一向的志向。所以那些跌跌撞撞、慌慌张张走路的人,心里也是不踏实、不稳定的。

孟子为什么讲"志"、讲"气"呢?看来他讲的与知识、与思想、与文化毫无关系,讲的不是知识分子的独立特征,实际上,他关心的恰恰是知识分子的独立性,恰恰是知识分子之能够成为知识分子的前提条件。知识分子是运用语言的,是用语言的力量、思想的力量征服人、说服人的,用孟子自己的话来说,就是"以德服人"。所以,知识分子的主要才能就是要"知言",就是要听得懂、听得清别人的话,就是要通过语言和其他信息正确地感受人、认识人、理解人。要能分辨是非真假,要能发现错误、纠正错误。在此基础上,你才有表达的欲望、表达的要求,你需要表达的思想越丰富,你对你所要表达的思想感到越重要,对国家、对社会、对人类的作用和意义越大,你的志向越远大,你的表达欲望越强烈,你表达思想的勇气越充足,你就越是能够坚定地立于知识分子的立场上面对整个现实世界而发言,你也就越是一个独立的知识分子。所以,孟子认为,知识分子的主要任务就是"尚志"(《孟子·尽心上》)。什么叫"知言"?孟子说:"诐辞知其所蔽,淫辞知其所陷,邪辞知其所离,遁辞知其所穷。"(《孟子·公孙丑上》)也就是说,有了自己的志向和追求,有了追求的热情乃至激情,你才会"知言",才会有敏锐的感受力和理解力,才会辨别出是非善恶真假。在这时,你的感情和情绪就会被集中到你的志向和追求中来,并聚合成为一种"浩然之气"。所谓"浩然之气",就是在自己远大的志向和坚定的意志基础上形成的一种不同于在狭隘私利基础上产生的琐琐碎碎的感情,在一般的儿女情长的基础上产生的哀哀怨怨的情绪的一种新的感情情绪的力量,一种我们称之为"精神"的力量。这种精神的力量,不是从顺从强权、顺从世俗中产生的,而是在"直养"中,在正视现实、正视困难的基础上产生的。"其为气也,至大至刚,以直养而无害,则塞于天地之间。"(《孟子·公孙丑上》)与此同时,这种"浩然之气"是与"道"和"义"结合在一起的。假如没有"道""义"感,不是为了一个正大光明的目的,你就气馁了,就不会有"浩然之气"了。①但是,孟子特别指出,这种"浩然之

---

① "其为气也,配义与道;无是,馁也。"语出自《孟子·公孙丑上》。

"气"是"集义所生",是在内在道义心的基础上自然生发出来的,而不是对固有道德信条的宣传和运用。假如言行并不发自内心,你也会感到气馁,也不会有"浩然之气"。

在孟子那里,"浩然之气"是与"妾妇之道"相对立的。毫无疑义,孔子和孟子都表现出了明显的男性霸权主义倾向。孔子认为:"惟女子与小人为难养也,近之则不孙,远之则怨。"(《论语·阳货》)孟子则说:"以顺为正者,妾妇之道也。"(《孟子·滕文公下》)但孔子和孟子的思想学说都不是为了反对妇女解放而建构起来的,也不像后来一些儒家著作,是为了公开宣扬男尊女卑的思想。他们对女性的歧视都是当时流行的社会观念的自然流露,不是他们主要的思想主张。而在孟子这里,提出"妾妇之道"恰恰是为了强调知识分子的独立不羁的精神立场。他认为像公孙衍、张仪那些直接听命于政治统治者,为他们争城掠地的战争服务的知识分子,行的就是"妾妇之道",而不是真正的"大丈夫"。

居天下之广居,立天下之正位,行天下之大道。得志与民由之,不得志独行其道。富贵不能淫,贫贱不能移,威武不能屈。此之谓大丈夫。(《孟子·滕文公下》)

在先秦,"士""贤""臣"这三个概念是密不可分的。如上所述,知识分子是从"士"这个阶层涌现出来的,所以当时的知识分子一般称为"士"。"士"有文化、有思想、有道德,所以也称之为"贤",当时的知识分子虽然各有不同的政治主张和思想主张,提倡"尚贤"几乎是彼此相同的。政治君王的"尚贤"就是任用"士"为"臣",这些"臣"与当时的"大夫"不同,他们不是政治君王的本家,不是靠分封制度获得自己的政治地位的,所以对知识分子的要求也是对"臣"的要求。汉代以后,"忠君"就成了儒家文化对"臣"的主要要求,并且这时的"忠君"也已经有了人身依附的性质,但在孟子这里,"臣"的地位还是独立的,"君""臣"关系等于"三尊"中的"爵"和"德"的关系,基本是平等的。他甚至说:"君之视臣如手足,则臣视君如腹心;君之视臣如犬马,则臣视君如国人;君之视臣如土芥,则臣视君如寇雠。"(《孟子·离娄下》)"无罪而杀士，则大夫可以去；无罪而戮民，则士可以徙。"(《孟子·离娄下》)……所有这些，都说明孟子是非常重视知识分子的独立性的。而这种独立性，不是别人赐予的，而是靠知识分子自己争取来的。靠什么去争取？靠知识分子的"志"和"气"（"浩然之气"），靠知识分子的独立人格，靠"富贵不能淫，贫贱不能移，威武不能屈"的大无畏精神。

"教"与"学"的分裂，精英意识的产生，使孟子找了一些他根本不可能教育好的"学生"，也使他的思想更多地离开了他自身的生活环境和生活体验，他不但没有可能实现他的仁政理想，甚至连当时各诸侯国之间的兼并战争也无法阻止。在这个意义上，孟子的思想是"迂阔而远于事情"的。

但是，孟子的"视不胜犹胜也"的理论勇气和"富贵不能淫，贫贱不能移，威武不能屈"的大无畏精神支撑起了他的思想学说，使他没有放弃自己独立的思想追求，使他在当时的诸侯国国王面前仍能比较自由、独立地展开他对国家及其本质职能、对政治君王的社会责任及其人性修养等一系列根本问题的阐发，并且创建了他自己独立的国家学说。他的"具有中国特色的"民主思想不但激励着中国古代那些真正关心民间疾苦的知识分子在专制政治的环境中仍能不断发出人性的声音，在一定程度上制约着中国专制主义政治的恶性发展，同时也是中国近现代知识分子能够接受西方民主思想影响的根基之一。

原载《西南民族大学学报》（人文社科版）2006年第8期

老子哲学的逻辑构成

一

　　一种独立的哲学学说，不论它采用的是一种什么样的表述方式，但在其内部的构成过程中，一定是具有特定的逻辑程序的。否则，它就不是一个独立的哲学学说，而只是已有各种不同思想理论的杂乱堆积物。我们对一种独立哲学学说的理解，实质就是重新发现它的逻辑构成过程，并借助这一过程在自己的思想中重新建构起这种哲学学说。一切的评论和研究，都必须在这个重构过程完成之后才能进行。否则，我们评论和研究的可能并不是这种哲学学说的本体，而是我们附加到它身上的其他的思想学说或它的游离开整个思想建构并具有了意义的不确定性的理论碎片。

　　毫无疑义，老子哲学是除从异域传来的佛学之外我国古代最伟大的一个哲学学说，并且是我国哲学对世界哲学的一个独立贡献。所谓独立贡献，就是它与世界其他任何一个独立的哲学学说，都有着截然不同的建构基础，因而也有着不完全相同的认识功能。但是，整个中国古代的思想史，并不是在老子哲学的基础上发展起来的，老子哲学广泛地影响了中国古代各种不同的思想学说，但这些思想学说又都是依照自己有别于老子哲学的思想基点而接受它的影响的。老子哲学的表述方式和中国古代其他各种思想学说的自身要求都没有提供给人们以思考老子哲学自身逻辑构成的思想条件。儒家文化把老子哲学结合进对《易》的阐释，但儒家文化始终不是在对自然世界的体认中建立自己的社会思想学说的，而是把自己的社会思想附加在对自然世界的阐释之中的，它赋予了自然世界以尊卑上下的等级关系，从而严重扭曲了自然世界固有的素朴性质；而老子哲学则是从对自然世界的体认中建立自己的社会思想的，它没有把仅仅属于社会的尊卑上下的等级关系注入到自然关系之中去；韩非子把老子哲学移用到自己的政治学说中来，但老子哲学在韩非子的法家学说中只是抛给政治帝王的一个甜蜜的诱饵，它的整个学说都是建立在与老子的"无为而无不为"政治哲学相反对的"有为"政治的基础之上的；在其内在精神上更接近老子哲学的无疑是庄子的思想学说，但庄子的思想学说并不真正建立在对世界、对宇宙的整体体认的基础上，它只是一个游离于政治权力关系之外的独立知识分子人生观念和思想观念的艺术性表现，而老子哲学始终关心的是世界和人类的整体，因而也特别重视能够强有力地影响到社会整体面貌的政治统治者的政治选择。老子的哲学不是个人主义的，而是"整体"主义的。庄子思想学说也严重地影响到魏晋玄学家对老子哲学的阐释，与其说他们是在通过庄子阐释老子，不如说他们是通过老子阐释庄子，他们的人生观更是庄子的，而不是老子的；当黄老学派以及后来才正式形成的道教文化把老子奉为教主的时候，老子哲学实际已经成为实现人的各种不同的欲望和要求的实践经验或虚幻理想的理论基础，而老子哲学恰恰是把纯粹个体人的欲望和要求视为人类灾难的根源的。道教文化是功利主义的、目的论的，而老子哲学则是对人类功利主义目的论的消解方式。如果说庄子是精神上的个人主义者，道教文化则是实利追求中的个人主义者，它们与老子的"整体"主义都处在正相反对的立场上。也就是说，中国古代各种思想学说都不是从老子哲学的自身构成上阐释老子的，亦即不是在理解老子哲学本身的意义上阐释老子的，这不能不给他们的老子学带来严重的影响。中国现代的哲学研究是在西方哲学的严重影响下发展起来的，我们诸多的哲学概念及其判断一种哲学思想的价值标准大都是从西方哲学中引进的，长期以来我们对老子哲学唯物主义或唯心主义性质的讨论、关于老子哲学的阶级属性的讨论，实质都是把老子的哲学纳入西方哲学思想的框架中来思考、来判断的。这种讨论是有其自身的意义的，但它也影响了我们对老子哲学自身逻辑构成的思考。作为一种独立哲学思想的老子哲学与西方唯物主义和唯心主义哲学都有着完全不同的建构基础，从西方唯物主义和唯心主义哲学的分野中对它进行的考察不是没有意义的，但这必须是在充分理解了它自身的独立意义和价值之后才是合理的。所以，我认为，我们现在有必要重新回到老子哲学的自身建构及其意义的讨论中去，重新对老子哲学的本体进行更深入的思考和研究。评价并不重要，理解才是最重要的。评价必须蕴于理解中，而不能凌驾于理解之上。

现根据我的理解，谈一谈老子哲学自身的逻辑构成。我不是专业的哲学研究工作者，只是在文学研究中对老子哲学偶有涉及，似有所感，在论述的过程中肯定有很多捉襟见肘之处，还请专治中国古代哲学的专家和教授们批评指正。

二

"道"是老子哲学的核心命题，也是整个老子哲学建构的基础。如何理解老子的"道"，决定着对整个老子哲学学说的理解。

在一个文化化了的人类社会中，我们往往是从文化的分化本身来把握事物、理解各种不同的文化现象的，但是，我们往往忘记了一点，即人类的分化首先不是人类本身的分化，而是人类与整个自然世界的分化。人类社会所产生的所有能够意识到的差别和分歧，所有能够发现其存在的矛盾和斗争，都是在这样一个分化的基础上产生的。这是一个人类从自然性的存在向自觉性的存在的转化。这个转化过程是人类从整个自然世界中把自己独立出来的过程，同时也是人类的意识、人类的语言、人类的广义的文化生成的过程。人类是通过自己的意识，通过自己的语言，通过自己的广义的文化把自己从整个自然世界中独立出来的。这是一个人类与自然的分界线，跨过这个分界线，人类才成为人类，人类才意识到了自己的存在和外部世界的存在，人类才有了自己独立的、与外部世界不同的愿望和要求，人类才意识到了自己与外部世界的差异和矛盾，它同时也使人类走上了自己独立发展的道路。但所有这一切，又都不意味着人类已经不是整个自然世界的一个有机的组成部分，又都不意味着人类可以脱离开这个宇宙整体而独立存在，二者之间的差别只是因为人类自我意识的建立，只是因为人类意识到了自我与外部世界的差别，而不是人类已经具有了与宇宙整体分庭抗礼的完全并列的地位，它们的关系仍然是包含与被包含的关系。这个人类与自然的既分化又无法完全实现其分化的过程不是一次性地完成的，而是不断地发生着的。从整个人类历史而言，人类有一个从蒙昧状态走向文明状态的过程；从个体发生学的角度，每一代的每一个人又都是从婴儿的懵懂状态走向有自我意识的个人化状态的，而在每一个人的每一个生命的瞬间，也都有一个由朦胧转化为清醒的过程。即使从人类的整体发展过程，人类也永远处于从自然世界中把自己独立出来的过程中，这个过程在人类的存在和发展过程中是始终没有也不可能最终完成的。不难看出，老子正是在人类与自然世界从融合到分化的这个乍离又合、似合又离的分界线处找到自己哲学的建构基础的。在这里，老子建立了自己的宇宙生成论，也建立了自己的人类意识的生成论、人类语言的生成论以及全部人类文化的生成论。老子哲学与西方古典哲学的一个根本的差别在于，不论是西方的唯物主义哲学，还是西方的唯心主义哲学；不论是西方的机械唯物主义，还是西方的辩证唯物主义；不论是西方的主观唯心主义，还是西方的客观唯心主义；不论是西方的可知论，还是西方的不可知论，都是以人与外部世界的分别、对立、矛盾乃至斗争为前提的。二者之间的界限区分了物质和精神、客观和主观、存在和意识、原因和结果、必然和偶然、绝对和相对等等所有西方哲学的基本范畴，这些对立的概念自始至终都是无法融为一体的。正像毛泽东在《矛盾论》中所指出的那样，它们之间的对立是绝对的，统一则是相对的，而老子哲学则是以一个没有分化的整体为基础的。在老子哲学中，没有一个脱离开人的意识的存在，也没有一个脱离开存在的意识，意识和存在自始至终都是融为一体的，所有对立的概念在其起点和终点上都是没有任何本质差别的浑融整体。老子哲学的建构基础不是上帝造人的神话学、宗教学的幻象性基础，也不是科学主义的纯粹物质性基础，这使老子哲学即使在世界的哲学史上都是具有自己的独立性因而也是具有自己独立的认识功能的。

"道可道，非常道；名可名，非常名。无，名天地之始；有，名万物之母。故常无，欲以观其妙；常有，欲以观其徼。此两者同出而异名，同谓之玄。玄之又玄，众妙之门。"（《老子》第一章）假若我们严格用老子自己对其哲学中的"道"的阐释为基本阐释，我们就会看到，老子这里所说的"道"，不是西方哲学中所说的"自然规律"，也不是道教哲学中所说的"气"。它不是一个纯粹物质性的概念，但也不是一个纯粹精神性的概念，而是二者无法分解的一个浑然的整体性存在。这种浑然的整体性存在如何理解呢？我认为，只要我们重新回到人类和自然世界的最初分化的过程中去，老子所说的"道"就不是那么难以捉摸的东西了。在人类还没有独立的意识的时候，亦即在人类还没有成为人类的时候，人类是被包含在整个自然世界之中的，是与整个自然世界一体的。在那样一个浑然的存在中，人类还不可能产生"有"的观念或"无"的观念，因而也没有"名"，没有"名"也就没有"道"，因为"道"也只是一个"名"。只有当人类具有了初步的意识能力之后，才有了"有"的感觉，有了"有"的感觉，才有了我们现在的"有"的观念、"有"的意识。有了"有"的这种感觉，我们也就可以用"有"这个概念、这个"名"，来具体指称这种感觉。这里的"有"，有类于西方哲学中的"存在"的概念，但西方哲学中的"存在"的概念是在认识主体和认识客体相区别的意义上产生的，所以在西方的哲学中的"存在"与"不存在"是两个完全对立的概念，而在老子哲学中的"有"，是在人类还没有意识到自我的存在的时候就已经先期产生的。在这时，人类还没有明确的自我意识，因而也没有主体与客体的差别，人类感觉到的只是自己的感觉，但还没有感觉到自我的存在，因而也没有感觉到自我和外部世界的区别。他所感觉到的只是一种浑然一体的感觉，一种"有"的感觉。有了这种"有"的感觉，同时也就有了"无"的感觉。在人类的理性认识中，"无"是先于"有"的，"有"是生于"无"的，而在人的观念的生成过程中，"有"则是先于"无"的，"无"是生于"有"的："天下万物生于有，有生于无。"（《老子》第四十章）这里的"有"和"无"没有西方哲学中"存在"和"不存在"的完全对立的关系，而是两个几乎相同的概念，是在人类最初的意识的闪烁中产生的分别，是"同出而异名"的东西。我们把它称之为"无"，是因为它是包括人类在内的整个宇宙的开始，它还不是后来那个包括万有的宇宙整体，它还是"无"；我们称它为"有"，是因为它又是产生宇宙万有的母体，自然是母体，它就是"有"。这里的"有"和"无"是同体共生的，是"同出而异名"的，都是指的人的意识苏醒时所感觉到的那个朦胧的浑然整体，不是两种不同形式的存在。在意识中，它是一种"有"的感觉，也是一种"无"的感觉，我们也可以给这个朦胧的整体一个名称，老子用"道"来指称这个朦胧的整体。这个"道"同时也是一个概念，一个"名"，这个"名"是指称在那种状态下感觉到的那个没有主体和客体、没有物我、没有天人之分别、同时它自身也没有部分与部分的分别的浑然一体的存在的。这个"名"不是后来产生的那些指称个别事物以与其他事物相区别的"名"，而是指称一个浑然整体的"名"，因而这个"道"也不是后来产生的那些体现各个不同事物的整体状态以与其他事物相区别的"道"，而是一个体现包含客体和主体的整个宇宙、整个世界的"道"。其他的"名"，其他的"道"，都有与自己相对待、相对应的概念，而这里的"名"，这里的"道"，是没有与自己相对待、相对应的概念的。所以老子说这里的"道"，非"常道"；这里的"名"，也非"常名"。（人们通常把"道可道，非常道；名可名，非常名"解释为"道"是不可说的，可说的不是"常道"，"名"是不可命名的，可以命名的不是"常名"。在这样的解释中，人们实际是把"常道""常名"当成了老子哲学中的基本概念，它强调的是"道"无法用正常的语言进行表述的一面。这种解释与老子哲学的基本思想也是相合的，但老子的语言和他的哲学思想一样，具有十分独特的性质。在老子哲学中，所有相反的的同时也是相同的，人们常常可以用正反两种不同的形式解读同样一个概念。我们可以说"道"是不可道的，但同时也可以说"道"是可道的。说"道"不可道强调的是它难以用语言表述的一面，说"道"可道强调的是"道"可以表述的一面。事实上，老子在这里要讲述的也正是这个"道"。所以"道可道，非常道；名可名，非常名。"同时也可以解释为"道"是可道的，但这里说的不是平常所说的"道"；"名"是可以表述的，但这里表述的不是平常所说的"名"。《老子》中最常用的是"道""名"，而不是"常道""常名"，所以我把"道""名"作为老子哲学的基本概念，而不是把"常道""常名"作为老子重点阐述的对象。）"常道"是从这个"大道"中分化出去的，"常名"是从这个"总名"中分化出去的。这里的"道"，是"有"，也是"无"。它永远处在没有确定性的状态中。"常无"，使人类感觉到它永远是神秘莫测的，是奇妙无比的，这使人类产生感觉它、认识它的自然趋向；它同时向人的感觉和认识提供自己确定性的内涵，不是绝对的虚无，不是没有任何确定性的因素，它是"常有"，是从中可以捕捉到确实的内涵的。这种既"有"且"无"，既"无"且"有"的浑然整体的感觉，是玄妙的，并且永远是玄妙的，"玄而又玄"，深不可测而又可测，世界上所有奇妙的东西，包括物质世界中纷纭复杂的各种自然现象和人类文化发展过程中产生的各种文化成果，都是在这个老子称之为"道"的浑然整体中产生的。

　　从人类开始产生朦胧的意识到人类具有了自我的独立意识，是一个漫长的历史过程。在这个漫长的历史过程中，老子的"道"绝不是一种抽象的存在，而是一种具象性的存在形式。这个存在不能理解为只是西方哲学中的"意识"，但也不能理解为只是西方哲学中的"物质"，它不是纯主观的，也不是纯客观的，但又不是没有可感性、可理解性的完全抽象的先验规定。正是从它开始，在人类面前逐渐展开了一个丰富多彩的外部物质世界，也展开了一个纷纭复杂的人类文化世界。这两个世界在那时的人类感觉中是以浑然一体的具象性整体的形式存在的。我们现在意识到的整个宇宙空间是以那时这样一个具象的整体为基础发展演变而来的，整个的历史时间是从人类意识到那样一个具象的整体的变化开始的，从那时向前我们追溯式地展开了宇宙整体的无限的过去；从那时向后我们顺向性地展开了宇宙的无限的未来。在这个具象的整体中蕴含了人类最初的意识，孕育了人类的语言概念"名"的产生。人类的全部精神的发展、人类的全部文化的发展，都是在那样一个具象的浑然整体的感觉的基础上产生的。它蕴含了后来的一切，但又消融了一切。在老子哲学里，它是整个宇宙生成的基础，也是人类意识生成的基础，同时也是人类语言、人类文化生成的基础。这一过程，在人类每一代人的每一个人的成长中不断地得到复演。每一个婴儿当有了最初的感觉能力的时候所感觉到的都是这样一个具象的朦胧整体，他（她）眼前的整个宇宙是由此展开的,他(她)感觉到的不仅仅是自己的感觉,也不仅仅是纯粹的物质实体,而是二者无法区分的混合体。他(她)此后感觉到的整个外部世界是以它为基础逐渐扩大并明确化起来的,他(她)此后所有的思想意识是以它为基础逐渐扩大并明确化起来的,他(她)的内部的语言和外部的语言能力也是以此为基础逐渐发展的。假若我们从整体上思考人类和宇宙的关系,我们也会感到,迄今为止我们人类依然同宇宙处于这种朦胧的浑然整体的关系中,我们是被宇宙所包含的,我们对宇宙整体的感受和认识都是在宇宙内部对它的感受和认识,我们永远处于把自己从整个宇宙中独立出来的过程中,但又永远无法真正地把自我从二者的浑融整体中完全独立出来。直至现在,宇宙整体对于我们仍然还是这么一个朦胧的整体,仍然不是一个完全确定的物质实体,我们的精神、我们的意识仍然不是完全独立于物质之外并具有确定无疑的内涵的意识整体,人类的语言也仍然处在不断生成变化的过程中,人类语言的意义内涵仍然不是完全确定无疑的。宇宙、人类、人类文化、人类语言,对于我们永远都是没有完全的确定性的神秘整体,是"无",但也正因为它是"无",所以我们才有不断感受和认识它的可能,我们对它们的感受和认识是有自己的确定性的,我们感到它们不是完全虚无的,是"有",但这种确定性在整体的背景上又是极不确定的。也就是说,宇宙是"有",也是"无",是"有"和"无"的统一体,"有"也是"无","无"也是"有"。"有""无"在"道"中融为一体,所有在后来被视为完全对立的概念,在这里都是没有本质差别的,都是"同出而异名"的。我认为,这就是老子的"道"为我们揭示的哲学内涵。它的意义绝不仅仅是对人类过往历程的追忆,同时还揭示了宇宙和人类的永恒性的存在形式。

"道之为物,惟恍惟惚。惚兮恍兮,其中有象;恍兮惚兮,其中有物。窈兮冥兮,其中有精;其精甚真,其中有信。自今及古,其名不去,以阅众甫。"(《老子》第二十一章)在这里,老子主要描述的是"道"的存在状态。"道"是"物",但却不是与其他的"物"相区别的个别的"物",而是涵盖一切的整体,是唯一的"物"。这个"物"不是西方哲学中从人的精神感受和思想把握中独立出来并与精神、思想处于完全对立状态的"物质",但也不是从物质中抽象出来并与物质处于完全对立状态的"精神",而是在人类的最初的意识中呈现出来并自然地蕴含着人类意识的整体性存在。它是一个具象性的存在。它的状态是恍惚不定的、模糊不清的、若无若有的、若明若暗的,而这也正是人类特定意识状态中的世界形象。在这时,人类还没有明确的好恶感情,还没有清醒的理性,还没有确定的意志,还没有固定的目的性,因而他眼前的世界也没有被纳入固定的形式中。人类意识的闪烁不定、明明灭灭,使他眼前的世界也是恍惚不定、模糊不清的。但这绝不意味着它是空洞无物的,是没有任何形象的,"其中有物","其中有象","其中有精"。这里的"物"不是确定的,"象"不是具体的,"精"也不是确切的。这里的"精",不是后来道教文化典籍中所说的"精、气、神"中的"精"。在道教文化中,"精"被说成了像是某种真实存在物的东西,并且把与老子所说的"道"等同了起来。这就从根本上扭曲了老子哲学中"道"这个概念的含义。实际上,在老子这里,"精"是同"象"、同"物"处于同一层次的概念,它们不是"道"的本体,而是"道"中自然蕴含着的东西。"道"是在人的最初的意识中呈现出来的具象的朦胧整体,这个整体中不是没有任何的内涵,而是有着诸多内涵,但所有这些内涵都还没有其确定性,而是隐约闪烁着的东西。"物"是具体的事物,"象"是具体的形象,"精"则是有类于"本质"这样的特定的抽象性认识。但它们都还没有从"道"这种浑然整体的存在形式中独立出来,而只是它自然蕴含着的某些因素。老子指出,"道"这个具象性的整体是有本质的,这个本质也是真实可信的,但它也像"物""象"一样,在"道"的存在状态中,是没有确定性的。我认为,这个道理是不难理解的。直至现在,我们能够感到宇宙的存在,同时也总认为宇宙是有一个本质的,这个本质不是虚构的,而是真实可信的,但它的本质到底是什么,我们又是说不清、说不出的。实际上,这种从本质上把握事物的倾向,是人类理性把握事物的一种自然需求,人类的理性认识世界的能力,同人类认识中的事物的本质是同体共生的。没有人的理性把握世界的方式,世界就是没有本质的;有了人的理性把握世界的能力,世界就是有其本质的。但世界的本质永远是在人类对世界的朦胧的整体感觉和感受中独立出来的,而不是这个浑融整体的本身,因而它也无法完全确定地说明这个整体。老子分明认为，在"道"的存在状态中，也孕育着人类理性认识世界的能力和理性认识中的世界，但它们在"道"的存在状态中，同样是一种恍惚闪烁着的因素。

在西方哲学中，绝对和相对也是一个重要的哲学范畴。西方哲学中关于绝对性和相对性的讨论，是在主体和客体的先验的区分中展开的，因而其绝对性也只能在一种抽象性的先验规定中才能得到表述，老子哲学则为我们提供了另外一种绝对性的存在形式："道"。"道"之所以是绝对的，是因为它是一个包含万有、融主体和客体为一炉的整体性的存在。这个具象性的朦胧整体是以指称它的"名"的形式存在的。这个整体此后发生了分化，但不论这个整体如何发生分化，这个整体仍然是存在的，体现这个整体的"名"（"道"）也是不会被其他的概念所代替的。"宇宙"，是一个朦胧的具象性整体，它自然地融入了人类对它的意识和人类意识中的"宇宙"的存在，在人的认识的发展中，我们有了对宇宙的各个组成部分的认识，有了太阳系、银河系等等的分别，统一的宇宙被分裂了，我们的关于"宇宙"的观念也发生了分化。但"宇宙"仍然不是所有这些部分的相加之和，"宇宙"作为一个整体性的存在还是独立的，"宇宙"这个概念，这个"名"，将永久性地保留下来，并且俯察着新的事物和新的语言概念的不断产生。"道"也就是这样一个涵盖一切的整体性的存在，涵盖一切的"名"，它"自古及今，其名不去，以阅众甫"。它是一个绝对性的存在，也是一个绝对性的"名"，但它的绝对性并不意味着世界就凝固在它的整体性中而无法演变和发展，也不意味着人类的意识、人类的语言就胶着在这个总体性的概念中而不能逐渐丰富化、复杂化。

"道"是一种浑然一体的具象性存在，这种存在之所以是浑然一体的，是因为人类的各种感觉还没有被人类自己分别开来，它们还是混合在一起共同发挥作用的。人类的感觉是浑然一体的，它所呈现出的外部世界也是浑然一体的，二者都消融在这种朦胧的具象性的浑然整体中，消融在老子所说的"道"中。"视之不见名曰夷，听之不闻名曰希，搏之不得名曰微，此三者不可致诘，故混而为一。其上不皦，其下不昧，绳绳不可名，复归于无物，是谓无状之状，无物之象，是谓惚恍。"（《老子》第十四章）从这里我们完全可以证明，老子所说的"道"，是包含着人类的意识的，包括着人类后来被分化出来的各种感官的感觉的。视之不见不是无视，所以"夷"也不是绝对没有形象；听之不闻不是无听，所以"希"也不是绝对的没有声音；搏之不得不是无搏，所以"微"也不是绝对的没有形状或硬软的感觉，只是所有这些都还没有被意识分别开来，"混而为一"，无法用不同的概念分别它们，它们共同构成的是一个恍惚的整体，而这个恍惚的整体就是老子所说的"道"。

　　总之，我认为，老子的"道"绝不是中国古代道教文化系统的思想家和中国现代把老子哲学等同于西方唯物主义哲学的哲学家所理解的"气""物"之类的物质实体，也不是中国古代道教文化系统的思想家和中国现代把老子哲学等同于西方唯心主义哲学的哲学家所理解的"精""神""精神"等先验性的观念性的东西，而是一种在有近于现在所说的无意识的意识初醒阶段在人类眼前呈现出来的一个朦胧的具象性的整体。这个整体是在外部世界和人类特定意识状态的不自觉的遇合中产生的。它不是纯粹的客观实在，也不是纯粹的主观想象，而是一种没有确定性的具象性的存在形式。正是以它为基点，老子建立起了有别于中外各种不同的哲学学说的独立哲学学说。所有把老子的"道"理解为纯粹的物质实体或纯粹的主观观念的解读方式，都无法真正揭示老子哲学的独立意义和价值。

三

　　正像我们往往把老子哲学中的"道"误读为纯粹的物质实体或纯粹的主观意识一样，我们也常常把老子哲学误读为静止的、反对变化发展的或循环论的哲学学说。我认为，恰恰是老子的哲学，为我们中国人建立了一种宇宙、人类、人类文化生成发展的理论。道家文化的循环论，是老子哲学的后继者将老子哲学同阴阳、五行、五德终始等学说结合起来之后的结果，而不是老子哲学本身的性质。当老子的后继者把宇宙、世界、人类的发展完全纳入阴阳、四时、五行、五德终始这些固定的数目框架中的时候，变化才不能不具有了循环往复的形式，而老子哲学为我们提供的则是一种自然的发展观，它是把对立面的矛盾和斗争放在它的自然发展过程的特定层面上予以观察和了解的，所以他得出的不是发展的终结，而是发展的继续，他的"无为"论得出的不是"无果"论。而是新的结果的不断出现。老子分明认为，真正有益的发展都是自然性的，而不是两个有力量的实体直接撞击的结果，亦即不是对立面斗争的结果。发展是在空间中进行的，没有空间就没有发展。有了空间就有发展，这与人的主观目的没有完全契合的关系。

"道生一，一生二，二生三，三生万物。万物负阴而抱阳，冲气以为和。"（《老子》第四十二章）这里的"道生一，一生二，二生三，三生万物"就是老子为我们描述的整个宇宙、人类的发展图式，这个图式是由少到多，由相对单纯到相对复杂的发展过程。它与西方进化论哲学的根本不同在于，它的宇宙、人类的生成论并不同时伴随着价值判断。他不认为这个过程是渐趋合理、渐趋完美的过程，也不认为它是不合理、不完美的过程。它不是人类有目的性的创造物，而是一个自然的过程，一个外部世界创造人类同时人类也创造着外部世界的过程。对于它，重要的不是肯定它或否定它，而是了解它，并以此为基础思考人类自身的存在和发展。它的发展观与西方进化论的发展观还有一个根本的不同，即它不是在单一的层面上，在存在事物本身的少与多、简单与复杂的关系中看待宇宙和人类文化的发展的，而是从整体到整体的分化过程看待宇宙、人类文化的发展的。如上所述，他把人类意识初醒时所感觉到的那个具象性的混沌整体界定为"道"，这个"道"同时也是一个整体"一"。这个"道"不是纯粹的客体，也不是纯粹的精神，而是二者混沌未分的状态，它不是生命的本身，也不是纯粹无生命的物质实体，而是它们综合的表现形式。人类的生命通过这个混沌未分的浑然整体获得了最初的表现，外部的世界也在这个混沌的整体中获得了自己生命的活力。人类意识的逐渐苏醒同整个世界的清晰化构成的是一个统一的过程。人类意识在它的意识对象的吸引中向不断清晰化的方向发展，它有把"无"的感觉变为"有"的感觉的自然趋向，而不断清晰化的意识则呈现出一个更清晰的对象。清晰化具体表现为统一整体的分化，浑然的整体分化为不同的部分。当整体分为两个不同的部分，人类也有了

"二"这个数的观念;当整体分化为三个不同的部分,同时也有了"三"这个数的观念。"三"已经是"多",这样继续不断地分化,整个世界就成了一个复杂的世界,一个由万事万物共同构成的世界。也就是说,外部世界的变化是同内部意识世界的变化同时进行的,复杂化了的意识呈现的是一个复杂化了的世界,复杂化了的世界同时也促进了人类意识的复杂化。这种发展变化的过程不但是整个人类在过往的由自然性的存在到自觉性的存在、由蒙昧状态到文明状态转化过程中的现象,同时也是一个儿童成长过程中的现象,而从整体的意义上而言,它也是迄今为止整个人类存在和发展过程中的现象。正是在这样一个过程中,外部的世界、人类的意识、人类的语言、人类的数的观念都同时发生着变化。老子并不认为这个复杂化了的世界必须重新返回到"道"那种混沌未分的模糊整体状态,他只是要人们在这个无限分化了的世界上不要完全失去对它的整体性的感觉,并把自己的发展纳入自然的发展过程中来。"万物负阴而抱阳,冲气以为和。"这句有可能是后人篡入的。阴阳不是老子哲学的基本概念。老子哲学的基本概念除"道"之外就是"有"和"无"。但这里表达的意思与老子哲学没有不可克服的矛盾。老子不否定"万物"在这个世界上生存和发展的权利。老子哲学所说的是世界上存在的万事万物如何才能得到正常的发展的问题,而不是为了"道"而牺牲它们生存和发展的权利。在这一点上,老子哲学与儒家文化是有严格区别的。在儒家文化中,个别必须为整体做出自己的牺牲,并把这种牺牲视为一种光荣。"牺牲"是儒家文化中必不可少的概念,也是迄今为止中国文化中最流行的语言概念之一,而在老子哲学中,没有"牺牲"的概念。

"有物混成,先天地生。寂兮寥兮,独立而不改,周行而不殆。可以为天地母。吾不知其名,强字之曰'道',强为之名曰'大'。大曰逝,逝曰远,远曰反。故道大,天大,地大,人亦大。域中有四大,而人居其一焉。人法地,地法天,天法道,道法自然。"(《老子》第二十五章)在这里,老子重新对他的"道"做了一个界定。他仍然把"道"称为"物",但这个"物"不是我们平时所说的具体的、单纯的一事一物,而是一个混成体。这种混成体不仅是由后来分化出来的外部世界中的各种不同的具体事物混成的，同时也是被人的没有分化出来的各种感觉能力混成的，被视之不见的"夷"、听之不闻的"希"、搏之不得的"微"而混成的。这个浑然的具象性整体是在有了天地的感觉之前便产生了，并且是产生天地的感觉和天地的观念的基础，是天地之母体。它是广大寂寥的，唯一的，独立的，不断变化而没有停止的。老子指出，它原本是没有"名"的，"道"这个"名"是老子为了指称它而为之命定的，但它也可以被命名为"大"。"大"也是对它的一种感觉，是从它涵盖一切、其大无外的特征而感觉到的。这里的"大"不是与其他事物比较的结果，而是在它体现的是全部，是整体，是唯一的意义上而言的，是在它"迎之不见其首，随之不见其后"（《老子》第十四章）的意义上而言的。这里的"大"也不是与"小"完全对立的概念，它同时也是"小"。但一当有了"大"的感觉，这个浑然整体与感觉的主体就有了距离感。"大"的感觉是对感觉对象的感觉，除这个对象之外还有一个感觉的主体，有个"我"。对象离开了感觉的主体，主体与对象有了距离感，所以老子说"大曰逝"，"逝"就是感觉对象远离主体而去。而"逝曰远"。对象与主体有了距离，并且距离越来越大，对象离主体远了。但虽然远了，主体意识中的对象反而更清晰了，远离的客体重新返回主体，存在于主体的意识之中："远曰反"。我认为，这就是老子所说的"一生二"的过程。"一生二"就是人类有了自我的意识，感觉到了自己的存在；与此同时，也产生了有别于人类自己的宇宙的观念、客体的观念、对象的观念，外部世界与主体世界被明确区分了开来。在这时，外部的宇宙是一个整体，人也是一个整体。统一的世界分化成了两个不同的独立整体，"道"这个浑融的整体分成了两个不同的部分，"一"分成了"二"。当主体与客体发生了分化，作为对象的客体也随之发生分化，整个的宇宙分成"天"和"地"两个不同的部分。这样，作为主体和客体的两个部分就成了三个部分，"二"成了"三"。这三个部分仍然是整体性的，就其自身，仍然是一个浑然的整体，是"大"，是"道"。它们作为"大"，作为"道"，与最早产生的那个浑然整体的"道"处在不同的层次上，它们是那个"道"分化而成的。"道"的分化同时也是伴随着语言的分化。"道"是一个"名"，当它分化为三个部分，也就有了

"天""地""人"这三个概念。这三个概念是对人类感觉到的这三个不同的整体相对应的,是人类用于指称这三个浑然的整体的。与此同时,"道"虽然分化成了"天""地""人"三个部分,但那个整体的"道"并没有消失,它仍然作为一个更大的整体的"名"而存在着。"自古及今,其名不去,以阅众甫。"它俯察着各个不同的整体、不同的"道"、不同的"名"而出现,并不因此而影响到自己的存在。所以,这时有四大,"道大,天大,地大,人亦大",人是这四大之一。在后来的老子学中,把老子的"道",老子的"一",常常说成是"元气",把老子的"一生二"的"二"说成是阴和阳或阴气和阳气,而把老子的"二生三"中的"三"说成是阴气、阳气和中和之气,有的则说成是精、气、神。所有这些,都是后人根据自己的需要附加到老子哲学之中去的,在老子哲学的自身找不到有力的根据。我认为,老子这里说的"四大",实际就是"一生二,二生三"的结果。"天、地、人"继续分化产生了外部世界的万事万物,每一个单独的事物体现的都是各自独立的特征,都不再能够体现整个宇宙的面貌和特征。这同时也意味着人的感觉、人的意识、人的内部精神世界的分裂。眼、耳、鼻、舌、身这些感觉器官的能力从混而为一的感觉中各自独立出来,色、声、香、味、触这些特征也从浑然一体的感觉对象中独立了出来。各种不同的单纯的感觉、片断的经验、刹那的感情、分散的认识,个别的欲望要求和追求目的,都不再具有人类意识的整体性;人类的语言也复杂化了起来,每一个词语都有了彼此不同的含义,表达的是宇宙间的一事一物的个别的特征,传达的是人的单一的感觉和刹那的感受,而不再具有传达的整体性。所有这一切都不断朝着更加丰富多彩的方向发展,都有永无休止地分化下去的倾向,而越是不断分化下去,人类和世界越是失去自己的统一性。我认为,恰恰是老子,为我们描绘了一个无可逆转的发展变化的图式。世界、人类的意识、人类的语言不断地清晰化起来,不断地丰富化起来,但这种清晰化是伴随着整体性的消失而出现的。这是一个不断发展的图式,而不是循环发展的图式,老子也没有为我们宣布一个发展的终点。关键仅仅在于,所有的个别都仍然是在一个整体的宇宙中生存和发展的,决定人类生存和发展的不仅仅有人类自己自觉意识到的东西,同时还有大量自己无法明确意识到的东西。所有这些东西，都包容在一个自己也消融在内的浑融整体之中，包容在整个宇宙之中，亦即老子所说的"道"之中。显而易见，正是在这样一个意义上，老子建立起了自己全部的哲学学说，它是以"道"为基点的，而不是停留在物我不分的"道"之上的。

当以"道"命名的浑然一体的宇宙整体分化为三个不同的整体，分化为天、地、人三个不同的部分。每个独立的部分仍然是一个浑然的整体，仍然是"有"和"无"的统一体，天、地、人则是这三个浑融整体的"名"。它们作为独立的整体在其性质和状貌上同作为宇宙整体的"道"没有根本的不同，因而它们也可以称为"大"，称为"道"。"天大，地大，人亦大"，实际是说天亦道，地亦道，人亦道。除"道"之外，还有天道、地道和人道。"天道"不是在"天"之外或"天"之内的另一个存在物，而是作为"天"的整体性存在；"地道"不是在"地"之外或"地"之内的另一个存在物，而是作为"地"的整体性存在。同样，"人道"也不是有类于我们现在所说的人道、人性一类的观念，不是在人类之外或人类之内的另一种存在物，而就是"人类"本身，就是作为整体存在形式的"人类"。"天之道，损有余而补不足；人之道则不然，损不足以奉有余。"（《老子》第七十七章）"天地不仁，以万物为刍狗。"（《老子》第五章）自然天道、地道、人道各自有了独立性，彼此也就有了不同的特征。"特征"是在它们彼此的区别中显现出来的，而不是由独立自存的整体直接构成的。老子也称为"大道"的"道"是唯一的，没有一个同它相比并的对应整体，所以它是没有特征的，是混沌恍惚的。"天道""地道""人道"都不再是唯一，它们有了与自己对等的整体，这些对等的整体有了区别，彼此都有了感受、认识它们的参照物，有了互相比较的基础，因而也有了各自的特征。"大道"是普遍，是一般，"天道""地道""人道"则是个别，是特殊。所以，"天地不仁，以万物为刍狗"不是对"天道""地道"的感情性否定，人之道"损不足以奉有余"也不是对"人道"的感情性否定，而是表达的对"天道""地道""人道"自身特征的认识。人是有欲望、有情感、有意志、有理智因而也是有目的意识的一种存在物，脱离开它与宇宙整体的联系，仅就人类自身的自然发展趋势，在其内部的关系上，必然导致强者对弱者的欺凌，使强者更强，弱者更弱；必然导致富者对贫者的掠夺，使富者更富，贫者更贫；必然导致智者对愚者的愚弄，使智者更有智慧，愚者更加愚昧。在人与人这些关系本身，是无法改变这种自然的发展趋势的。在弱者与强者的关系中，弱者之所以是弱者，就是因为他没有力量战胜强者，强者之所以是强者就是因为他有力量战胜弱者；强者越是能够战胜弱者，其自信心越强，意志力越强，因而强者愈加强；弱者越是经常地遭受失败，其自信心越是薄弱，其意志力越是薄弱，因而弱者愈加弱。贫者在与富者的经济竞争中自然地处于劣势，富者越是富有就越是能够获得更多的财富，贫者越是贫穷就越是容易失去财富。愚者无法愚弄智者，而智者愚弄愚者则是一种人性的自然趋势；而智者越是经常地愚弄愚者，其智慧越多；愚者越是经常地被愚弄，越是无法对周围的事物做出正确的判断，也就越是愚昧。在所有这些关系中，都是"损不足以奉有余"，多者愈多，少者愈少。在人类与外部世界的关系中，人的消费欲望以及人的智慧和才能，都自然地消耗着自然世界中原有的部分存在物而生产着自然世界中原来没有的存在物，使少者更少而多者更多，使自然世界愈益严重地失去原有的平衡。这是人性使然，是"人道"，不是由哪一个人的主观动机所决定的。天、地是没有感情、没有意志、没有目的性的存在物，天地不会因为怜悯人类或憎恨人类而改变自己，人类不能把自己的愿望和要求放在天、地的怜悯和同情上。所以"天地不仁"也不是对"天道""地道"的批评。我们看到，在这样一个层面上，老子哲学是与现代科学没有任何矛盾的。它承认不同的事物有不同的发展趋势，有不同的规律性，并且这种规律性是不依人的意志为转移的。但老子哲学在承认了不同事物有不同的发展趋势、有不同的规律性的同时，却不认为决定事物发展趋向的仅仅是事物自身的发展规律，也不承认人类对世界的理性认识是绝对合理的、绝对正确的，因为事物除了其自身的特征之外，同时还存在于一个更大的整体中，而任何一个整体都是作为一个朦胧的浑然整体而存在的，人类对它的所有理性的认识都是从这个浑然整体中独立出来的，是在"无"中发现的"有"，是"有"和"无"的同一体。用西方哲学的话语形式来说，它是相对的，而不是绝对的，只有作为朦胧的浑融整体才有其绝对性。人类任何明确的理性认识、任何所谓的自然的规律性，都是从整体中割裂开来的零碎的、片断的、不具有整体合理性的认识，而真实的、完整的宇宙，真实的完整的自我，只有在朦胧的浑然整体的感觉中才是存在的。所以，人类对宇宙的认识越是细致化、精确化，越要将其返回到一个完整的统一体之中去。人类有按照自我的愿望和要求发展自己的自然趋势，但却不能仅仅有这种趋势，它还必须意识到自己是一个更大的浑融整体的一部分，人类不能游离于这个更大的浑融整体之外。首先，"地"是人类存在和发展的空间，人类是被"地"这个更大的浑然整体所包含的，人的存在和发展不只是由于自身的努力，它更是"地"这个空间的自然的产物，没有人类也可以有"地"，但没有"地"却绝对不会有人类。是"地"创造了人类，而不是人类创造了"地"。人类的原则可以不是"地"的原则，但"地"的原则却同时是人类生存和发展的原则。人类的存在和发展一刻也离不开与"地"的联系，它必须融入"地"这个浑融整体中去，"人道"没有自己的完满性、绝对性，它只有融入"地道"中才有自己的完满性和绝对性。但是"地"也没有自身的完满性和绝对性，"地"只是"天"这个更大的浑融整体的一部分，"天"是更大的一个空间。"地"是"天"的自然的创造物，"地"是受"天"的法则的支配的："地法天"。同样的原因，"天"是法"道"的，因为"道"是包含"天"的一个更加广袤的空间，是其大无外、其小无内的浑融整体，是唯一，是绝对，而"道"之外是没有另外一个更大的推动力的，是没有一个创世者的，它的推动力就是它自身，是这个浑融整体的自然而然的结果。"天""地""人"存在的根据和原因都不仅仅在其自身，甚至主要不在其自身，而只有"道"既是一种存在，又是自身存在的原因。它"自己就是这样的"，是"自然"的。"道法自然"的意思就是它的法则就是自己的法则。

四

必须看到，在老子哲学中，"人法地，地法天，天法道，道法自然"与"一生二，二生三，三生万物"是两个不同的过程。"一生二，

老子哲学的逻辑构成

二生三，三生万物"是包括人类、人类意识、人类语言、人类文化和外部世界的万事万物在内的整个宇宙的生成过程，这个过程是发展的、变化的，是没有终极的，并且是有其自然生成的逻辑性的，而"人法地，地法天，天法道，道法自然"则是回溯性的，是人类为了自身的生存和发展对自身和世界存在根据的体悟或认识，是在已经分化了的世界上重新找回自己的统一性，找回自己与宇宙整体的联系的方式，是人类自觉性的表现。它所体悟的对象是"人道""地道""天道"和"道"，对"道"体悟的结果是"自然"，但所有这一切，都是人类有意识、有目的地进行的。它体悟的是"人道""地道""天道"和"道"，但作为人类体悟行为本身的意义则是老子所说的"德"。德者，得也。"德"是为了人类自身的生存和发展，而不是为了那个浑然整体的"道"。"法"是带有自觉性的一种行为，"德"是带有目的性的一种结果。"道"与"德"是有联系的，但又是不同的。"道"是人类意识初醒时在人类意识中呈现的宇宙整体，"德"则是人类的一种意识形式，是转化为主观意识的"道"。老子的"道"转化为"德"，就是他的宇宙生成论转化为他的人类意识论。他的人类意识论没有否定他的宇宙生成论，而是在他的宇宙生成论的基础上建立起来的，所以他的人类意识论也不是反文化、反科学的，而是一种独立的意识形式，独立的文化观念。

"孔德之容，惟道是从。"（《老子》第二十一章）"道生之，德畜之，物形之，器成之。是以万物莫不尊道而贵德。道之尊，德之贵，夫莫之命而常自然。故道生之，德畜之，长之育之，亭之毒之，养之覆之。生而不有，为而不恃，长而不宰，是谓玄德。"（《老子》第五十一章）在这里，老子阐释的是"德"与"道""万物"的关系。老子指出，"大德""玄德""孔德"是与"道"相通的，是按照对"道"的体悟建立起来的。"道"与万物的关系是生成的关系，世界的万事万物包括人类和人类的文化都是由浑然一体的"道"生成的，"谷神不死，是谓玄牝，玄牝之门，是谓天地根。绵绵若存，用之不勤。"（《老子》第六章）它像一个其大无比的女性生殖器一样，不断地生养出具体的事物来，使这个世界变得丰富多彩，生意盎然。而"德"则是包容、涵蕴这些事物的。"德"和"道"一样，是没有自己的具体的形体的，是没有完全的确定性的，但"道"是没有具体形体的形体，没有具体形体的"物"，"其中有象"，"其中有物"，而"德"则是人类从"道"体悟出来的一种纯属观念性的东西，它是对"道"的一种概括和抽象。而凡是在人类的意识中有了具体的形状的，就成了"物"，"物"就是"有"，就是在人类意识中有相对确定形式的存在，在存在中包含着人的有相对确定形式的意识内容。当人类认识到一个"物"的相对确定性的用途，亦即当人类意识到"物"同"人"的相对确定的利益关系，当"物"成为人类自身特定欲望和要求的体现，成为人类为达到自己特定的目的而被运用的对象，这个"物"就成了"器"，"器"就是有用的物体，是体现着人的特定目的性的物体。当物成为一种"器"，人的欲望的、感情的、意志的、理性的等等主观的意识也就更加明确了，朦胧的整体意识分化为各不相同的意识内容。"物"和"器"可以是无生命的物体，也可以是包括个体人在内的有生命的物体。现实的世界就是被称为"物"或"器"的万事万物构成的。它们是"有"，是"存在"。（"势成之"帛书本作"器成之"，我从帛书本，从"道"到"德"到"物"到"器"是从整体到部分、从抽象到具体的叙述过程，"势"更是法家文化中的概念。我认为，法家文化中的"势"，在老子哲学中应是包含在"道"或"德"之中的内容，是"无"或"空间"表现出来的一种作用。）而"道"和"德"则不是这样的"物"或"器"，它们是老子哲学中的"无"，是有近于西方哲学中的"空间"的东西。但这个"无"，这个"空间"，不是绝对的"无"、绝对的"空"，而是孕育着"有"，孕育着万事万物的一种恍惚朦胧的浑然整体性的存在形式。世界上的万事万物作为存在形式是独立的，但仅仅有它们自己，是不能生存和发展的，是无法存在的，它们之所以能够存在，能够生存和发展，不但因为它们存在着，不但因为它们是"有"，更因为它们存在于"无"中，存在于"空间"中。它们由"无"所生，由"空间"所生，也由"无"所养育，由"空间"所养育。但是，虽然"道"和"德"生成了、养育了"有"，生成了"物"或"器"，但却并不将"有"，将"物"或"器"据为己有，并不把世界的生成视为自己的功劳，视为自己存在价值的体现，并不主宰"有"，并不限制、束缚"物"或"器"的存在和发展。

老子哲学的逻辑构成

在中外哲学中,没有一个哲学家像老子这样重视"无"的作用,重视"空间"的作用。几乎所有的中外哲学都是关于"有"的哲学,都是讲"有"与"有"的关系的。只有老子,把"无",把"空间"的地位提高到了人类哲学认识的第一位的高度上来。他充分意识到了"无",意识到了"空间"的重要性。在老子哲学里,"无"或"空间"不是附着在"有"或"存在"的基础上而获得了自己的存在意义和价值的,而是具有自己完全独立的价值和意义的哲学范畴。在老子看来,宇宙整体首先是一个"无",一个空间的形式,"有""存在"只是人类意识感知的结果。人类通过自己的意识能够感知到的,就转化为"有",转化为"存在",就有了自己相对确定的存在形式,成为"物";有了自己特定的用途,成了"器"。人类的意识尚未明确感知到的,就是"无",就是"空间"。就没有自己相对明确的存在形式,就不是"物",更没有特定的用途,不是"器"。所以"有""存在"是生于"无",生于"空间"的,因而"无""空间"也不是绝对的"无",绝对的"空"。老子哲学不是虚无主义的哲学,他并不否认"有",否认"存在"的真实性。与此同时,他的哲学也不是机械唯物主义的,他并不脱离开人类的意识谈论"有"或"存在",并不认为"有""存在"是绝对的、永恒的。"无""空间"可以转化为"有",转化为"存在","有"和"存在"也可以转化为"无",转化为"空间"。在这里,老子表述的是一种完全独立的宇宙观和人生观。他不像世界绝大多数哲学家那样仅仅在"有"本身或"有"和"有"的关系中看待"有",看待事物或事物与事物的关系。他不认为"有"和"有"之间存在着直接的排斥或吸引的关系,"有"不是生于"有"的,"有"首先是在"无"或"空间"中的一种存在,"有"和"有"的关联不是直接的,它们都生于"无",生于"空间",在"无"或"空间"中,它们原本是一个浑融的整体,它们之间的相互排斥或相互吸引是在人类将它们从这个浑融整体独立出来之后所同时意识到的物理现象和主观观念。"无""空间"对于"有",对于"存在",不是可有可无的,而是以其独立的作用呈现在"有",呈现在"存在"之中的。"有"没有自己完全的独立性,它的存在,它的作用,是通过"无",通过"空间"的存在而得以实现的。"天地之间,其犹橐籥乎。

虚而不屈，动而愈出。"（《老子》第五章）宇宙就是这样一个像风箱一样的空间，它在自身的运动中产生"有"，产生万物；"三十辐共一毂，当其无，有车之用；埏埴以为器，当其无，有器之用；凿户牖以为室，当其无，有室之用。故有之以为利，无之以为用。"（《老子》第十一章）也就是说，"有"是不可能脱离开"无"，脱离开"空间"而完全独立地发挥自己的作用的。"有"的作用并不因为它是"有"，而是因为它是"无"，它是一种空间形式。我认为恰恰是老子哲学关于"无"、关于"空间"的论述，同现代自然科学的发展发生了紧密的联系。当现代物理学超越了古典物理学的范畴进入到对宏观世界和微观世界的探测与研究的时候，"无"的意义，"空间"的意义开始有了巨大的变化，它再也不是附着在"有"或"存在"上的一种附带的条件，而是成了"存在"的一种主要形式。"存在"再也不主要是一种物理性的存在，而是一种空间性的存在。宇宙不是一个物体，而是一个空间，原子也不是一个物体，而是一个空间。"有""物质"只是人类已经感知到的某些因素，而不是宇宙或事物的整体。整个现代科学的发展都在证明着"无""空间"的无限重要性，老子哲学实际为人类提供了一种认识世界的最重要的形式。它较之上帝造人的客观唯心主义，较之把精神或物质作为唯一本源的主观唯心主义和机械唯物主义，都远为精确地描述了人类和外部世界的关系，也为人类认识外部世界开辟了一个无限广阔的空间。

老子哲学不仅仅为人类认识外部世界提供了一种最重要的形式，同时还为人类认识自己，认识人类的意识、人类的语言乃至整个人类的文化提供了一种最重要的形式。老子哲学的深刻性还在于，它天才地发现了人类的意识形式与外部世界的存在形式之间的相关性。外部世界的形象是在人类特定意识形式中呈现出来的，人类的意识形式也是在外部世界的存在形式中获得自己的形式的。外部世界的整体性只能在人类意识的整体性中才能得到呈现，外部世界的朦胧性、恍惚性是与人类意识的朦胧性、恍惚性同时获得自己的表现的。外部世界的分化意味着人类意识的分化，人类意识的分化同时也意味着外部世界的分化。从人类意识的整体性中独立出来的人的各种感觉能力、感受能力、认识能力都只能呈现外部世界中的个别的、部分的特征，而无法呈现外部世界的整体。

正是在这里，老子在"道"这个最高的哲学范畴之外又建立了另一个重要的哲学范畴："德"。在他的哲学里，"道"是一个涵盖一切的浑然一体的存在形式，是一个包容着人类、人类意识、人类文化在内的整体的宇宙空间。这个空间不是脱离开人的意识的纯客观的存在，但它也不是一个相对独立的意识形式。"德"则是人类的一种意识状态，一种意识形式。正像"道"生成了世界上的万事万物，生成了世界上万事万物的"名"，是万事万物的总根源，是万事万物的"名"的总"名"，"德"则生成了人类各种不同的意识形式，生成了各种不同的精神性的概念，是人类各种不同的意识形式的总根源，是各种不同的精神性概念的总概念。老子的道德论不同于孔子的道德论，孔子的道德论是直接建立在他所感觉到的现实需要的基础之上的，老子的道德论当然也是他所意识到的一种现实需要，但它有超于现实需要的理论的根据。老子的"道"这个哲学范畴是在对意识与存在的最原初的、最基本的关系的思考中建立起来的，老子的"德"这个哲学范畴也是在对人类意识的最原初、最基本的形式的思考中建立起来的。我认为，"德"这个哲学范畴的存在根据，我们从老子下列一段话中是可以推测出来的："失道而后德，失德而后仁，失仁而后义，失义而后礼。"（《老子》第三十八章）为什么说"失道而后德"？因为"道"是人类意识初醒时期所朦胧地感知到的一个浑然整体，它是物我未分、人类尚没有意识到自我的存在的时候所感知到的，这时意识的朦胧性同感知对象的朦胧性是同体共存的，"德"的观念还没有产生的基础和可能。"德"是在人类有了自我意识之后产生的，这时人类有了对象的感觉，同时也有了自我存在的感觉，主体与客体有了距离感，作为整体"一"的道分化为"二"，分化为物与我或客体与主体。"道"不存在了，但人类的意识还是作为一个浑然整体而存在的，对象还是作为一个浑然整体而存在的。作为这个浑然整体的意识形式，也同"道"一样，是"惚兮恍兮"的，是"寂兮寥兮"的，是似有若无的。我认为，老子所说的"德"就是这样一个浑然一体的意识状态，它是"一"生"二"的结果。这个"德"也是一个"名"，一个概念，是老子对这种意识状态强制性地赋予的一个称谓，但它指称的这种意识状态则是有其实在性的。当物、我或客体、主体发生了分化之后，对象也随之发生了分化。浑然一体的外部世界分化为"天"和"地","二"成为"三"。在"天地"作为一个浑然整体而存在的时候,是没有上下、高低、尊卑的差别的,但一旦当作为浑然一体的"天地"分化为"天"和"地"两个部分、两个整体,人类也就有了上下、远近、高低、大小、尊卑的感觉,有了亲与疏、好与恶、尊敬与藐视的情感态度的区分,这种差别意识也反映在人与人的关系中,人与人也有了差别,也有了亲和疏、好与恶、尊敬与藐视的感情态度。人类意识的浑然一体的状态消失了,外部世界的浑然一体的感觉也消失了,亦即"德"这种意识形式也遭到了破坏。有了差别感,个体与个体有了情感上的距离,"仁"与"不仁"的差别也就产生了。不论是"仁"还是"不仁",都是意识到彼此感情上的距离之后产生的感觉,所以老子说"失德而后仁"。在"德"的意识状态中,人与人还没有感情上的距离感,因而也没有"仁"与"不仁"的分别。"仁"这个概念就是人在感觉到了人与人的感情距离之后出现的,就是为了反对"不仁",有意识地缩短人与人的感情距离的。在这个意义上,不论"仁"与"不仁"都是"失德"的表现,"仁"与"不仁"还是一种感情态度,它还不伴随着实际利益的考虑,但人与人一经有了感情上的距离,也就有了彼此利益的考虑,有了"义"和"不义"的差别。"义"是不顾及彼此的利害关系,"不义"是顾及彼此的利害关系,但都是意识到彼此利害关系后产生的行为方式。所以,"义"的感觉是在人失去了对人的爱心之后产生的,在真正爱的感情里,是不会有利害关系的考虑的:"失仁而后义"。"义"还是人自我的一种选择,不是一种外在规定的行为模式。假若人人在自然的条件下就能弃利而取义,人类是不会明确规定出人的行为模式的,是不需要"礼"的,人类之所以产生了对"礼"的需要,产生了明确规定人的行为模式的需要,就是因为人类并不是总是能够弃利取义的,并且更多的时候是弃义取利的。所以"礼"是在"失义"之后出现的。"礼"的出现,标志着人类的分化已经达到了无法收拾的地步,已经达到了必须用强制性的措施防止分化的程度。但这种强制造成的绝不是人类矛盾和斗争的弱化,而是矛盾和斗争的升级。因为强制本身就会强化矛盾和斗争的意识,使矛盾和斗争尖锐化。所以老子说:"夫礼者,忠信之薄,而乱之首。"（《老子》第三十八章）当人类不得不用外部的强制性措施以维持自己整体性的存在的时候，社会的矛盾和斗争也就无可挽回地急剧强化起来。同样的道理，道德（由儒家文化所强调的精神修养标准）、伦理、智慧、政治，这些在春秋战国时期开始得到迅速发展的文化现象，也莫不是宇宙和人类自身发生严重分化的结果；而人类每一个美好愿望的背后都同时发展着一种毁坏着人类生活的东西。"大道废，有仁义；智慧出，有大伪；六亲不和，有孝慈；国家昏乱，有忠臣。"（《老子》第十八章）人类从自然的时代走进了自觉的时代，但浑然一体的社会也成了充满矛盾和斗争的社会。老子所描述的这个过程，我们从一个个体人的成长过程也可以得到印证。当一个婴儿刚刚有了感知能力的时候，他还是没有自我和对象的差别意识的，意识的朦胧性与感知对象的朦胧性构成的是老子所说的"道"，当他意识到对象的存在，同时也意识到了自我的存在，"道"这个浑融的整体消失了，但这时的自我还是一个浑融的整体，其意识的对象也是一个没有分化的朦胧整体。我认为，这就是老子所说的"德"，"德"这种意识状态更是婴儿时期的意识状态。"专气致柔，能如婴儿乎？"（《老子》第十章）"沌沌兮，如婴儿之未孩。"（《老子》第二十章）"知其雄，守其雌，为天下谿。为天下谿，常德不离，复归于婴儿。"（《老子》第二十八章）"圣人皆孩之。"（《老子》第四十九章）"含德之厚，比于赤子。"（《老子》第五十五章）老子多次把圣人说成像是婴儿，就是这样一个原因。圣人就是有"德"之人。

五

正像老子并不绝对否定"道生一，一生二，二生三，三生万物"这一宇宙生成过程一样，他也并不绝对否定"失德而后仁，失仁而后义，失义而后礼"这一人类意识的生成过程。这两个过程在老子哲学中更是一种自然的生成过程，是有类于我们现在所说的"自然发展规律"的东西。"居善地，心善渊，与善仁，言善信，政善治，事善能，动善时。"（《老子》第八章）在已经分化了的人类社会上，"仁""信""治"这些被儒家、法家知识分子所重视的文化观念也是有其特定的意义和价值的。老子哲学与其他很多哲学学说的根本不同在于，他并不认为这两个自然的生成过程就是完全符合人类自身利益的发展过程，并不认为人类在这两个自然的发展过程中就应当随其波、逐其流，放弃自己的主体性。人类必须在其分化了的世界上重新找到自己的整体性，必须在不断精确化、明确化、清晰化、细致化、单纯化的意识能力的发展中重新找到自己意识的完整性。这个完整性不是在对个别事物的感受和认识的过程中获得的，不是在对一种感觉形式或意识形式的强化过程中获得的，而是在对整个宇宙空间的朦胧感觉中获得的，是在人类各种感觉能力均衡地发挥自己作用的意识状态下获得的。老子哲学的抽象性来自这里，老子哲学的超越性也来自这里。"玄德深矣，远矣，与物反矣，然后乃至大顺。"（《老子》第六十五章）老子在这里明确地指出了"德"与"物"的不同。认识"德"同认识"物"的方式是相反的。具体说来，对"物"的认识是从整体到部分、从抽象到具体、从朦胧到明确的发展过程，这一过程是人类从蒙昧状态到文明状态、从婴儿到成人、从无知到有知的自然发展过程，是顺向性的，正像一个婴儿自然就会成长一样，并不是只有在人类的自觉努力中才会实现的，而对"德"的认识则是从部分到整体、从具体到抽象、从明确到朦胧的人为的发展过程，这一过程是进入文明状态的人类重新找回自己的原始性、自然性，一个成人重新找回自己儿时的纯真，一个有知的人重新找回自己无目的性的精神自由状态的过程，只有在这种精神状态中，平时被压抑的各种感觉能力、感官印象、意识内涵、思维形式才会在恍惚朦胧的整体背景上浮现出来。这是一个更广大的意识空间，在这个意识空间中所呈现的是一个更完整的世界。这是人类意识的再生成过程，这个过程可以不同于过往意识的生成过程，从而为新的"有"、新的感觉、新的认识的产生提供更大的可能性。世界上一些有成就的自然科学家之所以感到老子哲学的深刻性，我认为这是除老子哲学空间观的深刻性之外的另一个重要的原因。老子这一思想与西方直觉论、直观论有其相似之处，但二者又有根本的不同。西方的直觉论、直观论更是在物、我或客体、主体的分离状态中"我"对"物"、主体对客体的一种观照方式和把握方式，这种方式也是整体性的，是整体把握某个具体对象的方式，但却不是空间性的。老子哲学强调的是物我两忘时的精神状态，并认为这才是宇宙生成发展的真正基础。人类创造性思维的最高形式是在没有想任何东西的时候想起了某一种从来都没有想到过的东西，是从"无"中产生的"有"。老子的"德"实际指的就是这种意识状态，西方一些自然科学家对老子哲学的称道也是因为他突出强调了这种意识状态的重要性。人类最伟大的创造性成果不是像盖楼房一样一层一层地摞上去的，而更是在无所依傍的基础上重新生长起来的；人类文化的发展不是由一个伟大的思想家在自己的思路上不断思考下去的结果，而是一代代新的思想家从婴儿的无知状态重新感受、体验、思考世界的结果。这是一个无限的生成过程，但却不是或主要不是从"有"到"有"的生成过程，而是一个不断地从"无"到"有"的生成过程。"有"与"有"的联系是极其有限的，而"无"和"有"的联系则是无限的。"天得一以清，地得一以宁，神得一以灵，谷得一以盈，万物得一以生，侯王得一以为天下正。"（《老子》第三十九章）"道之出口，淡乎其无味，视之不足见，听之不足闻，用之不足既。"（《老子》第三十五章）人类一切最美好的东西，一切真正的发展，都是在"无"中生成的，在"德"这种意识状态中生成的。它不仅是人类认识、改造外部世界的需要，同时也是人类认识和发展自己、认识和发展自己的文化、认识和发展自己的语言的需要。这个过程是回溯性的，但却同时是前进性的。"执古之道，以御今之有。能知古始，是为道纪。"（《老子》第十四章）所以，老子所说的"道"和"德"都不是为了抹杀现在的发展，不是对"有"的绝对否定，不是对人的各种感觉能力和精确化了的意识形式的绝对否定，而是为了人类更好、更健全地发展自己，发展自己的文化。他重视的是"无"，是"空间"，但他同时认为，"无"为"有"之本，"空间"是生命存在和发展的基本形式。他对"无"或"空间"的重视，正是为了"有"，为了"存在"，为了生命的存在和发展。

老子哲学的辩证性质是一目了然的，但辩证法一旦失去其更根本的理论前提就是诡辩论。所以，我们仅仅知道老子的辩证法是不行的，还要把他的辩证法放在它的基本的理论前提之上来思考，来理解。我认为，老子哲学的辩证法的最深厚的基础是它的包括人类意识在内的宇宙生成图式和宇宙结构图式的层次性。儒家文化、法家文化的世界结构图式是平面性的，它们的文化观念、语言概念大都是在同样一个现实权力关系的层面上被理解和被运用的。这种在同一层面上的文化观念及其语言概念，是没有向对立面转化的机制的，正像山就是山，河就是河，谁要在这样一个物理性的层面上玩弄辩证法，就只能收获诡辩论。同样，在社会权力的平面上，"仁"就是"仁"，"不仁"就是"不仁"，谁要是把"仁"说成"不仁"，把"不仁"说成"仁"，就是强词夺理，就是诡辩论，而不是辩证法。但在老子哲学里，宇宙的生成、人类意识的生成、人类语言和人类文化的生成，都是有不同的层次的。任何一个层次都是一个根本不同的空间形式，各种不同的"物"，各种不同的思想观念，各种不同的语言概念，其意义和价值都是在其空间形式中获得的，因而在不同的空间形式中理应有着不同的意义。这就为老子的辩证法建立了牢固的理论基础。如上所述，老子哲学把包括人类意识、人类语言、人类文化在内的宇宙生成的第一个层次称为"道"或"大道"，这个"道"就是一个完整的整体性的层次。这个层次的一切都还是没有具体的形体、具体的分别的，所以外部世界和人类的意识世界也是浑为一体的。此后能够生成的一切都包含在这个整体之中，但此后所有的一切都还没有自己存在的独立性。假若用人类后来具有的语言能力称谓这时的宇宙，老子把它命名为"道"，这个"道"既是后来外部世界生成和发展的基础，也是人类、人类意识、人类语言发展的基础。但在这个层面上，所有这一切都还没有任何明显的差别，没有差别也就没有不同的事物、不同的思想意识，没有不同的语言概念。没有这些差别，也就没有对立统一，没有辩证法；而没有对立统一，没有辩证法，就具有我们现在所说的绝对性、普遍性、一般性、永恒性。在老子哲学里，"道"就是绝对、普遍、一般、永恒，而绝对的、普遍的、一般的、永恒的则不可能同时是个别的、具体的、明确的，可以精确地予以定义的。宇宙生成的第二个层次是"一生二"的层次。在这时，人有了对象的感觉，同时也有了自我的感觉，"物""我"被区分开来。"人"成了感觉的主体，对象成了存在的本体。如果用后来的语言概念进行描述，就有了两个概念，同时也有了两个概念之间的关系。不难看出，正是有了主体与

老子哲学的逻辑构成

客体的分别，后来的人类哲学才产生了两大哲学阵营。一个哲学阵营以人类的意识为基础看待外部的世界，成为唯心主义的哲学；一个哲学阵营以外部世界为基础看待人类的意识，成为唯物主义的哲学。有的唯心主义者也努力把外部世界对人类意识形成和发展的作用结合到自己的哲学中来，成为辩证唯心主义哲学；有的唯物主义者也努力把人类意识对外部世界存在和发展的作用结合到自己的哲学中来，成为辩证唯物主义哲学。但他们论述的都还是"有"和"有"的关系，只不过这是两种不同的"有"，一个是作为客体的"有"，物质的"有"；一个是作为主体的"有"，意识的"有"。这两个"有"有了并立性，也就有了二者的关系。唯心主义和唯物主义哲学就是把这两个"有"联系起来的不同的方式。但是，它们把二者联系了起来，同时也把二者对立了起来。联系是对立中的联系，对立是联系中的对立。但不论是强调二者的对立性，讲思维和存在的差异和对立，还是强调二者的联系性，讲思维和存在的同一性，或者同时讲二者的对立和统一，我们都失去了对宇宙的整体性的感觉。这诸种理论形式，都给人以"物质+精神=宇宙整体""客体+主体=宇宙整体"的感觉。事实却是，宇宙不是物质和精神之和，不是客体和主体之和。老子哲学不是在这样一个单一的层面上寻求世界的统一性的，它是在一个根本未曾发生分化的世界（"道"）的关系中感受它的统一性的。正是在这两个层面的互换关系中，产生了老子关于"无"和"有"的辩证法。分别了物质和精神、客体和主体的世界是"有"的世界，相对于这个"有"的世界，"道"则更是一个"无"的世界，正是在这两个世界的关系中，我们才感到，现在之所谓"有"，实际也就是在过去之所谓"无"中产生的，而过去之所谓"无"，实际也就是现在之所谓"有"的母体。"道"生成了客体和主体、物质和精神，但正像母亲生了儿子和女儿，但儿子加女儿却不等于母亲一样，"道"生成了物质和精神、客体和主体，但物质加精神、客体加主体也不等于"道"。主体感觉不到外部世界的一切，感觉到的外部世界也呈现不出主体的全部感觉能力和意识能力，"道"更大于物质和精神之和、客体和主体之和。只有在"道"中，物质和精神的差异才完全消失了，才融化在一个恍惚寂寥的更大的整体中。从另外一个角度讲，物质和精神、主体和客体之间的联系只是"有"和"有"的联系，而"有"和"有"的联系，不论我们怎样强调它们的对立和统一，怎样强调它们联系的辩证法性质，实际都忽视了它们之间的空间距离，都把二者之间的联系简单化、直线化了。存在并不一定能够转化为意识，意识也并不一定能够反作用于存在，并且在更多的情况下，物质和精神、客体和主体产生不了这种对立统一的联系。其原因就在于它们都各自独立地存在在空间中，空间以其自身的作用割断了彼此之间的联系。这种联系是在人的外部感觉和内部感觉的恍惚状态中，亦即在泯灭了物质和精神、客体和主体的界限时才建立起来的，是在"道"的层面上建立起来的。也就是说，只有把物质和精神、主体和客体都视为这个"无"，这个空间形式的不同构成成分的时候，我们才能在这个分化了的世界上重新找到宇宙的统一性。在这时，"有"重新回归于"无"。"存在"重新成为"空间"。"有"和"无"的相互转化机制就是这样形成的。它不是老子强词夺理的结果，而是在其宇宙生成的第一、二两个层次的关系中顺理成章地建立起来的。

在老子哲学中，宇宙生成的第三个层次是"二生三"的结果。在这时，客体分化为"天"和"地"，浑融一体的"天地"的感觉消失了。因为有了"天"和"地"的区别，也就有了上下、大小、远近、高低、尊卑等等不同的感觉，这些对立的文化观念和语言概念也就有了产生的基础。我们看到，儒家哲学就是在这样一个层面上建立起了自己的世界观念、社会观念和人生观念的，同时也建立起了它的整个语言概念的系统："天尊地卑，乾坤定矣。卑高以陈，贵贱位矣。动静有常，刚柔断矣。方以类聚，物以群分，吉凶生矣。在天成象，在地成形，变化见矣。"（《周易·系辞上》）外部世界的分裂导致了主体对外部事物的不同感受，这种不同感受同时加强着外部世界的分裂，从而为儒家文化阴阳二元观的思维模式奠定了基础，也为儒家文化大量对偶、对立词语的产生奠定了基础。儒家文化这种二元对立的思维模式，从根本上不同于西方唯物主义或唯心主义的二元对立模式。西方唯心主义或唯物主义的二元对立模式是在主体与客体、精神和物质的二元对立中建立起来的，它们关注的都是自我与世界的关系的问题，而儒家文化的二元对立模式则是在外在于主体的外部世界中建立起来的，是在人对外部世界直感、直觉

老子哲学的逻辑构成

印象的基础上建立起来的，儒家知识分子就把这个外在于主体的关系模式定格为宇宙、世界、人类社会的固有模式，定格为永恒的、绝对的、不可改变的世界模式和社会模式，从而把这种上下等级的关系模式凝固起来。在这里，我们可以发现，老子哲学同西方直感论、直觉论哲学实际是有巨大的差别的。只有在老子哲学中，才更能发现人类直观和直觉能力的局限性，即这种直感和直觉是无法直观、直觉到"无"和"空间"的作用的，是无法直感、直觉到世界的整体的："大音希声，大象无形，道隐无名。"（《老子》第四十一章）与此同时，人类的感官感觉，特别是视觉和听觉的基本作用就是跨越空间，因而它们所获得的印象和感受从根本上改变了主体和对象的关系。在这个意义上，外部世界是以倒影的形式呈现在人类的直感和直觉之中的。在人类的直感和直觉中，越是与感觉主体有着密切关系的一切，越是无法得到清晰的呈现，得到呈现的是具有一定空间距离的事物；并且越是空间距离远的，越是在直感和直觉中引发敬仰和羡慕的心情。也就是说，在实际上与主体有较少相关性的，在直感和直觉中感到与主体有着更大的相关性；在实际上与主体有更大相关性的，在直感、直觉中感到与主体只有极小的相关性或没有相关性。直感和直觉把对象与主体间的空间距离的作用抹杀了，人类的欲望形式就是建立在这种倒影式的直感和直觉的结果之上的。人类的欲望重视的不是自己生存和发展的基础，而是与这个基础有着遥远空间距离的事物。越是平民，越是崇拜皇帝；越是弱小，越是崇拜英雄；越是贫穷，越是羡慕富贵。这些人生感受都是在直感、直觉的基础上产生的。"合抱之木，生于毫末；九层之台，起于累土；千里之行，始于足下。"（《老子》第六十四章）这是老子关于大和小、高和低、远和近的辩证法。它的可靠性是由于老子把空间距离的作用加进了人的直感、直觉的印象之中，从而改变了人的直感、直觉的印象。通过这种辩证关系的揭示，大和小、高和低、远和近的界限变得模糊起来，从而有了一个浑然整体的感觉，有了对立面融合为一体的感觉。实际这也就是"道"。老子哲学告诉我们，人类仅仅在直感、直觉中建立起的世界图象是一个忽略了空间对主体和客体关系的世界图像，这个图像的直接作用是导致人类对自我存在基础的轻视乃至卑视，对与自身的存在没有直接关联或只有极小关联的事物的重视乃至渴望，从而导致人对自我存在基础的破坏，对自我生存目标的歪曲，亦即导致人类自身的异化。人类克服直感、直觉对自身异化的方式是重视空间关系对主体与客体关系的严重影响，从而消融直感、直觉中不同事物的界限，使世界的图像重新回归到浑然一体的恍惚状态，重新回归到"道"的状态。

到了"三生万物"的第四个层次，外部世界分化为万事万物，人类社会分化为三教九流、芸芸众生，人类的感觉、人类的意识成了瞬息万变的碎片，人类的语言产生了各自没有固定不变的联系的大量词汇、大量表达方式。外部的世界、人类的社会、人类的感觉、人类的意识、人类的语言也有了各自的独立性，它们不再像在前三个层次，特别是在第一个"道"的层次中一样，彼此有着不可分割乃至无可分割的必然联系。外部世界已经可以脱离开人类对它的意识而独立存在，人类的意识与外部世界的存在也已经可以没有直接的联系，人类在自己的意识中可以构筑起一个没有人类存在的世界，也可以在玄思中构筑起一个在外部世界找不到对应物的意识的形式；人类的语言也不再一定与它所指称的对象同时得到呈现，人类可以对它所畏惧的神灵加以语言的美化，也可以对它所爱慕的对象进行语言的诅咒。一切都具有了自己的独立性，一切都以个别的、特殊的"物"或"器"的形式存在着，它们的普遍性、一般性和绝对性被各自的个别性、特殊性和相对性覆盖了起来。如果说"一生二，二生三"在老子哲学中只是它的一个理论的前提，一种对宇宙生成过程的抽象，"三生万物"中的万物的世界才是人类生活中的现实的世界。在这样一个分化了的现实世界中，老子和孔子、韩非子等先秦思想家一样，关心的是现实世界的整体性。但老子对现实世界的整体性与孔子所代表的儒家文化和以韩非子为代表的法家文化有着根本不同的理解。这形成了他的独立的社会学、政治学和文化学的思想。在这个现实世界的层面上，老子的宇宙生成论构成了他的社会学说、政治学说和文化学说的哲学基础，他的辩证法也在这些领域得到了更广泛的应用。

六

老子之后的人类社会，不是按照老子所设想的社会模式得到发展的，这给我们讨论老子的社会学、政治学、文化学的思想带来了极大的困难。但是，只要我们摆脱掉人类的社会历史存在着完全不依人的意志为转移的客观规律性的历史观念，只要我们认识到人类的社会历史是不可能脱离开人类对自我、对世界、对人类与世界关系的意识而自行发展的，我们就不能不承认，历史上存在的每一种有独立意义和价值的社会学说、政治学说和文化学说对人类历史的发展都有自己特定的意义和价值。它的意义和价值是不能完全按照它已经实现的程度而进行评判的，而必须从它的潜在的可能性上来思考、来理解。这种潜在的可能性主要存在于它自身的逻辑的合理性中，而不仅仅存在于它的现实实践的合理性中。

显而易见，我国先秦的思想家都处于中国历史发展的一个关键性的环节中。这是一个中国社会由自然形态向文化形态转化的历史关口。所谓自然形态，我指的是在没有一种自觉的社会意识和历史意识的状态下、在各种偶然性事件的推动下自然形成的历史；所谓文化形态，我指的是在人类有了一种或几种社会思想学说之后，人类在各种偶然性的历史事件中依照事先形成的社会观念、政治观念、历史观念进行选择所形成的历史。春秋战国以前的中国历史，基本上还属于自然形态的历史。那时的中国社会还没有一种相对明确的社会观念、政治观念和历史观念，那时的中国历史实际是在各种现实矛盾和斗争的推动下不自觉地形成的历史。直至周王朝初期的分封制，仍然是在自然的血缘亲情关系的基础上形成的。春秋末期，诸侯国之间的权力斗争强化了各个诸侯国内部的政治统治，中国最早的知识分子（"士"）开始把人类社会作为一个整体来思考并在此基础上寻找解决现实社会矛盾和斗争的途径和方式，从而产生了各种不同的社会观念、政治观念和历史观念。中国此后的历史，就是在这诸种不同社会观念、政治观念和历史观念的左右下进行选择的历史，中国的官僚知识分子在这种历史的选择中起到了重要的作用。老子哲学就是在中国历史由自然形态向文化形态转化的过程中产生的。在这里，如何理解社会、理解社会政治、理解为社会服务的知识分子（当时所谓的"圣贤"）就成了一个关键的问题。以孔子为代表的儒家文化，以墨子为代表的墨家文化，以韩非子为代表的法家文化，尽管彼此各有不同的社会倾向，但在都把社会理解为一个由政治统治机构领导和管理的国家集体、把"圣贤"理解为用自己的智慧和才能帮助政治帝王合理地统治和管理社会的人则是彼此相同的。也就是说，它们都把社会理解为由一个个人在一种确定的权力关系中共同构成的社会实体，体现这个社会实体的整体性的是其中的一个政治实体，体现这个政治实体的整体性的是"君"。整个国家是属于"君"的，他是这个社会的主人，对整个社会负有治理的责任，同时也理应拥有治理整个社会的全部权力。在政治实体之中，除"君"之外的所有人都是"臣"，"臣"是辅佐"君"治理社会、治理百姓的。他们运用自己的智慧和力量维护"君"的至高无上的地位，并用"君"赋予他们的合法权力具体地实现社会的治理。"君""臣"构成的是一个政治的实体，但这个政治的实体体现的则是社会的整体，"百姓"是被治理的，他们体现的只是个人性的存在。儒家文化更把整个社会关系的实体性质落实到每个家庭的每个人。家庭也是由父子、夫妻、兄弟在确定的等级关系中构成的一个社会实体。每一个人都必须被组织进这个在特定等级关系中构成的社会实体之中。他们心目中的"社会"都是一个异常明确的"存在"，一个清晰明白的"有"。没有任何恍惚性，没有任何不清晰的地方。但是，正是在这种对"有"与"有"的组织的观念中，这些思想家把"有"与"有"的关系密集化了。在"有"与"有"的关系中，人们自觉不自觉地忽略了什么呢？忽略了"无"的存在，忽略了"空间"的作用。当人们在意识中用语言把君与臣、官与民直接联系在一起的时候，"无"的作用、"空间"的作用就被舍弃了。它给人一种印象，好像所有的人都不是生活在自己的"空间"中，自己的"无"中，而是仅仅生活在彼此的关系中。这种关系不是对立的关系，就是统一的关系。不统一就是对立，不对立就是统一。儒家文化、墨家文化、法家文化都以不同的方式追求人与人之间的统一和协调，法家用加强君主权力控制的方式，儒家用上对下的关爱、下对上的服从的方式,墨家文化用反对强凌弱、富骄贫、贵傲贱、众贼寡、大攻小的方式,但所有这些统一的方式都更紧密地把君、臣、民的关系直接化、单纯化、密集化了,使任何一方都必须紧紧地依赖在其他两方的存在及其存在状态上而获得自己的存在及其意义和价值,而当自我的生存及其意义和价值有赖于其他两方的存在及其存在状态的时候,自我就必然产生用自己的意志和力量左右其他两方的存在和存在状态的意愿,就会干涉他们的自由并与他们自身的愿望和要求发生矛盾甚至冲突。因此,儒家知识分子、墨家知识分子、法家知识分子追求的都是社会的统一,都企图用自己的方式平息社会的矛盾和冲突,但其结果却无一不是更加剧了社会内在的矛盾和冲突,并把个别的、散碎的、零星的、暂时的个人与个人之间的矛盾冲突转化成为整个社会的、公开的、长期的、自觉进行的大规模的矛盾和冲突。其原因何在呢?其根本原因就在于人并不是直接生活在人与人的关系中,而是首先生活在"无"中,生活在"空间"中;"君"加"臣"加"百姓"并不就等于社会整体,社会整体主要是一个"无",一个"空间"。人有了自己生存的空间,他就能生存和发展;失去了自己生存的空间,他就无法生存和发展。对于人,生存的"空间"是第一位的,人与人的关系在绝大多数的情况下是被空间阻断了的,一个儿子在自己的空间中不存在服从父亲或反叛父亲的问题,一个"百姓"在自己的生活空间里不存在忠于还是不忠于"君"的问题。所有这些问题只存在于一方或双方都失去了自己独立的生存空间而不得不争夺同一个生存空间的过程中。儒家文化、墨家文化、法家文化那种把社会仅仅理解为"有"与"有"的关系的思想观念,那种把人与人的关系单纯化、明确化的企图,恰恰是把社会所有的人都强行纳入同样一个狭窄的社会空间的方式,所以它们起到的不是消解社会矛盾和斗争的作用,而是逐渐强化社会矛盾和斗争的作用。我认为,老子与孔子、墨子、韩非子等所有中国古代思想家在社会观念上的一个根本的差别就是,老子并不把社会理解为一种实际的存在物,并不把社会理解为在特定的权力关系中构成的一个清晰明确的结构形式。社会是一个整体,整体只能是一个"无",一个"空间",一个不可能清晰明确的东西。我们感到清晰明确的只是社会上存在的各种具体的社会现象，各种具体的人以及人与人的关系，而永远不是社会这个整体。社会上所有的具体的人、个体的人，都是在这个空间中生成、存在和发展的，有他们的空间，就有他们的存在和发展，破坏了他们生存的空间，他们就无法生存和发展。社会的意识首先是空间的意识，而不是单纯的人与人关系的意识。我认为，只有理解了老子在基本社会观念上与儒家文化、墨家文化、法家文化的不同，我们才能充分理解老子那些具体言论的实际意义和价值。

必须看到，在老子的言论中，存在着"百姓"和"圣人""圣王"这两种不同的人的区别，它反映着当时中国社会已经发生的分化趋势。少数的政治统治者从人类有了集体的记忆开始便逐渐从普通社会群众"百姓"中分化出来，到了春秋战国时期已经构成了一个独立的阶层，而在春秋时期，中国知识分子也开始从普通社会群众中分化出来，成了一个以自己的思想学说影响并服务于政治治理的阶层。这两部分人都有了较之普通社会群众更为广阔的社会视野，以不同的形式形成了关于社会整体的观念。他们在自我的意识中就是为社会整体负责的人。而作为普通社会群众的平民百姓则是作为具体的人、生活中的人、个体的人生活在社会之中的，他们的存在和发展的意义是对自我的，而不是为社会整体的。他们生活在知识分子所说的"天下"中，但在他们的生活视野和文化视野中，无法构成关于社会的整体的观念。"孰能有余以奉天下，唯有道者。"（《老子》第七十七章）"圣人""圣王"就是这样的"道者"，是把自己的余力贡献给整个社会的人。在这一点上，老子与孔子、墨子、韩非子这些先秦的思想家并没有什么不同。但是，孔子、墨子、韩非子自然把社会视为一个"有"，一个存在的实体。这个"有"，这个"实体"就是应当有一个确定的结构形式的，是有一个最合理的形态的，所以他们理解中的"圣人""圣王"就是用一种合理的规则统治社会、管理社会的人。在这种情况下，这个统治社会、管理社会的集团也就成了一个凌驾于整个社会之上的另一个"有"，另一个"实体"。这个"有"，这个"实体"，就是作为社会统治者、管理者阶层的政治实体。但是，"有"，就是从整体分化出来的，就是有自己的独立性的，就是有自己特定的形状和作用的，因而它也不再是整体。这样，人类社会就有了两个完全不同的"整体观"。从形式上,这个政治的实体是治理整个社会的,是为社会整体服务的,"百姓"为的是自己,政治实体为的是社会;所以在人们的观念中,这个政治的实体就是社会,社会的观念就是政治的观念、国家的观念、天下的观念。但在实际上,这个政治的实体又是有其独立性的,它只是自己,只是同其他的"有"、其他的社会存在构成了一定的关系,这些关系本身就是既统一又对立的。它同其他的"有",同社会其他的所有人都存在于一个社会中,存在于一个空间中。它只是社会中的一种存在物,而不是所有的存在物。所以政治实体并代表社会整体,而只是社会的一个构成成分。它的产生不但并不标志着社会统一力量的加强,恰恰相反,它是社会进一步发生分化的标志。老子不把社会理解为"有",而仅仅视它为一个"无",一个"空间",一个包容了社会所有"有"的大容器。所以,在他的观念中,那些体现社会整体,为社会整体服务的"圣人""圣王",也不能成为实际的"有",不能成为一个具有独立性、明确性的社会实体、政治实体。社会本身就是"无",就是"空间",他们在社会上发挥的也只能是"无",是"空间"的作用。实际上,老子的全部言论都是针对那些自以为是为社会整体服务的"圣人"或"圣王"说的,而不是针对作为普通社会群众的"百姓"而言的。作为具体的人、生活中的人、个体的人而存在的"百姓",本身就是"有"。他们是为自己而存在的,是理应被社会所包容的,只有"圣人"或"圣王",是为社会整体而存在的。我认为,《老子》书三千言,所要说的就是一句话:社会是一个"无",一个"空间","圣人""圣王"也应该像"无"、像"空间"那样,而不能成为"有",成为社会中一个具有独立性的、能与百姓构成对立统一关系的实体性的存在存在。

只要联系中国历史的实际发展,我们就会看到,在社会中作为一个独立存在物的政治实体,不但没有起到包容整个社会事物、社会成员的作用,反而引发了更大规模的社会的矛盾和冲突。所有这些冲突都是以这个政治实体为中心展开的。它成了一个最高的权力的实体,从而引发了一次次争夺国家政权的旷日持久的大规模的内部战争,引发了官僚集团内部无时不在的争权夺利的宗派斗争;它成了一个拥有最大财富的经济集团,从而引发了全社会升官发财的梦想,引发了全社会的人离开实际的生产实践和经济经营而求取财富的欲望，引发了根本无法治愈的政治腐败；它成了一个社会的智囊团，把全社会知识分子的主要聪明才智都用于维护或反对这个政治实体的斗争中，引发了各种与人类生存和发展根本毫无直接关系的言词之争，引发了大量政治的阴谋、钩心斗角的聪明、逢迎拍马的知识、歌功颂德的才能，引发了贯穿于整个中国历史的各种形式的大大小小的文字狱，而真正有益于人类生存和发展的文化成果则往往是与社会政治斗争无关或极少关系的个人性创造。这个政治实体的权力欲望使它成了一个最大的权力实体，这个政治实体的经济欲望使它成了一个最大的经济实体，这个政治实体的名誉要求使它成了一个最大的智囊团。与此同时，这三者的结合也使它在对异性的占有上具有了绝对的优势，成了较之歌楼妓院更加繁华的娱乐场所。所有这一切都吸引着全社会的人投入到各种形式的政治斗争之中去，成了引发权力、财富、名誉、性欲望的大磁石，成了引发各种矛盾和冲突的总渊薮。没有这个政治实体高悬于整个社会的上空，一般的社会群众原本是不会自然地产生这么巨大的欲望和要求的。自从有了这个政治实体的存在，社会上所有的人都有了一个个永难获得满足的欲望之口，有了以自己全部的智慧和力量脱离自己的生存空间而拼命挤入社会上层的强烈愿望，最广大的社会空间被社会上的人们所卑视、所厌弃，一个原本极小的政治空间被人们所艳羡、所争夺，整个社会都陷入到一种对人类的生存和发展毫无实际意义的权力斗争之中去，从而造成了社会历史的畸形的发展。实际上，这种情况不仅仅存在于中国历史上，也程度不同地存在于整个人类以往的历史上。我认为，只要意识到人类历史的这种悲剧性，我们就会感到，老子希望自以为体现社会整体要求的"圣人""圣王"去私去欲、绝圣弃智绝对不是出于个人的偏执，而是有其理论根据和实际意义的。"民之饥，以其上食税之多，是以饥；民之难治，以其上之有为，是以难治；民之轻死，以其上求生之厚，是以轻死。"（《老子》第七十五章）作为一个"有"，一个实体存在的政治集团与作为另一些"有"存在的一个个具体社会成员，自然是不同的实体，就一定有着不同的利益。这个非生产性的政治实体的财富欲望越大，普通社会群众的经济负担越重；这个脱离开具体事业而仅仅关注着社会安宁的政治实体对社会的秩序要求越高，普通社会群众越是难以达到，二者越是容易发生矛盾和冲突；政治实体越是重视自己的生命，贪生怕死，普通社会群众越是感觉不到自己的生存价值和意义，越是轻视自己的生命，不惜铤而走险。"有"和"有"总是有差别、有矛盾、有斗争的，只有"无"和"有"才没有矛盾和斗争。一个"有"不能生产出同样的一个"有"，"有"是从"无"才能产生出来的。"绝圣弃智，民利百倍；绝仁弃义，民复孝慈；绝巧弃利，盗贼无有。此三者以为文不足，故令有所属。见素抱朴，少私寡欲，绝学无忧。"（《老子》第十九章）老子并不绝对否定"圣"和"智"，但是普通社会群众的"圣"和"智"不是在做"圣人"、做"智者"的愿望中产生的，而是在他们的生存和发展的需要中自然地产生的；老子并不绝对否定"仁"和"义"，但普通社会群众的"仁"和"义"不是在做"仁人""义士"的愿望中产生的，而是在他们的生活过程中自然产生的对人的情感态度；老子并不绝对否定"巧"和"利"，但普通社会群众的"巧"和"利"不是在"取巧""求利"的愿望中产生的，而是他们在生存和发展过程中自然产生的智慧，自然获得的利益。总之，所有这些美好的东西都必须从素朴的生活和素朴的愿望之中，从"无"中，自然地生长出来，而不能作为人类自觉追求的目标。一旦这些东西成了人类自觉追求的目标，人类的矛盾和冲突就发生了，人性就趋于浮滑和虚伪。"不尚贤，使民不争；不贵难得之货，使民不为盗；不见可欲，使民心不乱。"（《老子》第三章）任何一个固定明确的追求目标都会把社会群众从自己的存在空间中吸引出来，使他们都进入到一个相对狭小的空间去争取同样一种东西，并造成他们生存的艰难和困苦，造成他们精神的紊乱和狂躁。

　　社会是一个"无"，一个"空间"，而"无"或"空间"是不可能用任何一个固定的标准规范它所包容的全部事物的。空间只有包容性，而没有"原则性"。"有无相生，难易相成，长短相形，高下相倾，音声相和，前后相随，恒也。"（《老子》第二章）所有这些对立的概念，对于"有"，对于个别的事物才是有意义的，而对于"无"，对于"空间"，它们没有任何的价值和意义。"无""空间"不可能只有上而没有下，只有高而没有低；同样，对于人的区分，只是对于特定的人、特定的人的阶层，才是有实际的意义的，而对于社会的整体，所有关于人的差别都没有任何实际的意义。体现社会整体的圣人不应该也不可能为社会各种不同的人找到一个统一的标准，并用这个标准硬性地规范整个社会。"天下皆知美之为美，斯恶已；天下皆知善之为善，斯不善已。"（《老子》第二章）当体现社会整体的"圣人""圣王"把任何一个确定的标准作为衡量社会各种不同的人的标准的时候，当社会各种不同的人都不得不接受这个标准的时候，这个标准就成了压抑人、束缚人的教条，就成了造成社会虚伪和社会矛盾的根源，其意义就必然发生根本的变化。由美而丑，由善而恶。老子的这种判断，不但在方法论上是符合辩证法的，而且也被全部的人类文化史所证明。所以老子指出，真正体现社会整体要求、为社会服务的"圣人""圣王"，既不能人为地提倡一种所谓正面的价值标准，也不能人为地消灭一种价值标准。"常有司杀者杀，夫代司杀者杀，是谓代大匠斫，夫代大匠斫者，希有不伤其手矣。"（《老子》第七十四章）也就是说，社会只是一个"无"，一个"空间"，它是没有独立性的，没有固定的标准、固定的原则的，所有固定的标准、固定的原则只是社会特定的人、特定的阶层的标准和原则。体现社会整体、为社会整体服务的"圣人""圣王"不能用一个固定不变的标准区分或规范各种不同的人和各种不同的人与人的关系。对所有的人都善的人才是真正的善人，对所有的人都讲信用的人才是真正守信用的人。"圣人""圣王"就应当是这样的人：

圣人无常心，以百姓心为心。善者，吾善之；不善者，吾亦善之：德善。信者，吾信之；不信者，吾亦信之：德信。圣人在天下，歙歙焉，为天下浑其心，百姓皆注其耳目，圣人皆孩之。（《老子》第四十九章）

七

老子不把政治、文化理解为一个社会实体并同"百姓"构成一种对立统一的实际关系，这就形成了他与孔子、墨子、韩非子都不相同的社会结构论。

孔子、墨子、韩非子都把社会理解为由上下两个实体性的层面构成的一个复合实体。在这两个层面中,统治社会、管理社会的政治实体居上,被统治、被管理的"百姓"居下。如果用后来的阴阳论,上为天,天属阳,阳则刚,刚则强,强则尊,尊则大;下为地,地属阴,阴则柔,柔则弱,弱则卑,卑则小。这就形成了一个上强下弱、上硬下软的社会结构。整个政治实体就像一个铁穹隆,反扣在整个社会群众的上面,为整个社会规定了一个固定的社会空间,大穹隆下又有中穹隆、小穹隆,每个人的上下左右都是政治的墙壁。各级政治机关就是负责把"百姓"限制在自己这个铁穹隆之内的不可动摇的力量。老子的社会结构论则与之不同。自然"圣人""圣王"起到的只是"无"的作用,"空间"的作用,他的社会结构论就是上柔下刚的:"强大处下,柔弱处上。"(《老子》第七十六章)"无""空间"不是一个实体,它对任何一个实体都构不成实际的阻碍,而从事实际的生产实践的"百姓",求的是基本的生存条件,是物质生命的本身。只要没有一个作为更高权力、更大财富、更奢侈欲望的政治实体把他们各自的欲望事先引发出来,他们的欲望就主要停留在求生欲望的层面上。如果说求生的欲望是人类最基本的欲望,那么,"圣人""圣王"的任务就是提供给他们求生的空间,至少不能剥夺他们固有的求生空间。不论这种求生存的方式是何种方式,"圣人"和"圣王"都没有代司杀者杀的权力。正是在这种最基本的求生欲望的驱动下,"百姓"各自都有自己的喜怒哀乐的感情,都有自己的愿望和要求,在生活实践中也会自然地磨炼自己的意志、积累自己的经验。所有这些,才是人类生存和发展不可或缺的东西,是人类存在和发展的基础。这个基础是自然的,也应该是牢固的,是刚的、强的、尊的、大的。一切只有少数人能够达到的"高标准"都是可有可无的。强大处下,就是社会的基础要牢固;柔弱居上,就是不要把非基础的东西固定得太死。这样,人类的社会才会有稳固的基础,并在稳固的基础上获得稳固的发展。提高,是在基础上提高,而不是在顶尖处提高。在顶尖处的提高加强的是社会矛盾和冲突的趋势,加强的是社会崩溃的趋势。

在儒家文化、墨家文化、法家文化的上强下弱的社会结构中，法家主张由君主用恩威并施的方法把臣民紧紧地控制在自己的手中，以统一全社会人的意志，形成一个以君主的目的为目的的统一力量；墨家文化则用助弱抗强的办法维持社会的公平与和平；儒家文化就其本来的意义是一种调解文化，它把"圣人"视为调解矛盾的人，使上能悯下、下能敬上。但所有这些仅仅在"有"与"有"的关系中处理社会矛盾和斗争的方式都无法从根本上解决上下的矛盾和冲突。老子认为，关键的问题在于要保护"百姓"的生存空间，为没有生存空间的人提供能够生存的空间。老子说："和大怨，必有余怨，安可以为善？圣人执左契而不责于人，有德司契，无德司彻。天道无亲，常与善人。"（《老子》第七十九章）"圣人""圣王"自然是为整个社会服务的，就不能仅仅为自己认为是好人的人服务，但这并不意味着"圣人""圣王"偏袒坏人，因为只有善良的人，不愿在剥夺他人的利益的基础上求取个人幸福的人，才更重视自己的生存空间。"圣人""圣王"虽然并不特别照顾他们，但却更有利于他们。"圣人"和"圣王"为他们提供了生存的空间，正像一个贷款者贷给了他们生存的基金却并不想收回这笔贷款一样，是只给予而不收取的。他们不是收税人，不放恩情债，不强迫别人做出什么许诺，因而也不会构成对"百姓"的物质的或精神的压力。正像宇宙、自然给予人类的一样。老子这种关于"圣人""圣王"的观念，不是比儒家文化中那种只有优点而没有缺点的"圣人""贤人"更加抽象，而是更加具体。实际上，中外历史上所有伟大的科学家、思想家和文学家、艺术家，都是更像老子理解中的"圣人""圣王"一样，是只给人开辟新的生存空间而不收取债务的人。他们在获得了自己最基本的物质生活条件之后不是去追求更大的权力、更多的物质财富，而是在开拓生活空间和精神空间的方向上为整个社会贡献了自己的余力。他们没有损害任何人的基本生存权力，而却有益于全人类的生存和发展。

老子这种上柔下刚的社会结构论，实际是针对当时上刚下柔的社会观念而言的。实际上，在老子的哲学中，是无所谓上下的。"无""空间"既不是上，也不是下；既不是左，也不是右。但它又同时是上下左右。它起到的是包容一切"有"，并使"有"能够生存和发展的作用。但在发生了分化、有了彼此的区别的社会中，在人人都"争上游"，都追求别人的羡慕和尊重的社会上，"圣人""圣王"首先应是能居"下"的人。所以老子又称"圣人""圣王"为"百谷王"："江海所以能为百谷王者，以其善下之，故能为百谷王。是以圣人欲上民，必以言下之；欲先民，必以身后之。是以圣人处上而民不重，处前而民不害。是以天下乐推而不厌。以其不争，故天下莫能与之争。"（《老子》第六十六章）只要我们严格从老子的基本哲学观念出发，我们就不能仅仅将老子的这一主张视为他的政治策略。"圣人""圣王"是体现全社会的要求的，是为社会服务的。既然在老子的理解里社会只是一个空间，这个空间则是包容全社会各不相同的人的，他们就不能只是社会的样板，不能让各不相同的人都想做圣人。这样，圣人的存在就成了整个社会的压力。只有圣人立于整个社会最最基本的立场上，他们才能成为社会存在的基础，才能包容社会上的各种不同的人。而只要社会上各种不同的人都有了自己的生存空间，他们自然就会向上发展，而不会向下堕落。圣人欲社会富裕，不能自己去抢钱，不能号召全社会的人都去抢钱，只要最贫穷的人都有自己生存的空间，整个社会的人就能为自己的生存和发展而从事生产和经营，整个社会自然会富裕起来；圣人欲社会强盛，不能自己以权压人，不能号召全社会的人都去争权夺利，只要社会上地位最低的人也能有自己的自尊和自爱，整个社会自然就会有强毅的意志；圣人欲社会充满智慧，不能自己耍阴谋、斗心眼，不能号召社会上所有的人都要成为硕士、博士，只要每一个人都能为自己的生存和发展而运用自己的心智，整个社会的智力水平自然会提高。关键的问题是不要强迫他们脱离开自己的生存空间，不要脱离开自己存在和发展的基础。"圣人""圣王"是为社会提供更广大的空间的人，是作为社会存在的基础的人，而不能高踞于一般社会群众之上引诱或强迫他们离开自己生存和发展的基础。"我有三宝，持而保之：一曰慈，二曰俭，三曰不敢为天下先。"（《老子》第六十七章）这"三宝"都是人类存在和发展的基础，而不是人类发展的最高目标。

必须看到，在老子的哲学里，实际有两种不同的法则："有"的法则和"无"的法则。"有"的法则就是存在的法则，"无"的法则就是空间的法则。在社会观念中,"百姓"的法则是"有"的法则、"存在"的法则,而圣人的法则则是"无"的法则、"空间"的法则。这两种法则是并行不悖的。没有"有","无"也就没有了自己存在的必要;没有"无","有"也无以成为"有"。"有"是从"无"中生成的,是发展变化的结果,是生命力的表现。它具体表现为"动",表现为"时间",因而"有"的法则就是"动"的法则、"时间"的法则。但是,"有"又是从"无"中生成的,"时间"是在"空间"中生成的,所以"动"也离不开"静","时间"也离不开"空间"。"静"是"动"的基础,"动"是"静"的表现;"空间"是"时间"的基础,"时间"是"空间"的表现。在社会中,"百姓"是社会的主体,是"有",所以百姓是"动"的,是有欲望、有感情、有意志、有理性、有实践行动的,所有这些的流转变化都表现为"时间"。"圣人""圣王"是体现社会整体的需求的,他们不应当有自己独立的欲望、情感、意志、理性和实践的要求,其作用是构成"动"的基础,是体现"静"的要求的:"致虚极,守静笃。万物并作,吾以观复。夫物芸芸,各复归其根。归根曰静,静曰复命。复命曰常,知常曰明,不知常,妄作凶。知常容,容乃公,公乃王,王乃天,天乃道,道乃久,没身不殆。"(《老子》第十六章)在这里,老子实际上是论述了从整体上把握世界、把握人类、把握人类社会的方式。要从整体上把握世界、把握人类、把握人类社会,不能站在这个整体内的任何一个确定的立场上,那样,我们看到的将不是整体,而是这个整体的一部分;我们也不能在自己的运动状态中把握对象,那样,我们就会把静止的看成是运动的,把运动的看成是静止的,得出的不是对象本身的整体面貌。离开整体,保持一种虚静的心境,才能获得对整体的感受和认识。在这时,我们所看到的不是万物的"动"、万物的变化发展,而是造成万物"动"、万物发展变化的原因和结果。而这个万物变化的原因和结果却是不变的,是"常"。只有了解了这个"常",才算感受、认识了对象的整体,才称得上"明",称得上有智慧。不了解万物变化发展的原因和结果,只看到万物发展变化的外部表现,只按它们的外部表现决定它们的好坏美丑,决定对它们存储和去除的态度,就是"妄作","妄作"就不会有好的结果。只有从原因和结果上把

老子哲学的逻辑构成

握了对象的整体，我们才能感到对象的所有构成成分都是这个整体之所以为这个整体的必要条件，我们才不会绝对地肯定一部分而绝对地排斥另一部分，所以"知常"才能"容"，才能包容这个整体中的所有构成成分。能包容这个整体中的所有构成成分，才能做到"公"，做到"公平"地对待所有事物。也只有这样的人，才有资格为"王"。有资格为"王"才算得"道"。世界上万事万物都是变的、"动"的，有生灭变化的，而只有宇宙整体，只有"道"，只有"无"或"空间"是不会有变化的，所以"道"就是"久"，就是永恒。时间本身不是永恒的，"空间"才是永恒的。即使圣人这个人死了，但他对宇宙整体所获得的这种感受和认识是不会死的，是永恒的，不变的。（后来的道教文化把老子哲学改篡为个体人长生不死的哲学，实际是违背老子的原意的。在老子哲学中，只有"无"，只有"空间"才是永恒的。一切"有"，一切具体的存在物，都是有生有灭的，都不可能是永恒的。）实际上，老子已经道出了人类思维及其成果的永恒性和具体真理的多变性的关系，这种关系实际是空间和时间的关系、静和动的关系在人类文化中的投影。我认为，迄今为止，它仍是对这诸种关系最深刻、最简易的阐释。

墨家文化、法家文化都把中国带向了一个统一的大帝国，现代世界的发展也为人类提供了一个"地球村"的理想，这使我们很难给老子的国家学说一个恰切的理解和公正的评价。在这里，我们仍然必须以老子的逻辑理解老子的学说。他的国家学说集中体现在他的这样一段话中："小国寡民，使有什伯之器而不用；使民重死而不远徙。虽有舟舆，无所乘之；虽有甲兵，无所陈之。使民复结绳而用之。甘其食，美其服，安其居，乐其俗。邻国相望，鸡犬之声相闻，民至老死，不相往来。"（《老子》第八十章）直至现在，我们当评价一个国家人民的生活幸福与否的时候，往往还是着眼于"有"，着眼于能够说出来的外部表现形式。在这里，我们有国民经济总产值、有人均收入、有一个人的消费水平等等数字，但人的幸福并不能仅仅由这些统计数字表示出来，人的幸福更是从他对自我生活的感受中感受出来的。这种感受主要不是对"有"、对他所拥有的东西的感受，更是对他的生活空间的感受。人的幸福感，实际上就是一种空间感。从人与空间的关系考虑人的生存和发展，我们就不能不看到，老子设想中的这种国家实际是最有益于人类生存和发展的国家。在这种国家里，不可能生发出一个凌驾于普通社会群众之上的另一个非生产性的庞大的社会阶层，而没有这个阶层，普通社会群众身上就没有在一个庞大的大帝国所必须承受的沉重的经济压力和精神压力。他们是自由的，轻松的，而在这种轻松自由的心境中，他们更容易满足于自己简单而朴素的生活。"甘其食，美其服"不是追求别人认为好的食物、别人认为美的衣服，而是爱吃自己常吃的食物，爱穿自己常穿的衣服。"安其居，乐其俗"则是安于自己的居处，喜欢自己习惯了的生活，不以别人之所好为好，不以别人之所欲为欲，使各有所安，各有所好，各有自己的生活空间。因其所好非人所好，所以别人不来争夺，又因自己能安、自己能乐，所以自己的生活是幸福的。在这种生活里，人们能够获得的，永远大于自己实际需要的。有舟有舆，但没有必要就不去乘坐，有甲有兵（兵器），因没有战争，不去用它。满足于最简单、最朴素的生活方式，生活的压力就小，生活的空间就大。现代的人类，为什么对物质世界的依赖越来越重，因为在现代这种社会的结构里，已经不容许简单朴素生活的存在。没有权，就会更严重地受到权力的限制；没有财富，就会受到整个社会的歧视。人们在简单朴素的生活中已经无法感到生活的乐趣，他们必须用全部的力量爬出这种简单朴素的生活。正是爬出自己简单朴素生活的需要，使人类产生了永难满足的权力欲望和财富欲望，并在这种欲望的推动下去与全世界的人去竞争，去争夺，这种欲望返回来成了人类生存和发展过程中的沉重的负担。正是在人类在这种简单朴素的生活中已经无法感到生活的乐趣之后，现代人类的生活才越来越艰难了。"天下多忌讳，而民弥贫；民多利器，国家滋昏；人多伎巧，奇物滋起；法令滋彰，盗贼多有。"（《老子》第五十七章）从形式来看，从"有"的角度看，现代的人类为自己建立了一个越来越庞大的物质的世界，人类的消费水平越来越高，而从人类的感受来看，从人类的生存空间来看，人类却没有在这个庞大的物质世界中感到更加舒畅而自由。人类的生存空间越来越小了，而不是越来越大了。每一个人都随时有被挤出这个社会空间的危险，每一个人都时刻担心着失去自己的工作、失去自己基本的生活保障。全世界几十亿的人实际都在争夺着权力、财富、名声、异性这样几件有数的东西，人类为了在竞争中永远处于胜利者的地位而把自己全部的生命都投入了进去。人类已经不能左右自己的存在，而是被这些追求的对象所控制、所左右。现代的人类从儿童起就失去了与大自然的联系，而必须在依照军事化的原则建立起的学校纪律的管束下进行生活和学习。现代的学校教育不是为了儿童的幸福，而是为了他们未来的生存而尽量多地往他们幼小的心灵中装载成人后才需要的知识。现代人从青年起就必须承担起沉重的生活负担，并且终其一生都在这种生活的重压下生活。现代人的生活乐趣不是在自己的生活空间中获得的，不是用自己心灵感到的，而是在暂时离开自己的生活空间后感到的，是在新鲜的强烈的物质刺激中感到的，它是暂时的麻醉，而不是心灵的疏阔。强烈的物质刺激使人类的心灵迟钝化，对外界事物感到冷漠，没有内在的亲和力："五色令人目盲，五音令人耳聋，五味令人口爽，驰骋畋猎，令人心发狂；难得之货，令人行妨。"（《老子》第十二章）越是迟钝化的心灵越是需要强烈的物质刺激。越是强烈的物质刺激越是使人类的心灵迟钝化。这种恶性循环从老子时代一直发展到现在，并且还在急遽地发展着。虽然老子国家学说在未来的社会中也不见得能够得到具体的实行，但我们仍然不能说它对我们就是毫无意义的。它理应启示我们，国家的问题不仅仅是，甚至不主要是"有"的问题、"存在"的问题，而更是一个"无"的问题、"空间"的问题，为"百姓"提供生存和发展的空间较之有形的经济发展有着更加关键的意义、更加重要的作用。国家是为"百姓"而存在的，不是"百姓"是为国家而存在的。国家要为"百姓"求强、求大、求富、求尊，国家本身就不能求强、求大、求富、求尊。

上述所有这一切，都构成了老子的"无为"哲学。如何理解老子的"无为"哲学？我认为，只要我们从"空间"的意义出发，就能很精确地理解老子"无为"哲学的含义。"无为"哲学是"无"的哲学，不是"有"的哲学；是"圣人""圣王"的哲学，不是"百姓"的哲学；"无"是"有"的空间，"有"是"无"的表现。"空间"是"无为"的，所以体现社会整体的"圣人""圣王"也是"无为"的。但是，"空间"虽然"无为"，但万事万物却无法离开"空间"而存在，社会、政治、文化虽然"无为"，但"百姓"却必须在社会空间中存在和发展。正是在这样一个意义上，老子认为，"圣人""圣王"虽然"无为"但又"无不为"。"故圣人云：我无为，而民自化；我好静，而民自正；我无事，而民自富；我无欲，而民自朴。"（《老子》第五十七章）"是以圣人之治，虚其心，实其腹，弱其志，强其骨。常使民无知无欲，使夫智者不敢为也。为无为，则无不治。"（《老子》第三章）实际上，"无为而无不为"极其恰切地表述了"无"或"空间"的意义和价值，同时也极其精确地传达了老子对"圣人""圣王"的理解。"无"的作用、"空间"的作用，人们是感觉不到的，是无法言说的，但却不是没有的。实际上，所有的"有"，世界上的万事万物都是生成于"无"，生成于"空间"的。"无"的作用，"空间"的作用是无限的、永恒的。"圣人""圣王"也应像"无"、像"空间"一样。

八

春秋战国时期是中国社会由自然形态向文化形态过渡的历史时期，同时也是中国知识分子阶层正式形成的历史时期。先秦思想家不但各自表达了自己对社会的认识，同时也根据各自的理解塑造了自己心目中的知识分子的形象。儒家文化、法家文化、墨家文化都把政治帝王与知识分子做了明确区分。在他们的观念中，政治帝王是实际统治和管理整个国家的，而知识分子则不拥有国家的政权，但在这种分化中，儒家和法家知识分子都把自己视为帮助政治帝王实现国家治理的谋士，政治帝王有权力，知识分子有思想，二者的结合才能实际地治理国家。法家知识分子作为政治帝王的谋士，提供给帝王的是为加强他们的独裁权力所需要的法术和权术，儒家知识分子提供给政治帝王的是缓和社会矛盾、维持正常社会秩序所需要的社会思想观念和伦理道德观念。墨家知识分子是以社会和平、社会正义为旗帜的，他们在观念上不把自己隶属于任何一个政治帝王，但却作为社会和平和社会正义的力量反对大攻小、强凌弱、富骄贫、贵傲贱、众暴寡，但他们同样承认政治帝王对自己国家的统治权。老子不把社会、政治视为一个有其实际政治权力的集团，而把社会、国家主要理解为"百姓"生活的一个空间,所以知识分子和政治帝王就没有了本质的差别。在他的学说里,国家、社会、政治、文化这诸多体现整体需要的概念实际是重合的。他的社会观更接近自然的社会观,但他并不像现在的人们所设想的一样,是反对国家、反对社会、反对政治、反对文化的。他承认国家、社会、政治、文化的存在及其意义,他不是无政府主义者、非文化主义者,只是他不把国家、社会、政治、文化理解为一种权力。在他这里,"圣人"和"圣王"有了相同的意义。知识分子和政治帝王都是体现社会整体的要求的,因而二者也不应有本质的差别。正是在这样的基础上,他塑造了一个与儒家文化、法家文化、墨家文化都不相同的知识分子的人格模式。

  知识分子是有"知识"的,但老子的哲学很自然地将"知识"区分为两类:"有"的知识和"无"的知识。所谓"有"的知识,就是对世界上存在的万事万物的感知和了解,对"存在"的感知和了解;所谓"无"的知识,就是对于宇宙、人类、人类社会等等整体的感受和理解,对于"空间"的感受和理解。"有"是从"无"中生成的,是人类意识和人类意识中的世界发生分化的结果,这种分化是无止境的,所以人类意识和人类意识中的世界的分化也是无止境的,这更属于我们现在所说的认识论范畴。在这个范畴里,人类的认识是无止境的,这种认识不断促使人类意识和人类意识中的世界发生分化,"知识"越多,人类意识和人类意识中的世界越是被分成各种细碎的部分,所有这些细碎的部分都是有区别、有差异、有矛盾、有斗争的。这就是老子所说的"为学"的层次。"为学"的过程是人类意识和意识中的世界失去了整体性的过程,人类意识的整体性和人类意识中的世界的整体性不是在这种"为学"的过程中获得的,而是在"为道"的过程中获得的。"为学日益,为道日损。损之又损,以至于无为。"(《老子》第四十八章)"为学"的过程是知识越积越多的过程,"为道"的过程是事物之间的差异、矛盾逐渐消失、重新回归于一个朦胧恍惚的整体的过程。这个过程不是通过有意识地学习获得的,而是通过人的意识的沉睡过程自然地获得的。"学"是对具体事物的分别的认识和了解,"道"则是对整体的感受和理解。在这里,我们可以用这样一个例子勉强地说明老子的这种"为道"

的思维过程。我们读李白、杜甫、白居易、李商隐、李贺、岑参、高适、王之涣等等唐代诗人的诗，一首一首地读，越读越多，这就是老子所谓的"为学"，但我们要对"唐代诗歌"有一个整体的观念，却不是通过任何一个诗人的任何一首诗的了解而获得的，而是在无意识中模糊了这诸多诗人及其诗作的差异和矛盾之后获得的。它是不明确的，但却是整体的；它不是从任何人那里"学"到的，不是前人传授给我们的，而是在我们自己的内部世界里不自觉地、自然地形成的；它不是一首诗一首诗排列在一起的"有"的集聚状态，而是所有这些诗都被稀释后形成的一个没有固定形状和范围的空间，一个我们现在称之为"诗歌世界"的东西。整体感实际就是一种空间感。"为学"所得的知识，是作为一个个具体的人、为了实现自己具体的愿望和要求而获得的知识，他用自己的主观好恶裁剪了世界。只有在"为学"的层面上，才有扬李（白）抑杜（甫）或扬杜抑李等等差别意识的产生，而"圣人"和"圣王"所需的不是这样的知识，而是"道"，"道"是对社会整体的感受和理解，是在承认每种事物都应获得自己的生存空间的基础上形成的。他不会把李白和杜甫这样一些唐代诗人直接联系起来并使之构成对立关系。

　　老子所说的"为学"，更接近我们现在所说的认识论范畴。认识论是在人类意识和人类意识中的外部世界发生多级分化之后形成的，是在认识主体和特定认识对象的"有"与"有"的关系中发生的，这种认识有把认识主体和认识对象结合起来成为一个整体的作用，但它同时也忽略或改变了主体与客体、客体与客体之间的空间关系，并促使主体世界和对象世界进一步分化为更细小的构成成分。它是分析的，其综合也是在分析基础之上的综合。没有分析，就没有认识的深化，认识一旦深化，对象就被人类的意识分化为诸多不同的组成成分，意识同时也被分化了的对象所分化，对象的整体性消失了，意识的整体性也消失了，对象和意识的和谐性也消失了。我们有了一个科学认识中的月亮，而这个月亮却永远不是一个浑融的整体，作为一个浑融整体的月亮不是我们科学认识中的月亮，而是我们忘却了它的重量和大小、它的运行轨道和运行速度等等对它的知识时我们看到的那个悬挂在天空的月亮。正是这个月亮，是与我们的整个心灵、整个生命融为一体的。它不是纯粹的客体的，也不是纯粹的主体的，而是以客体的形式象征出来的主体，在主体中呈现出来的客体。"为学"是主体对具体事物的认识和了解，它是把不同空间结构中的事物组织进同样一个主体的认知结构中的过程，并形成了与外部世界完全不同的一个主体的认知结构，具体事物是被主体从其自身的空间结构里独立出来，被置换到了这样一个完全不同的主体的认知结构里，从而改变了事物原有的状貌和特征。显而易见，这正是现代理性主义者常常对外部世界做出歪曲性的反映的最根本的原因。（自然科学中的理性主义较之社会科学中的理性主义之所以更切近真理性的认识，是因为自然科学家在运用逻辑思维的同时还面对整体性的研究对象，自然科学家的逻辑思维程序必须时时受到他对对象的浑然整体感觉的修正或补充。而社会科学中的理性主义者则连获得整体感的方式也常常是理性主义的。）主体的认知结构对认知对象要进行强制性的重新编码，才能有效地纳入自身的结构中来。这造成了主体与客体的冲突性，正是这种主体与客体的内在冲突，使人的内在精神具有了骚动感，并且也歪曲了客体的形象。"为道"则不同。"为道"没有"为学"的具体的目的性，因而也不在主体的游移状态中感知和了解事物，而是在主体的静止状态感受和理解环绕着自己的整个宇宙空间或社会空间。老子认为，只有这样，主体意识和他意识中的世界才是一体的、真实的，从而也是完整的、和谐的。"不出户，知天下。不窥牖，见天道。其出弥远，其知弥少。是以圣人不行而知，不见而名，不为而成。"（《老子》第四十七章）在这里，老子说的不是后来人所说的"秀才不出门，能知天下事"的意思，而是认为主体在游动中获得的知识是破坏了他们在空间中的实际关系的，是失去了他们在意识中的统一性和整体性的。人应当通过对自己生活视野之内的事物的感受和理解而感受和理解外界的事物，而不能通过对外界事物的感受和理解而感受和理解自己生活视野中的事物。这是一个空间关系的问题，一个获得整体感的方法的问题。只有在自己生活视野中的事物，才是在整个空间中存在和运动着的事物，才是在"无"中之"有"，而对自己生活环境之外的事物的了解，在更多的情况下只是对这些事物本身的了解，而这种了解是忽略了或相对忽略了它在其空间结构中的地位和作用的。所以，老子认为，"圣人""圣王"获得整体感受和理解的方法是从对对象的整体观照中获得的，而不是从对象与另一个或另一些对象的比较中获得的，那样获得的只是对对象的一个或数个特征的认识和了解，而不是对对象整体的感受和理解。"故以身观身，以家观家，以乡观乡，以邦观邦，以天下观天下。吾何以知天下然哉？以此。"（《老子》第五十四章）这是从小整体到大整体的螺旋式上升的感受方式，最终获得的是对宇宙整体的感受和理解，而在任何一个阶段上的感受和理解，都是整体的、与主体意识和谐融合为一体的，因而也是无法从主体意识中滑落的。"善建者不拔，善抱者不脱，子孙以祭祀不辍。修之于身，其德乃真；修之于家，其德乃余；修之于乡，其德乃长；修之于邦，其德乃丰；修之于天下，其德乃普。"（《老子》第五十四章）"为学"主要靠记忆，记忆中的东西是最容易忘记的；"为道"主要靠整体的观照和整体的感受，这种整体的印象和整体的感受虽然是不清晰、不具体的，但却是无法忘记的。老子这里说的"德"，不是儒家文化中"修身、齐家、治国、平天下"的"德"，而是在整个社会空间中感受和理解身、家、国、天下并能为它们保留或提供生存空间的"德"。老子的"德"同于它的"道"，都是整体性的、空间性的。"道"是宇宙的整体性，是整个宇宙空间；"德"是社会的整体性，是整个社会空间。有整体关怀才有整体的感受和理解，所以，在"为道"既是一种人的素质，也是人的一种知识形式。

　　按照老子的理解，人类的知识有两类：关于"有"的知识、关于"存在"的知识和关于"无"的知识、关于"空间"的知识。人类获得这两类知识的方式和途径也有不同："为学"是获得关于"有"的知识、关于"存在"的知识的方式和途径，"为道"是获得关于"无"的知识、关于"空间"的知识的方式和途径；在具体方法上，"为学"要博闻强记，要走万里路、读万卷书，而"为道"则必须息心静虑，直接对整体进行整体的观照，不把原本不属于这个整体的印象掺杂进对这个整体的观照中来。与此同时，知识又是同语言分不开的，有两类知识，也有两类语言。"有"或"存在"是整体发生分化的结果，"有"和"有"、"存在"和"存在"之间是有差别、有矛盾、有对立、有斗争的，表述"有"或"存在"的词语或语句之间也是有差别、有矛盾、有对立、有斗争的，在主体意识中是有感情色彩的不同的，有褒有贬、有好有恶、有亲有疏、有近有远的。上和下，大和小，高和低，强和弱，美和丑，真和假，善和恶，尊和卑，动和静，等等，都是表述"有"、表述"存在"、表述具体事物的特征和性质、表述不同事物间的关系的，"无"或"空间"则是整体性的，其意义是模糊恍惚的，像宇宙，像"道"，像"德"，像对于其不同组成部分而言的天、地、人、世界、国家、社会、民族、集体等等。它们与其不同组成成分之间构成的不是差异和矛盾的关系，而是整体和部分之间的关系。整体与部分的关系是包容与被包容的关系，整体无条件地包容它的各个组成部分，各个组成部分无条件地被整体所包容，二者是"不争"的关系。一"争"，就不是整体与部分的关系，而是两个不同事物之间的关系了。在老子看来，前一种语言形式是具体人的生活的语言，是在人的生命的成长发展过程、在人的意识的生成和丰富过程中形成的语言形式。这种语言的特点是不断分化，是不断朝离开意识和意识对象而从其中分离出来的，同时也减少了直接传达的朴素性和可信性。"信言不美，美言不信。善者不辩，辩者不善。知者不博，博者不知。圣人不积，既以为人己愈有，既以与人己愈多。天之道，利而不害；人之道，为而不争。"（《老子》第八十一章）在这里，老子实际是把圣人的"德"和圣人的"言"联系起来加以评说的。圣人是体现整体的要求的，是发挥空间的作用的。他的"知识"是整体的知识，是没有自己特定的欲望和要求、没有特定的目的性的语言，所以其特点只是一个"信"。"美言"是在具体人表达自己的具体愿望和要求的过程中形成的语言，它以强化表达力的方式突出了自己的愿望和要求并掩盖了自己并不重视、无所感或有所感而不欲表现的内容，它必须迎合听者或读者的特殊爱好。"圣人"的语言是对整体的关怀，不是对哪一个人或哪一群人的关怀，它不需要迎合任何特定人的心理，不需要对语言的美化。"宇宙"是整体的"名"，这个"名"没有感情的色彩，其特点是"信"；"万寿无疆"是"美言"，"美言"是不可信的，是带有说话人的特定的情感趋向的。这两种语言都是人类必不可少的语言。"百姓"的语言是"有"的语言，而"圣人"的语言则必须是"无"的语言。"圣人"不能把整体变成"有"，变成特定欲望、情感、意志、理性和行为的语言，这种以整体面目出现而仅仅具有特定欲望、情感、意志、理性和行为目的的语言就是我们现在所说的"话语霸权",而"话语霸权"就具有文化专制和政治专制的性质。"圣人""圣王"是体现宇宙整体和社会整体的利益的,是真正的"善者",这样的整体是不以言词而有所变化的。宇宙不因称其大而大,也不因称其小而小,社会不因称其美而美,也不因称其丑而丑,所以对于整体只有感受和理解的问题,没有价值判断的问题,任何的价值判断都是其中部分人的价值判断,而不可能是其中所有人的价值判断;是对特定事物或现象的判断,不是对完整整体的判断。"百姓"是求生存的,关心的是"有",他们必须对周围的事物有具体的、明确的价值判断,否则就无法在这个世界上生存和发展。他们把万事万物纳入与自己的生存和发展的关系中来,就有了是和非、好和恶,有了差别,有了与不同人的矛盾和斗争,也有了可以辩也必须辩的问题。在这种情况下,"辩"不是为整体而辩,而是为自己特定的愿望和要求而辩,为自己和与自己亲近的部分人而辩,所以辩者不是老子所说的"善者"。"善者"是体现社会整体的需要的,是充当社会的空间的。空间的意义和价值是只给予而不索取。它没有自己确定性的欲望、情感、意志、理性和行为目的,所以也与任何一个具体事物构不成直接的矛盾和对立的关系。万事万物都离不开空间。老子所说的"知者"不是知道很多具体事物的具体特征的人,不"博",而知道很多具体事物的具体特征的人则不是老子所说的"知者"。"圣人"的知识不是一个一个地积累起来的,而是在整体的感受和理解中形成的,它不因益人助人而减少,而是因益人助人而愈多。老子的这种文化观,不是故弄玄虚,而是有其深刻性和远见性的。我们看到,人类历史上所有真正伟大的文化成果,都不是因其接受者的获益而愈益浅薄的,而是因其别人的获益而愈益深刻而丰富的。这是人类文化的奇迹,这种奇迹正像我们住居的宇宙空间,不因我们对它的认识的丰富化而减少其内涵,而是因其对它的认识的丰富化而增加其内涵。

人类有两种不同的知识,有两种不同的语言,因而也有两种不同的价值观念和价值标准:"有"的标准是具体的、明确的,因而也有完"美"和完"丑"。"无""空间"是恍惚迷离的,是没有一个具体的形态和本质的,因而也没有评价它的一个完全明确的价值标准。世人更是用"有"的标准评价"无"、评价"空间"的,因而"无""空间"永远不会给人以完美、完全的感觉。但恰恰是这种不完美、不完全,才是比任何具体存在的事物更完美、更完全的。"大成若缺,其用不弊。大盈若冲,其用不穷。大直若屈,大巧若拙,大辩若讷。躁胜寒,静胜热。清静为天下正。"(《老子》第四十五章)"明道若昧,进道若退,夷道若颣,上德若谷,广德若不足,建德若偷,质真若渝,大白若辱,大方无隅,大器晚成,大音希声,大象无形,道隐无名。夫唯道,善贷且成。"(《老子》第四十一章)所有这一切,都是在"有"和"无""存在"和"空间"的不同价值和意义之间构成的交流。同时也给人类的意识、人类的语言、人类的文化带来了复杂性和不确定性。面对这种复杂性和不确定性,人类必须不断回到对宇宙、世界、人类、社会的整体的观照、感受和理解中来,不被已有的认识所束缚。显而易见,老子在中国知识分子阶层形成之初,就已经明确感到"道德""仁义""善良""正义""智慧""才能""真理""真诚"这样一些文化价值标准也是可以构成中国知识分子争夺的对象的。而它们一旦构成了中国知识分子有意识的争夺对象,它们的自身的意义也就消失了。它们不再成为人类和谐相处的纽带,反而会造成人类更普遍、更深刻、更大规模的矛盾和斗争,成为人类毁灭自身的定时炸弹。人类的生存和发展需要认识世界、改造世界,同时也需要不断模糊掉已有的明确化了的价值标准,以防止人类在争夺这种价值标准的过程中走向更大的分裂、更大的自我毁灭性的破坏活动。也正是在这样一个意义上,他不把"圣人""圣王"视为一个具有明确外部标记的独立的人种。他们存在着,为人类的幸福和美满思考着、行动着,但却不会被人类格外的重视。他们是一个孤独的人种,一个不被人类特别注目的人种。他们只能自己理解自己,自己意识自己的存在价值。他们的特征是"独异":

众人熙熙,如享太牢,如春登台。我独泊兮,其未兆;沌沌兮,如婴儿之未孩;儽儽兮,若无所归。众人皆有余,而我独若遗。我愚人之心也哉!俗人昭昭,我独昏昏;众人察察,我独闷闷。澹兮其若海,飂兮若无止。众人皆有以,而我独顽似鄙。我独

异于人，而贵食母。(《老子》第二十章)

在整个老子哲学中，实际有两个逆向性的发展过程。一个是"一生二，二生三，三生万物"的过程。一个是"人法地，地法天，天法道，道法自然"的过程。前者是由"无"到"有"的自然生成过程，是由整体到部分的认识过程，是"为学"的过程；后者是在分化了的世界上重新找到自我与自我、自我与世界、世界与世界的整体性、统一性、和谐性的过程，是回归自然的过程，是"为道"的过程。在过去，我们常常仅仅把老子所说的"为道"的过程视为"自然"的、无为的、无目的性的。实际上不是。在老子哲学中，真正作为一个自然的发展过程是"一生二，二生三，三生万物"的过程。宇宙、人类、人类意识、人类语言、人类文化的任何发展都是在这个自然过程中实现的。在这个过程中，其本源是"道"，其过程是自然，其趋向是离开整体、离开自然，逐渐转化为文化的、有为的、有目的性的行为，它实际包括了从人类自然本能到科学理性在内的各种不同的内容。人类有本能、有欲望、有情感、有意志、有行为的目的性，这都是人之所以区别于其他事物的本质特性。人类在自然本能欲望的趋势下就会很自然地产生认识世界、改造世界的愿望和要求，这正像一个婴儿自然地会成长一样，但成长的方向却是逐渐离开自然。它是自然产生不自然、无为产生有为、无目的产生有目的的过程，亦即"无"生"有"的过程。假若只有这一个过程，宇宙、人类、人类意识、人类语言、人类文化将无可遏制地向无限分裂的过程发展，从而使人类不断失去自然性，失去人类生存和发展的自然的基础，失去与宇宙整体的自然联系。所以，人类要在这个分化了的世界上重新找到自己的整体性，就必须有意识、有目的地追求自然性。这就是"人法地，地法天，天法道，道法自然"的过程，是"为道"的过程。这个过程是人为的、文化的、有目的性的，但其要达到的目标却是自然的、无为的、无目的性的。"故从事于道者，同于道；德者，同于德；失者，同于失。同于道者，道亦乐得之；同于德者，德亦乐得之；同于失者，失亦乐得之。"(《老子》第二十三章)"道"是要人有目的地去从事的，所以它不是后来中国知识分子所说的"纯任自然"的意思，而是一种严肃的追求目标,不是自然范畴中的东西,而是人类文化范畴的东西。在老子的观念里,知识分子就是主动担当起这样一个任务的人。他超越了作为一个个体人的存在,当他获得同"百姓"一样的最简单朴素的物质生活之后,就不再仅仅追求个人欲望、情感、意志、理性的满足,而是关注整体,并在整体的存在和发展中获得自我的意识。正是因为他关注的是整体的利益,所以他不能在整体之外再构成一个更大、更重的实体,不能使这个实体成为具有更大欲望、情感、理智、目的的实体,从而构成两个整体的矛盾和冲突,破坏掉社会整体的和谐性和自然性,使社会整体脱离开自己的自然的基础,使"百姓"在永难满足的欲望的引诱下失去自己自然平静的心境和自然平静的生活。除了知识分子的自我意识之外,知识分子在社会上不应享有特殊的荣誉。他的形象在"百姓"心目中没有完满性,没有崇高性。他像空间一样不为人所重视,但同时也像空间一样为百姓所须臾不可离、不可缺。

"一生二,二生三,三生万物"是由自然到文化的发展过程,"人法地,地法天,天法道,道法自然"是由文化到自然的回归过程。前者是"百姓"的实际人生趋向,社会的自然发展趋向,后者是知识分子致力的目标。这样,自然和文化、"百姓"和"知识分子"就构成了没有障壁的统一的空间。这里的关系仍然是老子哲学中"有"与"无"的关系。"有"与"无"只有统一性,没有差异性、矛盾性,构成差异和矛盾的只能是"有"与"有"的关系,但"有"与"有"、"百姓"与"百姓"存在于一个疏朗宽松的空间里,彼此之间构不成集中统一的社会矛盾,他们能够在简单朴素的生活中获得精神上的满足。作为个体,他们是强大的、有力的、富有生命活力的,但这种力量不必用于彼此的伤害,而主要用于自身的成长。他们是自然地向上生长的,但其上是由知识分子构成的柔弱的空间,不但不会压制他们,而且有益于他们。它们之间是树木和天空的关系,而不是起点和终点的关系,每一个人都可以自由地生长,但却不必脱离开自身的基础急切地达到一个固定的最终的目的。在这种关系中,知识分子是不争的,是柔弱的,是无为的,但"夫唯不争,故天下莫能与之争"(《老子》第二十二章),"天下之至柔,驰骋天下之至坚"(《老子》第四十三章),"无为而无不为。取天下常以无事,及其有事,不足以取天下"(《老子》第四十八章)。

只要我们不是从抽象的理念出发,而是从实际的历史情境出发,我们就会看到,中外所有伟大的知识分子,虽然在后人的描述中都更像儒家文化塑造的那种"道德"的,法家文化塑造的那种"智慧"的、墨家文化塑造的那种"正义"的形象,但在他们自身所处的时代背景上,却大都更像老子所描述的这种形象。当他们的形象在社会上尚带有一种"独异"的"愚人"的特征的时候,他们起到的是社会空间的作用,是"生而不有,为而不恃,长而不宰"的。而一旦他们的形象在人们的言语中变得明丽、耀目、崇高、伟大,他们也就成了众人争夺的对象,失去了他们的思想学说的本来意义,甚至成了人类更大分裂的引信。知识当仅仅是知识,是人类自身求生存和发展必不可少的意识形式的时候,是启发人独立思考的文本的时候,它就是人类自身必不可少的一种自然的素质。知识一旦被作为人与人之间争夺权力、金钱、名声、异性的社会工具,就将成为埋在人类内部的一个威力无穷的定时炸弹。知识可以拯救人类,也可以毁灭人类。知识分子可以是人类社会的拯救者,也可以是毁灭人类的罪人。自从人类进入文明发展阶段以来,人类历史上最好的事情大都是知识分子做的,人类历史上最坏的事情也大都是知识分子做的。人类的历史没有按照老子当时的愿望发展,而是在由各类社会普通群众构成的社会之上重新建构了一个庞大的、沉重的政治国家的实体,这个实体以其更大的政治权力、更奢华的物质享受、更显赫的道德名声引动着全社会的欲望,使其把自我的人生目标一开始就建立在脱离开自己自然朴素的生活基础进入到永无止境的残酷的人与人的竞争之中去。这牵动了迄今为止的人类社会历史的发展,但带给每一代人的却是人生竞争的恐怖、内在精神的痛苦。人类没有在自己创造更大的物质财富的过程中享受到更多的精神上的幸福。老子的哲学无力改变人类这样的生存现状,但它对我们重新思考我们的历史、我们的社会、我们的文化教育,仍然是有重要的借鉴意义的。

原载《新国学研究》第2辑

通往庄子哲学之路

一

罗根泽曾经指出,《庄子》一书在中国现代学术界遭受到三种不同的命运:其一是将《内》《外》《杂》三十三篇都认为是庄子一人所作,都视为庄子一人的思想,从而将庄子"弄成一个自相抵牾的人";其二是虽然认为《外》《杂》篇绝不是庄子所作,但在研究庄子哲学的时候,却仍然根据《外》《杂》篇,从而"失掉了逻辑的根据";其三是不认为《外》《杂》篇是庄子所作,只根据《内》七篇研究庄子哲学,将《外》《杂》篇一概置之不问,从而将《外》《杂》篇"屏出于学术之外"。①为了避免这三种偏向,我的做法是通过对《内》《外》《杂》篇的分别研究完成对《庄子》全书在三个层面上的认识:一、《内》七篇为庄子所作已成学界的共识,通过《内》七篇的研究,我们主要探讨作为原创性的庄子哲学的本原性的逻辑结构,并在其结构内部各主要构成成分的相互联系、相互制约的关系中把握庄子哲学的特定内涵。二、《外》十五篇虽然不是庄子所作,也未必是同一个人的作品,但属于庄子后学直接演绎庄子哲学的作品,在主观目的上更是为了阐发庄子的哲学

---

① 罗根泽:《〈庄子〉外杂篇探源》,载罗根泽《说诸子》,上海古籍出版社,2001,第230—231页。

主张，阐释学的意义明显大于工具性的意义，其自身的分裂还没有达到互不相容的程度，有些篇章甚至与《内》七篇有着直接的对应关系。通过《外》十五篇的研究，我们主要了解庄子后学对庄子哲学的感受和理解，这在具体内容上有进一步印证并继续丰富我们对庄子哲学的认识的作用，也可以帮助我们了解在离开庄子本人统一的主体精神结构之后，庄子哲学的内部结构所发生的松动现象，这使一些观点和主张开始游离出庄子哲学的本体。三、《杂》十一篇较之《外》十五篇距离庄子哲学的本体更远，其创作意图已不在于对庄子哲学的阐发，而是运用庄子哲学的某些观念而阐发自己独立的思想见解，工具性的意义大于阐释学的意义。通过《杂》十一篇的研究，我们主要了解庄子哲学在具体运用中所可能发生的进一步的变化，这一方面可以导致统一的庄子哲学思想体系的解体，另一方面又可以导致庄子哲学与其他思想学说的结合或新的独立思想观念的诞生。

关于老子及《老子》成书年代问题，曾是中国现代诸子学争论的焦点问题之一。在作于1936年、发表于1938年《古史辨》第六册的《〈诸子续考〉序》中，罗根泽列举了古今29家的29种说法。在1957年，他又增补了侯外庐、范文澜、杨荣国、杨宽、林庚、李长之等学者的观点。① 这些观点，强行归纳起来，可以分为三类：一、以胡适为代表的一类，基本沿用司马迁《史记·老子韩非列传》的说法，认为老子及老子哲学的产生年代早于孔子及孔子思想产生的年代；二、以罗根泽为代表的一类，认为"老子的年代在孔墨之后，孟庄之前"②；三、以钱穆为代表的一类，力主《老子》成书于《庄子·内篇》之后。（在现代国学家中，钱穆力主《老子》一书成于《庄子·内篇》之后，曾先后发表《老子杂辨》③《关于〈老子〉成书年代之一种考察》《再论〈老子〉成书年代》《三论〈老子〉成书年代》

---

① 罗根泽：《历代学者考证老子年代的总成绩》，载罗根泽《说诸子》，上海古籍出版社，2001，第202—209页。

② 罗根泽：《张季同〈关于老子年代的一假定〉附跋》，载顾颉刚《古史辨》第4册，影印本，海南出版社，第298页。

③ 见钱穆：《先秦诸子系年》，商务印书馆，2002。

④ 以上均见钱穆：《庄老通辨》，生活·读书·新知三联书店，2002。

《〈老子〉书晚出补证》⑨等多篇文章加以论证。与钱穆观点相同者还有张西堂、杨荣国诸人。）与本文论题有直接关系的不是老子及《老子》成书的具体年代，而是在庄子构筑自己的哲学体系之前是不是存在老子及其哲学思想体系的问题。这不仅关系到我们如何叙述中国先秦思想发展史，同时也关系到我们如何阐释和理解庄子哲学思想的具体内涵和思想价值。我认为，不论《老子》成书于何时，在庄子构筑自己的哲学思想体系之前，是确曾存在着老子的哲学思想体系的，并且与孔子、墨子等一起构成了庄子哲学思想体系产生的文化背景。正像在《论语》成书之前就有一个孔子，就有一种以"仁"为核心的孔子思想，在《老子》成书之前（假若《老子》成书确实在《庄子》之后的话），也应有一个老子，有一种以"道"和"无为"为两大思想支柱的老子哲学。在这个意义上，我们仍然可以认为，庄子是上承老子，庄子哲学是上承老子哲学的。

　　章太炎、胡适这些早期的中国哲学史家之所以没有怀疑司马迁对老子及老子哲学产生年代的说法，分明是从中国哲学思想发展史的角度考虑问题的，一种浑然一体的宇宙观与一种系统完整的社会观分明是一个民族各种不同思想学说赖以产生的两个主要基础，在一般情况下，后者又是在前者的基础上产生的。直接颠覆了"老"前"孔"后说的恰恰是胡适自己提倡的"考证方法"。当胡适的《中国哲学史大纲》（上卷）出版之后，梁启超就在《评胡适之中国哲学史大纲》一文中主要用考证的方法对胡适的观点提出了质疑，接着就是顾颉刚、罗根泽等人对老子及《老子》成书年代的考证。实际上，在考证学的意义上，老子及老子哲学思想产生的年代是根本无法得到根本的解决的，因为在书面文化产生之前的很多历史事实，仅仅依靠文字资料是很难得到确凿无疑的证明的。对于这类情况，宋代文人吴子良所说"太史公去周近，尚不能断，后二千余年，将何所据而断耶？"（吴子良：《林下偶谈》）并不是没有一点道理的。正是在考证派推翻了固有的"老"前"孔"后的观点之后，钱穆等人又回到哲学观念、文体形式等因素的考察中来，认为《老子》书中的大量概念是从庄子哲学中演化、发展而来的，从而断定老子哲学思想体系产生在庄子哲学思想体系之后。时至今日，我们仅仅依靠历史事实的考证已经很难断定老子是先于庄子的一个哲学家、老子哲学是先于庄子哲学存在的另一个独立的哲学体系，这使我们不能不再一次回到哲学思想发展史的本身来考虑问题。

在庄子哲学思想体系产生之前存在不存在有类于老子哲学的一个完整系统的哲学思想体系呢？我认为，仅从庄子哲学本身的建构基础就能够清楚地回答这个问题。庄子说："古之人，其知有所至矣。恶乎至？有以为未始有物者，至矣，尽矣，不可以加矣。其次以为有物矣，而未始有封也。其次以为有封焉，而未始有是非也。是非之彰也，道之所以亏也。道之所以亏，爱之所以成……"（《庄子·齐物论》）在这里，庄子分明将人对宇宙的整体认知分为三个基本的层面：第一个层面是"未始有物"的层面，对于整体认知而言，它是最高的层面，是"至矣、尽矣、不可以加矣"的层面，再也不可能有人在整体认知的意义上超越这样一种境界。第二个层面是"有物"而"未始有封"的层面，有了"物"的感觉，但其"物"是没有界限的，是没有分别的。这是一个仅次于"未始有物"的另一个最高境界。第三个层面是"有封"而"未始有是非"的层面，"物"与"物"有了分别，有了界限，但还没有是非、美丑、善恶等等价值上的分别。庄子明确指出，"是非之彰"是"道之所以亏"的原因。也就是说，上述三个层面的认知都是整体的，都是"道"。有了是非的分别，就无法将宇宙整合为一个和谐无间的整体了，"道"就有所"亏"了。显而易见，庄子所说的第一个层面就是老子所说的"无"，第二个层面就是老子所说的"有"，这两个层面合在一起就是老子所说的"道"。"道可道，非常道；名可名，非常名。无名，天地之始；有名，万物之母。故常无，欲以观其妙；常有，欲以观其徼。此两者同出而异名。同谓之玄，玄而又玄，众妙之门。"（《老子》第一章）"视之不见，名曰夷；听之不闻，名曰希；搏之不得，名曰微。此三者，不可致诘，故混而为一。其上不皦，其下不昧，绳绳不可名，复归于无物。是谓无状之状，无物之象。是谓惚恍。迎之不见其首，随之不见其后……"（《老子》第十四章）"道之为物，惟恍惟惚。惚兮恍兮，其中有象；恍兮惚兮，其中有物。"（《老子》第二十一章）"有物混成，先天地生。寂兮寥兮，独立不改，周行而不殆。可以为天下母。吾不知其名，字之曰道。"（《老子》第二十五章）……老子所有这些论述，都是在庄子所说的"未始有物"和"有物"而"未始有封"的两个层面上展开的，并用"道"这个概念而综其名。而庄子哲学则是在"有封"而"未始有是非"的第三个层面上具体展开的。庄子为什么轻易地越过了自己认为更根本的两个层面而在自己认为较低的第三个层面展开自己的哲学论述呢？这分明因为在他之前已经有了有类于老子哲学这样一个完整系统的哲学思想体系，他是在这样一个哲学思想体系已经存在的前提下建构自己独立的哲学思想体系的。

"老子者，楚苦县厉乡曲仁里人也，姓李氏，名耳，字聃，周守藏室之史也。"（《史记·老子韩非列传》）"自孔子死之后百二十九年，而史记周太史儋见秦献公曰：'始秦与周合，合五百岁而离，离七十岁而霸王者出焉。'或曰儋即老子，或曰非也，世莫知其然否。老子，隐君子也。"（《史记·老子韩非列传》）人们在引用司马迁这两种说法以考证老子及《老子》成书年代的时候，主要关注的是其间的时间距离，而很少重视二者在地域与身份上的一致性。"周守藏室之史""周太史儋"，都是"周"的"史官"。我认为，这对于我们了解老子哲学产生的时代较之其他因素重要得多，也切近得多。只要我们在想象中作为一个史官，作为一个有思想能力的知识分子，进入周的京城，并且以关切的态度关注着当时周天子的实际处境和命运，老子哲学的整体骨架就会不期而然地在我们的头脑中浮现出来。直至现在，京城的学者往往在自觉与不自觉中就是站在国家最高领导者的立场上感受社会和认识社会的，当时的京城知识分子在其身份上就是"天子"的辅佐，他们站在"天子"的立场上感受和理解整个世界，感受和理解世界上的万事万物更是再自然也不过的。不难看到，正是在这里，老子哲学中的两个哲学命题"道"和"为"是有机地结合在一起的，"道"中的"有"和"无"、"为"中的"有为"和"无为"也是有机地结合在一起的。"天子"面对的是整个天下，整个世界。这个"天下"是什么样的？这个"世界"是什么样的？也就是说，什么是"整体"？人的"整体观念"是怎样建立起来的？这就有了一个"道"的问题。这个"道"不是一个可见可触的具体对象，而是一个在朦胧中感觉到的惚恍整体，是"无"也是"有"，是"无"和"有"的统一体；"天子"应当怎样对待这样一个"整体"？当时的周王朝是通过分封制建立起来的，在观念上，"天子"是整个天下的最高统治者，各个诸侯国都在他的统一的领导之下，但各个诸侯国又都有自己独立的主权。孔子说："天下有道，则礼乐征伐自天子出；天下无道，则礼乐征伐自诸侯出。"（《论语·季氏》）但早在孔子之前很久，"天子"已经失去了对各个诸侯国的控制权："天下之无道也久矣。"（《论语·八佾》）"天子"已经没有实际的指挥权力，但他体现的还是这个整体，还是"天下"，各个诸侯国在理论上还不能不承认这个"天下"是属于"天子"的。在这时，"天子"就像自然界的"天"一样，不是其中的任何一个独立的个体，而只是这个整体的体现：作为一个"个体"，他是游离于整体之外的；而作为一个整体，他又是没有自己的独立性的。他的作用也像"天"对于世界上的万事万物一样，是"无为而无不为"的：他不用做任何主观上的努力，仍然是这个整体的象征，而他的任何主观上的努力，都将导致这个"天下"的分裂，他的意志也不再是整个"天下"的意志。所有这些，在其他的情况下都是极难理解的，都是"玄而又玄"的，但到了这些京城知识分子这里，到了这些不能不思考"天子"的处境和命运的"太史"这里，就都成了很容易产生的想法，也成了很容易理解的思想。这使我们能够想到，以"道"和"无为"为两根主要支柱的老子哲学，应该是在各个诸侯国那些独立知识分子及其思想学说产生之前，早已在周的京城知识分子中间存在、传承并不断得到丰富的。就其总体，它也是周朝历代最高政治统治者的基本统治策略，所以，老子哲学同时又是一种策略思想。"无为而治者，其舜也与？夫何为哉，恭己正南面而已矣。"（《论语·卫灵公》）"大哉尧之为君也！巍巍乎！唯天为大，惟尧则之。荡荡乎！民无能名焉。"（《论语·泰伯》）这种"无为""无名"的观念，显然已不是孔子自创的思想，而是在当时已经流行的说法。这说明在孔子之前，有类于老子哲学的一种思想学说，早已在社会上有了广泛的影响，其语汇也被孔子这样的知识分子自由地运用着。总之，不论孔子是否曾经问礼于老聃，不论现在流行的《老子》一书具体成于何时，不论老子其人到底是谁，但在庄子之前就已经存在着一个以"道"和"无为"为两大思想支柱的思想学说，则是不容置疑的。

二

庄子是上承老子、庄子哲学是上承老子哲学的，但这种继承不是现代哲学史家冯友兰所说的那种"接着讲"（冯友兰说："中国需要现代化，哲学也需要现代化。现代化的中国哲学，并不是凭空创造一个新的中国哲学，那是不可能的。新的现代化的中国哲学，只能是用近代逻辑学的成就，分析中国传统哲学中的概念，使那些似乎是含混不清的概念明确起来，这就是'接着讲'与'照着讲'的区别。"①我认为，这种"接着讲"的方式，是现代中国哲学史家治史的一种方式，不是哲学自身发展的方式。哲学自身的发展是通过哲学家在自己的文化背景上运用已有的知识重新建构自己的哲学思想、以满足自己的哲学认识需要的过程中实现的），而是在新的文化背景上对自己世界观念、人生观念的重新建构。在这个意义上，与其说庄子哲学与老子哲学的关系更加密切，不如说庄子哲学与孔子以及由孔子所开创的社会教育事业的发展有着更加密切的关系。

老子也应当是一个教育家，在当时也应有自己的弟子，但一旦老子哲学脱离开京城知识分子的范围，其现实性和实践性的品格就受到了影响，特别是在诸侯争霸的局面已经建立起来，"天子"只成了社会的一个摆设，连作为"天下"的象征的作用也不再存在的情况下，老子哲学的现实性和实践性就在人们的眼前消失。在这时，老子哲学才真正成为一种"玄学"，一种不具有任何现实意义和实践价值的抽象思辨形式。任何的思想学说都是对现实社会的一种超越形式，但这种超越也是为了对现实社会以及现实社会问题有更加明确的意识和感受，从而启发人们去实际地解决现实社会的问题。如果一种思想学说连这种作用也起不到了，人们就找不到真正进入这种思想学说的门径了，人们也没有接受和传承、发展这种思想学说的积极性了，这种思想学说也就无法为自己开辟传承和发展的更广大的社会空间。我认为，这就是老子哲学在当时社会上没有得到更广泛的传播，没有为自己，也为中国社会开辟出学校教育这个更广大的文化空间来的根本原因。在老子这类京城知识分子的思

---

①见冯友兰：《中国现代哲学史》上册，广东人民出版社，1999，第42—43页。

想随同周的衰弱和诸侯争霸局面的形成而失去社会影响力之后，文化是从各个诸侯国内部"士"这个阶层中重新生成并发展起来的。这种文化也受到京城文化的影响，但它不再是从"天子"的高度看待世界的，不是在自觉与不自觉地思考着"天子"的处境和命运的过程中建构起来的，自我的成长和发展以及自己在这个世界的处境和命运成为他们每一个人不能不关心、不能不思考的问题。不难看出，孔子就是在这种情况下走上中国文化的圣坛的。孔子本人就出身于"士"这个阶层，他的思想道路就是从一个低贱的"士"而成为在当时社会备受尊敬的人、成为"圣人"的道路，是"士"之道、"人"之"道"，是在现实社会实现自己的存在价值和意义的"个人"之道，从而也为所有渴望成长、渴望发展的青少年开辟了一条行之有效的人生道路。不难看出，正是因为如此，孔子不但建构了自己的思想，也建构了传播自己思想的文化空间，建构了学校教育这种社会教育形式，孔子的思想也以老子哲学所无法比拟的速度和规模在中国社会传播开来。弟子三千，贤者七十二，弟子又有弟子，弟子的弟子在数量上也有不断增加的趋势。到了孟子，"后车数十乘，从者数百人，以传食于诸侯"（《孟子·滕文公下》)，简直可以称得起是一支浩浩荡荡的文化大军，在中国的社会上传播着孔子的思想，传播着他的"仁义"观念。这些成几何级数增长起来的孔子的"徒子徒孙"，都是延续着孔子思想的命脉的，都是以传播孔子的"仁义"观念为己任的。尽管老子也是一个早期的教育家，但严格说来，中国的社会教育事业还应认为是孔子开创的。他开创了中国的社会教育事业，中国的社会教育事业也传播了孔子的思想。显而易见，虽然历史学家对儒家文化的描述带有一些夸大的成分，但从春秋末年到战国中期这个历史时期，孔子的思想学说较之老子的思想学说在中国社会上有更大的传播速度和传播规模则是一个不争的事实。

但是，也正是因为孔子的思想学说较之老子的思想学说在中国社会上有着更大的传播速度和传播规模，它也发生着较之老子的思想学说更大的分裂性变化。在这里，我们需要强调指出的是，孔子思想学说同所有原创性的思想学说一样，是不可能不建构在人的自然本性的基础之上的，是对人的自然本性的社会性延伸和社会性升华。在通常的观念中，社会性和社会关怀、人类关怀好像并不是人的自然本性,我不能同意这样的观点。实际上,人几乎是同时降生在两个世界的两种关系之中的,一种是自然世界的与自然事物的关系,一种是人类世界的与人的关系。一个人在接触自然世界的自然事物的同时,也在接触自己的母亲、父亲和其他的人;一个人在感受、认识自然世界的自然事物的同时,也在感受和认识自己的母亲、父亲和其他的人。二者都出于人的自然本性,后天的学习若不建立在人的这种自然本性的基础上,就不可能真正起到促进人自身成长和发展的作用,就会变成自我束缚、自我禁锢的思想枷锁。孔子的思想学说是一种社会学说,建构的是人的社会性和社会意识,但这并不说明它就是违背人的自然本性的。我认为,孔子思想学说与人的自然本性的联系,可以从以下几个方面得到说明:一、孔子的学习意识是从人的自然本能欲望中直接升华出来的,是自觉意识到的一种本能的求知欲望,而不是先有一个实利性的学习目的而后才勉励或强制自己进行学习。这种学习是"自然"的,也是其自然本性继续延伸和扩大的基本形式;二、在后天的一个实利目的的约束下的学习,构成的是一个独立于自己的文化心理结构之外的另一个独立的文化心理结构,这两个独立的文化心理结构必然处在经常性的矛盾之中,相互冲撞,相互干扰,形成心理分裂,造成二重人格,而在社会上存在着另外一个占有统治地位的强大意识形态的压力的时候,就会因为缺乏一种统一的、强大的主体力量而向外在的压力屈服,从而陷入经常性的虚伪,而在孔子这种本能的求知欲望推动下的学习,构成的是一个统一的文化心理结构,知识越多,这种心理结构就越充实、越强大、越有抗拒外在压力的主体性力量。孔子思想是在社会教育的基础上发展起来的,是在引导青年学生更加健康成长的目的下得到具体表现的,带有更大的宽容性和柔韧性,但正像很多人所感到的,它"柔"中有"刚"。我认为,这个"刚",反映的就是孔子思想本身的完整性和他的主体力量的强大,同时也反映着他的思想学说与他的自然本性的高度统一性;三、孔子虽然掌握了大量的历史资料,但他的思想学说的建构基础却不是这些历史资料的本身,而是他的现实的人生感受和人生体验,而他的这些人生感受和人生体验,则不能不是在自然本性基础上的感受和体验,带有异常鲜明的自然性和素朴性;四、对"自然性"的重视几乎是孔子思想学说的主要特征之一。在学习态度上,他强调"为己"而学,反对"为人"而学,认为"人不知而不愠"是"君子"的重要特征。他重视的不是学习的结果,而是学习的过程。这个过程是一个自然的过程,不能因为追求外在的评价而破坏了自我成长的自然性;在教学上,他重视启发式,反对注入式。所谓启发式,实际就是有意识地加强学生的自由想象和自由联想的能力,将学生的成长建立在自身文化心理结构的自然演化的基础上;孔子的"仁"是一个内在的精神概念,是一个具有高度概括能力、高度抽象性的概念,但当孔子将"仁"的教育建立在"孝""悌"这两种自然亲情关系的基础上之后,"仁"也就有了自然本性的基础。在孔子这里,"仁"绝不是一种外在的强制性的道德标准,而是从人的自然本性中生长起来、浸润开来的心灵素质;五、在人生道路的选择上,孔子重视的也是人的自由性和自然性。他不是绝对的入世派,也不是绝对的出世派,而是强调在个人与社会的现实关系中进行自由的选择……总之,孔子的思想学说不是对人的自然本性的扭曲和破坏,而是对人的自然本性的开拓和升华。

  中国知识分子好谈传统,实际上,一种思想学说一旦成为传统,是不可能不发生内质的变化的。孔子的思想学说也是这样。在孔子这里,孔子的思想学说体现的是孔子在自己的历史时代、在自己的社会文化视野中的全部人生经历和全部人生体验,是他在内外两个世界上成长和发展的思想轨迹,与他的自然本性是高度统一的,因而它也有自身的完整性和丰富性。人们通过这样一个思想学说,能够发现的不仅仅是它所陈述的有限的理论原则和思想教条,更是它的创造者的全部人生感受和人生体验,是他已经明确意识到和尚未意识到,但又有可能意识到的一切。这样一种思想学说,对于每一代必须从头开始自己的人生、必须重新建构自己的世界观念和人生观念的人而言,都是有启示意义的,是可以跨越历史的时空而在人类历史上持续得到传承的,是有永久性的思想价值和文化价值的。而到了孔子的学生们那里,孔子的思想学说就被他的学生们各自的独特性分裂开来。他的每个学生都是在自己的人生经历和人生体验的基础上接受孔子思想的影响的,他们对孔子的思想学说也有着各自不同的感受和理解，有着不同的解读方式和阐释方式。在这时，将孔子的学生们联系在一起的已经不是一种有着内在和谐性的思想学说，而是他们对他们的老师——孔子——的共同崇拜和信仰。假若说孔子创立的是自己的思想学说，他的学生们创造的就是孔子这个人的"圣人"形象。这个创造也是异常伟大的。他们为中国社会和中国文化创立了第一个知识分子的"圣人"形象，标志着中国知识分子已经正式登上了中国历史的舞台，成了中国历史演变和发展的重要力量，同时也将孔子的思想学说传承下来，构成了一个我们现在称之为儒家文化传统的文化传统。但是，这个"圣人"形象也把孔子的思想学说外在化、客观化了。在孔子那里，孔子的思想学说是内在于孔子的心灵的，是孔子充分发展了的内在心灵世界的表现形式，甚至它的那些带有普遍适用性的思想命题也只是孔子意识自我和意识世界的方式，并不具有规范人类、规范社会、规范他人的思想的性质。而一旦它被外在化、客观化，并且与孔子的"圣人"形象融合在一起，它便成了一种社会的意识形态，一种由各种不同的人共同承认的社会价值体系；它的各种不同的思想主张也开始转化为人们直接运用的价值标准，不但能够诠释和评价孔子本人和他的思想学说，同时也有了规范人类、规范社会、规范他人的思想的性质和作用，至少在他的众多信奉者中间是这样。在孔子那里，这些思想本身不是标准，不是信条，不是不可移易和置换的东西，他的所有思想主张都是建立在他对现实世界和社会人生的心灵感受基础之上的。离开了他的心灵感受本身，所有这些思想既不会产生，也没有任何实际的价值和意义。但到了他的学生们中间，这些思想主张都成了可以离开孔子的心灵感受而独立得到运用的标准和信条，这就使这些思想主张带上了各种不同的不确定性因素，甚至可以走向它的反面，导致对孔子思想本身的歪曲和破坏。也就是说，孔子的学生们传承了孔子的思想学说，但也将孔子的思想学说泛化了，使之更多地离开了孔子的自然人性的基础，带上了更多不确定性的因素。

孔子的学生们塑造了孔子的"圣人"形象，对于那些并没有亲炙孔子的教诲因而也对孔子本人没有不可割舍的情感联系的士人而言，启示的则是另外一条人生道路：通过文化将自己从平凡的生活中超渡出来，提高到像孔子这样的"圣人"的地位。这样一些文化的传承者,在中国文化的发展过程中也是起到了伟大的历史作用的。不论他们仍然以孔子思想学说的传承者自居(像孟子、荀子),还是公开揭出自己的思想旗帜、自立门户(像墨子、杨朱。蒙文通在《杨朱学派考》一文中说:"墨子为仁义,为辩者;杨朱亦为仁义,为辩者。盖仁义为三古以来之教,杨、墨、孟、荀、公孙龙、告子之徒皆本于仁义,而义各不同,故孟子必辞而辟之,盖以其近似足以乱真也。"①我同意蒙文通的这个分析,所以将孟子、荀子和墨子、杨朱都视为孔子思想传承过程中发生的内部分化),他们都不再像曾经亲炙孔子教诲的那些学生一样,仅仅是孔子思想学说的宣传家和传承者,而像孔子一样进入了自己独立的文化创造过程,从而也开启了中国书面文化的"百花齐放、百家争鸣"的局面,创造了中国书面文化的第一期繁荣。但也正是在这样一个过程中,中国知识分子自身也发生了严重的分裂。在孔子的时代,孔子几乎是唯一的知识分子,他的自我意识实际就是对知识分子基本特征的意识:他从来也不以"圣人"自居,"圣人"的头衔是他的学生们加在他的头上的;他也从来不以"仁者"自居,"仁"是他努力实现的精神目标,而不是他的基本特征;他甚至也不像后来的知识分子一样,总是以"社会精英"自居,"社会精英"是社会对一个人的价值评价,在更多的情况下则是上层知识分子为了维持自己的身份和地位自己给自己贴上的标签,而并不反映知识分子与其他社会成员的根本区别。孔子反复强调的"学而不厌,诲人不倦",就是自己与其他人的根本区别,实际上这也是一个知识分子与其他所有社会成员的根本区别。知识分子是较之直接从事社会实践活动的社会成员具有更广博的知识和更深刻的思想的人,但这种知识和思想不应当成为个人身份的标志,而是为了将其传播给其他人,而使之有益于人类和人类社会。"学而不厌"的"学",是面对所有知识对象的,而不应将任何人类知识绝对地排斥在认知的范围之外,也不应把自己的知识私有化,当作求取高官厚禄的资本。在亲炙孔子教诲的那些学生中间,知识分子的思想已经有了分裂的倾向,但他们的分歧还没有导致彼此的绝对分裂,孔子是他们共同敬仰的对象,孔

---

①见蒙文通:《先秦诸子与理学》,广西师范大学出版社,2006,第110页。

子的思想学说也是他们之间相互对话的基础。但到了"百花齐放、百家争鸣"的时代，知识分子之间的思想分裂就有了绝对的性质。不同的思想学说有不同的价值标准，而在不同的价值标准之间是没有相互沟通的桥梁的，这就是庄子所说的彼此"以是其所非而非其所是"（《庄子·齐物论》）的现象。那么，为什么同为知识分子的人之间会"以是其所非而非其所是"呢？为什么彼此之间就不能找到一个更高的超越性的标准而包容对方、反思自我，形成一个动态发展的心理结构与知识结构呢？显而易见，在这里起到阻碍作用的恰恰是知识分子本人的"圣人"意识。当每一个知识分子都以"圣人"自居、都将自己的思想学说当作"绝对真理"来宣扬的时候，知识分子就停止了对自我的反思，就以自己的是非为是非感受、了解和评判一切了。他们的思想不再是成长着的思想，不再是一股股流动着的活水，而就停留在自己现有的思想主张和思想原则的层面上。中国知识分子的思想"体系"化了，但也平面化了。任何新的人生感受和世界感受都被消融在这种体系化的思想之中，而不再能够推动这个"体系"自身的运转和变化。所谓"诸子百家"，已经不是在中国统一的历史流程中随着历史条件的变化而前后继起的不同思想学说，而是在中国社会状态没有实质性变化的情况下不同知识分子开出的不同药方，是中国知识分子内部的思想差异和思想矛盾的产物。到这时，中国知识分子已经不是一个统一的文化力量，也不再是一个统一的社会阶层。中国文化在繁荣中孕育着危机，在热闹中表现出冷清，在动荡中出现了停顿。而所有这一切，都表现在中国知识分子的政治化、中国社会思想的国家化的发展趋势中。

在孔子的时代，孔子是唯一通过自觉的学习和思考而具有了自己独立的人生观念和世界观念的人。不论他的思想学说包含着多么复杂的内容，但作为一个知识分子的思想学说，它就不可能不希望用自己的知识和思想改善人类和人类社会，就不可能不希望在这个过程中相对淡化和消解政治权力的作用而相对强化思想和文化的作用，通过知识分子的集体的努力以实现人类生活和人类社会的改善。他的批判的锋芒始终是指向现实社会的，指向用强制性的政治权力治理社会的政治统治集团的，而不是，也不可能是指向其他的知识分子的。在他的学生中间也有各种不同的才能和各种不同的思想倾向，对于这些不同的才能和不同的思想倾向，他不会采取绝对排斥的态度，而是希望它们在社会上得到正常的发挥和正常的运用，以有利于人类和人类社会的改善。在这样一个意义上，他与他的学生们构成的不是相互对立、相互排斥的不同文化派别和思想派别，而是一个有着共同指向目标的独立的知识分子群体。否则，孔子就无法在当时的社会上站立起来，成为新生的中国知识分子文化的开创者。但到了"百花齐放、百家争鸣"的时代，知识分子之间的相互竞争就逐渐加剧起来，每一个知识分子都追求着自己的最大成功，这对于各种不同思想学说自身的发展和壮大无疑是有促进作用的。但在当时，能够满足知识分子这种外部社会要求的最适宜的空间却莫过于现实的国家政治结构，贵族集团内部争权夺利的斗争以及列国争雄的严峻现实使各个诸侯国的最高政治统治者急需一批有进取心、有广阔的社会视野、有才干的知识分子担当起政治、经济、军事、外交等各个方面的国家事务，为知识分子进入国家政治结构提供了前所未有的方便条件，而对于知识分子，国家政治结构不但是充分施展个人才能的社会空间，同时也几乎是唯一能够改变自己贫贱社会地位的途径和道路。这决定了中国知识分子致力方向的转移，也决定了中国知识分子文化基点的转移。孔子是接受了历史上那些成功的政治家的经验而建构起自己的思想学说的，他也试图通过政治途径实现自己的思想抱负，但他所成就的却不是自己的政治实践，而是自己的思想建树。他的思想学说体现的是一个关心人类、关心人类社会的社会知识分子的愿望和要求，是一个教师的人生观念和世界观念。他感受、认识、评价人的基本价值尺度是内在精神的成长和发展，而不是外在政治、经济事业上的成功。孔子对颜渊的赏识，最清楚不过地证明了这一点。到了孔子的学生这一代知识分子，因了孔子思想的影响，颜渊仍然作为他们的老师孔子最喜爱的学生和他们最尊敬的学长而受到仅次于孔子的爱戴，但到了"百花齐放、百家争鸣"的时代，像颜渊这样的知识分子就不会引起人们的注意了。他不但不会得到广大社会公众的景仰和崇拜，就是知识分子自己，也不再会看得起像颜渊这样的贫贱书生。在这时，显豁的文化名声、崇高的政治地位、丰厚的经济收入几乎成了一个知识分子成功与否的主要标志，大量

通往庄子哲学之路

知识分子从一开始就将自己的奋斗目标锁定在仕途上。中国知识分子文化的基点从教育向政治、从精神向实利的转移几乎成了"不以人的主观意志为转移的客观规律",成了任何人也无法阻挡的文化潮流。但是,这也是中国知识分子向非知识分子(政治官僚)转化,中国知识分子的文化向非知识分子文化(权力文化)的转化,由孔子建构的淡化和消解政治权力的中国知识分子文化最终走向了它的反面,成了服务于政治权力的官僚文化,而在这个过程中起到关键作用的就是中国知识分子个人名利欲望的增长。苏秦的故事给我们提供了一个与颜渊正相反的中国知识分子的典型。苏秦说秦王不成,"黑貂之裘敝,黄金百斤尽,资用乏绝,去秦而归。羸縢履蹻,负书担橐,形容枯槁,面目犂黑,状有愧色。归至家,妻不下纴,嫂不为炊,父母不与言。苏秦喟然叹曰:'妻不以我为夫,嫂不以我为叔,父母不以我为子,是皆秦之罪也。'乃夜发书,陈箧数十,得太公《阴符》之谋,伏而诵之,简练以为揣摩。读书欲睡,引锥自刺其股,血流至足。曰:'安有说人主,不能出其金玉锦绣,取卿相之尊者乎?'期年揣摩成,曰:'此真可以说当时之君矣!'"及至得到诸侯的赏识和重用,苏秦"黄金万镒为用,转毂连骑,炫熿于道……路过洛阳,父母闻之,清宫除道,张乐设饮,郊迎三十里。妻侧目而视,倾耳而听;嫂虵行匍伏,四拜自跪而谢。苏秦曰:'嫂,何前倨而后卑也?'嫂曰:'以季子位尊而多金。'苏秦曰:'嗟乎!贫穷则父母不子,富贵则亲戚畏惧。人生世上,势位富贵,盖可忽乎哉!'"(《战国策·秦策》)这个故事,可能有很大想象的成分,但对于当时知识分子心态的描写,无疑是发人深省的。

必须看到,从春秋末年到战国后期,中国"精英知识分子"的这些变化,都是在孔子所开创的教育事业不断得到发展的条件下发生的,都是在中国知识分子文化不断得到更广泛的传播的条件下发生的。假若说孔子也是一个"精英知识分子",但在他那个时代,却是不存在什么"非精英知识分子"的。但到了后来,在社会上活跃的"精英知识分子"多了起来,却也有更多的"非精英知识分子"遍布在中国的各个诸侯国的各个地区,他们由于各种原因没有浮到社会的水面上来,在当时的知识分子文化中没有发生什么影响,但这些知识分子却并不是没有知识、没有文化、没有思维能力和写作能力的。当时的精英知识分子没有注意到他们的存在，但他们却能够注意到这些精英知识分子的存在。在某种意义上，他们对当时精英知识分子的思想学说和社会活动的了解更加全面，观察更加细致，感受也更加深刻。他们是站在这些精英知识分子文化的外部而观察了解这些精英知识分子的文化的。因为是外部，所以他们并不仅仅同情和支持其中的任何一个派别的任何一种思想主张，但也正因为如此，他们也并不绝对地否定其中任何一个派别的任何一种思想主张。他们更能从各自不同的角度理解各自不同的思想学说的生成原因和存在根据。这是一种对精英知识分子及其文化的整体把握方式，而这种整体把握方式却也孕育着对它实现整体超越的可能。我认为，庄子就是在中国知识分子文化走向初步繁荣之后而没有浮到社会水面上来的一个非精英知识分子，他的思想，他的哲学，也只有在这样一个非精英知识分子的角度才能得到较为充分和较为精确的说明。

三

"庄子者，蒙人也，名周。周尝为蒙漆园吏，与梁惠王、齐宣王同时。其学无所不窥，然其要本归于老子之言。"（《史记·老子韩非列传》）对于司马迁所述庄子的生平事实，到底有多大程度的可信性，我们是可以怀疑的，但有一点我们却是不必怀疑的：他对一个人的记述也反映着他对这个人及其思想的精神感受和了解。这对于我们理解庄子及其哲学思想的产生，无疑有着启发的作用。

在司马迁的《史记》中，同为知识分子，孔子被列为"世家"，记载的事实最多，也更加靠实，甚至对孔子的弟子们，也有《仲尼弟子列传》，虽然所收未必全是孔子的门徒，但对孔门弟子的了解，不可谓不详、不细。所述人物之多，在所有列传中是首屈一指的。"猎儒墨之遗文，明礼义之统纪，绝惠王利端，列往世兴衰，作《孟子荀卿列传》第十四。"（《史记·太史公自序》）其中兼叙驺忌、驺衍、淳于髡、慎到、田骈、接子、环渊、驺奭、公孙龙、李悝、尸子、长卢、芈子、墨翟等，简直可以称得上是孔子及其直系弟子之后的一部儒家文化演变史，说明在司马迁的观念中，儒家文化在中国社会上已经有了既广且深的思想影响，已经成了一个历久不衰的文化传统，这些知识分子也受到当时社会及其知识分子的重视，是属于精英知识分子之列的。在《老子韩非列传》中，所叙老子事迹虽然事实居少、传说居多，但其叙述却是详尽的，甚至还有一个无法靠实的老子世系表。这说明老子在先秦虽然没有更加广泛的影响，但到司马迁那个时代，其学说早已成为一门显学，关于老子生平的猜测和传说也多了起来。韩非子在《老子韩非列传》中也是主要叙述的对象，司马迁显然是把韩非子视为老子学说的主要继承人的；在司马迁的观念中，庄子还没有取得同老子并列的资格，还不被视为道家文化的代表人物。在《老子韩非列传》中，庄子与申不害同为附带叙述的对象，但申不害在《战国策》中就有记叙，这里所记事迹应是真实可靠的，它也出现在《史记》的《韩世家》中。但当说到庄子，甚至连籍贯、身份都首出司马迁之口，今人已无法找到其他的旁证材料。即使这样的记载，也简单到了无可再简单的地步。今本《庄子》中《外篇》《杂篇》的那些作者，显然是庄子思想的传承者；时至今日，我们对他们几乎仍然一无所知，连作者的名字都不知道，司马迁则分明还没有《内篇》《外篇》《杂篇》的观念，还没有分辨作者真伪的意识和能力，他大概也没有看到过庄子的全部作品……所有这一切都说明，直到司马迁那个时代，庄子的哲学仍然没有多么显著的影响。他生活在一个远离当时政治、经济、文化中心的偏远的地方，既非出身名门，也没有名师指点，即使在当地也不被有权有势的人所看重，大概只有几个同样默默无闻的民间读书人与他有过思想的交往，读过他的文章，但也不像孔子的学生崇拜孔子那样崇拜他，将他视为一个学派的领袖……我认为，这才是司马迁给我们留下的对庄子的最宝贵的历史记录。——在当时，他不属于精英知识分子之列，在司马迁之前，除荀子之外的绝大多数精英知识分子也未曾注意到他和他的思想学说的存在。

但是，庄子是不是一个并没有多大"学问"的人呢？不是！司马迁说他"其学无所不窥"，就不是仅仅出于想象了，而是从他的文章中直接感受到的。鲁迅说庄子之文"汪洋辟阖，仪态万方，晚周诸子之作，莫能先也。"①这是仅就《庄子》一书的文采说的，但在这种文采特征的背后，却有着较之孔子、老子、墨子、孟子、荀子、韩非子等先秦思想家的著作更加广博、更加丰富，也更加具体生动的知识背景。在当时，庄子虽然不是精英知识分子文化圈内的人，但从他的作品中我们却能够知道，他对精英知识分子文化圈内部的情况，对各种不同精英知识分子的思想学说，甚至较之任何一个精英知识分子本人都有更加全面和准确的把握和了解。在孔子那个时代，基本上还不存在一个知识分子阶层，还不存在知识分子内部各种不同思想学说的矛盾和斗争，所以孔子的思想学说基本是由他自己所重视的诸多思想概念如圣人、仁者、君子、学、教、仁、道、义、忠、信、孝、悌、礼、德等等构成的，他所否定的则是一些不具有社会价值和思想价值的社会现象与缺乏整体关怀的个人思维方式和言行方式；到了《老子》成书之时，已经暗含着对儒家文化的批评，但这种批评是通过建构自己独立思想体系的形式体现出来的。老子并不绝对地否定儒家的仁、义、礼等思想主张，只是将自己的"道""德"观念放在了孔子的"仁""义""礼"之上，并指出了它们的教化作用的有限性和无力性。显而易见，不论孔子还是老子，关心的都不是知识分子有什么样的思想动向，各自提出了怎样的思想学说，以及这些思想学说有什么好的或不好的社会影响。他们是直接面对现实社会人生中存在的问题而提出自己的思想主张的。他们的差异是由于各自所关心的问题的不同以及思考问题的角度的不同而产生的，并不是在知识分子之间的矛盾以及彼此思想学说的差异中产生的。在他们的意识中，别人说了什么以及怎样说与自己并没有多么大的关系，重要的是自己有什么样的思想主张。也就是说，他们关心的是社会问题，而不是文化问题。文化还不是当时社会的一个问题，他们对文化问题还没有多么明确的意识；到了孔子的那些学生那里，由于孔子在他们心目中圣人地位的确立，同门弟子的思想观念就有了某些重要性，这关系到对孔子思想的理解和运用，但它仍然构不成一个整体的文化问题。他们的思想主张直接

---

① 鲁迅：《汉文学史纲要》，载《鲁迅全集》第9卷，人民文学出版社，1981，第364页。

来自于自己对孔子思想的感受和理解，与同门弟子的思想倾向没有太大的关系；到了墨子和孟子，特别是到了孟子，文化的问题就出现了。文化的社会影响力加强了，知识分子的社会地位提高了，各种不同思想学说之间的差异和矛盾也公开化、尖锐化起来。为了扩大自己思想学说的社会影响力，必须同时抵制不同思想学说在社会上的广泛传播，并且越是那些具有更强的思想影响力的思想学说，越是能够对自己的思想学说的传播构成威胁，因而也越是需要加以排斥和攻击，所以，他们在建构自己的思想学说的同时，也必须关注其他知识分子的思想动向，关心其他思想学说的存在和发展状况，文化的问题就成了一个重要的问题。"圣王不作，诸侯放恣，处士横议，杨朱、墨翟之言盈天下。天下之言，不归杨，则归墨。杨氏为我，是无君也；墨氏兼爱，是无父也。无父无君，是禽兽也……杨墨之道不息，孔子之道不著，是邪说诬民，充塞仁义也。仁义充塞，则率兽食人，人将相食。吾为此惧，闲先圣之道，距杨墨，放淫词，邪说者不得作……"（《孟子·滕文公下》）显而易见，在孟子的意识里，文化的问题已经成为一个关键的问题，好像整个社会的混乱无序并不主要是由社会本身的状态造成的，更是由于杨朱、墨翟这些知识分子的思想学说造成的。他的任务就是清除这些思想学说在社会上的影响，重新建立起孔子思想的绝对权威。而要达此目的，他就要了解这些学说，阅读相关的著作，同时也将不同思想学说的概念和命题依照自己的需要组织进自己的思维结构和话语系统中来。但是，他们的这种了解又是极为有限的，并且主要集中于对它们弱点的发现和批评。直至现在，在精英知识分子文化圈内部，还是学派林立的，并且这也是一个民族文化繁荣的基本标志。但恰恰是在精英知识分子文化圈内部，彼此更缺乏必要的沟通和了解，建构自己的愿望抑制了对不同思想学说的同情性的感受和理解，使自己停留在对对方的笼统概括和词语的挑剔上。这不能不影响到他们知识结构的完整性和丰富性。倒是像庄子一样身处精英知识分子文化圈之外而又关注着精英知识分子的文化活动和思想见解的知识分子，对精英知识分子的文化有着更加全面的了解。可以说，在庄子之前，几乎没有一个知识分子在自己的著作中涵盖了如此众多的学派的观点，并对这些观点做出了自己的反应。仅在《庄子·内篇》中，就出现了孔子、老子、墨子、颜渊等孔门弟子以及列子、惠施、公孙龙子、杨朱等学术名家的名字；更重要的是，庄子哲学几乎对所有这些精英知识分子的思想学说都做了或明或暗的思想上的回应。这是通过从孔子以来的中国知识分子的共同努力丰富起来的一个新的知识的仓库，也是当时历史时代精英知识分子的语言仓库。也就是说，庄子对于当时精英知识分子文化的了解甚至超过了当时任何一个精英知识分子本人。

庄子不仅掌握了较之当时任何一个精英知识分子更加丰富、更加全面的精英文化知识，而且具有较之当时任何一个精英知识分子更加丰富多彩的俗文化知识。依照常理推测，在孔子和老子那里，原本是有着包括神话传说在内的非常丰富的俗文化知识的，但孔子致力的是"君子"的培养，是具有更加高雅的气质、更加丰富的实践经验和更加坚定的道德情操的人的培养，那些带着明显无政府主义倾向和个人主义英雄性质、不具有直接实践性质的原始初民的浪漫主义幻想，在他的教育活动中是没有发挥作用的更大空间的。孔子的思想是通过热爱并崇拜他的弟子们的忆述呈现出来的。他们突现的是孔子严肃的一面、庄重的一面，是孔子异于常人的新的思想表现，其话语形式也是具有直接思想启示的一类，当时民间流行的神话、传说等俗文化知识，即使孔子曾经讲述过，他的学生们也不一定记述在《论语》中；老子是重视原始初民的文化传统的，但他将其融汇到他的抽象的"道"的观念里，更加具体、丰富、生动的俗文化形态及其话语形式在《老子》一书中反而更少见到。到了孔子的弟子以及弟子的弟子们那里，由于学校教育的发展，他们更多地接受了现成思想学说的教育。正像现在的学校教育，学生接受书本知识的量加大了，民间流行的俗文化知识反而减少了。庄子是精英知识分子文化圈之外的知识分子，他的文化趣味较之当时任何一个精英知识分子都有更加广泛的性质。在他的著作中，保留了更多中国远古的神话、传说，以及在神话传说的基础上被激发出来的丰富的想象力和幻想力。实际上，这些神话传说又构成了中国远古时代的另外一个历史的系统。在儒家文化中，给我们留下了尧、舜、禹、汤、文、武、周公以及桀、纣等一类政治人物构成的中国远古时代的历史。对于这些历史知识，庄子是熟悉的，但与此同时，庄子又将更早的黄帝的传说推到了历史的前台,并以对黄帝的想象性叙述建构起了不同于儒家文化传统的另一个历史的基点。像彭祖、许由、丛枝、胥敖、有扈、肩吾、连叔、王倪、啮缺、秦失、接舆等等真中有假、假中有真的一系列人物则呈现出与"正史"不同的另一个历史系统。必须看到,对于一个知识分子,精英知识分子创造的书面文化知识是一个重要的文化知识系统,这样一个通过口头传承保留下来的以神话传说为主体的俗文化知识也是一个重要的文化知识系统。在这个意义上,庄子的"学问"实际是较之当时任何一个精英知识分子更广博、更丰富的。他的知识结构也具有更完整、更廓大的性质。

孔子曾说:"吾少也贱,故多能鄙事。"(《论语·子罕》)孔子应该是掌握一些生产、生活的技能的,但他的教育重视的更是处理人与人关系的准则,对于技能性的知识就不够重视了,其思想学说中也不包含在生产、生活技能基础上所能够体验到的知识和经验。樊迟请学稼,孔子说:"吾不如老农。"樊迟请学为圃,孔子说:"吾不如老圃。"(《论语·子路》)虽然孔子有孔子的道理,但孔子开创的中国学校教育严重地脱离了生产、生活技能的培养与训练则是一个不争的事实。到了后来,中国知识分子就成了一些缺乏生产、生活技能训练而更多书本知识的人。庄子是生活在知识分子底层的人,他周边的环境读书人少而从事各项生产事业的人多。而在从事各项生产事业的人中,各种能工巧匠不但同样会唤起庄子的仰慕之心,他们精湛、圆熟的技艺甚至较之那些仅仅鼓簧弄舌的精英知识分子更令他感到惊奇与赞叹。《养生主》中的"庖丁解牛"、《人间世》中的"匠石之齐"等等,都充分说明了这一点。在这里,关系到人类才能相互联系而又相互区别的两大领域:思想的才能和实际操作的才能。庄子对人类这两种不同才能都是相当重视的,这对于他思想学说的建构十分重要。

庄子还是一个博物学家,他的著作中包含的植物学、动物学、生理学、地理学、医药学等不同学科的知识较之此前任何一个中国知识分子都要丰富得多。这些知识,有些是从庄子的亲身经历中获得的,有些也应当是从有关的书籍中获得的。

总之,司马迁说庄子"其学无所不窥",绝不是一句想当然的话。那么，庄子自然是这么一个博学多才的知识分子，为什么他没有进入精英知识分子文化圈并受到当时社会的广泛关注呢？在这里，存在的是一个知识分子人生道路选择的问题。

在我们通常的理解中，认为一个知识分子一定是较之普通社会群众具有更加广博的知识、更加深刻的思想的人，而具有更加广博的知识和更加深刻的思想的人也一定会成为当时社会的精英知识分子，受到当时社会的广泛关注和重视。在孔子和老子那个时代或许是这样，但当文化得到了某种程度的普及、知识分子受到了当时社会较为普遍的重视、知识分子的社会地位也得到明显提高之后，情况就有所不同了。在孔子和老子的时代，文化活动还不是一项固定的社会职业，文化的道路也不是一条优越的求生之路。当时社会绝大多数人都生活在自己狭小的生活空间之中，在本能欲望的促动下过着没有整体反思能力的生活，其知识的范围也是相当狭窄的。只有像孔子和老子这样的知识分子，才通过书面文化具有了更大量的间接知识，从而开拓了自己的思维空间，具有了对人类生活的整体反思能力，有了自己自觉追求的人生理想和目标。这将他们从整个现实社会中独立出来。不论是那些因为崇拜他们而主动向他们学习的青年，还是因为不理解甚至厌恶他们而排挤、攻击他们的一般社会群众，都将他们的特殊性彰显了出来，从而也扩大了他们的社会影响。对于他们，知识的渊博程度、思想的深刻程度与其在社会上所获得的成功，大体上是一致的。但是，他们是否获得了社会上的成功、是否获得了社会的名声是一回事，他们是否有渊博的知识、深刻的思想又是另外一回事。因为前者并不是他们自觉追求的目标，只有后者才是他们与一般社会群众的根本差别。他们的社会成功带有一种"有意插花花不活，无心栽柳柳成阴"（冯梦龙：《古今小说·赵伯升茶肆遇仁宗》）的性质：孔子是"有意为政政不成，无心成圣圣加身"，老子是"有意弃智智未弃，无心成名名满天"。但当他们的社会影响扩大开来，知识分子的社会作用得到了社会的承认，知识分子的经济地位和政治地位有了较大幅度的提高，就有更多的人为了人生的成功走上文化的道路。他们都是不满于庸庸碌碌的日常平凡生活而要在社会上有所建树、有所成就的人，从一开始就为自己设定了一个成名成家的人生目标。但在这时，通过教育接受了大致相近的书面文化知识的知识分子是大量的，而能够成为享誉社会的精英知识分子的人则是极少的人数。在这种情况下，决定成功与否的关键就不再仅仅是渊博的知识和深刻的思想，更有推销自己、推销自己思想主张的"文化策略"及其意志力量，具体的人生机遇也在这时期的知识分子的命运中占有了更大的比重。这些复杂因素的出现，使知识的渊博程度、思想的深刻程度已经不是，或者不完全是区分精英知识分子和底层知识分子的特征。在这里，还有一个知识分子本人对固有生活环境的感受和认识的问题。尽管每一个精英知识分子在获得成功之后都能够将自己文化建设的意义纳入社会改善的整体社会目标中进行意识和阐释，但决定他们通过人生的奋斗而进入精英知识分子文化圈的最根本的原因，还在于他们对自身固有生活环境的不满。这种不满驱使他们去奋斗，去进取，去开拓另外一个不同的生活空间。而对于庄子，情况却有所不同。

司马迁说"周尝为蒙漆园吏"。关于"漆园吏"，有的解释为"漆园"这个地方的"吏"，有的解释为管理漆树园的"吏"。但不论怎样解释，它都提供给我们这样一个想象的空间，即庄子生活在一个比较清闲、比较舒适、带有更多原始素朴色彩的自然的生活环境中。假若我们将"漆园"解释为漆树园，那就更利于我们这样一个想象：这是一个优美的自然环境，虽然庄子是这个漆树园的"头"，但手下也没有几个工人，这些工人的生活也不是那么困苦的，劳动也不是那么繁重的，因而与庄子的关系虽然不算亲密，但也并不紧张；至于庄子本人，既然感觉不到更大的政治权力的压迫，也不会产生攫取更大权力的欲望；物质生活算不上富裕，但也感觉不到贫穷。在他的生活环境中，恐怕就没有必要积累更多的物质财富；传说他还有一个妻子，她死的时候庄子"鼓盆而歌"。他与妻子的关系显然不是如胶似漆的那种，但也不是同床异梦的那种。在我们研究思想史的时候，经常先讲上一通当时的时代背景——实际是当时的政治状况，但是，这样的时代背景并不一定是当时任何一个人现实感受中的社会环境和生活环境。在任何时代、任何的政治制度下，都会存在着一些大大小小的政治真空。政治上的动乱，社会的矛盾和斗争，自上而下的压迫和剥削，还没有实际进入到这样一些社会环境和生活环境中，这是一些当时的政治统治鞭长莫及的地方。显而易见，庄子就生活在这样一个政治真空中。在这个社会环境和生活环境中，了解更广大世界的愿望和要求推动着庄子的阅读趣味，使他通过阅读熟悉并了解到当时的精英知识分子文化，熟悉并了解了包括中国历史、中国社会在内的丰富的社会历史知识，有了更加广阔的思想视野。但这个视野是在他内部世界的想象中展开的，是他内部精神结构和文化心理结构的构成要素，而不是他直感、直觉中的现实世界。他直感、直觉中的现实世界是他实际生活着的这个社会环境和生活环境，是一个政治真空的地带，不论是物我关系还是人我关系都带有自然素朴的性质，没有受到国家产生之后愈来愈增长的权力欲望和物质欲望的污染。在这样一个社会环境和生活环境中，庄子的内在精神是疏阔而自由的，没有烦厌的感觉。倒是他通过文化信息所了解到的那个更广大的外部世界，充满着各种复杂的矛盾和斗争，是一个并不那么自由、并不那么惬意的世界。这样，他就没有脱离当下的社会环境和生活环境，进入另外一个世界并参与当时精英知识分子群体文化竞争的内在动力。不难看出，正是这样一个原因，使庄子这样一个博学多才的知识分子，始终留在了精英知识分子文化圈之外，无声无息但却自由自在地度过了自己的一生。他的著作，大概也不是写给当时精英知识分子阶层看的，也不是为了以之敲开精英知识分子的大门。在更大的程度上，他更像那些在岩石上作画的原始人，既不为名，也不为利，只是一种自得其乐的行为，因而他也不必刻意雕琢，写得那么中轨中矩、有章有法，而是任马由缰、纵横捭阖、汪洋恣肆、自由洒脱，给人一种"得意忘形"的感觉。但也正是因为如此，他在中国思想史和中国文体史上都开辟了一个新的境界。

四

如上所述，庄子实际生活在两个不同的世界中：一个是文化的世界，一个是直感与直觉中的现实世界。文化的世界极大地开阔了他的思想视野，中国的历史（在他当时的观念中实际也是全人类的历史）、中国的社会（在他当时的观念中实际也是全人类的社会）、中国的文化（在他当时的观念中实际也是全人类的文化）的丰富的知识构成的是一个无限阔大而又不断变化着的时空结构，这同时也是在他的心灵中呈现着的一个动态的完整世界。这个世界不是他直感、直觉中的现实世界，即使在他的心灵世界中，也处在审视对象的位置上，是由大量更具中性色彩的间接知识构成的。就这个世界本身，是充满着各种各样的差异和矛盾的，甚至存在着各种残酷的斗争和无情的杀戮，但所有这些都不可能直接转化为他心灵本身的差异和矛盾，因而也无法构成对他心灵的直接压迫。至少在庄子的内在感觉中，这个世界是完整而又透明的，他的"思想"可以穿越各种不同的时空距离而到达其中的任何事物，并对之进行从各种不同角度的审视和了解。实际上，直到现在，我们通过历史教科书所形成的世界观念和人类观念，仍然是这种形态的。我们不会为秦始皇统一中国的壮举感到精神上的振奋，也不会为他的焚书坑儒感到内心的恐惧，一切都在我们的审视对象的位置上，一切都好像是透明敞亮的，除了那些尚未考证清楚的历史事实，一切都处在毫无遮蔽的赤露状态，即使我们为之做出的"振奋人心""惨无人道"等等主观评价也无法实际地感动我们的心灵，使我们的心灵罩上一层挥之不去的阴翳。在直感和直觉的现实世界中，世界是常常有遮蔽的。这种遮蔽大概有两种主要的形式：一种是一次性直感、直觉活动中的遮蔽。我们站在山的这边，就看不到山的那边；我们站在山的那边，就看不到山的这边。这种遮蔽，我们可以通过多次的直感、直觉活动而得到克服或逐渐克服。这一次站在山的这边观看，下一次站在山的那一边观看，山两边的景象就都能够看到了，在我们的主观想象中就有了一座完整的山的形象。但最严重的遮蔽却不是在这种一次性直感、直觉活动中的遮蔽，而是由于人自身的原因所导致的自我遮蔽。由于爱，我们感受不到在憎的感情态度中所能够感受到的东西；由于憎，我们感受不到在爱的感情态度中所能够感受到的东西。在这个意义上，只要意识到人自身的局限性，也就能够意识到世界对于人类永远是有所遮蔽的，人类永远也无法穷尽对世界的认识。世界被遮蔽起来，世界也就失去了完整性和透明性。但在庄子所生活的那种社会环境和生活环境中，至少在庄子的主观感觉中，这两种遮蔽都是不存在的。那是一个自然、简单、朴素而又相对较小的社会环境和生活环境，这个环境对所有的人都没有需要故意掩盖的东西，它对人的直感、直觉活动是完全敞开的。庄子从幼年起就生活在这个环境中，对其中的人、事、物都是了如指掌的。对于庄子，这个世界是一个完整的世界，也是一个敞亮的世界。它没有向他遮蔽什么，庄子也感觉不到对它还需要叩问什么。这是一个现象的世界，但这个现象的世界也就是一切，此外再也没有别的什么。也就是说，它的现象就是它的本质，它的本质也就在现象中呈现着。二者不是遮蔽与被遮蔽的关系，而是互相发明的关系，互相烛照的关系。这正像鲁迅在《故乡》中描写的少年闰土、少年"我"与他们所处的自然环境所共同构成的世界一样，既是完整的，又是透明的。他们感觉不到需要防范什么，也感觉不到需要怀疑什么、思考什么和探索什么，因而也没有任何事物能够挡住他们的视线，将世界的真实遮蔽起来。我们看到，庄子心灵中内存的两个世界（通过文化想象出来的外部世界和直感、直觉中的现实生活环境），在结构上是不同的，在形态上是各异的，在内容上是相悖的，但庄子却能够以同样一种心态和感觉方式感觉它们，并通过这种感觉将其构成一个统一而又完整的世界。在这里，也就形成了庄子独立而又完整的世界观念和人类观念。

　　不言而喻，意识到庄子是一个具有独立而又完整的世界观念和人类观念的知识分子，对于感受和理解他的思想学说是有极其重要的意义的。知识分子实际就是具有整体的世界观念和人类观念的人。正因为知识分子具有了整体的世界观念和人类观念，所以他们对各种不同的事、物或人的感受和了解在自觉与不自觉中就是在整体的世界背景或联系、整体的人类背景或联系中的感受和了解，有了一个相对统一的价值观念体系和价值标准体系，不是杂乱无章的，不是变幻无常的，从而也给自己的思维活动并通过自己的思维活动给外部的世界带来了统一性和有序性。不同的知识分子借以构成自己整体的世界观念和人类观念的途径和方式是各不相同的，但能不能建构起整体的世界观念和人类观念却是一个知识分子有没有自己独立的思想以及这种思想有没有独立的价值和意义的根本标志。

通往庄子哲学之路

我在《孔子社会学说的逻辑构成》①一文中曾经指出，孔子也是具有整体的世界观念和人类观念的，他的整个思想学说都是建立在对世界、对人类的整体关怀之上的，而"仁"就是体现他对世界、对人类整体关怀的一个思想概念，但他的思想学说阐释的却不是他的世界观念和人类观念的本身，而是在这种观念基础上形成的对人与人社会关系的思考和在这种思考基础上形成的对人自身成长和发展的要求。在孔子的思想中，"仁"不是一个伦理道德的教条，不是一个有着明确具体的言行规定的思想概念，而是只有在孔子的内心感受中才有其明确性和可感性的心灵概念。实际上，在孔子的思想观念中，是存在着两种不同的人类社会和两种不同的世界状况的：其一是他直感、直觉以及在这种直感、直觉基础上想象出来的现实世界；其二是通过文化信息，特别是通过对古代圣君贤相的历史记载和口头传说在自己的思想中重构起来的理想世界。这两个世界可以处于基本相同的自然环境之中，即在同样一个宇宙中可以有两种不同的人类社会和人类的生存状态，二者的差异仅仅在于人本身以及人与人构成的社会关系。他直感、直觉以及在这种直感、直觉基础上想象出来的现实世界是一个"无道"的世界，是一个渐渐失去了正常的社会秩序的世界，是一个"君不君，臣不臣，父不父，子不子"的世界。它之所以如此，是因为每一个人都不是在人与人构成的整体关系中设计自己、教育自己、建构自己的，而是在自己本能欲望要求的驱使下盲目地成长和发展起来的。而孔子的思想学说就是在人与人构成的整体关系中设计人、教育人和建构人的学说，它可以改变现实世界的"天下无道"的现状，从而逐渐实现他理想的那种人类社会状态和人类生存状态。但是，人类文化的传承有一个极难克服的困难，那就是一个人的整体的世界观念和人类观念是在人的全部人生经历以及人的各种偶然性的人生选择的基础上逐渐形成的，它无法通过教育直接转移到被教育者的身上，而学校教育恰恰改变了人的原初的成长环境和成长条件，学校教育的温室效应不但不能直接造就像孔子这样在各种复杂的现实人生感受的基础上建立起对人类、人类社会和人类历史的真诚、切实

---

①《新国学研究》第3辑，汕头大学新国学研究中心编，人民文学出版社，2006。

的整体关怀的思想家，而且不利于这种整体世界观念和人类观念的形成。学校教育是在受教育者还没有建立起这种整体的世界观念和人类观念的时候先期地将在这种观念基础上产生的大量具体的、零碎的思想结论以及有关知识输入给他们的，这些思想结论和有关知识在这时只能主要停留在受教育者的记忆平面上，而无法与自己具体的人生感受和体验结合起来，从而构成一个具有立体感的有机整体。具体到孔子思想及其传承过程中，这种转化就集中表现在"仁"与"礼"的关系上。对于孔子，是"仁"先"礼"后，"人而不仁，如礼何？"（《论语·八佾》）而对于他的学生的学习，却是"礼"先"仁"后，是首先学习孔子待人接物的言行方式而力图通过这种形式的学习形成"仁"的观念。这是一种颠倒了的孔子思想。这种颠倒了的孔子思想需要他的学生在离开学校教育环境之后在自己的人生实践过程中重新颠倒过来，但这却是极难实现的；而在将孔子及其思想圣化之后，这几乎成了不可能的事情，因为将孔子及其思想圣化的必然结果就是要求他们消极地遵从孔子的思想教条，而不能依照自己的自由意志改变孔子的具体言行方式。这就将他们的思想局限在狭小细碎的具体事物及其关系中，而无法建立起像孔子那样完整、统一的世界观念和人类观念。不难看出，老子、孔子、墨子之后的中国知识分子，逐渐强化的不是自己对人类、人类社会、人类历史发展的整体关心，而是个人的名声和影响、个人的前途和命运。这使中国知识分子逐渐远离了中国知识分子思想赖以生成和发展的社会中层空间而进入到上层政治统治集团的内部。而当儒家知识分子带着孔子思想进入到政治统治集团的内部，儒家知识分子就不能不首先考虑政治统治集团巩固和加强自己政治统治的需要了。在这时，孔子思想首先是作为政治统治集团巩固和加强自己政治统治的工具而被使用的。就其本体的孔子思想，孔子是自己思想的主体，他有根据不同的情况改变自己的思想主张的自由，他有对自己思想的运用结果做出反思、做出各种不同的价值判断的自由，他有随着自己人生感受和人生体验的不断丰富和知识范围的不断扩大而不断充实自己思想的自由，但作为政治统治集团巩固和加强自己政治统治的工具的孔子思想，情况就完全不同了。在这时，思想的主体已经不是孔子，孔子对于自己思想所享有的全部自由权利都已经不属于中国知识分子自己，它必须根据政治统治者的需要进行阐释和运用。这是一个文化权力的转让过程。在这个过程中，中国知识分子获得了更高的社会地位和更显赫的社会名声，但却是以出售自己的思想自由为代价的。思想上的不自由，实际上也就是精神上的不自由，它归根到底是由于缺乏整体的世界观念和人类观念造成的，并且越是更多地丧失了自己精神上的自由，越是会更严重地丧失对于世界和人类的整体感受，仅仅将自己的思想局限在一个狭小的时空范围中，以在这个狭小的时空范围中的是非为是非感受和判断世界上的所有事物。我们可以想象到，当庄子带着自己的世界观念和人类观念感受和了解当时那些声名显赫的精英知识分子的思想学说的时候，首先感到的恐怕就是他们精神上的极端不自由的状况，而这种精神上的极端不自由的状况则直接表现在他们思想视野的狭小上。在这时，在庄子的思想中就有两个问题同时呈现出来：其一是人的精神自由的问题，其二是整体的世界观念和人类观念的问题。这两个问题实际是一个问题的两个侧面。

　　当上述两个问题在庄子思想中被清晰地呈现出来之后，他的不满就不再仅仅停留在对当时精英知识分子思想学说的不满上了，同时也开始意识到孔子思想学说自身的局限性。显而易见，孔子本人尽管具有自己完整的世界观念和人类观念，但他一生的实践却是专注于人的培养的。在这种人的培养过程中，他几乎本能地将人从自然的世界中独立了出来，几乎本能地忽略了自然世界对人的无形的塑造作用，从而将人与自然的适应关系降低到了可有可无的地步。而在具体的培养目标中，孔子培养的是超越于一般社会群众的"君子"，这就将作为整体的人类依照自己的标准区分为"君子"和"小人"两个部分。孔子突出了人对人类整体存在和发展的价值和意义，肯定了"君子"存在的理由和根据，但却忽略了人对人自身存在的价值和意义，否定了"小人"也有自己存在的理由和根据，使其原本作为整体而存在的世界和人类反而丧失了自己的整体性。实际上，这就是庄子所说的"是非之彰也，道之所以亏也"。（《庄子·齐物论》）在观念上将人区分为"君子"和"小人"两个截然不同的部分，人类的统一性，亦即作为浑然一体的人类整体的观念就受到了破坏。在人的观念中，人与人有了区别，有了是非，才有了被后代儒家知识分子直接理解为"爱"的"仁"的观念产生出来："道之所以亏，爱之所以成。"(《庄子·齐物论》)正是在这样一个意义上，庄子超越了从孔子以来逐渐形成和发展起来的中国精英知识分子的文化传统，超越了以"仁义"作为基础观念的孔子思想体系，而有了重新建构自己独立的世界观念和人生观念的必要，而老子哲学就是他借以超越整个儒家文化传统的一架云梯。他抓住了老子的"道"，就是重新抓住了宇宙整体和人类整体，就是重新返回到包括儒家思想学说在内的所有独立思想学说赖以产生的元文化状态之中去，并为他建构自己独立的世界观念和人类观念奠定了基础。庄子同老子一样，并不把自然世界排斥在自己整体的世界观念和人类观念之外，并不把人的自然本性排斥在整体的人的观念之外，并不将"小人"排斥在整体的人类社会之外，从而重新返回到人类认识的原初的基点上。但是，庄子对孔子及其思想学说的超越并不是简单的否定，而更是在意识到孔子及其后继者所建构起来的各种不同的思想学说的独立价值和意义之后对世界、对人类，特别是对人类文化的重新思考。他要创造的是一个新的"文化的宇宙"，不但要将所有不同的思想学说包容进来，同时也要为它们找到适于自己运行的轨道，以避免因相互撞击而造成的文化与文化的战争、思想与思想的残杀。他建构的不再是老子哲学中自身便体现着整体的圣人、圣王的世界观念和人生观念，更不是类似于"天子"一类人的政治战略和战术思想，而是一个像他自己那样的平民知识分子的世界观念和人生观念。不难看出，在这一点上，庄子更接近孔子，而不是更接近老子。到了庄子的时代，孔子虽然已经有了崇高的社会地位和思想地位，但就其思想的性质，体现的却是一个并没有崇高社会地位的平民知识分子的社会观念和思想观念。所以，庄子在指出孔子思想学说的"道亏"现象之后，接着便指出，所谓"道亏"和"道成"的区别也是相对的："果且有成与亏乎哉，果且无成与亏乎哉？"(《庄子·齐物论》)用我们现在的话来说，就是任何一个独立的思想学说都不可能是普遍的真理、绝对的真理，都是在"道"有所"亏"之后具体建构起来的，但普遍的真理、绝对的真理、"道"，也只能通过这些独立的思想学说才能表现出来。所以，说孔子的思想学说是有缺陷的和说孔子的思想学说是没有缺陷的，都没有绝对的真理性。这也就意味着，庄子并没有完全回到老子的哲学体系之中去，并没有完全抛弃孔子的思想学说。他和孔子一样，坚持的都不是老子那种从整体到整体的抽象思辨，而是从个别向普遍的精神升华。他们思考的重心也不是那些已经具有先在的社会地位和政治地位的"圣人""圣王"的世界观念和人类观念，而是个体的平民知识分子如何实现由具体向抽象、由个别向普遍、由相对向绝对的思想升华，因而在老子哲学中占有重要地位的社会斗争、政治斗争的战略和策略思想也不是他们思想学说的基本内容。

"庄子晚出，其气独高，不惮抨弹前哲，愤奔走游说之风……其术似与老子相同，其说乃与老子绝异……"①我认为，司马迁对老子哲学与庄子哲学的关系的感受，基本上是正确的。

原载《山东社会科学》2009年第1期

---

① 章太炎：《诸子学略说》，载刘梦溪主编《中国现代学术经典·章太炎卷》，河北教育出版社，1996，第486页。

论庄子的自由观
——庄子《逍遥游》的哲学阐释

一

老子和庄子都讲"道",但他们心目中的"道体"却截然不同。"道可道,非常道;名可名,非常名。无,名天地之始;有,名万物之母。故常无,欲以观其妙;常有,欲以观其徼。此两者同出而异名,同谓之玄。玄之又玄,众妙之门。"(《老子》第一章)《老子》开篇所讲述的就是老子心目中的"道",亦即"道"之"体"。它是世界的本根,也是世界的本体。世界和人类的一切玄机奥妙都从这个既可视为"无"也可视为"有"、徘徊在有无之间的恍兮惚兮的"道体"中产生出来。《庄子·逍遥游》开篇也描绘了一个既有鲲鹏这样的大鱼、大鸟也有蜩和莺鸠这样的小虫、小鸟的世界,这虽然不是一个实际景物的客观描绘,却是一个本真的世界,一个"有"的世界。不仅"有",而且丰富多彩,充满生机。这是一个"物"的世界,一个万"物"并呈的世界,而不是一个混沌的整体。"物"各有形、有象、有自己的存在方式和活动方式,千差万别,千姿百态,而且永动不息……所有这一切都清楚地表明,庄子的整体世界观念和人类观念与老子迥然不同。如果说老子这一观念是在其冥思中形成的,并且将其冥思中的世界当作世界的本体,庄子的这一观念则是在其感官感觉及其印象的基础上通过主观想象而形成的,并将这样一个世界当作本真的世界和世界的本体。

为了从整体上理解老子之"道"和庄子之"道"的联系与差别,细致而深入地理解庄子下面这段话是十分必要的。庄子说:"古之人,其知有所至矣。恶乎至?有以为未始有物者,至矣,尽矣,不可以加矣;其次以为有物矣,而未始有封也;其次以为有封焉,而未始有是非也。是非之彰也,道之所以亏也。道之所以亏,爱之所以成。"(《庄子·齐物论》)在这里,庄子概括了"道"的三个层次:其一是"未始有物"的层次;其二是"有物而未始有封"的层次;其三则是"有物、有封而未始有是非"的层次。通过细致体味老子对"道"的论述可知,老子的"道"实际是在前两个层次上构成的。从人类认识论("知")的角度看,"未始有物"("无")是人类认识的起点,也是人类认识的终点,所以庄子说这个层次的认识是"至矣,尽矣,不可以加矣";当人类有了"物"的感觉,但当这种感觉还处在老子所说的"视之不见名曰夷,听之不闻名曰希,搏之不得名曰微。此三者不可致诘。故混而为一。其上不皦,其下不昧,绳绳不可名,复归于无物。是谓无状之状,无物之象,是为惚恍"(《老子》第十四章)的状态时,"物"还是没有边缘的,"物"与"物"之间还是没有界限的,还是混沌一片的("未始有封")。以上两个层次,就是老子所说的"天地之始"("无")和"万物之母"("有")的层次。老子的"道"主要停留在连接这两个层次的中间地带或过渡地带,而庄子的"道"则主要停留在第三个层次上。在这个层次上,人类不但已经有了"物"的感觉,而且对"物"也有了形体的感觉,"物"与"物"之间有了鲜明的界限,成为我们现在所说的各种不同的"物体"。为什么庄子仍将这一个层面上的世界感觉称之为"道"呢?因为这种感觉仍像一个其大无比、变化着的巨幅电影画卷,具有整体性。整个的宇宙和世界,其中也包括整个人类社会,是以一个有机整体的形式呈现在人的自由想象之中的。一旦人对不同的物体有了不同的价值感觉,"物"与"物"之间有了是非、善恶、美丑的界限,人对这些不同的物体有了各自不同的感情态度,这个世界就不再是一个浑融无间的整体了,作为宇宙整体的"道"也就不是完满无缺的了。总之,老子和庄子的

"道"体现的都是宇宙、世界,其中也包括人类社会的整体性,但他们心目中的"道"的具体形态却是有严格区别的。

二

因为庄子之"道"不同于老子之"道",庄子之"道"是在老子所说的"一生二,二生三,三生万物"(《老子》第四十二章)之后,由宇宙万物所构成的一个具体生动的自然世界,一个存在着诸多"物个体"(以个体形式存在的物)的世界,所以,在庄子哲学里才有一个"自由"的问题。"自由",永远是个体的"自由",而不是宇宙整体的"自由"。宇宙整体只有一个"存在"的问题,一个"无"和"有"的问题,而没有"自由"的问题,所以,老子哲学中体现宇宙整体、人类整体的"圣人""圣王"没有自己的自由意志,"无为"是其基本存在方式,"无为而无不为"则是其存在的价值和意义。只有到了"物个体"或"个体人"层面,"自由"才成为一个首要的问题。对于"物个体",宇宙整体只是一个空间,而在其过程中则是一个时空结构。"物个体"只有在宇宙空间或时空结构中才有自己的存在和自己的"自由",这就出现了一个有没有自己存在的空间以及空间大小的问题,即"自由"的问题。

"自由"不但是"物个体"的问题,还是一个"物个体"的"运动"的问题。"物个体"的存在形式是"运动"的、"变化"的,在"空间"中"运动",在时空结构中"变化",而"运动"和"变化"则体现着"物个体"的"自由",运动和变化的幅度以及空间的大小就是"物个体"的"自由"的大小。庄子在《逍遥游》开篇着意描写的就是"物个体"的这种运动和变化的状态,并在这种状态的描写中暗示了"自由"的问题。在整个人类文化中,"鸟"向来就是"自由"的象征,"鸟"的自由则是通过"飞"体现出来的。"飞"是"鸟"的一种运动方式,是依照自身的力量克服"物"自身的物质性(重量)而使自我具有在更大空间进行活动的方式。在这里,庄子描写了鲲向鹏的形态变化:"化而为鸟","水击三千里,抟扶摇而上者九万里";"绝云气,负青天",从北冥徙往南冥,也描写了"决起而飞,抢榆枋,时则不至,而控于地"

论庄子的自由观

的"蜩"(蝉)和"学鸠"(小斑鸠)以及"腾跃而上,不过数仞而下,翱翔蓬蒿之间,此亦飞之至也"的斥鷃。"鹏"与"蜩""学鸠""斥鷃"都能"飞",都有自己活动的空间,因而也都有自己的"自由",但它们自由活动的空间又是不同的,具有大小的差别,因而它们"自由"的程度也是不同的。

中国庄子学的奠基人向秀、郭象认为:"夫大鹏之上九万,尺鷃之起榆枋,小大虽差。各任其性,苟当其分,逍遥一也。然物之芸芸,同资有待,得其所待,然后逍遥耳。唯圣人与物冥而循大变,为能无待而常通,岂独自通而已。又从有待者,不失其所待。不失,则同于大通矣。"① 向秀、郭象认为蜩、学鸠、斥鷃这些小鸟也有自己的"自由"("逍遥"),这无疑是正确的,"飞"就是它们的自由的表现,但认为这些小鸟的"自由"同大鹏的"自由"是一样的("逍遥一也"),则与我们实际的心灵感受截然不同。在这里,存在着一个庄子哲学的解读方式问题。庄子哲学的一个始终不渝的原则是将抽象的化为具体的、将混杂的化为单纯的、将非直感的化为直感的。庄子之所以写了鹏,也写了蜩、学鸠、斥鷃,就是因为庄子感到了它们的不同,他不想,也不能用"归纳法"将它们之间的差别掩盖起来,仅仅强调其共同的特征,用"共性"取代"个性"、用抽象性的"本质"取代"现象"自身的具体性。而向秀、郭象对庄子的描写进行了逆向的阐释,因而也扭曲了庄子哲学的原意(我认为,时至今日,这种本质论的概括方式仍然严重影响着我们对庄子哲学的解读)。只要我们尊重自己的主观感受就会感到,鲲鹏与蜩、学鸠、斥鷃的不同绝不仅仅是物理意义上的,同时也是精神意义上的,它们都有自己的"自由",但其"自由"又是不同的。这种不同,既是大小的不同,也是境界高低的不同。庄子认为,正是因为这种不同,才产生了"物个体"(个体的人)与"物个体"(个体的人)之间的隔膜、不理解和分裂,从而导致了宇宙整体("道")的毁灭。

蜩与学鸠笑之曰:"我决起而飞,抢榆枋,时则不至,而控于

---

① 郭庆藩:《庄子集释》卷一上,载《诸子集成》第3册,上海书店,1986。

地而已矣，奚以之九万里而南为？"

……

斥鴳笑之曰："彼且奚适也？我腾跃而上，不过数仞而下，翱翔蓬蒿之间，此亦飞之至也，而彼且奚适也？"（《庄子·逍遥游》）

庄子显然认为，"大"可以包容"小"，"高"可以包容"低"，在鹏翱翔的时空结构中，蜩、莺鸠、斥鴳也能自由地飞翔，但在蜩、莺鸠、斥鴳飞翔的时空结构中，鹏却不能自由飞翔。这在彼此的关系中就导致了"大"可以知"小"，而"小"不能知"大"；"高"可以知"低"，而"低"则不能知"高"的结果。"大的""高的"对于"小的""低的"没有什么不可理解的，而"小的""低的"却无法理解"大的""高的"。蜩、莺鸠、斥鴳对鹏的嘲笑也就建立在这种现实的逻辑之上。但在庄子看来，这却是荒谬的，不可理喻的：

小知不及大知，小年不及大年。奚以知其然也？朝菌不知晦朔，蟪蛄不知春秋，此小年也。楚之南有冥灵者，以五百岁为春，五百岁为秋。上古有大椿者，以八千岁为春，八千岁为秋。而彭祖乃今以久特闻，众人匹之，不亦悲乎？（《庄子·逍遥游》）

任何"物个体"（个体的人）都有自己的"自由"，因为"自由"是"物个体"（个体的人）存在的基本形式，但"物个体"（个体的人）的"自由"又是各不相同的，这正如任何人都有自己的"思想"，但并不是所有人的"思想"都是相同的，都有同等的思想境界。在这里，值得特别注意的是，庄子的哲学绝对没有抹杀一切差别、混淆一切界限，更没有给世人提供以无知蔑视有知、以渺小傲视伟大、以卑俗消解崇高的哲学根据。世俗化、平庸化绝对不是他的人生哲学的基本指向，精神崇高才是他人生追求的终极目标。正因如此，他所创造的"鲲鹏"才成为中国文化史上一个体现崇高精神、英雄气魄和伟大人格的意象，并得到那

论庄子的自由观

些具有狂放精神、豪迈气势、伟大理想的历史人物的精神呼应。李白说庄子的《逍遥游》是"吐峥嵘之高论,开浩荡之奇言"[①],正反映了后人对庄子哲学的整体感受和理解。

三

通过鲲鹏、蜩、莺鸠、斥鴳的描写,庄子暗示了"自由"是有大小的,境界是有高低的,在与蜩、莺鸠、斥鴳这些小鸟的比较中,鲲鹏具有更加宽广和雄大的自由,更加豪迈和宏伟的自由精神。但也正是通过这种差别感,庄子也暗示给世人:即使鲲鹏,也不是完全自由的,也没有进入他所说的"逍遥"的境界,因为鲲鹏的自由仍然是"有待"的,须借助外在力量才能实现。用现在的话来说,它的自由仍然是有条件的和相对的。"且夫水之积也不厚,则其负大舟也无力;覆杯水于坳堂之上,则芥为之舟;置杯焉则胶,水浅而舟大也。风之积也不厚,则其负大翼也无力。故九万里,则风斯在下矣,而后乃今培风;背负青天而莫之夭阏者,而后乃今将图南。"(《庄子·逍遥游》)"大舟"需要在"大水"中行驶,"大鸟"需要在"大气"中飞翔,"大水""大气"是"大舟""大鸟"必须具备的外在条件。它们要取得这些条件,必须付出更多的努力,克服更多的困难,而所有这些又都不像它们的"飞翔"一样是完全自然、自由的活动,是不得已而然之:"适莽苍者,三餐而反,腹犹果然;适百里者,宿舂粮;适千里者,三月聚粮。之二虫,又何知。"在这个范围中,要有大自由,就要付出大努力、具备大力量。蜩、莺鸠、斥鴳没有这样大的力量,所以也不可能理解这样的大自由。在严格的意义上,庄子所说的"逍遥",还不是这样的"自由"。

那么,在庄子的《逍遥游》里,有没有真正的"逍遥者"呢?假若有,那又是谁呢?在这里,我们必须意识到存在着《逍遥游》文本的创作主体,这个创作主体不是作为物质实体的庄子,而是作为精神个体的庄子。在这个意义上,"逍遥游"就是庄子精神的翱翔(过去我们称之为

---

① 安旗:《李白全集编年注释》,巴蜀书社,1990,第1843页。

"神游")。我们看到,只有庄子,只有庄子的"神",才不需要任何外在的条件而无遮无拦地遨游在这个世界上,大如鲲鹏、小如蜩、鸴鸠、斥鷃;长寿如冥灵、大椿、彭祖,短命如朝菌、蟪蛄,从北冥到南冥,三千里水域,九万里高空,庄子的神魂都是无所不至、无所不见的;对于他,时间不能隔,距离无法阻,神到之处万形毕现,心到之处众意并出,整个宇宙都是他自由出入的地方……也就是说,在《逍遥游》中,真正逍遥的不是任何一个物质的实体,而是庄子的"精神"、庄子的"心灵"、庄子的"神"。

在庄子进行"神游"之时,作为读者的我们实际上也在进行着同样的"神游"。在平时,我们生活在一个比蜩、鸴鸠、斥鷃还要狭小的空间之内。我们的肉体太沉重,连"飞"的能力也没有,但在阅读庄子《逍遥游》的时候,我们的"神"却离开了我们的肉体,已经感觉不到肉体的沉重,从而获得了比之大鹏更大的自由。时间和空间被我们超越了,一切的界限都被我们超越了,我们的心灵成了一个无限的宇宙,我们也在自己心灵中的这个无限的宇宙中自由地翱翔……我们体验到了"逍遥",体验到了无待的、绝对的自由——我们精神的自由、心灵的自由。

刘熙载说:"文之神妙,莫过于能飞。庄子之言鹏曰'怒而飞',今观其文,无端而来,无端而去,殆得'飞'之机者。乌知非鹏之学为周耶?"①在这里,我想强调的不是庄子文章的飞扬奇丽,而是想说,庄子的这种精神自由、心灵自由不是通过任何现实的物质手段建构起来的,通过现实的物质手段建构起来的自由是物质的自由,而物质的自由则是有待的、相对的自由。精神的自由、心灵的自由则是通过语言建构起来的。语言、文化、文化知识不断地开拓着人的思维空间,丰富着人的想象力,从而也不断地开拓着人的精神世界,强化着人的心灵的自由感觉。没有语言,就没有人的心灵自由;没有人的心灵自由,就没有语言。语言与人的心灵自由是密不可分的,是一而二、二而一的有机整体。在《逍遥游》中,没有庄子的心灵自由,就不会产生这样丰富奇诡

---

① 刘熙载:《艺概》,上海古籍出版社,1978,第8页。

的想象，不会有像鲲鹏这样的意象产生；与此同时，没有将鲲鹏这样的意象具体描述出来的语言，也就没有庄子的自由的想象，没有庄子在精神上真切体验到的心灵自由（"逍遥"）。也就是说，刘熙载所说的庄子文章的"能飞"，同时也是庄子的精神"能飞"、心灵"能飞"。

庄子不是一个喜欢用理论概念构筑自己的思想体系的哲学家，但在《逍遥游》中仍能发现，他实际已经区分了两种不同的自由：物质世界的行为自由和精神世界的心灵自由。在物质世界里，人的行为自由是有大小之分的，是有境界高低之不同的，但物质世界的行为自由都只能是相对的、有条件的，只有精神世界里的心灵自由才可能是绝对的、无条件的。必须看到，在孔子和老子的思想学说里，这一个体人精神世界心灵自由的问题尚未提出，精神自由也不是他们感受人、理解人和评价人的价值标准。与此同时，庄子在将精神世界的心灵自由从人的物质世界的实利关系中独立出来的同时，也将语言从物质世界中独立出来，使语言开始具有自己的实体性，并在构筑人的心灵自由的职能中具有了独立的价值和意义，具有了自己的主体性地位。仅此一点，庄子在中国哲学史上的地位就是不可动摇的。

四

在《逍遥游》中，庄子将心灵自由的标准引入到对人的观察、感受、理解和评价之中，从而建立起自己的价值观念体系。不论是孔子的仁义观，还是老子的道德观，归根到底都是围绕着人的价值评价问题展开的，庄子也不例外。但老子以治理社会的有效性为基本价值尺度，孔子以更好地处理人与人的社会关系为基本价值尺度，只有庄子才以个体人的心灵自由为基本的价值尺度。为此，庄子从心灵自由的角度提出了人（实际是知识分子）的四种不同的精神境界：（1）"知效一官，行比一乡，德合一君而征一国者"。这一类人是能够胜任某种社会职责的人，其知识足以担当某种官职，其言行足以成为一个地方的楷模，其道德足以符合当时君主的要求，其名声遍于国中，但所有这些都是根据当时社会普遍认可的价值标准，而不源于这些人对宇宙整体、人类整体的独立感受和体验，因而也不完全符合他们内在的心灵要求。虽然他们在自己的自然环境和社会环境中也有部分的自由，但这种自由是极其有限的，他们不得不经常克制自己内心的愿望和要求以迁就外在的、世俗的价值标准。（2）宋荣子"举世誉之而不加劝，举世非之而不加沮，定乎内外之分，辩乎荣辱之境"。这类人有超乎自己职责范围的更广的视野，对事物有独立的思考和见解，能分清身内之物与身外之物的区别，能划清荣辱的界限。这类的人不算计、不琐碎、不窘迫、不躁急，比之上一类人有更大的自由。但这类人的精神仍不是完全自由的，他们所关心的还是别人在关心的那些问题，对自己的荣辱成败也不能无所容心，不论思想、感情或情绪，都不能不受到外部社会的制约和影响。（3）列子"御风而行，泠然善也，旬有五日而后反。彼于致福者，未数数然也"。这类人能够超越现实，心灵轻松自如，极少过问现实物质世界的是非，对于追求现实物质生活幸福的人也毫不介意。这类人虽然不再斤斤于世俗世界的成败荣辱，比之上一类的人有了更大的自由，但对现实物质世界仍然有所系念（"旬有五日而后反"），其心灵还未至完全自由的境地。（4）"乘天地之正，而御六气之辩，以游无穷者"的至人、神人、圣人。所谓"至人"，是就人自身发展的高度而言的，指达到了无可再高的高度的人；所谓"神人"，是与现实物质世界的关系而言的，指已经完全摆脱了物质世界羁绊的人，一个纯粹的精神生命体的人；所谓"圣人"，是与其他人的关系而言的，指可以被视为"万世师表"的人，可以被视为精神领袖的人。这类人已经完全摆脱了外部现实物质世界规则的束缚，是完全依照自我内心的愿望和要求生活的人。这类人能够根据宇宙整体的要求（"乘天地之正"），根据对宇宙整体各种主要变化趋势的感受和了解（"御六气之辩"），其心灵能够在无限广阔的时空中自由翱翔，不与人共啄一粒米，不与人共栖一根枝，其心灵是完全自由的。这样的人，根本不计较个人得失，是忘掉了自我的人；因为他们并不关心现实物质世界的成功和失败，所以也没有为世人所称道的成就和功劳；因为他们并不有意讨好世人，所以也不会有显赫的名声。

庄子的思想学说所关注的是人的精神自由的问题。就其本体而言，"精神"不是感官感觉中的问题，而是心灵感受中的问题。在感官感觉中，它并不存在，是"虚"的，是"无"；但在心灵感受中，它又是存在的，是"实"的，是"有"。这也决定了庄子哲学的文体特征。在庄子哲学中，"虚""实"是不分的，即无"虚"不"实"、无"实"不"虚"。后来的庄子学逐渐向两个方向发展：一是将庄子道教化，其基本阐释路线是落"虚"为"实"，从而使庄子哲学带上了迷幻乃至迷信的色彩；一是将庄子世俗化，其基本阐释路线是除"虚"求"实"，从而将庄子哲学的大部分内容视为一种"幻想"，视为虚幻不实的。因而，要避免这两种倾向，就必须坚持在"虚"中求"实"、在"实"中求"虚"的阐释路线，将庄子哲学中的任何一个命题与意象都视为既"虚"又"实"的精神整体，一种实实在在的心灵状态。否则就无法真正进入庄子哲学的世界。

以此来看，在上述四种境界说中，前两种很具体，很"实"。这两类人因有异常具体、明确的外部特征，在现实生活中可以得到具体指证。但必须看到，在庄子哲学里，它们仍然只是一种"精神境界"，一个"虚"的标准，只有从精神自由的角度、从"虚"的角度感受和认识它们，才能触摸到它们的"实"的意义，而不能仅凭我们的直观印象，仅凭他们现实的社会选择和人生选择。直至现在，仍然有很多学者将儒家知识分子概括为"入世的"，而将道家知识分子直接概括为"出世的"，并认为官僚知识分子就是"入世的"，而官场外的知识分子就是"出世的"，从而将精神自由的问题完全归结为一个人的外部的社会人生选择。实际上，一个官场外的知识分子也可能满脑子功名利禄，而一个官场内的知识分子也可能并不那么利禄熏心。心灵的尺度是用人的心灵感觉出来的，而不能用任何外在的标准予以取代。这里所说的前两类人，仍主要指两种内在的价值观念，而不是外在的社会表现；是"虚"的，而不是"实"的。第一类人的价值观念完全是功利主义的，是按照世俗的原则建立起来的；第二类人比第一类人有更大的思维空间和更广阔的知识，可以不受舆论的支配和现实规则的束缚，其自由的空间更大一些，但他们感受到的还不是宇宙整体和人类社会整体，还不是"道"，因而也不能从根本上摆脱外部社会生活规则和思想信条的束缚，其精神也不是完全自由的。所以，前两类人是"实"的，但所体现的仍是一种"虚"

的、精神的价值和意义。到了后两种人,其"虚"的成分就很大了,但当我们在"虚"中见出"实"来,它们就不是完全"虚"的了。也就是说,他们绝不纯属幻想,而是有其现实存在的根据。如果认识到前两种人都没有超越外部现实的生活规则和思想信条,那就会想到,第三种人所谓的"御风而行,泠然善也,旬有五日而后反",说的并不是身体的事实,而是精神的表现。这类人可以较长期地摆脱现实规则和思想信条的束缚,内在精神是极为自由的。但他们还不能完全做到这一点,有时还不能不顾念到现实的利害,顾念到世俗的价值标准。而能够完全做到这一点的,就是庄子所说的至人、神人或圣人了。他们能够完全超越现实社会生活规则和思想信条的束缚,有自己独立的宇宙观念和人生观念,并据此感受、理解和处理现实人生的各种问题的人。这类人的精神无所羁绊,想象力无限丰富。在这种精神状态下,他们已经感觉不到作为一个物质实体的自我的存在,所以是"无己"的;他们追求的不是实利性的目标,所以是"无功"的;他们更不会关心个人的名声,所以是"无名"的。这两类人很难绝对划分清楚,但在人类历史上,那些最伟大的哲学家、思想家、文学家就是这样一些人物。这些能够超越当时历史时代的束缚和限制的人物,首先是因为他们的自由精神和自由意志。他们在当时人的眼里都是很平凡的,但历史证明他们又是最伟大的;他们并没有具体的历史功绩,但对人类和人类文化的贡献又是任何人所无法代替的;他们真正超越了时空,成为人类永久的纪念或人类永久的导师。在这个意义上,庄子所说的后两种人绝不是虚幻不实的,而是在人类社会历史上有名有姓的真实人物。

五

庄子所谓的至人、神人、圣人就是精神上绝对自由的人,而在庄子哲学中,他们也就成了精神自由的象征。《逍遥游》中的几则寓言,实际是从几个不同的侧面揭示了精神自由的性质和作用。

论庄子的自由观

（一）尧与许由的对话：人是自由的，政治价值不是唯一的人生价值
（至人无己）

不论是孔子观念中的圣人，还是老子观念中的圣人，均以历史上贤明的最高政治统治者为模板，以他们对现实社会的实际贡献为标准。二者之间的差别仅仅在于实现政治统治的方式，孔子讲"有为"，老子讲"无为而无不为"，其落脚点仍然是"有为"，其鹄的都在于对外部社会现实的政治治理。他们的这种"圣人"观不是没有现实和历史根据的。自从国家产生之后，就以其有形或无形的巨大力量影响着人类社会和人们的生活，这种影响主要是通过国家君主这个特定人的思想行为表现出来的，所以，中国早期知识分子首先关注国家政治生活的改善，并且特别关注政治君主个人的思想修养和行为规范，将他们心目中的贤明君主视为人的最高楷模，即"圣人"，从而建构起他们各种以"圣人"为中心的价值观念体系。但当这种人的价值观念在当时的社会上得到了普及，绝大部分知识分子受其影响而走上了单一的为国家政治服务的道路，也严重遮蔽了除少数贤明君主之外所有人的独立存在价值和意义。庄子精神自由观念的输入，从根本上颠覆了这种唯政治主义的价值观念体系，使人有了在人生选择上的自由权利。人是不是一定要去从事实践的政治活动？从事实践的政治活动是不是人的唯一的存在价值和意义？许由和尧的对话就是围绕这一严肃的社会人生主题展开的。显而易见，庄子并不像后来的一些中国知识分子所理解的绝对排斥政治、否定政治价值、无视国家政治的存在价值和意义的，他也没有恶意丑化所有从事国家政治管理事业的政治家。庄子唯一的目的是破除那种唯政治主义的人生价值观念，指明人是自由的，人应当选择自己感到有实际意义和价值的人生。尧与许由的对话，实际上是庄子心目中的"圣人"与儒家知识分子心目中的"圣人"的对话，体现的是两种不同人生价值观念的区别。庄子笔下的尧，并不是那种充满权力欲望的政治统治者，而是献身于国家政治治理的贤明君主。他的局限性仅仅在于他的人生价值观念的本身，而不在于他的道德品质。"日月出矣，而爝火不息，其于光也，不亦难乎！时雨降矣，而犹浸灌，其于泽也，不亦劳乎！夫子立而天下治，而我犹尸之，吾自视缺然，请致天下。"尧的意思是说，你比我更有才能，所以我应当将王位让给你。言下之意是说，君主应当是最贤明的人，最贤明的人应当成为一国的君主。"子治天下，天下既已治也，而我犹代子，吾将为名乎？名者，实之宾也。吾将为宾乎？鹪鹩巢于深林，不过一枝；偃鼠饮河，不过满腹。归休乎君，予无所用天下为！庖人虽不治庖，尸祝不越樽俎而代之矣。"许由的意思是说，既然你是一个称职的国王，我就没有必要代替你。这对我毫无意义。言下之意是说，一个人做什么并不重要，重要的是为什么去做它，做它的意义是什么。庄子最后的结论是："庖人虽不治庖，尸祝不越樽俎而代之矣。"言下之意是说，每个人都有自己的责任和义务，即使一个人没有很好地担负起自己应尽的职责，别人也不能代替他去完成，必须让他自己担当起来。庄子在这里表达的分明不是简单的出世思想，而是各行其宜、各尽其责的思想。这种思想，即使在当代社会也是极具启发意义的。一个社会的危险永远不在于这个社会的人都能依照个人自由意志选择自己感到有意义的人生道路，而在于全社会的人都去争夺同样一种有价值的东西。人人争权，政治崩盘；人人抢钱，经济瘫痪；人人争名，文化混乱。庄子的这种思想，恰恰反映了在孔子开创的学校教育传统得到了一定程度的发展，知识分子的数量逐渐增加之后，知识分子离开单一的政治选择，向更广阔的社会空间发展的趋向。可惜的是，在中国特殊的历史条件下，这种倾向的发展至今是极不充分的，庄子所倡导的精神自由的原则也没有成为中国社会乃至中国知识分子自身的基本思想原则。与此同时，在中国历史上，庄子的思想又常常被那些既没有真正的精神追求，又没有真诚的社会责任感的知识分子所利用，成了他们为自己空虚无聊的人生辩护的说辞。这不能不说是中国知识分子最严重的悲剧之一。

（二）肩吾与连叔的对话：物质世界的真实性与精神世界的真实性
（神人无功）

在这则寓言里，接舆和连叔都是有很高思想境界的人，他们的心灵是相通的，对庄子所说的至人、神人、圣人也有澄澈明白的感受和了解。肩吾是连叔的学生，也曾聆听过接舆的言说。实际上，接舆的话深

论庄子的自由观

深吸引了肩吾,也使他的精神有所震动("吾惊怖其言,犹河汉而无极也"),但他又囿于世俗的观念,不敢承认对接舆言论的好感,反说接舆的言论"大而无当,往而不返",是"大有径庭,不近人情"的。这种认知方式和言说方式,带有异常鲜明的青年学生的特征。他们对所有超乎世俗的观念或见解充满好奇心,极易受其诱惑和吸引,但又因其"不合常理",不敢贸然相信。"藐姑射之山,有神人居焉,肌肤若冰雪,绰约若处子;不食五谷,吸风饮露;乘云气,御飞龙,而游乎四海之外;其神凝,使物不疵疠而年谷熟。"虽然这是他转述接舆的话,但从这转述中,却能感到他对藐姑射山的神人的神往之情。也就是说,他在内心里已经接受了接舆的话,对接舆所描绘的那些神人及其生活产生了爱慕之情,只是担心老师会认为他的看法幼稚可笑,才在最后生硬地加上了一句"吾以是狂而不信也"。在这里,庄子揭示了人感受和判断事物的两种不同的标准以及在此基础上形成的两种不同的真实观:一是物质世界的真实性;一是精神世界的真实性。在现实的物质世界上,人类向来是相信"眼见为实,耳听为虚"的,因而也受到自我感官感觉以及生活视野的严重局限,并且越是重视现实的物质实利,越是表现出自己的狭隘性和保守性,其心灵也受其束缚而极不自由。在庄子所重视的心灵世界中,是不受人的感官感觉的局限的,是不受物理世界的时间和空间的限制的,因而也是天马行空、无所羁绊的。精神世界的真实性不等同于物质世界的真实性,但必须看到,精神世界的真实性也是一种真实性,并非完全虚妄和空洞的,一个梦也有其真实性,它对人的心灵的影响也是实实在在、具体可感的。如果说物质世界的真实性与人的现实的、物质的实利要求有更加密切的关系,而精神世界的真实性则与人的精神追求、社会理想和创造欲望有着更直接的联系。一个精神不自由的人,就不会有任何精神追求,就不会有真正的社会理想,更不会产生创造热情。由于精神真实是在特定精神状态下感到的真实,所以精神不自由的民族或个人,对于精神现象和精神产品感受与理解的范围是极其狭窄的。肩吾所谓的"大而无当",就是因为接舆的想象超出了一般人的想象范围;肩吾所谓的"往而不反",就是因为接舆的想象最终也没有回到一般人可以理解的范围之中。无边无沿,无头无绪,与自己固有的思想差别太大("大有径庭"），不是自己所能够接受的（"不近人情"）。这种以物质世界的真实性否定精神世界的真实性的思想倾向，至今仍严重地存在于人类社会。庄子的这则寓言，至今对我们仍然有着极为深刻的警示意义。

　　肩吾的老师连叔对接舆的话是心领神会的。必须看到，肩吾对接舆言论的正面转述，实际上已经带上了肩吾的个人特征，反映了肩吾个人的自由想象，体现了这个年轻人内心深处对美的人、对美的生活的本能的向往。他对藐姑射山的神人的描述，是非常美的，是自由自在的，这正是所有年轻人的生活理想的写照。连叔并不想知道接舆到底怎样描述了藐姑射山的神人，但他与接舆是"心有灵犀一点通"的，是有着精神上的共鸣的，所以连叔完全能够独立地想象出神人的形象。显而易见，连叔描述的神人比肩吾所描述的神人具有更加磅礴的气势和更加雄奇的力量，是一种更加大胆的自由想象，也是更加自由的精神境界。连叔所说的神人"磅礴万物以为一"，"大浸稽天而不溺，大旱金石流、土山焦而不热"，有一种强旺的生命力量。这里的"磅礴万物以为一"，绝对不等同于后代中国知识分子所说的"天人合一"的思想，而是一种与万物共磅礴的动态的力的统一，而不是消极无为的秩序化的统一。如果说肩吾心目中的神人具有更加"精致"的"优美"的特征，连叔心目中的神人则有更加"粗犷"的"力美"的特征。这是两种不同的自由的想象，也是两种不同的美的境界。前一种更符合年轻人稚嫩心灵对美的渴望，而后一种则更符合成年人粗犷心灵生命力的张扬，但这两种精神境界，又都不斤斤于现实的物质实利的追求，不受物质世界现实条件的限制，精神不自由的人，正像"瞽者无以与乎文章之观，聋者无以与乎钟鼓之声"，是进入不到这样奇幻的美的世界、体验不到这样奇伟的美的心灵的。庄子以此区别了精神世界的真实性与物质世界的真实性。

（三）庄子与惠子的对话：精神价值与实用价值（圣人无名）

　　惠子（惠施）是庄子的朋友，是庄子同时代的一位著名哲学家，在以下两则对话中，庄子让他扮演了一个只重视事物的实用价值而不重视其精神价值的人，庄子的心灵则永远是自由的，他的思想从不停留在事物固有的"名"上，停留在人们已经认识到的事物的实用价值上，而总是

论庄子的自由观

能够为事物找到发挥自己作用的新的空间和新的方式。在第一则对话中，惠子收获了一个"五石之瓠"，却"为其无用而掊之"。他之所以认为"无用"，纯粹是因为他仅仅记住了当时人们已经认识到的实用的价值，即"盛水浆"。庄子则说："今子有五石之瓠，何不虑以为大樽而浮乎江湖，而忧其瓠落无所容？"显而易见，庄子的思想并没有停留在过往人们对瓠的实用价值的认识上，而能够带着这个"瓠"在整个宇宙间自由地游弋，并且在江湖之上为这个"瓠"找到了能够发挥自己作用的空间，亦即发现了它的新的、更加巨大的实用价值。在这里，庄子揭示的实际是人类认识与人类精神自由的关系的问题。直至现在，那些庸俗的唯物论者仍然常常抹杀人在人类认识活动中的主体性地位，抹杀人的精神自由在人类认识活动中的关键作用，而将人类的认识仅仅归结为外部世界在人类头脑中的消极的反映和平板的映象，归结为"不依人的主观意志为转移的客观规律"。庄子指出，人类认识的发展离不开人的心灵的自由，离不开人的丰富的想象力。与其说人类认识的发展是客观世界在人的主观世界的投影，不如说人类认识的发展是人类精神自由的表征。世界上那些最伟大科学家的发明和创造，主要依靠的不是消极的形式逻辑的演绎和推理，而更是其自由的想象，是在不同事物之间发现和建立新的联系的巨大能力。也就是说，人类的自由精神才是人类认识发展的根本动力，其中也包括新的实用价值的发现。在第二则对话中，庄子进一步说明，事物的价值并不仅仅局限于实用价值，同时还有其精神价值。即使一个事物无法被人类作为一种实用价值所利用，也不是绝对"无用"的，因为它仍然可以作为人类心灵的栖息地，使人类的心灵得到休养和生息。"今子有大树，患其无用，何不树之于无何有之乡，广莫之野，彷徨乎无为其侧，逍遥乎寝卧其下？"如果说前一则对话暗示了科学和精神自由的关系，这一则对话则暗示了文艺与精神自由的关系。文艺本身在现实的物质世界上是没有实用价值的，也就是说，仅仅从实用价值的角度看文艺是无用的，但一部真正的文学艺术作品使人感到心灵的自由舒卷和精神的自由发展，便有了任何现成事物所无法代替的巨大作用，即精神的价值和意义。

孔子十分重视"正名"的工作，他指出："名不正则言不顺，言不顺则事不成，事不成则礼乐不兴，礼乐不兴则刑罚不中，刑罚不中则民无所措手足。故君子名之必可言也，言之必可行也。君子于其言，无所苟而已矣。"（《论语·子路》）孔子所说的"名"，实际上是一个事物在现实物质世界上的作用和用途，它是在物与物、人与人或人与物的现实关系中得到确认的，反映了人对某个事物的作用和用途的认知结果。在儒家知识分子的价值体系里，"名"和"用"是紧密联系在一起的，所以儒家知识分子心目中的"圣人"，就是能够治理国家的贤明的君主，是有"大用"的人。庄子重视人的精神自由，而精神自由在现实的物质世界上没有确定的实利用途，所以他说"圣人无名"，而"圣人无名"实际上就是"圣人无用"。

　　直至现在，我们仍然经常提出"自由有什么用"的问题。追求精神自由的人，不适合当官，也不善于经商，不喜欢出名，甚至也处理不好日常生活事务。他们有什么"用"呢？但是，像庄子、屈原、司马迁、陶渊明、嵇康、阮籍、李白、李贽、曹雪芹、鲁迅这样一些人的作品还是流传了下来。对于他们的作品，人们至今仍然说不出有多么具体的用途来，但绝不能说它们毫无意义和价值。这实际上是一个精神价值和实用价值的区别的问题。实用价值是在现实的物质世界中已经清楚认识到的价值，是可感、可触、可言传的价值，因而也是世人普遍重视、相互争夺的价值。人们对世界的认识，首先重视的就是这种实用的价值，并将这种价值自觉不自觉地视为一个事物的本质。由于实用价值系于物，囿于物质实利的人，首先关注的是物的实用价值，在这时，"物"就成了人的心灵的障壁，精神就死在"物"上了。精神价值主要作用于人的内在心灵，是人的心灵自由游弋的产物，人的心灵能够自由地游弋，人就能感到精神的愉悦和心灵的畅达。精神价值被呈现在人的心灵感受中，它系于心而不系于物，一个渴望自由的心灵，在世界上最伟大的文学家、艺术家的作品中能够感受到精神的价值，感受到它们的作用和意义，所以，精神价值是要依靠自由的心灵来感受、体验、品味、发现和发掘的。庄子和惠子的两则对话所揭示的就是实用价值与精神价值二者关系的问题。

　　毋庸讳言，较之西方近现代文化，中国古代自然科学的发展是不够

论庄子的自由观

充分的，但这些有限的成果更多地与中国古代道教文化有着密不可分的联系。在这里，我们分明能够触摸到庄子哲学与中国古代自然科学成果的内在联系，因为中国的道教文化，恰恰是以老子哲学和庄子哲学为其经典的；魏晋南北朝时期，是中国文人文学走向自觉的时代，而庄子哲学则是魏晋文人的主要思想渊源之一。在这里，我们难道感觉不到庄子哲学与中国文学发展的内在联系吗？所以，庄子关于实用价值和精神价值关系的学说，在中国文化史上的地位和作用是不容忽视的。

综上可知，庄子《逍遥游》的杰出哲学意义和思想价值在于：它在中国哲学史上首次将人的精神自由从人的外部物质活动中独立出来，区分了人的内在的精神自由和外在的行为自由，并从精神自由的角度提出了人的四种不同的精神境界。在此基础上，庄子围绕"至人无己""神人无功""圣人无名"三个侧面，进一步阐明了精神自由的人生价值观念与政治功利性的人生价值观念、物质世界的真实性与精神世界的真实性、外在的实用价值与内在的精神价值的区别，从而建构起他的内涵丰富的"精神自由观"，并成为他全部人生哲学的最根本的出发点。

原载《河北学刊》2009年第6期

庄子的平等观（上）
——庄子《齐物论》的哲学阐释

一

"'逍遥游'者自由也，'齐物论'者平等也。"[①]在这里，我们必须指出，《逍遥游》的"自由"主要不是"物"的"自由"，"物"的"自由"都是"有待的"、相对的，只有人的心灵、人的精神才能进入"逍遥"境界，才有绝对的自由。这种"自由"是精神主体的自由，所以，《逍遥游》既是庄子哲学的自由论，又是庄子哲学的主体论，讲的是主体的精神自由的问题。《齐物论》讲的则是"物"，是如何看待世界上各种不同的"物"（"物个体"）的问题，其中也包括不同知识分子的不同思想学说的关系问题。在存在论的意义上，庄子认为它们之间的关系是平等的。所以，《齐物论》既是庄子哲学的认识论，又是庄子哲学的文化论，还是庄子哲学的存在论，他的"平等"是各种不同的"物"和各种不同的思想学说在存在论意义上的平等。我认为，认识到这一点，对于我们从整体上把握庄子哲学是极为重要的。

[①] 章太炎：《国学概论》，曹聚仁整理、汤志钧导读，上海古籍出版社，1997，第34页。

庄子的平等观(上)

正像《逍遥游》的开篇展示的是一个庄子意义上的宇宙景象一样,《齐物论》开篇展示的也是这样一个景象:

> 子綦曰:"夫大块噫气,其名为风。是惟无作,作则万窍怒呺。而独不闻之翏翏乎?山林之畏佳,大木百围之窍穴,似鼻,似口,似耳,似枅,似圈,似臼,似洼者,似污者,激者,謞者,叱者,吸者,叫者,譹者,宎者,咬者。前者唱于,而随者唱喁。泠风则小和,飘风则大和,厉风济则众窍为虚。而独不见之调调、之刁刁乎?"子游曰:"地籁则众窍是已,人籁则比竹是已。敢问天籁?"子綦曰:"夫吹万不同,而使其自己也,咸其自取,怒者其谁邪?"①

仅从南郭子綦的形象,我们很容易将庄子在这里所表达的思想同老子哲学完全等同起来。南郭子綦的学生颜成子游说他"形如槁木""心如死灰",他自己则说"今者吾丧我"。老子也说:"俗人昭昭,我独昏昏。俗人察察,我独闷闷。"(《老子》第二十章)但老子心灵中的世界却是一个"无状之状,无物之象"的"惚恍"世界(《老子》第十四章)。南郭子綦即使在沉思冥想中,呈现在眼前的也是一个"万窍怒呺"的具体生动的世界,是能够在感官感觉中呈现出来的"大千世界"、现象世界。

在《逍遥游》中,庄子是直接出面描写鲲鹏和蜩、莺鸠等活跃着的那个世界的,因而那个世界也只是庄子心灵自由游弋的结果,是庄子自由精神的象征,一个外在的物质实体的庄子是被遮蔽在那个想象世界的幕后的。在《齐物论》中,庄子则设定了南郭子綦这个"他者"的形象,并且在他的身边安置了他的学生颜成子游——一个能够看到南郭子綦的物质形体的人。实际上,庄子通过这种方式,同时展示了两个不同的南郭子綦:其一是作为精神主体的南郭子綦,其二是作为物质实体的南郭子綦。作为一个精神主体的南郭子綦,是处于一种极端自由状态

---

①章太炎:《国学概论》,难忘家乡,第34页。

的，与那个"万窍怒呺"的现象世界融为一体，是一个"吹万不同"的无限丰富具体的世界；作为一个物质实体的南郭子綦，则"嗒焉似丧其耦""形如槁木""心如死灰"（颜成子游从外部看到的表情麻木的形象）。显而易见，庄子这里所区分的，就是人的"灵"和"肉"、精神和物质、精神主体和物质实体的两个侧面。这反映在南郭子綦本人的思想意识中，则是对两个自我的意识：内在精神的自我与物质实体的自我。"今者吾丧我"，说的实际是作为精神主体的自我（"吾"）失去了对作为物质实体的自我（"我"）的清醒意识的状态，是有类于后人所说的"灵魂出窍"的那种情况。

我认为，明确区分人的两个主体、两个自我，对于理解庄子哲学，特别是他的《齐物论》至为重要。有的学者认为，既然庄子认为"吹万不同"，任何"物个体"（个体的物）都是世界万事万物中的一个、任何一种独立的思想学说都是众多思想学说中的一种，庄子也是其中之一，他怎能定其是非、齐其不同，以达到使万物或各种不同的思想学说齐一的目的呢？（参见王应麟：《困学纪闻·十》所引张文潜语："庄周患夫彼是之无穷，而'物论'之不齐也，而托之于天籁，其言曰：'吹万不同，而使其自已也。'此言自以为至矣，而周固自未离夫万之一也，曷足以为是非之定哉！"）实际上，正是因为庄子区分了两个世界的两个自我，所以这种"齐"其"不齐"的辩证关系才能够建立起来，在庄子哲学中，"不齐"是物质世界万事万物的基本存在方式，是"物个体"（个体的物或个体的人）的根本特征，也是各种不同的人的不同思想学说的本来面貌。在这个物质的世界上，是不存在"齐一""统一""同一"的，作为一个物质实体的庄子当然也是其中的一个，作为一个语言实体的庄子的思想学说也是这诸多思想学说中的一种。但也正是因为如此，才有了"齐"（动词）的必要，才有了将它们统一起来的愿望和要求。那么，如何将物质世界中这些"不齐"的事物、"不齐"的思想"齐"起来呢？庄子认为，只有在人的精神世界里，只有通过精神主体的力量，亦即通过绝对自由的心灵，才能得到实现，而他的《齐物论》具体阐释的就是这个问题，亦即如何"齐"其"不齐"。换言之，"不齐"的是"物"，"齐"（形容词）的是"道"。《齐物论》讲的就是悟道的途径和方法。

庄子的平等观（上）

在这里，我们还必须注意到庄子《逍遥游》和《齐物论》在展示整体的现象世界亦即他心目中的"道"的角度的不同。它们都是一个生机盎然的世界，一个丰富多彩的世界，一个能够在直感直觉中得到呈现的世界，亦即是一个现象的世界，而不是老子所说的那种混沌恍惚的世界、混沌恍惚的"道"。但在具体展现这个现象的世界的时候，其角度却各有不同。简要说来，《逍遥游》彰显的是诸"鸟"皆"飞"、万物皆"动"，《齐物论》彰显的则是诸"窍"皆"唱"、万物皆"吹"。前者以"鸟"为主体，以"飞"为中心，呈现出一个运动的世界；后者则以"风"为主体，以"吹"为中心，呈现出一个"万窍怒唱"的声音的世界。

由"声音"，我们可以联想到"语言"。实际上，万事万物的"声音"，正像万事万物的"语言"，是事物向外部世界发放的自身的信息。"人"的语言，仍然是以声音为主要载体的。文字产生之后，语言有了"形"，但文字之"形"仍然是在口头语言的"音"的基础上繁衍分化而成的。在这个意义上，知识分子的各种各样的思想，各种各样的思想学说（"物论"），也是知识分子的各种"声音"。对于"齐物论"，向来有两种解读方式：其一是"齐""物"连读，"论"是文体形式的一种，合而言之，内涵颇接近现代哲学中"论物质的统一性"这样的论题；其二是"物""论"连读，"物论"就是知识分子的各种不同的价值观念，各种不同的思想学说，"齐"是动词，合而言之，内涵颇接近现代哲学中"论人类思想意识的统一性"这样的论题。根据章太炎的说法，"齐物属读，旧训皆同，王安石、吕惠卿始以物论属读"①。实际上，只要将"声音"同"语言"联系起来，我们就会看到，齐"物"同时也具有齐"物论"（思想学说）的意思，更不必将主题仅仅定在"物论"上，所以王安石、吕惠卿的"新训"实为画蛇添足。在庄子的观念中，万事万物都有自己的声音，都有自己的语言，也意味着都有自己的是非标准，是不"齐"的。我们要想将其联系为一个有机的整体，必须像《齐物论》所主

---

①章太炎：《齐物论释定本》，载刘梦溪主编《中国现代学术经典·章太炎卷》，第407页。

张的那样看待它们的"不齐"。"齐"其"不齐",方能得其"道"体。

二

正像《逍遥游》在通过"鸟"之"飞"暗示出行为自由的"小大之辩"之后、接着便通过棘之口说出了人的行为自由的四境界一样,在《齐物论》中,庄子在通过南郭子綦之口描述了"物"之"吹",暗示出思想意识范畴的自由之后,也通过南郭子綦之口说出了思想意识范畴的精神自由的三境界:人籁、地籁、天籁。

对于人籁、地籁、天籁这三个概念,理解可能各不相同,但我认为,在庄子已经分别了的精神与物质、精神主体与物质实体、绝对自由与相对自由之间的关系中理解这三个概念所体现的思想意识范畴的三种不同的精神境界,是正确阐释这三个概念的基本途径。

我们首先应该注意到的是"气"这个概念。南郭子綦在对他的学生颜成子游讲解人籁、地籁、天籁的区别之前,首先说的不是"籁",不是"声",而是"气":"大块噫气,其名为风。"在这里,"气"即"风","风"即"气","风"只是"气"之"名",因为庄子分明认为,"流动"就是"气"的基本存在形式。实际上,"气"的作用,"气"的重要性,庄子在《逍遥游》中已经有所涉及。庄子写大鹏"抟扶摇而上者九万里,去以六月息者也",还说"野马也,尘埃也,生物之以息相吹也"。这里的"扶摇""六月息""野马"都是"风",都是"气"之流动,所有的生物都是被"气"联系在一起的("生物之以息相吹也");"故九万里,则风斯在下矣,而后乃今培风","风"在大鹏"徙于南冥"的壮举中是有着不可替代的关键作用的;在《逍遥游》中,庄子说"至人""神人""圣人"的特征就是"乘天地之正,御六气之辩,以游无穷"。这说明,在庄子的哲学中,"六气"分明就是宇宙整体及其运动的基本形式。宇宙不是一个物质实体,但也不是绝对虚无的,而是虚而实、实而虚的"气"之运动。庄子分明认为,"六气"体现的就是宇宙精神,它在"大地"("大块")中蒸发出来,弥漫于宇宙并不断运动着。

我们看到,庄子笔下的"声音",莫不与"气"有关,亦即莫不与

"精神"有关。但是,庄子在《逍遥游》中已经指出,精神自由又是有"小大之辩"的,又是有有待(相对)与无待(绝对)的区别的。所谓"有待",就是其精神自由还必须依靠一定的物质条件才能存在,精神对物质、精神主体对物质实体还有所依赖。依赖的成分越大,其自由越小;依赖的成分越小,其自由越大。这就有了"小大之辩"。只有精神完全超越了物质、精神主体完全超越了物质实体的禁锢和束缚,精神的自由才是无待的,才是绝对的。显而易见,这也产生了人籁、地籁、天籁的差别。

"人籁则比竹是已",也就是说,人的声音是人吹奏由竹管排列而成的箫、笙等乐器发出来的。在这里,庄子实际暗示了"人籁"在两个方面所受的制约:其一是人有精神性的一面,更有物质性的一面。在通常的情况下,人的精神不能不受到他的物质性的制约和限制。人有肉身,人有物质欲望,人有特定的物质生活形式,并且彼此各不相同,所有这些都使不同的人有不同的是非标准、不同的思想观念,彼此无法联系成一个有机的整体,其精神自由是受到严重限制的;其二是受物质载体的限制。人借"比竹"而发声,也受"比竹"之限制。"比竹"是"物","物"各有自己的物理特性,不同的物质发出的声音是各不相同的,在通常的情况下也不是一个有机的整体。总之,"人籁"虽然也是"气"之流动,也有精神性的特征,但在通常的情况下,受其物质特性的束缚最为严重。

"地籁则众窍是已",也就是说,"地籁"是由于大大小小、各种各样的"窍"在"气"("风")的作用下发出的。显而易见,"地籁"并不受人的肉身及其物质欲望的束缚,"气"的作用更加显著,"气"之流动也更加自由,但它仍然受到它的物质载体的制约。南郭子綦所描绘的"万窍怒呺"的景象,主要就是"地籁"的景象。其景象之壮观,其气势之伟大,其范围之广阔,都是"人籁"所不可企及的。但是,由于"窍穴"大小、形状之千差万别,其声音也各不相同,因而仍然不是一个和谐无间的统一整体。

关于"天籁",南郭子綦说:"夫吹万不同,而使其自已也,咸其自取,怒者其谁邪?"在《逍遥游》中,庄子具体描绘了鲲鹏"抟扶摇而上者九万里"、由北冥徙于南冥的景象,对于那些小鸟的描写极其简略,对于"逍遥"则没有正面的描绘。简写"小鸟",分明是因为我们对小鸟的"飞翔"是熟悉的;详写"鲲鹏",则分明因为那只是庄子主观想象中的景象,是我们极难想到的。而到了"逍遥",则是连庄子也无法具体描绘出来的景象,因为它不是一种实际的景象,而是一种内部的精神运动。但是,庄子虽然没有具体描绘"逍遥"的状貌,但我们却理应想到,"逍遥"绝不是较之鲲鹏"抟扶摇而上者九万里"、由北冥徙于南冥更加娇小、轻巧、静谧的景象,而是无限宏大、无限壮观、无限有力的景象。在《齐物论》中,庄子对人籁、地籁、天籁的描写,也是这种情况。庄子没有详写"人籁",是因为我们对人的吹奏之声是有清晰的记忆的,而"地籁",没有庄子的具体描绘,我们是想象不出来的。到了"天籁",也像"逍遥"一样,已经不是一种眼见、耳闻的实际景象,所以庄子没有具体的描绘,但我们却必须知道,它绝对不是一种比"地籁"更没有生气、更没有力度的声音,而是比具体描绘出来的"地籁"更加大气磅礴、雄奇伟美,只不过它是内在精神感受之中的,而不是用听觉器官倾听到的。由此我们知道,后代中国知识分子用品茗、吟诗、清谈等等具体体现出来的隐士风,并不符合庄子对知识分子及其自由精神的原初理解。

  显而易见,"天籁"不是"气"("风")吹大地上大大小小、各式各样的"窍穴"而发出的声音,也不是人吹"比竹"而发出的声音,而是摆脱了所有物质羁绊的纯粹的"气"的运动。这种纯粹的"气"的运动,在庄子看来,就是纯粹的宇宙精神的运动。这里的"气"仍然不是静止的、凝固的,而是运动的;仍然不是单调的、板滞的,而是像《逍遥游》中所说的"六气"一样有各种各样的巨大气流的激荡、奔涌、回旋、舒卷和相互的对流、冲撞和纠缠。正是在这种巨大气流的湍急的运动中,才发出各种各样的声音("吹万不同")。但是,尽管"天籁"较之"地籁"声浪更加宏大,气势更加雄伟,但却不是物质实体与物质实体的冲撞,也不是因"气"受到物质实体的压抑或阻抑所致,而是由大气的自身运动生成的,各种声音都有自己生成的特定原因,没有任何外物的干扰,是自生自音、"使其自己"的。

庄子的平等观（上）

我们还应当注意到庄子笔下"怒"字的用法。在《逍遥游》中，庄子写大鹏鸟"怒而飞，其翼若垂天之云"。我们都能感到，这个"怒"字是很有气势的，是很有爆破力的，是鹏鸟起飞时纵身一跃、直冲云霄的形象；在《齐物论》中，庄子写"地籁"，又用了这个"怒"字："夫大块噫气，其名为风。是唯无作，作则万窍怒呺。"虽然"怒"在这里是副词，但也有陡然而起的气势。我认为，假如将这个"怒"字放到庄子哲学中来感受，它实际是以强大的精神力量冲破物质实力的阻碍或束缚、陡然而起的一个意象。"怒者"，在《逍遥游》中是既具有不可见的强大腾飞能力，又具有可见的物质重量的鹏，在《齐物论》中，是既具有发声能力又具有物质性的"万窍"，而"天籁"，同样表现出巨大的气势和磅礴的力量，但却没有像"鹏"和"万窍"这样的物质躯体，而只是"气"（精神）自身的声音。所以庄子说："咸其自取，怒者其谁也？"

不言而喻，这里的人籁、地籁、天籁，体现的不仅仅是自然界的三种不同的声音，更是思想意识范畴的人的三种不同的精神境界。

三

大知闲闲，小知间间；大言炎炎，小言詹詹。其寐也魂交，其觉也形开。与接为构，日以心斗。缦者，窖者，密者。小恐惴惴，大恐缦缦。其发若机栝，其司是非之谓也；其留如诅盟，其守胜之谓也；其杀若秋冬，以言其日消也；其溺之所为之，不可使复之也；其厌也如缄，以言其老洫也；近死之心，莫使复阳也。喜怒哀乐，虑叹变慹，姚佚启态。乐出虚，蒸成菌。日夜相代乎前，而莫知其萌。已乎，已乎！旦暮得此，其所由以生乎？（《庄子·齐物论》）

在区分了思想意识范畴的人籁、地籁、天籁三种精神境界之后，庄子首先解剖的是"人籁"。在这里，庄子实际实现了从宇宙观向文化论的过渡，而在人的文化论中，一个核心的概念就是"知"。

在《逍遥游》中，已经出现过"知"这个概念。"小知不及大知"

"朝菌不知晦朔，蟪蛄不知春秋"，暗示的都是人的自由有大小，因而人的知识范围也有大小，这是一个"小大之辩"的问题，但不论是"大知"，还是"小知"，都还是物质世界不同事物之间的差别，而不是"逍遥"范畴的事情，因而也是相对的，而不是绝对的。我认为，对于这里的"大知""小知"，"大言""小言"也应作如是解。所谓"大知闲闲"，大概就像我们当代的那些大知识分子，由于自知学问广博、思想深刻，所以有一种从容不迫的气度，而"小知间间"则像我们这些小知识分子，由于只有一知半解，所以容易斤斤计较，不够豁达大度；"大言炎炎"大概是说，那些"大道理"总是被说得热气腾腾、云山雾罩，而那些"小法术"则总是被说得琐里琐碎、啰里啰唆。总之，这里的"大知""小知"，"大言""小言"都只是现实世界中不同人（知识分子）的不同表现，都还不是"至人""神人""圣人"的基本特征。"大言"不是"道"，"大知"也不是知"道"。至少在庄子看来，"大知"不必"闲闲"，"小知"也不必"间间"；"大言"不必"炎炎"，"小言"也不必"詹詹"。否则，就不会导致下文所说的种种心理变态了。根据同样的道理，"其寐也魂交"的"魂交"，也不能简单地理解为我们平时所说的"神交"。在这里，"魂"应是个别事物在人的心灵中的映象。这些映象都是孤立的、散乱的，彼此构不成一个和谐的整体，到了睡梦中，它们就混杂在一起，使梦魂难安，甚至噩梦联翩，而在睡醒之后，这些事物之间的界限才清晰起来（"其觉也形开"），但仍然是孤立的、分散的，而不是一个和谐的整体……

迄今为止，在人类文化中，特别是在我们知识分子的观念中，"知识"的价值几乎是至高无上的，培根的"知识就是力量"几乎成了我们当代知识分子的座右铭。但是，严格说来，"知识"，从改造外部物质世界的角度，其作用是无法估量的，但只要从人的精神发展的角度，从庄子所关注的心灵自由的角度，情况就未必如此了。我认为，对于庄子的"知识论"，我们可以从两个角度进行理解：其一是从"人"的角度，其二是从"物"的角度。从"人"的角度，人是在人与人构成的一个整体中生活的，但人的知识却是一个个特定的个体依照自己的方式独立获取的，不论在其认知程度上还是在其认知性质上都是各不相同的。所以，

庄子的平等观（上）

人的知识以及知识的积累不是缩小了人与人之间的思想差异和矛盾，而是不断加剧了人与人之间的思想差异和矛盾；从"物"的角度，世界上不是只有一事一物，而是有万事万物，而万事万物又都是以个体的形式存在的，都是各不相同的，即使迄今为止作为人类知识存在的所谓事物之间的"普遍联系"、事物变化的"客观规律"，也是各不相同的。也就是说，人类的知识从来都不是一个和谐的整体，它们是彼此孤立的、分散的。这些孤立的、分散的知识即使在同一个人的心灵中，也是彼此抵牾、相互干扰的，这加剧了而不是削弱了人的内在心灵的分裂。不难看出，庄子通过"大知闲闲，小知间间；大言炎炎，小言詹詹；其寐也魂交，其觉也形开"，揭示的也正是人类知识在人类精神发展过程中所造成的破坏性影响：人与人之间的思想差异和矛盾在无形中扩大了、加剧了。

人与人之间的思想差异和矛盾必然导致人与人之间的思想斗争。"与接为构"实际是说人与人之间的接触和交往，"日以心斗"，用知识分子的话来说，就是时时刻刻都在进行着思想斗争；用老百姓的话来说，就是天天都在"斗心眼"。在这种斗争中，有的巧于心计，有的暗设陷阱，有的深藏不露，都各怀戒心。小的恐惧令人惴惴不安，大的恐惧令人惶恐万状，说的时候像在箭弩上发出的箭，尖锐有力，恶言伤人，人世间的是是非非就这样开始了。为了在这种人与人的思想斗争中取得胜利，每个人都像遵守誓言、盟约那样坚守着自己固有的思想主张，强制自己不能发生改变，这造成自我的心理压抑，其心境也日渐肃杀凄凉起来。整日沉溺于此，再也无法恢复当日轻松活泼的心灵、自由放任的精神。心灵越来越封闭，束缚越来越严重，越到老年，越是难以改变，精神濒于死亡，再也无法振作起来。各种各样的消极情绪，也像吹奏比竹、在比竹的"窍空"中响起的乐声，从蒸汽中滋生的细菌，在不知不觉中就相继产生了。从早到晚，不是沉溺于这种消极情绪，就是沉溺于那种消极情绪，而又不知道这一切到底是怎样发生的。

庄子感叹道：算了罢，算了罢，天天这样，人可怎样活呀！

必须看到，庄子在这里所描述的，并不是他主观臆想中的情景，而是我们每一个人，特别是知识分子都能亲身感受到的事实。时至今日，人类，特别是知识分子，不论在其知识的量上，还是在其知识的质上，较之庄子时代，不知有了多少倍的增长，但庄子所描述的这种精神现象还存在不存在呢？我们经常说，我们的时代，是一个"知识爆炸"的时代，但"知识爆炸"并没有带给我们更多心灵的自由，并没有带给我们更多精神上的自信，与此相反，伴随"知识爆炸"而来的，好像也有一个"心灵爆炸"，好像也把当代知识分子的心灵炸成了碎片。我们没有在这个"知识爆炸"的时代成为精神上的鲲鹏，反而在这个"知识爆炸"的时代变成了精神上的斥鷃。在我们当代世界知识分子的文化辞典中，已经很少见到"文化理想""精神理想"这类的词，而"文化战略"这类的词却成为当代世界知识分子的口头语。但在"文化战略"这类词的背后，写着的不正是庄子所说的"日以心斗"吗？而"日以心斗"的结果呢？不正是庄子在这里描述的那些精神现象吗？

四

在我们的观念中，"知识"本身就是好的，就是人类进步的根本标志，因而我们也极少对人类的知识进行更细致的分析。而庄子，却以自己的方式对人类的知识进行了更细致入微的分析和研究。

较之我们，庄子分明更加清醒地意识到，人类的知识首先是在"彼""我"关系中建构起来的。这个"彼"可以是"物"，也可以是"人"。"我"对于"物"的认识，产生了"我"关于自然世界的知识；"我"对"人"的认识，产生了"我"关于社会、关于人、关于人类文化的知识。在这里，"我"是认识主体，"彼"是认识对象，"知识"则是认识主体对认识对象的"认识"。但是，在"彼""我"之间，首先存在的还不是认识关系，而是直感直觉的关系。在直感直觉的关系中，"我"是感觉主体，"彼"是感觉对象，"我"对"彼"的感觉直接构成的是"现象"。在这里，也就有了两个世界，一个是直感直觉中的现象世界，一个是认识中的理性世界。在直感直觉的关系中，"彼""我"是相对待而存在的，感觉主体与感觉对象是相辅相成的，没有感觉对象也就感觉不到感觉主体的存在（"非彼无我"），没有感觉主体，感觉对象则是无法被感觉到的（"非我无所取"）。也就是说，二者的关系不是因果关系，

庄子的平等观(上)

不是本质与现象的关系,这个世界也是无法脱离开"我"、脱离开感觉主体而独立存在的,因而它也不是一个纯粹客观的世界,二者构成的是"非彼无我""非我无所取"的共时性的相辅相成的对待关系,是一个你中有我、我中有你的统一整体。但一到认识论的关系中,因果的问题就被提出来了,本质与现象的问题就被提出来了,认识对象中不同事物之间的关系的问题就被提出来了。与此同时,对象世界也开始离开"我"、离开认识主体而成为一个独立自足的世界,成为一个纯粹客观的世界。人的认识能力是在人的思考能力的基础上产生的,而思考能力则是人向认识对象提出问题并以自己的方式做出解答的能力。人通过自己的感官直感直觉到外部的现象世界,但却不知道这个现象世界是怎样产生出来的、是谁创造出来的("不知其所为使")。在这时,"我"——认识主体感觉到自己面前的这个世界好像只是一个"结果",此外还理应有它之所以会产生的"原因";感觉到自己面前的这个世界好像只是它的"表面现象",此外还理应有它之所以会如此的"本质特征",但是,"我"——认识主体又无法具体感知到它的"原因"和"本质"("若有真宰,而特不得其朕")。"我"——认识主体是相信自己面前的这个现象世界有其产生的原因和存在的本质,是相信其"真宰"的存在的,甚至认为这是情理之中的事情,但却看不到它的形体(这个"真宰"不是庄子所理解中的"道",而是像西方基督教中的"上帝"和中国殷商时代的"天"那样的造物主,是外在于这个世界而又创造了这个世界的非具象性的存在者。它既是这个世界的终极原因,也是这个世界的终极本质。庄子不承认这样一个"真宰"的存在)。

在直感直觉的现象世界中,世界是一个整体,正像一个躯体的"百骸""九窍""六藏",万事万物都有其存在的根据,应该有的,它们都具备了。在本能中,我们就是平等地对待所有这些器官的,但当"我"——认识主体试图对它们做出自己的思考的时候,一系列的问题就都出现了:"我"与其中哪一个器官关系更密切呢?"我"是应该平等地爱所有这些器官呢,还是对其中一个应该有所偏爱呢?"我"可以像使唤臣妾那样使唤它们吗?它们之间可以相互管束、彼此制约吗?它们是轮流执政呢,还是由一个器官主宰一切……所有这些问题,在人的直感直觉中,都是不存在的,但在人的"认识"中,却都成了不能不关心的问题。庄子指出，对这些问题做出回答与不做出回答，都无益也无损于我们直感直觉中那个现象的世界、那个本真的世界，但人们仍然孜孜不倦地考虑着这样一些问题。

必须指出，庄子并没有从根本上否定人认识世界的必要性，并没有从根本上否定人的知识的重要性，他在《逍遥游》中就提出了"知"的问题，并通过对鲲鹏和蜩等小鸟的描写明确地表现了"大知"较之"小知"具有更大的优越性。我认为，庄子在这里除着重强调了人类的认识、人类的知识的相对性之外，还提出了一个人类的认识路线的问题，提出了人类认识与人类精神自由的关系的问题。实际上，即使人类的理性，人类的认识，也同时具有两个"极地"，其一就是庄子所强调的直感直觉中的世界，现象的世界。人类的理性，人类的认识，都是从这个世界起步的。人类的求知的欲望，人类通过求知以实现自己的精神自由的愿望，推动我们的意识离开这样一个世界，这样一个"极地"，进入到我们的感官感觉所无法直感直觉到的另一个世界之中去，一个理性的世界之中去。正像鲲鹏要从"北冥"徙往"南冥"，"南冥"就是它的另一个"极地"。但在庄子看来，当人类的某个认识结束之后，当人类的认识到达了另外一个"极地"之后，这个认识过程，包括其认识的结果，也同时进入到人类直感直觉的现象世界之中去，正像当鲲鹏到达"南冥"之后，它的整个飞翔过程，包括它到达的"南冥"，就都成了它直感直觉的现象世界的一部分。这是一个人类知识发展的过程，也是人类心灵自由游弋的过程。在这个过程中，人类感到的不但不是辛劳和痛苦，而是精神的愉悦和幸福。在《逍遥游》中，庄子对惠施说："今子有五石之瓠，何不虑以为大樽而浮于江湖，而忧其瓠落无所容？""今子有大树，患其无用，何不树之于无何有之乡，广莫之野，彷徨乎无为其侧，逍遥乎寝卧其下。不夭斤斧，物无害者，无所可用，安所困苦哉！"实际上就是这样的认识方式。这是一种在现实世界的不同事物之间发现新的联系的认识路线，是进一步拓展自己的直感直觉的范围及其深度的认识路线。而庄子所批判的，则是宗教与准宗教性的贵因论的、本质主义的认识论路线。这样的认识路线，总是企图在自己直感直觉的现象世界之外寻找这个世界存在的原因和存在的本质，总是企图从这个世界的外部重新赋予这个世界以存在的秩序和规则,而所有这些,由于从根本上脱离了人类能够直感直觉到的现象世界的范围,因而也永远无法达到认识的终点,人类的心灵也永远处在辛苦跋涉的路途上,找不到一个栖息地。显而易见,在这样一个认识路线上,人的心灵是不自由的。所以,庄子指出,人一旦成为人,只要肉体不死,就要行动,就要思想,与周围的事物相互撞击,相互摩擦,跌跌撞撞,辛苦奔波,没有一个停止的时候,这不是异常悲哀的吗?("一受其成形,不亡以待尽。与物相刃相靡,其行尽如驰,而莫之能止,不亦悲乎!")终身劳顿而没有结果,疲于奔命而没有归宿,能不感到悲哀吗?("终身役役而不见其成功,苶然疲役而不知其所归,可不哀邪!")就是人认为他没有死,又有什么用处呢?肉体渐渐老去,精神也随着肉体的老去而老去,这不是极大的悲哀吗?("人谓之不死,奚益!其形化,其心与之然,可不谓大哀乎?")所有这些,实际上都是因为人类思考的这些问题,其本身就是根本无法解决的,就是思之无益的——它们与人的生存和发展毫无关系。

庄子说,这样的人生,是盲目的人生。

五

在这里,我想更详细地将人类意识中的两个世界(直感直觉中的现象世界和人类认识活动所衍生的理性世界)的关系及其各自的特征做些论述,因为我认为,庄子的认识论与他清醒地划分了这两个世界并准确地把握了这两个世界的关系有着直接的关联。

如上所述,人类的认识有两个"极地":一个"极地"是人类直感直觉中的现象世界,一个是人类认识所能够达到的理性的世界。我之所以称之为"极地",就是说它们是不可超越的。从人类认识的起点而言,它只能从人的直感直觉中的现象世界开始,而不再可能找到除此之外的一个更低的、更基本的、更坚实的认识的起点;从人类认识的终点而言,它只能到达理性的世界,而不再可能到达一个像西方基督教宣扬的"天国"那样的较之理性世界更高、更真实的世界。人类的认识始终是在这两个世界中循环往复、螺旋发展的。这是人类意识中的两个世界,但对于人类而言，特别是对人类的心灵自由而言，这两个世界却是截然不同的。

庄子用"非彼无我""非我无所取"极其扼要，也极其准确地抓住了人类直感直觉中的现象世界的特征。这个世界上的一切，都是在"彼""我"的自然关系中构成的，它也是人的心灵能够自由游弋的世界。在这个世界上，我们是不用"思考"的，我们在下意识中就知道石头是坚硬的，黑暗是不光明的，因为我们对它们的感觉原本就是在我们的感觉中建立起来的，二者永不分离。在这个直感直觉中的现象世界里，没有原因与结果、现象与本质、物质与精神、主观与客观、主要与次要、中心与边缘等等的差别，这些差别是在人类的认识活动中产生出来的，是在人类的理性世界中出现的。在现象的世界里，所有的事物都以浑然一体的形式呈现在我们的感觉之中，事物是空间中的事物，空间是事物的空间，我们的心灵在这个空间中是可以自由游弋的，是比一个跟头翻十万八千里、身体可以有七十二种变化的孙悟空更加自由和逍遥的。对于人的心灵，这个世界没有不可逾越的障碍，没有不能攀登的山巅。人类的理性世界则是由人类认识的一个一个山巅构成的，像在教科书中一样是由大量公式、定理和所谓规律构成的。如果不把这些山巅放到人类直感直觉中的现象世界中来，仅仅依靠它们自身，是永远不可能构成一个统一的世界的，因而我们的心灵在这个世界上也是不能自由游弋的。我们从爱因斯坦的相对论无法直接推导出当前世界范围的金融海啸，也无法用马克思主义的政治经济学考证出老子生于公元前多少年。在人类认识的世界上，到处存在着不可逾越的障碍。它永远是由大量杂乱无章的认识结论构成的，即使一个最伟大的哲学家，也无法将自己的全部知识纳入一个统一的知识框架之中去，也无法赋予它们一个统一的秩序。

如果回到庄子那个时代和那个时代的知识分子中间去，我们就会看到，当老子创立自己的哲学、孔子创立自己的社会学说的时候，他们的心灵是相对自由的，他们的思想学说也是他们为自己开辟的更加广阔的自由空间。他们的自由性的根本标志在于，他们的思考是直接建立在他们直感直觉中的现象世界的基础之上的，是对他们直感直觉中的现象世

庄子的平等观（上）

界的进一步开拓，因而他们的思想也是可以在他们的直感直觉中直接呈现出来的，是可以成为大量人生现象的"名"的。"仁"在孔子思想学说中是一个重要概念，对于我们，它是极为抽象的，但对于孔子，却未必如此。他说："回也，其心三月不违仁，其余则日月至焉而已矣。"（《论语·雍也》）这说明，对于孔子，"仁"也像"树""鸟""风""云"等概念一样，是可以耳闻目睹的，是可以不经过我们所谓的逻辑推理过程而被他的直感直觉直接捕捉到的。也就是说，即使孔子在认识世界、认识社会的过程中建立起来的"思想"、获得的"知识"，也是可以构成他直感直觉中的现象世界的构成要素的，正像在我们直感直觉中的现象世界也包括手机、电视、飞机和火车这些现代科学技术成果一样。我们可以认为，这是所有原创性思想家的根本特征。老子观念中的"道"，孔子观念中的"仁"，伏尔泰观念中的"自由、平等、博爱"、尼采观念中的"超人"，马克思观念中的"资产阶级"和"无产阶级"，鲁迅观念中的"改造国民性"，毛泽东观念中的"中国革命战争"等等，都是既抽象又具体的事物，都是可以用他们的直感直觉直接捕捉到的，因而他们有他们的独立思想主张，但在坚持自己的独立思想主张的过程中，他们的心灵也是自由的——可以不被他们的思想所束缚，所禁锢，能够在直感直觉中的现象世界和理性认识的概念世界之间自由地出入。但是，到了庄子那个时代，在中国社会活跃着的大量知识分子已经不是老子、孔子这样的原创性的思想家，而更是通过师承关系发展起来的新一代知识分子。他们的思想不是在他们直感直觉中的现象世界的基础上通过自己的认识活动逐渐建立起来的，而是通过师承关系直接接受过来的——他们的思想是以前代思想家的思想结论为起点的，至少在其最初的阶段，这些思想、这些知识，还主要停留在他们的理性世界中，而不是他们直感直觉中的现象世界的构成成分。

文化传承的问题是人类文化史上的一个关键问题，整个人类的教育事业就是在文化传承的意义上发展起来的。但是，不论是中国古代的学校教育，还是中国当代的学校教育；不论是东方的学校教育，还是西方的学校教育，都无法最终克服学校教育自身的局限性，即教育过程与知识生成过程的相逆性以及由此导致的自由精神的衰变。知识生成过程是从直感直觉印象开始的，而从大量的、复杂的、没有必然因果关系的直感直觉印象到一个特定的认识结论的产生，特别是在社会科学的领域，原本是没有一个清晰可辨的道路的，即使像黄金分割这样的古典数学中的定理和公式，也不是每一个人都能独立发现的，而教育恰恰是在这个认识过程结束之后开始的，是经过别人已经开辟出来的道路而直接走向认识的结果的。即使接受者能够将这样一个认识结果运用到实践之中去，返回到直感直觉世界中的现象世界之中，受教育者直感直觉中的现象世界与那些原创思想家的直感直觉中的现象世界仍然是极不相同的。在一般的情况下，当受教育者已经接受了那些原创性的思想家的思想结论之时，其直感直觉的世界仍然是异常狭小的，原创性的思想家的思想结论并不能将受教育者直感直觉中的现象世界开拓到应有的广度和深度。一般说来，原创性的思想家的思想生成过程同时也是自我心灵自由游弋的过程，不论在现实的物质世界上遭遇到何种挫折和灾难，但在其内在的精神上却有一种愉悦和幸福的感觉——所谓创造性的喜悦，而大量受教育者在其直接的接受过程中却极少这种体验，这同时也是在社会文化得到表面的繁荣发展的过程中大量知识分子在精神上未必感到自由的原因。它导致了文化的异化，导致了文化与人的分裂，为文化的衰变埋下了隐患。与此同时，这些无法返回直感直觉经验的思想结论，这些无法融入现象世界的语言概念，在认识主体的头脑中构成了一个独立的世界——知识的世界、概念的世界、"规律"的世界，但它们只是一些认识的山巅，彼此是无法联系为一个整体的。这是一个思想教条的丛林，一个语言概念的瓦砾场，认识主体不但享受不到心灵的自由，而且举步维艰。这就是为什么一个学贯中西的大学者，在自己的人生道路上有时反而不如一个普通的老百姓来得睿智和聪慧的原因。

庄子时代的文化，特别是那些精英知识分子的文化，已经不是老子、孔子那种原创性的文化，他们大都是通过师承关系从自己的老师那里直接接受过来的，并且也将自己老师建构起来的主要思想概念当作自己思想的基点，当作自己的思想标准。如果说老子和孔子是在自己丰富的直感直觉经验的基础上逐渐形成这样一些思想观念的，他们则是从师承关系中直接接过这些思想概念的；如果说老子和孔子是从各自的立场出发面向整个世界的，他们则是将自己的老师的思想学说作为一个思想的山头来占领的。在这时，整个中国的知识界，整个中国的思想界，就被各种不同的思想主张和理论概念分成了各不相同的山头，他们"各引一端，崇其所善，譬犹水火，相灭亦相生也"（《汉书·艺文志》）。这些山头各有自己的思想主张，各有自己的是非标准，与他们共同面对的现实世界——他们直感直觉中的现象世界——不能自由来往了，因而也与别的思想山头失去了相互理解的途径。

这就是为什么当庄子提出了认识路线的问题之后，紧接着提出了师承关系和知识分子的文化价值观念、价值标准的问题的原因。

六

"夫随其成心而师之，谁独且无师乎？"

我们在翻译"成心"的时候，往往直接翻译为"成说"。我认为，我们首先将这两个概念分别开来对于精确理解庄子的思想更有好处。

什么是"成心"？我认为，一个人在其人生道路和学习过程中逐渐形成的自己相对独立、相对稳定、相对完整的人生观念和宇宙观念，就是"成心"。它是内在于自己的心灵而又自然地体现在自己的言行之中的观念性的东西，是不一定用书面语言表达出来的一种内在的意识系统。像老子、孔子这样一些原创性的思想家，就是有"成心"的。但当他们将自己的这些思想用语言的形式，主要是书面语言的形式表达出来，成为一种思想学说，就是"成说"。在老子、孔子这类原创的思想家这里，他们的"成心"与"成说"构成的是内外对应的关系，也就是说，他们既有"成心"，也有"成说"。不论是儒家知识分子，还是庄子，都将这种既有"成心"又有"成说"的知识分子称为"圣人"，我们则可以称他们为"思想家"。

但是，即使这些圣人的"成心"，也是属于"人籁"范畴而不属于"天籁"范畴。它是这个人在自己人生道路和学习过程中自然形成的，而他的人生道路和学习过程也是一个特定的过程，是具有相对合理性的过程，是具有相对真理性的认识，而不是绝对的真理。具体到这个"圣人"本身,"成心"也不是他一生的思想发展过程,不是他的思想的全部,而是他思想发展的最终结果,是他所达到的理性的高度。孔子说:"吾十有五而志于学,三十而立,四十而不惑,五十而知天命,六十而耳顺,七十而从心所欲而不逾矩。"(《论语·为政》)他的"成心"应该是在他实现了"从心所欲而不逾矩"时候的思想。而恰恰在这个有了"成心"的时刻,孔子的思想也停止了发展,他对世界上的万事万物也有了固定的看法,因而这些事物在他的直感直觉中也不再具有鲜活的感觉,他的心灵也自觉不自觉地被纳入一个固定的模式中,没有自由游弋的空间了。所以,这里的"成心"是精神自由的结果,但一个人的自由精神也就死在这个结果里。

到了他们的学生,在向他们学习的过程中,首先接受的是他们的思想学说的教育,因而当这些学生已经掌握了他们的思想学说的时候,其内在的人生观念和世界观念仍然与这种思想学说是不同的,正像我们通过教科书学习了马克思主义的辩证唯物主义和历史唯物主义,我们仍然不一定是一个马克思主义者一样。这些学生,至少在开始阶段,实际是有"成说"而无"成心"的人。我认为,我们大多数知识分子都属于这种情况。

在这里,我认为庄子实际指出了在这种师承关系中的三种情况:其一是"随其成心而师之",也就是说,照搬老师的思想。袭用老师的"成说"而没有老师的"成心"(在这里,也并不排除像颜渊一类有老师的"成心"而无自己的思想理论——"成说"——做依托的少数学生)。庄子分明认为,这太简单了,"谁独且无师乎?"(谁找不到一个老师呢?哪个老师没有自己的一套理论、自己的"成说"呢?谁不能将老师讲过的道理重新讲述一番呢?这样的人怎能算得上有"知识"呢?)第二是"奚必知代"。我认为,庄子实际是说,"随其成心而师之"太简单了,多数学生还是知道用自己的思想代替老师的"成心"的,亦即将自己的思想纳入老师的思想框架中。表面看来,他像是继承了老师的"成心",继承了老师的思想学说。实际上,他们的思想学说已经与老师的思想学说有了很大的不同。像墨子、孟子,都是以孔子的"仁义"之心为心的,但墨子别讲"兼爱"、反对厚葬,孟子实际也是以"仁政"为中心的,他们对"仁义"的理解与孔子并不完全相同。也就是说,"奚必知代"是师承关系中不可避免的情况,但这也造成了师徒之间思想学说的差异和矛盾,其中任何一种思想学说都有相对的真理性,但不可能是绝对的真理。第三是"心自取",即以自己的想法为准,自己认为好的就是好,自己认为不好的就是不好。这是我们当前学术界最为称道的一种情况,我们常常误认为这就是"思想自由""个性解放"。但庄子指出,"愚者与有焉。未成乎心而有是非,是今日适越而昔至也。是以无有为有,无有为有,虽有神禹且不能知,吾独且奈何哉!"也就是说,即使一个连基本常识都不懂的愚昧的人,也会有自己的想法,也会有自己的意见。如果认为只要做到"心自取"就行,不是连这样的愚人也能够做到吗?庄子指出,一个人若没有"成心",若没有自己较为稳定、较为完整的人生观念和世界观念,他又用什么辨别是非呢?所以,没有"成心",就没有"是"与"非"的判断,说有"是"与"非"的判断,就如同说"今天到越地去,昨天就已经到了"一样,是将"无"说成"有";将"无"说成"有",即使"神禹"也不能从中获得真知,更何况我们这些普通人呢?

总之,不论是这三种师承关系中的哪一种,都不可能完整、准确地将自己老师的知识继承下来,即使自己的老师是一个至人、神人、圣人,自己也不是。也就是说,仅仅依靠师承关系,一个人是无法获得真知的。

为什么在这种师承关系中无法获得真知呢?在这里,庄子分析了"言"和"吹"的区别。

庄子说:"言"非"吹"!"吹"就是"吹万不同"的"吹",是天籁、地籁、人籁,是自然的声音,自然的语言。这种自然的声音,用现代的话来说,就是事物的"自我表现",是从事物的本体发出来的声音,也是这个事物存在的象征、生命的体现。这样的声音与发出这种声音的事物,是一体的。人们听到这样的声音,就感觉到了这个事物本身的存在,也感觉到了这个事物本身的生命状态。如果我们要具体理解这个"吹"的含义,我认为,我们通过中外历史上那些伟大的文学家、思想家的著作最能够说明问题。老子是谁?老子就是《老子》的作者;曹雪芹是谁?曹雪芹就是《红楼梦》的作者;鲁迅是谁?鲁迅就是《鲁迅全集》的作者；列夫·托尔斯泰是谁？列夫·托尔斯泰就是列夫·托尔斯泰的那些作品的作者。对于这些最杰出的思想家和文学家，他们的作品就是他们的生命本体发出的声音，我们从他们的声音中也能感觉到他们生命本体的存在状态。但是，并不是所有的"言"（语言）都是说出这些语言的人的生命本体的声音，而有可能是将自我的生命本体遮蔽或部分遮蔽起来，仅仅为了实现某种实利目的或获得别人的好感而精心设计出来的语言。实际上，除了人类历史上那些真正伟大的文学家、思想家的著作之外，包括我们日常生活中的大量语言在内的人类语言，礼貌的语言，交际的语言，交易的语言，皇帝的圣旨，大臣的奏折，外交的辞令，谈判桌上的谈判，讨贼的檄文，出师的誓言，表彰大会上的表彰令，批判会上的大批判，竞选演说和总统就职演说，开幕式上的开幕词和闭幕式上的闭幕词，控方律师的控词，辩方律师的辩词，座谈会上的座谈，茶话会上的聊天，教科书里的教条，考试场上的答卷，甚至那些为了取悦读者和观众而编写的文学作品，为了获得硕士、博士学位而撰写的学位论文，都有可能是与生命本体没有联系或极少联系的"言"，而并非庄子这里所说的"吹"。

  对于"言"，庄子说，当知识分子想说话的时候，很可能他还没有想好要说什么呢！他果真有话要说吗？果真没有话要说吗？他的话与刚刚破卵而出的雏鸟的叫声真的有所不同吗？能辨别其异同呢，还是不能辨别其异同呢？庄子实际是说，"言"，特别是以"立言"为荣、以"立言"为其使命的知识分子，其中也包括我们当代的"为学术而学术""为艺术而艺术"的知识分子的语言，其意义是没有确定性的，甚至连他们是不是真想说这些话都是极难确定的，更莫提他们说这些话的意义到底何在了。是什么将"道"遮蔽起来而使"道"有了真和伪的区别呢？是什么将语言遮蔽起来而使语言有了正确和错误的区别呢？为什么"道"常常得而复失而不能长留世间呢？为什么言语能够保存下来但其意义却消失了呢？实际上，这都是因为"言"非"吹"的缘故，都是因为言语的意义的不确定性的缘故。这使"道"刚刚成形就被遮蔽起来，"言"刚刚有了自身的光彩，其意义就消失了（"道隐于小成，言隐于荣华"）。因为在"道"刚刚成形的时候人们就给它下了一个定义，而当人们记住这个定义的时候，"道"实际已经不存在了；当语言有了美感的时候，人们就注意到了它的美，而当感到这些语言的美的时候，却将语言本体的意义遗忘在了脑后（孔子的"仁"被什么遮蔽了？按照庄子的意思，它是被我们将"仁"当作一个独立的思想概念所遮蔽的，是被我们用大量同样抽象的概念来论证这个概念的阐释方式遮蔽的。当我们说"什么是'仁'？'仁'就是'爱人'"的时候，实际上我们已经没有了"爱人"的体验，记住的只是一个干巴巴的语言概念，一个同样干巴巴的定义，实际上还是不知道什么是"仁"）。庄子异常敏锐地感到，在孔子之后，"文化"的地位提高了，但"文化"反被遮蔽了；知识分子的地位提高了，真正意义上的知识分子反而消失了。在老子和孔子那里，关注的是对世界、对社会、对人生的感受和认识，而此后的知识分子，关注的却是谁是谁非的问题，是知识分子及其思想学说之间的差异和矛盾。"故有儒墨之是非，以是其所非而非其所是。"

庄子指出，与其知识分子与知识分子之间争来争去，与其用自己的思想主张否定别人的思想主张，不如回到直感直觉中的本真世界中去，更清晰地感觉这个本真的世界（"莫若以明"）。

七

在庄子的认识论中，"莫若以明"是一个重要的观念。我认为，要精确地感受和理解这个观念，也必须从庄子的整体世界观念和人类观念出发。如上所述，他的整体的世界观念和人类观念是以大量的直感直觉印象为基础的，是在自我心灵中具体呈现出来的一个丰富多彩、活泼生动的世界。在他看来，这才是一个本真的世界，并且是唯一的世界。这个世界是由大量的"物（个体）"和"人（个体）"构成的，除此之外再也不存在另外一个世界或另外一些事物。既没有"天国"和"地狱"，也没有"上帝"和"魔鬼"，也没有在这个世界之外或之上的"道"。所有的知识、"道"，都是对这个本真世界的感觉和认识，都是这个本真世界的呈现方式和存在方式。正是在这样一个意义上，庄子认为，"道"与"道"争，"言"与"言"辩，是毫无意义的，都不如更清晰地感受和认识这个直感直觉中的本真世界。我认为，这就是庄子"莫若以明"的基本含义。

老子说:"复命曰常,知常曰明"(《老子》第十六章)、"不自见,故明"(《老子》第二十二章)、"自见者不明"(《老子》第二十四章)、"常善救物,故无弃物,是谓袭明"(《老子》第二十七章)、"知人者智,自知者明"(《老子》第三十三章)、"将欲歙之,必固张之;将欲弱之,必固强之;将欲废之,必固兴之;将欲夺之,必固与之。是谓微明,柔弱胜刚强"(《老子》第三十六章)、"见小曰明,守柔曰强。用其光,复归其明"(《老子》第五十二章)、"知和曰常,知常曰明"(《老子》第五十五章)。庄子"莫若以明"的"明",应当就是《老子》书中的"明",是要明了事物本身的存在状态。用中国老百姓的话说,就是做到"心里明白"。但在老子的认识论中,"知常曰明"只是全部认识过程的一个环节,"知常容,容乃公,公乃王,王乃天,天乃道,道乃久,殁身不殆"(《老子》第十六章)。其最终还要归结到他的"其上不皦,其下不昧,绳绳不可名"(《老子》第十四章)的"道"。实际上,由"明"入"惚恍"才是老子哲学的认识全过程,它首先需要的是一种主体的心灵状态,是通过"致虚极,守静笃"(《老子》第十六章)而逐渐淡化自己的直感直觉印象。而在庄子哲学的认识论中,"莫若以明"并不是全部认识过程的一个环节,而就是认识过程的本身。"明"既是行为(动词),也是目的(形容词),所以这里的"明"主要不是一种心灵状态,而是回答的"认识什么、怎样认识"的问题,是庄子认识论的一个基本观念。

"莫若以明","明"什么?庄子首先让人明了的是"物(个体)"或"人(个体)"的存在状态。庄子所说的"世界"既然是他心灵中的一个万物并呈的世界,任何一个具体的"物"或"人"就都是这万物中的一个,只要离开当时精英知识分子内部的争论,只要不在他们的思想概念中兜圈子,而返回自己心灵中这个本真的世界,人们自然就会认为,"物"(个体)或"人"(个体),都只是一种存在,或曰"存在者"。它们本身既不意味着对他者的否定,更不意味着对自己的否定,正像"马"只是"马","马"不是为了否定"牛"而存在的,更不是为了否定自己("马")而存在的("物无非彼,物无非是");从他者的角度,我们是无法说明此事物的存在的,只有从他自身的角度,才能说明他自身的存在,正

庄子的平等观(上)

像"马",我们是无法通过"牛"的存在说明"马"的存在的,我们必须用"马"的存在本身说明"马"的存在("自彼则不见,自知则知之"。"自知"之"知",我怀疑当为"是",与上文"彼"对举)。所以,"彼"这个概念是因为"是"这个概念的存在而存在的,只有当我们首先立于一个事物的立场上,将其作为"此事物"("是")的时候,才有了"彼事物"("彼")的观念,在这时,"是"也是依存于"彼"的,因为在这种相互依存的关系中,没有"彼"这个概念,"是"这个概念也失去了存在的根据。二者是相辅相成、共生并存的关系,这就是"彼""是"这两个语言概念生成的原因("彼出于是,是亦因彼,彼是方生之说也")。

必须看到,在这里庄子分析的始终是"言"与"物"的关系。"言"非"吹","言"不是天籁、地籁、人籁,不是"物"的生命本体的语言,"言"与"物"的联系不是固定的,因而也是没有确定性的。"是"与"彼"以及知识分子常常争论的"是"与"非",就更是如此。在认识主体的意识中,如果说"是"还有绝对和相对这两个维度的话(关于"是"的绝对性维度,见下文的论述),那么,与"是"构成相互依存关系的"彼"就纯粹是相对性的了,而当"彼"与"是"构成相互依存的关系之后,"是"的绝对性维度就消失了,也只剩下相对性这一个维度了。在这时,"是亦因彼","是"也是因"彼"的存在而存在的。举例来说,当我们以"马"为"是"、为"此"的时候,除"马"之外的万事万物实际都可以为"彼",如果我们以"牛"为"彼","牛"就是在与"马"的对比关系中感知到的"牛",而这时的"马"也成了在与"牛"的对比关系中感知到的"马",这种"是"与"彼"的相互依存关系就建立起来了。但是,这种关系又是极不固定的。因为"马"与"牛"的这种相互依存的关系只是无数这种关系的一种,当这种关系建立起来之后,马上就会被不同的关系所取代:我们可以仍然以"马"为"是"、为"此"而想到"羊",这时"羊"就成为"彼",这时的"羊"是在与"马"的对比关系中被感知到的"羊","马"也成为在与"羊"的对比关系中被感知到的"马";与此同时,我们也可能由"牛"而想到"猪",在这时,"牛"为"是"、为"此","猪"为"彼"。"猪"是在与"牛"的对比关系中被感知的"猪","牛"是在与"猪"的对比关系中被感知的"牛"……总之，这种相互依存的关系是大量的，因而也是多变的，没有确定性的。所以，庄子说它"方生方死，方死方生；方可方不可，方不可方可"。

庄子说当时知识分子的是非之争，是各"以是其所非，而非其所是"，即都是以己为是，以彼为非，肯定对方所否定的，否定对方所肯定的。在这种关系中，"是"和"彼"的关系，同时也是"是"和"非"的关系。自然"是"和"彼"的关系是相互依存的关系，是没有确定性的多变的关系，所以在认识论的意义上，当时知识分子的"是"和"非"的关系也是相互依存的关系，是没有确定性的认识价值的。庄子指出，自然"是"和"非"是相互依存的，没有"是"就没有"非"，没有"非"也没有"是"，所以圣人并不以自己的是非为标准判断事物、看待世界，而是"照之于天"，亦即通过对自己直感直觉中的整个现象世界的思考来看待事物，看待世界，不将其放在"是"与"彼"的对待关系中，不将其放在"此事物"与"他事物"的比较中判断其优劣、是非、善恶和美丑。也就是说，他是将"物"自身作为"物"存在的根据和意义的：它是什么就将其看作什么，它是什么样子的就将其视为什么样子的。庄子说，这也是"因是"（"亦因是也"）。必须看到，这里的"是"不是与"彼"相对待的"是"，而是直接指向"物"本体的"是"。庄子意识到，只有这个"是"与其"所指"、与其指代的"物"的联系是固定不变的，是唯一的，因而也是具有绝对性的。"马"（名词）就是指代"马"（动物）的，而不是与"牛"或别的事物相对待的意义上存在的。如果说庄子在前面分析的是"名"与"名"、"实"与"实"的关系，在这里肯定的则是"名"与"实"的关系。而当庄子将这里的"名"与"实"的关系固定下来，"名"的变化就与"实"没有关系了。具体到上面所举的例子中，只要作为语言符号的"马"指代的是作为一类动物的"马"，作为语言符号的"马"不论怎样变化，所指代的对象还是那类动物。也就是说，在这时，"马"不称为"马"，而称为"牛""羊""猪"都没有了什么关系。不在相互对待关系中的"是""彼""非"就更是如此了。所以，"是"可以称为"彼"，"彼"也可以称为"是"；"是"可以称为"非"，"非"也可以称为"是"。例如，只要你指的是泰

庄子的平等观（上）

山，你说"这座山是泰山"或"那座山是泰山"都没有关系，而对于一个熟悉泰山的人，你说"泰山很高"与说"泰山不高"也没有关系。正是在这样一个意义上，庄子说："是亦彼也，彼亦是也。彼亦一是非，此亦一是非。"（长期以来，我们大都是在儒道两种文化传统之间的对立和差别上解读庄子哲学的。我们将儒家文化概括为入世的，将道家文化概括为出世的，庄子哲学也就顺其自然地被当成了一种出世的哲学，庄子的"彼亦一是非，此亦一是非"则被当作出世哲学的一个具有标志意义的哲学命题。这对于庄子哲学及其具体哲学命题的解读和阐释带来了决定性的影响，特别是当研究者还没有区分内、外、杂篇的作者从而将其混杂起来进行理解和把握的时候，似乎也只能从出世的角度才能发现《庄子》一书的统一的线索。所以，许多学术名家都将庄子哲学概括为出世的哲学。胡适说："庄子的哲学，总而言之，只是一个出世主义。因为他虽然与世人往来，却不问世上的是非、善恶、得失、祸福、生死、喜怒、贫富……"[1]鲁迅也说："故自史迁以来，均谓周之要本，归于老子之言。然老子尚欲言有无，别修短，知白黑，而措意于天下；周则欲并有无修短白黑而一之，以大归于'混沌'，其'不遣是非'、'外死生'、'无终始'胥此意也。中国出世之说，至此乃始圆备。"[2]从出世哲学的角度，庄子的"彼亦一是非，此亦一是非"就是一种无是非观，意思是任何事物都有对的一面，也有不对的一面，半斤八两，不必硬分出是非来。这在庄子，就是没有是非观念，但从庄子哲学的整体而言，庄子同时还主张"心自取""照之于天"，而"心自取""照之于天"的目的是要有自己独立的见解。这说明，庄子不是没有是非，而是不以他人的是非为是非。自然庄子自身是有是非的，所以"彼亦一是非，此亦一是非"就不是一个有明确判断的概念，其主要内容应当是：由于是非观念的不同，对于同样一个事物，有说对的，就必然有说不对的；有说好的，就必然有说不好的。与之相连的意思则是：那么，怎么办呢？"莫若以明"，要"心自取"，要"照之于天"，要自己考察，自己判断）在相互对待的意义上，有"是"就有"彼"，有"彼"就有"是"，但当不在这种相互对待的关系中看待事物，有没有"是"和"彼"以及"是"和"非"的区别是很难断定的（"果且有彼是乎哉？果且无彼是乎哉？"）。

---

[1] 胡适：《中国古代哲学史》，载《胡适文集》第6卷，欧阳哲生编，北京大学出版社，1998，第341页。

[2] 鲁迅：《汉文学史纲要》，载《鲁迅全集》第9卷，人民文学出版社，1981，第366页。

庄子说:"彼是莫得其偶,谓之道枢。"(不在"是"与"彼"的相互对待的关系中看待事物,就是"道"的枢纽)

八

为什么我们不在"是"与"彼"、"是"与"非"的相互对待的关系中看待事物,就是"道"的枢纽呢?因为这是我们从人类的语言世界重新返回人的直感直觉中的现象世界的入口。

庄子在上文指出,"非彼无我,非我无所取,是亦近矣。"在这里,"我"是认识主体,"彼"则是认识对象。没有认识对象,就没有认识主体;没有认识主体,认识对象也不能被认识。人类的"知识"就是在这种认识主体与认识对象的直接关系中产生的,这样的"知识"是有更高程度的确定性的。但是,我们常常并不满足于这样的直感经验,而认为这样一个直感直觉中的现象世界只是某种原因产生的结果,在这个直感直觉中的现象世界的背后一定还隐藏着它的本质,亦即在这个世界之上还有统治这个世界的"真宰"。人们相信有一个"真宰",但又看不到它的形象,它是以一种言语的形式存在于人类的语言世界的。当知识分子有了相对确定的世界观念和人生观念之后,有了"成心"之后,就有了各自不同的思想学说,不同的"成说"。这些"成说"又被他们的弟子们所继承,并在继承中发生变异,彼此之间的差异和矛盾就加剧,从而也发生了彼此的争论。不难看出,这种争论主要是在语言世界的争论,是"言"与"言"争,争的是"是"与"非",并且是在"是"与"彼"的关系中争论"是"与"非","以是其所非,而非其所是"。庄子指出,这些语言世界的争论都是在相互依存的关系中的争论,其争论是没有确定性的意义和价值的。在这时,他提出要拆解这种相互对待的关系,使其"莫得其偶",而重新回到"非彼无我,非我无所取"的直感直觉的关系之中去,重新将认识主体("我")与认识对象("物")的关系确定下来,从而从语言世界中重新回到直感直觉的现象世界。

那么,为什么从人类的语言世界重新返回人的直感直觉中的现象世界的入口就称为"道枢"——"道"的枢纽呢?这里还有一个庄子对

庄子的平等观(上)

"道"的理解问题。在庄子的意识中,世界原本是一个完整的世界,由万事万物共同构成。世界上有各种各样的事物,有各种各样的人,他们以各种不同的方式存在着,生活着,并没有导致这个世界的毁灭。也就是说,世界上的万事万物,彼此各不相同才是正常的,彼此都一样了,这个世界就不是世界了。自然它们原本就不应该是一样的,所以任何固定统一的价值标准都不能将这个世界联系在一起,都不是普遍的,也都不是"道"。那么,"道"是什么呢?在庄子看来,"道"就是世界上的万事万物本身,是它们的"存在"本身。没有它们的"存在",就没有这个世界,也没有它们之间的关系。"存在"是先于关系的。"存在"首先不是关系中的存在,不是"彼""此"关系、"是""非"关系中的存在,而是事物本身的"存在"。所以,庄子认为,当我们不将不同事物联系在一起的时候,我们就接触到"道枢"了。因为在这时,你就注意到事物的"存在"本身了。"存在"就是"环中",就是一个能够说明一切事物的关键。"存在"本身并不存在,它不是任何一个事物,不是实体。它是"空",但它却能够说明世界上的一切事物("以应无穷")。假若认为"存在"为"是","是"就是无穷的;假若认为"存在"为"非","非"就是无穷的("是亦一无穷,非亦一无穷")。所以,所有的思想学说,所有现成的是非标准,都是相对的,与其在这些思想概念中兜圈子,"莫若以明"——不如看清楚这些存在物的本身。

不仅彼此、是非的问题不能仅仅在概念中兜圈子,名实的问题也如此。在公孙龙子的著作中,保留了当时关于名实关系的讨论。我们看到,这种讨论是在概念的范围中兜圈子的典型。公孙龙子的"指物论",实际上也是一种名实论。"物"即"实","指"即"名"。"名"是指"实"的,"实"是被"名"所指的。在当代语言学中,"物"就是"名"的"所指"。公孙龙子的基本观点是"物莫非指,而指非指"("物"都只是"名",而"名"不是名)。反方则说:"天下无指,物无可以谓物。非指者天下,而物可谓指乎?指也者,天下之所无也;物也者,天下之所有也。以天下之所有,为天下之所无,未可。"意思是说,你说"物莫非指",就是说没有"指","物"不能称为"物",但你又说"指非指",也就是说,天下有很多"非指者"。既然天下有这么多"非指者"，"物"还可以称为"指"吗？"指"是天下所没有的，"物"是天下所有的。用天下所有的，归结为天下所无的东西，这是不行的。公孙龙子则回答说："天下无指，而物不可谓指也。不可谓指者，非指也。非指者，物莫非指也。天下无指而物不可谓指者，非有非指也。非有非指者，物莫非指也。物莫非指者，而指非指也。"①意思是说，天下无指，当然物不能称为指。不可以称为指，就不是指。不是指，所以物莫非指。所谓"天下无指，而物不可谓指"，并不是有不可指的物存在。既然没有不可指的物，物就没有不是指的。物既然没有不是指的，指就不是指了……公孙龙子还有"白马非马"的说法。②庄子认为，这些问题，只要返回到能够直感直觉的本真世界中，是很容易解决的。在这个世界中，我们很容易就会知道，用"指"证明"指之非指"，是非常困难的，而用"非指"说明"指"之"非指"，是非常容易的。因为前者只能在概念和理论中兜圈子，后者则可以从大量直感直觉经验中做出判断。例如，当我们用松树的标准证明一棵被指认为松树的树不是松树的时候，我们就要找出这棵树与其他松树的不同特征，同时还要证明这些或其中的一些不同是质的不同，这些本质的不同决定了这棵树不是松树。实际上，仅仅在这样一个范围中是无法最终证明这些不同就是决定其不是松树的本质的不同的，因为松树与松树也是各不相同的（"文化大革命"及其以前的大批判文章，大都用的是这种论证方式：用马克思主义经典作家的已有理论信条证明一个人的思想不是马克思主义的或反马克思主义的，用"指"证明"指之非指"。这也充分证明了这种方法的无效性乃至荒诞性）。当我们返回到直感直觉的世界中去之后，很自然地不是首先确定一棵树是不是松树，更不首先比较它与松树的异同，而是首先辨认它是一棵什么样的树。而当我们知道这棵树是榆树的时候，也就异常明确地知道了它不是松树。这就是用"非指"（榆树的标准）证明"指"（别人所说的松树）之"非指"（不是松树）。同样，"以马喻马之非马，不若以非马喻马之非

---

① 此段引文均见《公孙龙子·指物论》，载《公孙龙子译注》，上海人民出版社，1974，第17页。

② 《公孙龙子·白马论》，载《公孙龙子译注》，第1页。

马"。公孙龙子所说"白马非马"之所以不能成立，就是因为我们在直感直觉中就将"白马"视为"马"的一种，他所做的论证无法改变我们的直感直觉经验，因而不论看来多么有道理，也是不能成立的。在这个意义上，庄子提出了他的哲学的一个重要的命题："天地一指也，万物一马也。""天地"虽大，也是"一指"，也是"一个"名，"一个"概念，"一个"独立的事物；万事万物，虽然在比较的意义上千差万别，有大有小，有上有下，有美有丑，有智有愚，有善有恶，但作为一个"物（个体）"和"马"是一样的，按照当代存在主义哲学的说法就是：在存在论的意义上它们都是一个"存在者"。这就为庄子哲学的"齐物论"奠定了理论的基础。

九

当将任何一个存在的"物（个体）"或"人（个体）"视为存在论意义上的"存在者"的时候，我们就会发现，不但将所有这些存在者连为一体的恰恰就是它们的"存在"，而且将所有是是非非的感受和认识连为一体的也是它们的"存在"。不论你认为它好，还是认为它不好，首先是因为它存在着。你认为它好，它就是好的；你认为它不好，它就是不好的（"可乎可，不可乎不可"）。人们的感受和认识是不同的，甚至同样一个人前后的感受和认识也可以截然不同，但它们又是相通的。什么能将所有这些不同的认识贯通起来，就是作为存在者的"存在"。这个"存在"，在庄子哲学中就是"道"，世界上的任何一个"物（个体）"或"人（个体）"与其他的"物（个体）"或"人（个体）"都是不同的，都是特殊的、相对的，唯有"道"是相同的，是普遍的、绝对的。"物"是在称谓中显现出来的（"物谓之而然"），"名"将"物"从与其他事物的混杂状态中独立出来，成为一个这样的"存在者"，而"道"则是在运行中呈现出来的（"道行之而成"），只有一个"存在者"，它就只是一个"物"或一个"人"，"存在"是显现不出来的，只有同时意识到不同"存在者"的"存在"，"存在"才在所有这些"存在者"中显现出来。它像经络一样布满全身而又不是任何一个具体的器官。在存在论的意义上，"存在者"是不存在因果关系的。它为什么是这样的？因为它是这样的，所以它才是这样的；为什么它不是这样的？因为它不是这样的，所以它才不是这样的。"存在者"本来就是这样的，本来就应该是这样的；没有任何一个"存在者"不是自己这个样子，也没有任何一个"存在者"不应当是自己这个样子（"恶乎然？然于然；恶乎不然？不然乎不然。物固有所然，物固有所可。无物不然，无物不可"）。在这个意义上，草茎与屋柱，一个丑陋无比的女人和绝代美人西施，各种各样奇形怪状的东西，都是同样的"存在者"，"道"（"存在"）将它们联系成为一个整体：它们都是"存在"的（"故举莛与楹，厉与西施，恢恑憰怪，道通为一"）。"分"的过程也是"成"的过程，经过分化形成新的个体；"成"的过程也是"毁"的过程，新的个体的出现同时伴随着旧的个体的毁灭。所以，所有的"物"都无所谓"成"与"毁"，"道"（"存在"）将它们联系在一起（"其分也成也，其成也毁也。凡物无成与毁，复通为一"）。

在这里，我们需要注意庄子哲学中的"道"与老子哲学中的"道"的细微却重要的区别。众所周知，"道"是老子哲学的核心和基础，老子哲学的全部内容，包括"德"，都是从他的"道"中引申、生发出来的。他的"道"是什么样子的呢？老子说："道可道，非常道；名可名，非常名。无，名天地之始；有，名万物之母。"（《老子》第一章）"有物混成，先天地生。寂兮寥兮，独立不改，周行而不殆。可以为天下母。吾不知其名，字之曰道，强为之名曰大。"（《老子》第二十五章）还说："道之为物，惟恍惟惚。惚兮恍兮，其中有象；恍兮惚兮，其中有物；窈兮冥兮，其中有精。其精甚真，其中有信。"（《老子》第二十一章）综合老子所有这些陈述，我们很容易知道，他的所谓"道"就是在人的主体意识没有觉醒之前的一个整体的宇宙景象。在这时，这个宇宙还处在"有""无"之间的一种状态，换言之，还处在"存在"与"不存在"之间，更没有"物（个体）"与"人（个体）"的存在，一切都还处于恍惚迷离的状态。在这时，精神主体也是包括在这个"道"体之中的，精神主体的觉醒是与这个"道"体的分化同步进行的。当你眼前的世界分化成万事万物，也就是说，当你清醒地意识到这个世界的具体生动的情景，你就无法在整体上把握这个世界了。你要在整体上把握这个世

庄子的平等观（上）

界，就必须重新回到精神恍惚的状态，并且不是看来如此，而是实际上就是如此。但尽管你在精神上是恍惚的，但你却会在各种矛盾和斗争中立于不败之地：以静制动、以柔克刚。庄子哲学中的"道"，不是庄子哲学的认识的起点，而是他的一个认识过程的终点。它首先面对的是一个万物并呈、永动不息的大千世界。正是在这样一个大千世界上，正是因为这个大千世界有着各种不同的"物（个体）"或"人（个体）"的存在，他才发现了"道枢"，并由"道枢"意识到了"道"，意识到了存在论意义上的"存在"，并通过"道"（"存在"）将世界上的万事万物联系成为一个整体。在这个过程中，我们始终能够感到一个认识主体的存在，这个认识的主体不是精神恍惚的，而是十分清醒的，并且这个主体内在意识中的世界也不是一个恍惚的世界，而是一个纷纭复杂、具体生动的世界，即使当他用"道"将整个世界联系为一个整体之后，这个世界仍然保留了自己纷纭复杂和具体生动的图像。如果说老子的"道"是生成万物的本源，是一个不可分割的整体，庄子的"道"就是直感直觉中的现象世界的本身。在老子哲学中，"道"即"一"，"一"即"道"，而在庄子哲学中，是"道通为一"，是"道"将相互隔绝的万事万物联系成了一个整体。正是在这样一个意义上，庄子才说"惟达者知通为一"。所谓"达者"，就是"至者"，就是"至人"，是意识到了"道"并获得了精神上的自由，进入了逍遥的境界的人。庄子认为，只有这样的人，才能将自己获得的全部知识联系成一个整体。

"知通为一"，就是意识到万事万物都有自己存在的根据，在存在论的意义上，所有这些不同的事物都是相同的，都是平等的。既然"达者"承认所有这些事物存在的合理性，所以他不会运用自己的知识而有意识地去改变自己，也不会主动地、有意识地改变别的事物或人。这样，他就仍然像平时一样生活在平常人之中，像平常人一样生活（"为是不用寓诸庸"）。但也正因为他生活在平常人之中，像平常人一样生活，他才能发挥自己的作用（"庸也者，用也"）。这个作用，就是"通"，就是能够和周围人平等相处、能够理解别人，并在这种平等意识的基础上将世界和人类视为一个完整的整体（"用也者，通也"）；只要这样，就会有"得"，有效果，就会将自己的自由和幸福建立在并不伤害别人基本生存权利的基础之上,使自己生活得自由,也使别人生活得自由("通也者,得也")。有了"得",有了效果,不论是自己,还是与自己在日常生活中有联系的人,也就有了相应的变化。所有这些,都是在不知不觉间发生的自然变化。只要有了这些自然的变化,就接近了"道"("适得而几矣")。这是"存在"本体的变化,"道"的变化。"道"行之而成,在变化中才有"道",没有变化就没有"道",所以,"适得"也就接近了"道"("因是已")。你已经变了,但又不知自己已经发生了变化,这就是"道"("已而不知其然谓之道")。假若为了"通",为了统一与和谐,殚精竭虑,劳神费力,其最好的结果也无非是这种"存在"本体的自然的变化。朝三暮四、朝四暮三,"名实未亏",其实际意义完全相同。但是,在这种自然的变化中,变化中的诸事物感觉不到外部力量的干预和强制,所以心灵是愉悦的,而那种有意识追求的变化,变化着的事物由于受到外部力量的强制,其心灵是恼怒的,精神效果截然不同,这就是具体运用的问题了("喜怒为用")。所以圣人不将"彼"与"此"、"是"与"非"绝对对立起来,而是使二者和平共处,保持其自然的分别("是以圣人和之以是非,休乎天钧")。庄子说,这就是"两行"。

　　庄子的这个"两行"的观念,我认为,时至今日,对于我们、特别是对于我们中国知识分子,都是至关重要的。在中国的哲学中,大概只有庄子,异常敏锐地感觉到,自从人类存在以来产生的所有认识,所有哲学,所有思想学说,充其量都只不过人类在自己生存和发展过程中形成的,而人类对整个宇宙和整个世界的认识归根到底都只是以人类为中心的认识。这种认识,只有在"存在"这样一个最基本的层面上,才能将宇宙万物完全包容起来,并将其视为一个完整的整体,除此之外的任何层面,都将对宇宙和世界进行以人类需要为需要的人为的分别,在这时,就有了是非、真假、美丑、善恶等等二分法的判断方式,而这种判断方式归根到底都是对宇宙和人类整体的分割。我们会认为光明是美好的,黑暗是痛苦的,但自然世界仍然有黑夜和白昼,一个没有黑夜的世界不是一个正常的世界;我们会认为大公无私是崇高的,自私自利是卑鄙的,但人类社会却永远不可能消灭掉自私自利的人和人的自私自利之心,一个只有大公无私的人的人类社会是不正常的人类社会,也是根本不可能实现的。自然世界和人类社会将永远是一个复杂的整体，在这时，不将自己的分别作为绝对合理的分别，而让被自己的思想分别开来的两类事物各按其自身的存在方式而存在，既可共存，又保留彼此之间的自然差别，使二者各以其自身所可能有的变化而变化，亦即"两行"，是维持整个宇宙和世界的完整性的唯一方式。到了知识分子多了起来，到了知识分子都以"立言"为自己的要务，都有自己独立的思想主张和价值标准，对宇宙和人类社会的分别方式甚至已经不是以人类的整体存在为根据，而是体现了人类社会中个别人或部分人的愿望和要求，这就将宇宙和人类社会切割成了更多的碎块，并且越到后来，这种现象越加严重。在这时，庄子的"两行"的观念就愈加显得重要。在"文化大革命"前，整个国家政权和整个中国社会，其中也包括我们知识分子，几乎将消灭"资产阶级"作为我们神圣的使命，其结果是严重破坏了中国社会结构的完整性，给中国社会的正常发展造成了严重的破坏，但在"文化大革命"后，我们似乎又将自己的全部力量倾注在帮助中国资产阶级的重生和发展上，我认为，这同样会导致中国社会结构的畸形化发展，同样可能严重破坏中国社会结构的完整性。人类社会向来是一个完整的结构，人类社会的发展向来是这个完整结构的自然演进过程，人为地消灭一个阶级或助长一个阶级的发展，不论在当时看来多么合理，都不会收到预期的良好效果。总之，"两行"，对于中国当代知识分子，仍然是一种至关重要的哲学观念和思维方式。

但是，"两行"绝不是取消一切斗争，而是维持这种斗争的自然状态："休乎天钧"。"两行"并不意味着人不能扑苍蝇，不能打蚊子，不能与强盗搏斗，不能反抗外国侵略者，因为所有这些都是与人的本能欲望紧密联系在一起的，是在人类的直感直觉中就感到必要的事情，是人类生存和发展的必要条件，因而也是与人类内在的心灵自由紧密联系在一起的。庄子提倡的是"两行"，而不是"一行"，任何差异和矛盾着的事物都要依照自己自然的需要而存在，而行动，而变化，而发展。那种放弃自己的责任，放弃自己的本能，消极地等待大自然的赐予和人类社会的养育的行为，不是庄子哲学所肯定的行为。庄子肯定鲲鹏，也肯定斥鷃，但却否定斥鷃对鲲鹏的否定。"两行"，更是一种哲学观念，更是一种思维方式,更是那些依照理性的概括认识宇宙和人类社会的知识分子所必须重视和遵循的思想原则。在这种理性的概括中,我们往往将狮虎视为强者,将麋鹿视为弱者,按照庄子的哲学,这种分别未尝不可,但"分别"归"分别",我们却不能依照这种分别而去屠杀狮虎保麋鹿,也不能扑杀麋鹿饲狮虎——这就叫"和之以是非,休乎天钧",这就叫"两行"。

当下中国文化界似乎更愿意提倡孔子的"和而不同"(《论语·子路》)。但是,孔子的"和而不同"更是一个伦理的命题,而庄子的"两行"则是一个哲学的命题。孔子的"和而不同"只是"君子"与"君子"之间的关系的准则,并不适用于所有的情况。在日本侵略者用武装力量侵入中国之后,中国人还能坚持"和而不同"的原则吗?但在这时,日本侵略中国,中国反侵略,谓之"两行";当日本不再侵略中国,中国也不再反侵略,两个国家各按自己的方式建设自己的国家,可以称为"和而不同",也可以称为"两行"。总之,我认为,庄子的"两行"是一个具有更加广泛的社会意义、也更加严谨的哲学命题。我认为,与其提倡孔子的"和而不同",不如提倡庄子的"两行"。

不论按照怎样一种思想学说,世界上也永远不可能只有"是"而无"非",或者只有"非"而无"是",二者的同时存在才是世界的正常状态。也正是在二者的对立统一的关系中,"存在"本体才会不断变化,整个世界和人类社会才会发展。只有"是"没有"非",或者只有"非"没有"是",整个世界就凝固了起来,主体失去了自由,世界也就寂灭了。

十

如果我们从总体上看待庄子的认识论,我认为,庄子的认识论实现的实际是从当时分散的、具体的、以"是非"为基本价值尺度的各种不同的思想学说向整体的、抽象的、不以"是非"为基本价值尺度的宇宙观念和人类观念的回归。在这时,对于庄子,老子的"道"这个哲学概念就有了不可取代的价值和意义。在这个意义上,人们将庄子哲学归入

庄子的平等观（上）

以老子开其端的道家文化传统，不是没有理由的：他们都将自己的思想学说建立在整体的宇宙观念和人类观念的基础之上，因而也具有真正哲学的高度。

但是，当庄子在各种具有相对真理的不同思想学说的基础上重新发现其整体性，重新回归于"道"这个哲学概念的时候，他对"道"的理解也与老子有了严格的区别。

我认为，关于这一点，庄子是有十分清醒的意识的：

> 古之人，其知有所至矣。恶乎至？有以为未始有物者，至矣，尽矣，不可以加矣。其次以为有物矣，而未始有封也。其次以为有封焉，而未始有是非也。是非之彰也，道之所以亏也。道之所以亏，爱之所以成。（《庄子·齐物论》）

庄子像老子一样，是从人类认识发生论的角度对"道"做出界定的。庄子将"古之人"的认知过程划分为四个阶段：第一，尚没有形成关于"物（个体）"的观念。这时，世界就像老子所说的那种"惟恍惟惚"的状态。这是"道"的极致，是一种"绝对的整体性状态"（"至矣，尽矣，不可以加矣"）；第二，已经有了"物（个体）"的观念，但"物（个体）"与"物（个体）"之间还没有明确的界限，这时，整个世界还是连为一个整体的；第三，有了"物（个体）"的观念，"物（个体）"与"物（个体）"之间也有了明确的界限，但还没有将不同的事物进行直接的比较，因而也还没有是非观念和是非标准，不会对事物的性质做出绝对的判断。这其实就是庄子所说的"道枢"，由"道枢"仍能得其"环中"，在"齐物观"的基础上将整个世界和人类连为一个整体；第四，人类有了是非观念之后。庄子认为，当人类有了是非观念，"道"就有了残缺，世界的整体性就受到了损害；"道"有了残缺，世界的整体性受到了损害，爱憎感情就产生了。这里的意思，与老子所说的"失道而后德，失德而后仁"（《老子》第三十八章）大致是相同的。有了分别，才有爱憎；没有分别，何来爱憎？物有分别则不齐，物不齐则不相通，不相通则不是一个整体，则未至"道"。

上述第一个阶段是老子所说的"无"的阶段，第二个阶段则是老子所说的"有"的阶段。这两个阶段以及二者之间的模糊地带，就是老子所说的"道"。第四个阶段暗示的分明是孔子的思想。孔子思想是分别是非的，是讲爱憎感情的。庄子指出，这是"道"已有所"亏"的阶段。实际上，上述第三个阶段，就是庄子之"道"的建构基础。在这时，物（个体）与物（个体）之间已经有了明确的界限，实际是在直感直觉基础上显现出来的一个现象世界。

必须看到，在"有封焉，而未始有是非矣"的现象世界的基础上所理解的庄子之"道"，与在"未始有物"与"有物矣，而未始有封也"的混沌整体的基础上所理解的老子之"道"，是有严格的差别的：老子在他的混沌整体上理解的"道"实际就是这个混沌整体的本身，而庄子在"有封焉，而未始有是非也"的现象世界基础上所理解的"道"，已经不能仅仅停留在这个直感直觉的现象世界的本身，因为在这个万事万物已经有了清晰的界限的世界上，万事万物都是以各自独立的形态出现在人的意识之中的。面对这样一个世界，世界的整体性是人类自身发现出来的，在上文庄子叙述的就是这个"道"的发现过程。也就是说，在庄子所说的"有封焉，而未始有是非也"的世界上，万事万物作为个体，彼此都是不同的，都是不"齐"的，而只有认识主体将它们都视为一个"存在者"，并且在"存在"的意义上看待它们，它们才是"齐"的，也才能在"存在"的意义上将其视为一个整体。老子的"道"，实际是老子为他的意识中的那个混沌整体起的一个名字，所以老子说"字之曰道"（《老子》第二十五章）。如果说老子意识中的那个混沌整体为"实"，"道"就是它的"名"，二者构成的是名实关系。就这种关系本身，是不可移易的，其道体（由"名"和"实"构成的整体）也是静的，所以老子主张"致虚极，守静笃"（《老子》第十六章），认为"静为躁君"（《老子》第二十六章）、"清静为天下正"（《老子》第四十五章）、"不欲以静，天下将自定"（《老子》第三十七章）。而在庄子"有封焉，而未始有是非也"的世界上，任何一个具体事物都有自己的"名"，"道"则是将所有这些独立的事物和人联系为一个整体的东西，是认识主体的"存在"的观念，与任何一个具体的事物都构不成直接的名实关系，所以它也不是静止的。庄

庄子的平等观（上）

子说"道行之而成"。它是运动的"存在"，也是"存在"的运动，是不能驻留在任何一个时间和空间的位置的。老子的"道"是静的，所以认识主体在得"道"之后应该止于"道"，并且可以"以不变应万变"，老子所说的"圣王"就是这种"以不变应万变"的认识主体；庄子的"道"是运动的，所以它不能驻留，必须不断在运动中实现自己，因而它也不能仅仅停留在人类认知过程的前三个阶段："道"无所亏的阶段。当庄子通过向老子的"道"的回归超越了孔子的"仁"之后，他又通过向孔子的"仁"的回归而超越老子的"道"。

当庄子做出"道之所以亏，爱之所以成"的判断的时候，分明是对孔子"仁学"思想的批判，但庄子接着说这里所说的"成"与"亏"的区别也不具有确定性："果且有成与亏乎哉，果且无成与亏乎哉？"所有的"存在者"都有"成"与"亏"，只有不存在的事物，才既无"成"也无"亏"。昭文是一个善鼓琴的人，他只要鼓琴，就有所"成"，也有所"亏"，有能够达到的音乐效果，也有没有达到的音乐效果。只有他不鼓琴，才没有"达到的音乐效果"，也没有"没有达到的音乐效果"，才没有"成"与"亏"（"有成与亏，故昭氏之鼓琴也；无成与亏，故昭氏之不鼓琴也"）。昭文的琴技，师旷的音乐才能，惠施的哲思，他们三个人的才智达到了登峰造极的地步了吗？进入了无亏的"道"的境界了吗？（"三子之知几乎？"）没有！他们也只是成就比较大的人，所以到了晚年才将他们的成就书之竹帛（"皆其盛者也，故载之末年"）。他们之所以与众不同，是因为他们爱好这些；凡是爱好一个事业的人，也想让别人都了解（"唯其好之也，以异于彼；其好之也，欲以明之彼"）。如果连自己都不明白而想让别人明白，是不可能的，所以公孙龙子讲了一辈子"坚白论"（公孙龙子主张"离坚白"，谓"坚白石"不能同时有坚、白、石三个概念，只能有两个，或坚石，或白石，因为"视不得其所坚而得其所白者，无坚也；拊不得其所白而得其所坚者，无白也"①到头来还是糊里糊涂地讲不明白"非所明而明之，故以坚白之昧终"）。昭文的儿子继承父业，鼓了一辈子琴，却没有成就。假若他们也被认为是有成就的，那么我也是有成就的；假若他们不被认为是有成就的，我与

---

① 《公孙龙子·坚白论》，载《公孙龙子译注》。

所有事物也是没有成就的（"若是而可谓成乎？虽我亦成也；若是而不可谓成乎？物与我无成也"）。连圣人的思想也希望有炫目的光彩，只是他们不公开宣扬自己的思想，不用自己的思想教导别人，而是首先使自己具有更加清醒、明白的意识，并带着这样的意识进入平平常常的日常生活，让它在这样的生活中自然而然地发挥自己的作用。这就叫"以明"。

我想特别指明的是，庄子这种求"道"而不执于"道"，至"道"而又离于"道"的观念，实际是主张在普遍性与特殊性、共性与个性、绝对性与相对性之间自由游弋，既不要执着于普遍性、共性、绝对性而陷入绝对主义和独断主义，也不要执着于特殊性、个别性、相对性而陷入毫无原则的相对主义。在过去，我们总认为庄子的哲学是相对主义的，实际上，"道"，就是普遍性、共性、绝对性的代名词，庄子对"道"的体认，就是对普遍性、共性、绝对性的体认，怎能认为他的哲学就是相对主义的呢？但他又不将"道"绝对化，不论在其物理的意义上，还是在其精神的意义上，他都不将"道"视为一个具体的"存在者"，这就说明庄子的哲学也不是绝对主义和独断主义的。在先秦思想学说的历史上，庄子哲学实际又是连接老子哲学和孔子社会学说的哲学桥梁，并通过这种连接同时实现了对二者的超越。他上溯老子"道"但又不停留于"道"，这就同时有了站在老子的"道"的高度超越孔子的社会学说而又站在孔子社会学说的立场上超越老子思想学说的两重内涵。他认为"仁"之所以成，"爱"之所以成，就意味着"道之所以亏"，实际是对以"仁爱"思想为核心的孔子思想学说的绝对真理性的否定。他又不认为他的"成"与"亏"的说法是绝对的，所以老子思想学说的"成"不是绝对的"成"，孔子思想学说的"亏"也不是绝对的"亏"，二者都既有所"成"、也有所"亏"，这同时也是站在孔子"仁爱"思想的现实性上对老子哲学的超越。庄子哲学的一个必然的结论是：任何一个独立的、具体的思想学说，都不可能是一个绝对真理的体系，都是有所"成"，也有所"亏"的。要想无所"亏"，除非无所"成"，除非没有任何具体、独立的思想主张。

庄子的平等观（上）

十一

"今且有言于此，不知其与是类乎？其与是不类乎？类与不类，相与为类，则与彼无以异矣。"结合下文，我们可以断定，这是针对老子思想学说的。庄子首先提出：如果我说上一席话，不知是符合老子的思想学说，与老子的思想学说属于同类呢？还是不符合老子的思想学说，与老子的思想学说不属于同类呢？接着，他回答说：同类与不同类，在相互的关系中各成一类。没有不同类的事物，同类的事物就构不成一个类别，而自然同类的事物构成了一个类别，那些不同类的事物也就成了一个类别。既然都是一个类别，彼此也就没有什么不同了。庄子的意思是，老子的思想学说是一种思想学说，如果我的说法与他的不同，自然也是一种思想学说，而作为一种思想学说，彼此是没有差别的。

"有""无""始"是老子哲学的三个基本概念，老子说："无，名天地之始；有，名万物之母。"（《老子》第一章）也就是说，老子是承认宇宙是有一个开始的，而庄子则提出，老子自然说宇宙"有始"，也必须承认有"未始有始"；既然承认"未始有始"，也必须承认"未始有夫未始有始"；老子既然承认有"有"、有"无"，也必须承认"未始有无"，也必须承认"未始有夫未始有无"。这样，一会儿说"有"，一会儿说"无"，而不知道"有""无"到底是谁有、谁无（"有始也者，有未始有始也者，有未始有夫未始有始也者；有有也者，有无也者，有未始有无也者，有未始有夫未始有无也者。俄而有、无矣，而未知有无之果孰有孰无也"）。

在过往的庄子研究中，几乎无一例外地将庄子在这里运用的论证方法当作庄子自己的方法。例如，冯友兰在其《中国哲学简史》中就说："佛教此宗与道家所用的方法，以及用这种方法所得的结果，都是相似的。这种方法是，利用不同的层次，进行讨论。一个层次上的说法，马上被高一层次上的说法否定了。我们在第十章已经看到，庄子《齐物论》所用的也是这种方法……"[①]实际上，庄子在这里所使用的方法，并

[①] 冯友兰：《中国哲学简史》，北京大学出版社，1985，第285页。

非他自己所主张、所提倡的方法，而是他在整体上予以否定的、认为有明显缺陷的"言与言辩"的方法，具体说来，它更是当时名家学派的辩论方法。庄子所主张、所提倡的方法是什么呢？只要仔细阅读上文，我们就会知道，他所主张、所提倡的根本方法就是离开"言与言辩"的"以明"。也就是说，在他认为，与其在理论上争是非，在言语上分高低，不如直接面对我们直感直觉中的现象世界，使我们心灵中的这个世界变得更加清晰和明白。而要做到这一点，我们就必须首先在无先定的是非标准的前提下将世界上的万事万物视为"存在者"，在这时，"存在"（"道"）就将世界上的万事万物联系成了一个整体（"道通为一"），这个整体在人们的心灵中才是澄澈光明的，这也就是"以明"。在这时，庄子哲学的理论基点就回到了老子的"道"上，从而也与老子的思想学说联系在一起。但是，庄子如果仅仅停留在老子的"道"上，停留在老子的思想学说中，他的思想也就仅仅成为一种"言"，成为一种思想学说，这与他的"以明"的主张是背道而驰的。所以他接着需要解决的，就是必须不把"道"作为一个终极的真理，作为一个认识世界的固定模式或思想教条，更不能把老子的思想学说作为唯一正确的思想学说，在这时，他需要揭示的是"道"自身的相对性，即老子思想学说的相对性。我们必须意识到，正是在这种情况下，名家学派的辩论方法作为一种具有相对合理性的方法在庄子建构自己的哲学体系的过程中有了特定的作用。它的作用就是运用"否定—否定—否定"的逻辑链条构成对老子思想学说的否定，并作为与老子不同的思想学说取得同等的存在权利。这就与老子的思想学说构成了一个"此亦一是非，彼亦一是非"的相互对待的关系，构成了两个相对真理的对待关系，然后才在"两行"的原则下实现对二者的超越，重新将"以明"的原则作为一个更根本的原则。

当我们意识到这一点，我们才会感到，庄子的这段行文是有与前后各段行文不同的特征的。他在开头说的是"今且有言于此"，用的是假设性的语言，而不是庄子直接出面对老子的思想学说提出质疑；"虽然，请尝言之"，说明下文是试探性的语言，不是庄子的立论性的语言。"今我则已有谓矣"，说的是我现在说了这些话，并非说我说的就是真理，就是完全对的，而老子的思想学说是站不住脚的，是完全错的。所以，庄

庄子的平等观（上）

子接着就对自己说的这些话也提出了质疑："而不知吾所谓之果有谓乎？其果无谓乎？"（"不知我所说的这些话果真有意义呢，还是果真没有意义呢？"）庄子的意思是说：老子的说法有道理，我对他的否定也不能说没有道理。自然都有道理，但也不完全正确，所以任何一方都不是绝对真理，从而实现了将老子的"道"和他的整个思想学说相对化的目的。

我们知道，在《逍遥游》中，庄子曾经肯定了"大知"与"小知"的差别，并认为"小知"对"大知"的隔膜、不理解是可笑而又可悲的事情。他说："小知不及大知，小年不及大年。奚以知其然也？朝菌不知晦朔，蟪蛄不知春秋，此小年也。楚之南有冥灵者，以五百岁为春，五百岁为秋；上古有大椿者，以八千岁为春，八千岁为秋。而彭祖乃今以久特闻，众人匹之，不亦悲乎？"在这里，庄子则说："天下莫大于秋毫之末，而泰山为小；莫寿乎殇子，而彭祖为夭。"我认为，这仍然是在"言与言辩"的层面上揭示的人类语言的不确定性以及由此所派生的人类认识的不确定性。不论是语言，还是人类的认识，都是在认识主体与认识对象的相对关系中具体表现出来的，对于鲁迅《风波》中的赵七爷，世界上最有本领的莫过于手持丈八蛇矛的张翼德了；而对于鲁迅《阿Q正传》中的阿Q，世界上最可恨的莫过于王胡与小D了。认识主体是"不齐"的，认识主体对认识对象的认识也是各不相同的。只有将世界上的万事万物都视为一个"存在者"，所有这些事物才"齐"了，才有了平等的地位。在这时，"天地"存在，"我"也存在，"我"与"天地"同时存在（"天地与我并生"）；"我"是一个"存在者"，"万物"也是一个个"存在者"，"我"与"万物"都是同样的"存在者"，"存在"将"我"与"万物"连为一个整体（"万物与我为一"）。这两句话，是我们经常引用的，几乎被作为人类精神发展的最高精神境界。但在庄子看来，它同样不是人类认识的终点，人类的认识是不能在这个制高点上驻留的。从一个方面说，自然"万物与我为一"，我与万物已经成了一个浑融的整体，还有什么可说的呢？而从另一个方面，既然称之为"一"，这个"一"就是"言"，还能说没有"言"吗？自然有了"万物与我为一"的浑然整体的"一"，又有作为语言概念的数字的"一"，不就有了"二"吗？这个"二"也是一个语言概念，一个数字，它与原来的"二"加在一起不就有了"三"吗？这样下去，是数学家也有无法计算出来的数目，何况我们这些普通人呢？从"无"到"有"，尚可到"三"，到"多"，（老子说："道生一，一生二，二生三，三生万物。"〔《老子》第四十二章〕）如果从"有"到"有"（在有物有封而未始有是非的第三个认知阶段，"有"是人类认识的前提和基础），能够生成的数目就更加无可计量，人们永远是无法穷尽数目的，人类的思想学说也是可以有无限多种的，与其人为地编造出各种各样的说法，还不如因任自然，像天籁、地籁、人籁一样，发其所不能不发，言其所不能不言（"……既已为一矣，且得有言乎？既已谓之一矣，且得无言乎？一与言为二，二与一为三。自此以往，巧历不能得，而况其凡乎！故自无适有，以至于三，而况自有适有乎！无适焉，因是已"）。

在这里，我们需要注意的是老子与庄子"数论"的不同。他们都是从"道"引申出"数"和"数目"的变化的，并且都是将"道"视为整体"一"的。但是，在老子那里，这个"道"就是宇宙本体，这个宇宙本体是通过自身的逐级分化而成为一个复杂的世界，是一个由"一"向"多"的变化过程，"数"是随同"物"的增多而增多的，"数"与"物"同体。这里的"道"即"一"，"一"即"道"；"数"即"物"，"物"即"数"，"物""数"不离。而在庄子哲学里，"道"并不是宇宙本体。宇宙本体原本是一个万物并呈、变化无穷的世界，"道"使其相通并成为一个整体（"道通为一"）。在这个意义上，"道"就是整体"一"，但这个整体"一"却并不等同于宇宙本体，而更是像现代哲学中所说的"存在"这样一个语言概念，一个"名"（"言"）。所以庄子又认为"言"与"万物与我为一"的"一"合而为"二"；"二"又为"一"，又与已有的"二"合而为"三"。也就是说，在庄子哲学中，"数"与"物"是相离的，"数"是"数"，"物"是"物"。"数"可以在言说的过程中不断产生出来，"物"未变而"数"自变，所以庄子的"数"主要说的是"言"之"数"，而非"物"之"数"。如果说老子的"数论"即是他的"物论"——在老子哲学中，"道"也是"物"。老子说："道之为物，惟恍惟惚。"（《老子》第二十一章）"有物混成，先天地生。"（《老子》第二十五章）庄子的"数论"则是他的"言"论或"名"论。庄子也讲"物论"，但老子的"物论"是老子自己对"物"的认识和阐释，"物""言"一体，庄子的"物论"则不是自己对"物"的认识或阐释，而是当时知识分子对"物"的各种不同的言说，各种不同的思想学说，所以一"物"可以有多"言"，对于同样一个宇宙本体可以有多种言说方式，可以有多种世界观和人生观。这反映出庄子的时代，已经是一个文化的时代。在这样一个时代里，自然世界、人类社会在整体上的变化依然相当缓慢，但知识分子的思想学说却像走马灯一样变化多端。这些思想学说面对的几乎是同样一个自然世界和人类社会，但是他们对这样一个自然世界和人类社会的解读却截然不同。也就是说，"物"是一个，"数"却多了起来，这个"数"实际是"言"之"数"，思想学说之"数"。"战国之时，学问不同，更相是非，故庄子以为，不若是非两忘，而归之自然……"①亦即不以任何一个思想学说的是非为是非，而是将其视为具有平等存在权利的不同思想学说。严格说来，庄子"齐物论"的主旨就是通过齐"物"（万事万物都有自己的存在根据，在存在论的意义上是平等的）而齐"物论"（各种不同的思想学说都有自己的产生根源，虽然彼此是非观念截然不同，但都有自己存在的权利。在存在论的意义上是平等的）。

十二

"夫道未始有封，言未始有常，为是而有畛也"以下，班固认为应在《庄子·外篇》。②我认为班固说可信，其理由有三：第一，《齐物论》上文通过论述知识的相对性而引出"道"，最后又通过揭示"道"的相对性而返回知识论，完成了一个"否定之否定"的论述全过程，从而突出了"言"的相对性和直接认识直感直觉中的现象世界的"莫若以明"原则，实际已经具有自身的完整性。将下节文字放在全文"重言"的最后，有画蛇添足之感；第二，下节文字在论述风格上更像一般的学术论文，以正面论述为主，没有在逻辑上逐层演进的动态感，更属于静态的结论文

---

① 林希逸：《南华真经口义·〈齐物论〉题解》，云南人民出版社，2002。
② 王叔岷：《庄子校诠》上册，中华书局，2007，第73页。

字，与上文的论述风格截然不同；第三，该节文字中引进了大量儒家思想学说中的语言概念，如"春秋经世、先王之志""仁""廉""勇"等等，其思想也带有明显的儒家色彩，这在上文是没有的，但是，从总体倾向而言，与庄子的哲学观念没有明显的矛盾，最后提出的"葆光"这个哲学概念，与前文的"以明"可以构成一种照应关系，有相得益彰的效果，有一定的重要性。故我仍遵循现有的文本，阐释于此。

如上所述，庄子哲学中的"道"更近于"言"，在这节文字中，"道"与"言"就被直接并列起来："夫道未始有封，言未始有常，为是而有畛也。"这里是说，"道"原本是开放的，无边无缘的，感觉所及、思想所及、想象所及、幻想所及皆有"道"，因为感觉、思想、想象、幻想的对象都可以视为"存在者"，"存在"无处不在，无时不在，是没有固定的边界的；"言"（言论、思想、学说）原本是没有固定的形态的，老子有老子的思想学说，孔子有孔子的思想学说，墨子有墨子的思想学说，孟子有孟子的思想学说，惠施有惠施的思想学说，人执一见，家创一说，没有定论。但也正是因为如此，所以就有了厘定范畴的必要。庄子认为，这样的范畴主要有：左和右、论和议（现在的文本中作"伦和义"，现据俞樾等学者的意见校改）、分和辩、竞和争。我们可以视为学术研究的四个范畴，作者则称之为"八德"，是说在学术研究中各有自己的作用。大概这里所说的"六合之外""六合之内"都属于"左""右"范畴，体现着研究者的方位意识；"六合之外，圣人存而不论；六合之内，圣人论而不议；《春秋》经世，先王之志，议而不辩。"这里的"论"和"议"都属于"论""议"范畴，体现着研究者的关系意识。"六合之外"的事物，与人类没有关系，研究者知道多少就保存多少，不必循其条理，按其系统，予以陈说；"六合之内"的事情，与人类有了关系，研究者需要循其条理、按其系统，予以陈说，但不必加入主观见解、议论其得失；有关历史上帝王治理国家的事情，因为关系国家的命运、人民的幸福，是人力所及之事，所以要发表自己的意见，论其得失，但这些意见，都是主观见解，人各不同，若有不同意见，不必争辩是非，定于一尊。"故分也者，有不分也；辩也者，有不辩也。曰：'何也？'圣人怀之，众人辩之以相示也。故曰：'辩也者，有不见也。'"这里的

"分"和"辩"都属于"分""辩"范畴,体现的是研究者的是非意识。但是,作者认为,区分实际是建立在联系的基础之上的,辩论实际是建立在有不公开说出的理由之上的。为什么呢?对于所有这些区分和争辩的事物,"圣人"是有内心的关怀的,但他没有表达的必要,也不会与别人争长论短,只有那些不是"圣人"的一般的人,才需要通过辩论表现自己的才能和见解,所以,辩论的具体内容并不体现辩论的全部意义,表现自己、炫示自己的意图是不会公开说出来的。"竞""争"范畴其实也同"分""辩"范畴一样,作者在这里未加评说,但可以想见,"竞""争"比"分""辩"双方的目的性更强,意志力更大,词锋更加尖锐,对立的情绪也更加强烈,因而"竞""争"背后被遮蔽起来的东西更多。

> 夫大道不称,大辩不言,大仁不仁(亲),大廉不嗛,大勇不忮。道昭而不道,言辩而不及,仁常而不成(周),廉清而不信,勇忮而不成。五者园而几向方矣。故知止其所不知,至矣。孰知不言之辩,不道之道?若有能知,此之谓天府。注焉而不满,酌焉而不竭,而不知其所由来,此之谓葆光。

"大道"在中国古代哲学中就是"绝对真理""普遍真理",就是无所遗漏、无所遮蔽的宇宙整体,这样的真理是无法言说的,能够说出来的都是"相对真理";"大辩"是立于"大道"立场上的"辩",是为"大道"而"辩"。"大道"是不可言说的,"大辩"自然也就无法用言论进行;"大仁"是对人类整体的关怀,是内在心灵的自然感情,不是私人间的人情关系,不需讨好,更不会阿谀奉承,所以在表面上并不显得多么亲切;"大廉"是"大仁"之人的行为表现,大廉之人是根本不考虑个人利害关系的人,所以他也不会刻意求廉,所谓"大行不顾细谨,大礼不辞小让"(《史记·项羽本纪》);"大勇"也是"大仁"之人的行为表现,大勇之人在危急关头既不会考虑个人的安危,也不会考虑个人的名誉,专心于困难的克服,所以他不会好勇斗狠,做出于事无补的过激行动。"道"如果明明白白、一览无余,那就不是"道"了;"言"

如果在辩论中能够压倒别人、取得胜利，那一定还有没有说出的真理；"仁"如果前后一致、没有变化，那一定不是完美周全的"仁"；如果一个人让人一眼就看出他是一个清廉的人，那他的清廉一定是不可信的；如果一个人时时、处处都想表现得很勇敢，那他一定成不了一个勇敢的人。"五者园而几向方矣"旧注不同①，但我认为，这里所要表达的意思还是明确的。"五者"当指"道""言""仁""廉""勇"，是从外部表现的角度说的，如果这五个方面的表现都能够做到贴切自然，无雕饰造作的痕迹，"几向方矣"，就接近完满了。所以下文说"故知止所不知，至矣"。

如上所述，这段文字可能并非庄子所作，其中不但引入了过多的儒家的观念，而且在思想和句式上都更像老子，而与庄子不同。这里的"大道不称，大辩不言，大仁不仁（亲），大廉不嗛，大勇不忮"分明是套用老子"大方无隅，大器晚成，大音希声，大象无形"（《老子》第四十一章）。老子的哲学有一个不变的支点，即"道"，所以《老子》书中虽多复杂判断，但却都是单向判断。庄子的哲学没有这样一个不变的支点，在他的哲学中，"道"起的只是连通作用，既不是世界的支点，也不完全等同于现象世界的本身，构不成庄子哲学的支点。任何的单向判断，都有可能将一种判断上升到绝对真理的高度，而起到排斥其他所有不同判断的作用，所以需要另外一个对立的单向判断与之构成相互对待的关系，一方面使二者作为相对真理而"两行"，另一方面又消解了双方的绝对真理的性质。具体到这段文字中，"大道不称"是一个判断，"不称非道"也是一个判断；"大仁不亲"是一个判断，"不亲非仁"也是一个判断……没有这些逆向的判断形式，这些判断就成了完全固定的判断形式，成了唯一正确的思想原则，人们就可以仅仅记住这些原则，只用这些原则裁判眼前的世界，从而遮蔽了气象万千、变化多端的现象世界，也不想不带任何成见地面对直感直觉中的现象世界了。举例来说，当你感到一个人非常亲切的时候，你能不能根据这里的"大仁不亲"而直接判断这个人不"仁"呢？当你感到辩论的胜方说得更有道理的时

---

① 参见王叔岷：《庄子校诠》上册，中华书局，2007，第76页。

庄子的平等观（上）

候，你能不能根据这里的"大辩无言"而断定这个人说的就是没有道理的，而辩论的败方反而更有道理呢？显然不能！与此同时，"知止所不知"也是一个单向判断，也容易被人视为绝对真理。实际上，一个人所认为"知"的，可能正是"不知"；一个人认为"不知"的，也可能正是"知"。在直感直觉的现象世界里，是没有"知"和"不知"的区别的。在《红楼梦》中，刘姥姥是"无知"的，但她的"无知"恰恰又是一种"智慧"；凤姐是"聪明"的，但她的"聪明"又是"无知"的表现。对于她们，所有的判断都是蹩脚的，而只有作为一个人，一个人的形象，在我们的感觉中是清晰明确的。庄子的目的是突出"以明"的重要性，而不是为了突出"道"的本身，所以老子那种虽然复杂但却只有一个向度的判断形式不符合庄子的要求。

但是，在这节文字的最后，作者还是回到了庄子的哲学立场上，从而提出了不同于儒家、也不同于老子的一个崭新的哲学概念——"葆光"。

原载《社会科学战线》2009年第6期

庄子的平等观（下）
——庄子《齐物论》的哲学阐释

十三

在这一节，我们专门讨论未必是庄子本人提出来的"葆光"这个哲学概念，并在与庄子本人提出的"以明""莫若以明"的照应关系中思考它的理论意义和现实价值。

什么是"葆光"？用现在的话来说，就是"心灵之光""精神之光"。它不是人类认识活动的本身，但又是人类认识活动的原动力和终极目的。本文作者指出，"大道不称，大辩不言"，宇宙的终极真理是无法用语言表达的，能够表达出来的都是一个个具体事物的真理；人类思想的本体也是无法用语言表达的，能够表达的都是一个个具体的认识成果。正是因为如此，人不能仅仅通过别人的言语、别人说出来的真理来丰富自己的认识，而必须获得一种能力，那就是有"知道"别人没有说出来的思想、没有说出来的真理的能力，即知"不言之辩，不道之道"。在这时，也只有在这时，一个人的心灵才像自然世界和人类社会的仓库（"天府"）一样，不论有多少知识注入到自己的心灵之中去，都不会将心灵灌满；不论从中产生出多少思想、多少智慧，都不会使自己的心灵干涸，但又不知道这些真理、这些思想到底是从哪里产生出来的。也就是说，它的接受能力是无限的，它的创造能力也是无限的。本文作者指出，这就是"葆光"，就是"心灵之光""精神之光"。

那么，一个人的心灵怎样才可能"注焉而不满，酌焉而不竭，而不知其所由来"呢？在这里，我们就必须回到庄子的"以明""莫若以明"的理论主张之中去了。在庄子看来，任何一种思想学说，任何一个具体的认识成果，都是相对的而不是绝对的。如果将其视为绝对真理，视为一种唯一的思想原则或者思想教条，它就会遮蔽起所有其他的相对真理，使你不是更有知识、更有思想，而是使你的心理封闭起来，使你的心灵变得狭隘自私并发生心理变态。所以，你不能从思想到思想，从理论到理论，从认识到认识，从书本到书本，从结论到结论，从教条到教条，也就是说，你不能只在理性的世界上转来转去，你必须回到直感直觉的现象世界上来。在这时，你必须将世界上的万事万物，其中也包括各种不同的人和各种不同的思想学说，都视为一个独立的"存在者"，而在"存在者"与"存在着"之间，在"存在"的意义上是平等的、"齐"的，是不能由一个完全代替另外一个的。即使到了当代社会，甚至到了未来的"黄金世界"，"物"与"物"、"人"与"人"之间的关系仍然是如此。一个总统甚至不能代替一个乞丐，一个哲学家甚至不能代替一个精神病患者，所有的"存在者"都必须在自己现有的条件下，根据自己的需要选择自己的人生并沿着自己的人生轨迹走完自己人生的全过程。对这些"存在者"，你必须用自己的直感直觉将其感觉得更加清楚和明白。这就是"以明""莫若以明"，而不是用概念理解概念，用定义诠释定义，用言语说明言语。具体到知识分子的思想学说，也是这样。读老子，你得在这个现象世界的基础上理解老子；读孔子，你得在这个现象世界的基础上理解孔子；读黑格尔，你得在这个现象世界的基础上理解黑格尔；读马克思，你得在这个现象世界的基础上理解马克思；读鲁迅，你得在这个现象世界的基础上理解鲁迅；读毛泽东，你得在这个现象世界的基础上理解毛泽东……而不能用这一个代替那一个，更不能用这一个消灭那一个。重要的不是他们说了什么，而是他们为什么这样说，这样说的意义何在。也就是说，将他们的言语、思想同他们的"存在"联系在一起。在这种情况下，不论你读多少书，不论你掌握多少知识、知道多少种彼此不同乃至互相对立的思想学说,都不会将你的心灵灌满,使你再也装不下其他的知识。这就是"注焉而不满"。你的知识就是这样积累起来的,你的思想就是这样丰富起来的,你的心灵就是这样开阔起来的。与此同时,当你面对你眼前的世界,你会产生各种想法,产生各种思想,产生各种智慧,所有这些都会从你的心灵中产生出来,而又不知怎样产生出来的。如果你的思想是从别人的思想学说中记录下来的,当你将别人说过的话都说完的时候,你就没有话可说了;但当你的思想是以自己的心灵面对自己直感直觉中的现象世界时产生出来的,这种思想不论产生多少,你的心灵仍然十分开阔,你的思想仍然十分锐敏,你的智慧仍然十分丰富,不会干涸枯竭,不会僵化停滞。在这时,我们好像看到心灵在发光,精神在发光,好像看到是心灵的光辉、精神的光芒照亮了自己直感直觉中的现象世界。这就是本文作者所说的"葆光"。如果说"以明""莫若以明"是一种内在的思维方式和心灵的运作方式,"葆光"则是这样的心灵的一种外在表现形式,——我们好像看到了心灵的光辉,看到了精神的光芒,虽然这种"光"是内在于心灵的,是看不到它的光源的。

必须重申,庄子的《齐物论》是他的认识论,讲的是人类如何认识世界、认识人类文化的问题,而不是仅仅为他的"出世"抹上一层思想的油彩。庄子绝对没有否定人类认识世界、认识人类文化的必要性,也没有用自己的思想学说代替或者抹杀任何真实的人类知识和其他的思想学说。他在他的著作中几乎涉及当时所有精英知识分子的思想主张和大量生产、生活的知识,就是一个明证。他的认识论的独特之处和价值在于,他十分尖锐地指出,人类认识的基础和终极目的绝不在认识本身,而在于人与自己直感直觉中的现象世界的关系,在于人类的心灵总是希望尽量看清自己直感直觉中的现象世界,因而人类认识世界的终极目的也不在于改造世界,而在于自己心灵的自由、精神的自由。在这个过程中,诞生了一个理性化的世界,这个世界是人类独有的,是标志着人类与动物的不同特征的一个新的世界。这个世界是通过语言标志出来的,是在人类语言中存在的,不论是老子的"道",还是孔子的"仁";不论是西方唯物主义者所说的"物质",还是西方唯心主义者所说的"精神",都是只有通过语言才能够被人感受、理解和运用的语言概念,而不是人类直感直觉中的本真的"事物"。但这些语言概念并没有自己的独立性,当这些语言概念还仅仅是语言概念的时候,是没有其确定性的意义的,是可以这样运用也可以那样运用的,甚至连孔子所说的"仁"与孟子所说的"仁",荀子所说的"仁"与董仲舒所说的"仁"都是各不相同的,彼此无法相通。要使认识成为一种认识,要使这些语言概念具有相对确定性的含义,必须将其与人类直感直觉中的现象世界联系起来,使其成为现象世界的某些事物或某类事物的"名"。在这时,也只有在这时,它才还原为一种本真的存在,并在这"存在"的意义上与其他的本真的"存在"连通为一个整体,也在这个整体中呈现出自己的意义和价值。在这时,它有时表现为对现实世界的改造,但即使这种对外部世界的改造,最终仍然必须落脚在人类心灵的自由感觉和精神自由感觉上,否则,这种认识,导致的将是对人的异化,将人异化为非人,将人变成像思想教条那样的没有生命的僵尸。

我认为,"葆光"这个哲学概念,对于识别和评价人类文化史上,包括文学、社会科学乃至自然科学在内的所有文化成果几乎是有决定性的意义的。从庄子那时的先秦文化开始,狭义的文化就成了知识分子的一项事业,"文化"具有了公认的社会价值,"文化"职业化了,知识分子也竞相以自己的"文化成果"作为自身存在价值和意义的标志。鱼龙混杂、妍媸淆乱几乎成了不可避免的文化现象。

直至现在,在我们面对这样的文化现象的时候,使用的仍然常常是各自不同的是非标准,"以是其所非,而非其所是"。例如,在我们当前的文学艺术研究中,就有现实主义的、浪漫主义的、现代主义的、后现代主义的标准;有古典的和现代的标准;有民族的和西方的标准;有自由主义的和保守主义的标准,有女权主义的和男权主义的标准;有政治的和艺术的标准,等等。但是,所有这些标准,都像庄子所指出的那样,是相对的而不是绝对的,它们都无法掩盖自己的偏狭性乃至荒诞性;任何现实主义理论都无法否认卡夫卡小说的价值和意义,同样,任何现代主义的或后现代主义的理论也都无法否认巴尔扎克小说的价值和意义;现代性无法回答为什么即使我们当代人对李白等人的古典诗歌的喜爱仍然超过对绝大多数现当代诗歌的喜爱，古典性则无法回答为什么鲁迅等现当代杰出作家的作品同样为大多数古典作家所不及……在这里，我们分明能够感到，所有这些显在的标准，都掩盖了一个最基本的价值，即人类文化成果对于人类心灵的作用。"葆光"则是能够显示所有这些文化成果的价值和意义的更根本的标志。为什么同是诗歌，李白的诗歌与李金发的诗歌是不同的？为什么同是人情小说，《红楼梦》与《青楼梦》是不同的？为什么同是现代小说，鲁迅小说与茅盾小说是不同的？为什么同是郭沫若的作品，《女神》与《前茅》《恢复》是不同的？为什么同是女性小说，张爱玲和苏青是不同的？……在这里，我们就会感到，一个作品在我们面前是否放射出精神的光芒、心灵的光芒以及这种光芒的持久性的亮度是区分它们的更根本的标准，脱离开这样一个标准，其他所有标准都是毫无意义的，都会导致极其荒诞的结论。与此同时，我们的文化研究，归根到底都是为了拭去落在这些文化成果之上的世俗社会的尘埃，而使那些能够放光的东西都放出光来，而使自己知道那些原本不能放光的东西并不是因为世俗观念的遮蔽而没有放出光芒来。

所以，我认为，"葆光"这个哲学概念，至今是有重要的现实意义和文化价值的。

十四

司马迁说：庄子"著书十余万言，大抵率寓言也"（《史记·老子韩非列传》）。《庄子·杂篇》的《寓言》篇的作者也说：《庄子》"寓言十九，重言十七，卮言日出，和以天倪"。"寓言十九，藉外论之。亲父不为其子媒，亲父誉之，不若非其父者也。非吾罪也，人之罪也。与己同则应，不与己同则反；同与己为是之，异于己为非之。"（《庄子·杂篇·寓言》）《庄子·杂篇》的《天下》篇的作者则说：《庄子》"以卮言为曼衍，以重言为真，以寓言为广"。（《庄子·杂篇·天下》）总之，"寓言"在《庄子》书中占有一个相当重要的位置。实际上，庄子哲学的最根本的意义就在于，它反对那种从理论到理论的倾向，反对以理论上的是非为是非，而仅仅将理论作为照亮直感直觉中的现象世界的精神光辉。他的哲学、他的理论，包括他的任何一个哲学概念，都是可以融化的，是可以融化到具体的人生现象和精神现象之中去的。这样，通过具体的人生现象和精神现象而多侧面、多角度、有立体感地呈现他的哲学思想的寓言就成了他的哲学著作的重要组成部分。

下面，我们具体分析《齐物论》中的几则寓言。

《齐物论》的第一则寓言：尧与舜的对话——"两行"观念与国家间的平等关系。

只要我们不是将庄子的寓言视为对他的思想结论的简单图解，而是将其视为对这些思想结论的更加具体生动、更加精确全面的展示形式，我们从《齐物论》的第一则寓言中首先就会感到，庄子绝对不是仅仅将自己的思想视为逃避政治、逃避社会、追求个人安逸和舒适生活的一种思想，一种人生态度，而是有着真正的哲学高度的，其中也包括极为广泛的社会性质和极为高远的社会理想性质。与此同时，他的"齐物论"也不是一种绝对的无是非观，而是在超越了固有的是非标准之后的一种更高层面的是非标准，而这种标准又是与人的内在精神感受、内在精神自由直接联系在一起的。我们完全可以说，老子和孔子的思想能够覆盖多么广阔的领域，庄子的哲学也能覆盖多么广阔的领域：他是中国第一个站在精神自由的立场上看待整个自然世界和人类社会的真正的哲学家和思想家。在《逍遥游》中，我们就曾读到过他撰写的许由与尧的一段对话。在那里，他讨论的是精神价值和政治价值的关系问题。他意图说明的是，政治价值是一种人生价值，但却不是唯一的一种人生价值。人有根据自己的需要与可能选择对于自己有实际意义和价值的人生道路的权利。

如果许由与尧的那段对话还容易被歪曲为宣扬逃避政治的隐逸思想的话，这里这段尧与舜的对话则完全属于政治性质的了。尧和舜在儒家文化传统中都是中国古代的圣君，而在庄子这则寓言中，尧即使不是庄子心目中的至人、神人和圣人，至少也是一个德高望重的政治君王，舜则是较之尧具有更高精神境界、思想境界的贤相一类的人物。尧说，当自己产生了征伐宗、脍、胥敖这几个小国的念头之后，临朝听政时心里总有种不平静的感觉（"我欲伐宗、脍、胥敖，南面而不释然"）。显而易见，尧之所以产生征伐这几个小国的想法，是与自己显在的国家观念有关的，是以自己的是非为是非的。

他在理智上认为，这几个小国是不文明、不开化的，依理应予征伐。但在他的内心深处，却有另外一种价值观念反对他做出的这个决定，所以他的心灵无法平静下来。舜的回答具体揭示的就是在尧的内心深处埋藏着的另外一种价值观念。实际上，这种观念就是"齐物论"的观念。按照这样的观念，所有的国家都有平等存在的权利，是不能按照其中任何一个国家的标准而要求其他国家的，更没有用武力消灭其他国家的权利。舜能够清醒地意识到尧内心深处埋藏着的这种国家不论大小、一律平等的国家观念，所以他称这三个小国的国君为"三子"，没有任何轻蔑的意味。舜指出，这三个小国仍然处在偏僻荒芜的地方，过着与我们的国家不同的生活，对我们国家的生活并没有构成实际的妨碍和威胁，是没有征伐它们的理由的。与此同时，舜也指出，尧的内心之所以感到不安，是因为他的德行原本是很广大的，像过去十日并出，能将世界各个角落照亮，无所遮蔽，有着这样的德行的尧，其心灵是宽广光明的，早就容纳了宗、脍、胥敖这三个国家，早就承认了它们存在的合法权利，所以当想到要施暴于它们，想到要消灭它们的存在，心灵就有一种不安宁的感觉。（"夫三子者，犹存乎蓬艾之间。若不释然，何哉？昔者十日并出，万物皆照，而况德之进乎日者乎？"）我认为，这里所说的"德"，实际就是上文所说的"葆光"，是能知"不言之辩、不道之道"、"注焉而不满，酌焉而不竭"的"天府"所发出的"灵光"。尧、舜虽然没有听到宗、脍、胥敖为自己所做的辩解，没有听到它们所能够说出的道理，但他们早已感觉到了它们的存在，感觉到了它们存在的合理性，也能够将自己对象化，立于它们的角度为它们辩解，说出它们能够说出的真理，而这也是他们能够自己战胜自己，超越自己，超越固有的是非标准，用一种全新的眼光看待同样一个问题的原因。实际上，尧的内心深处也有这种"葆光"，不过暂时被他的显在的政治意识遮蔽了起来，所以，舜的一席话，如同拭去了他心灵上的尘埃，让他的心灵重新放出光芒，他心里那点"不释然"的感觉也自然地消失了。

庄子的平等观（下）

显而易见，在整体上，这则寓言贯彻的是庄子上文所提到的"两行"的观念。"圣人和之以是非，而休乎天钧，是之谓两行。"在尧的国家与宗、脍、胥敖诸国之间，是"不齐"的，是有不同的是非标准的，如果仅仅站在尧的国家的立场上，尧将自己的国家视为文明的、有德的国家，而宗、脍、胥敖则是一些不文明的、无德的国家，尧感到有征伐它们的必要。这只是站在尧的国家立场上、以自己的是非为是非得出的结论，而不是整个世界、整个人类的标准。站在整个世界、整个人类的立场上，这些不同的是非标准都有自己的合理性，也都有自己的不合理性，也就是说，都是相对的，而不是绝对的，因而它们也都有存在的理由。它们之间的关系不应当是互相排斥的，而应当是和谐相处的。不同而和，和而不同，亦即"和之以是非"，在它们自然的差别的基础上和平共处（"休乎天钧"）。我认为，在这则寓言中，庄子使用"十日并出"这个典故还有另外一种意义。"尧之时，十日并出，焦禾稼，杀草木，而民无所食；猰貐、凿齿、九婴、大风、封豨、修蛇，皆为民害……"（《淮南子·本经训》）也就是说，日是给人类带来光明的，是人类生存的必备条件，但"十日并出"，光明太多，不但对人类无益，反而会造成人类的灾难。这同时也意味着，尧之德是有益于人类的，是带给人福祉的，但若尧将自己的德施行过度，用治理自己国家的方式去治理宗、脍、胥敖等有着自己特定的风俗和习惯的国家，给人类带来的未必是幸福，很可能是严重的灾难。良药过量成毒药，毒药适量是良药。人类的思想和文化也是如此。

我认为，直至现在，在国家与国家间的关系中，庄子的"两行"原则仍然是值得高度重视和大力提倡的。在世界上还存在社会主义阵营的那些年代里，社会主义国家视社会主义制度为世界上最先进、最合理的社会制度，它们在国际关系中也以向资本主义国家输出革命以实现世界范围内的无产阶级革命为自己的天职和使命；在社会主义阵营解体之后，美国则以世界领袖的姿态向世界各国输出自己的自由、民主的价值原则，甚至不惜以军事侵略的手段干涉别国内政，颠覆其他国家的国家政权。

实际上，不论是输出"革命"，还是输出"自由和民主"，只要是

"输出",都是建立在世界各民族没有平等地位的基础之上的,都是以自己的是非为是非、用强权压迫的形式人为地改变人类社会的现状,使整个人类社会的发展失去自然性与和谐性,并导致人类社会更严重的分裂和更剧烈的冲突的方式。依靠外国强权势力实现的民族内部的"革命"与依靠外国强权势力实现的民族内部的"自由"和"民主",都不可能是真正的"革命",真正的"自由"和"民主",因为它们是在这个民族并不具备其先决条件的情况下将其外部形式强行植入自己民族的内部的,这将使一个民族长期生活在一种非自然的、左右掣肘的境况中,而这恰恰是最不自由的状态。——"两行"是保证世界在最高程度的自由状态下自然演进的发展模式。

十五

《齐物论》的第二则寓言:王倪与啮缺的师徒答问:人能不能认识普遍真理?《齐物论》的第一则寓言采用的是对话体,第二则寓言采用的则是问答体。《庄子·外篇》中的《天地》篇有言:"尧之师曰许由,许由之师曰啮缺,啮缺之师曰王倪,王倪之师曰被衣。"这则寓言采用的就是王倪与啮缺的师徒答问的形式,说的是人能不能认识普遍真理、绝对真理的问题,这种普遍真理、绝对真理是对所有事物而言都是真理的真理("物之所同是")。王倪的第一次回答对自己认识普遍真理、绝对真理的可能性表示了怀疑,其实是否定了这种可能性,而第二次的回答则对自己不能认识普遍真理、绝对真理表示了怀疑,其实是否定了这个结论。这里的原因是明显的:人根本找不到一个确定的、超越于万事万物之上的价值标准而对自己知识的真实性做出一个最终的判断,而做不出这种最终的判断,我们就既不能认为自己的认识就是普遍真理或绝对真理,也不能认为自己的认识就不是普遍真理或绝对真理。("庸讵知吾所谓知之非不知邪?庸讵知吾所谓不知之非知邪?")"民湿寝则腰疾偏死,鳅然乎哉?木处则惴栗恂惧,猨猴然乎哉?三者孰知正处?民食刍豢,麋鹿食荐,蝍蛆甘带,鸱鸦耆鼠,四者孰知正味?猨猵狙以为雌,麋与鹿交,鳅与鱼游。毛嫱丽姬,人之所美也;鱼见之深入,鸟见之高飞,麋鹿见之决

庄子的平等观（下）

骤。四者孰知天下之正色哉？"不同的事物有不同的特点，不同的事物有感知事物的不同方式，不同的事物的是非标准也是各不相同的，根本没有一个标准能够适用于世界上的所有事物。所以王倪说，儒家知识分子作为衡量和判断所有人和所有事物的仁和义的标准，实际是十分混乱的，实际是人言言殊，各人有各人的理解的。（"自我观之，仁义之端，是非之涂，樊然淆乱，吾恶能知其辩？"）

但是，是不是就根本不存在普遍真理、绝对真理了呢？是不是就根本没有人能够掌握普遍真理、绝对真理了呢？庄子通过王倪这个人物做出的回答，我认为，也像当代数学家对极限的回答一样，是在理论上、观念中、想象中做出的。在其严格的现实性上，是不存在普遍真理和绝对真理的，也是不会有任何一个人能够掌握普遍真理和绝对真理的，但这并不妨碍我们在想象中形成关于这样一种真理的观念。正像有的真理只适用于较小的范围，而有一些真理则适用于较大的范围，当一种真理的适用范围大到适用于宇宙间的万事万物的时候，这样的真理就成了普遍真理或绝对真理。人也是一样，有的人仅仅了解极简单、极普通的生活常识，而有的人则能够掌握更抽象、更深奥的人生哲理，并通过这种人生哲理能够认识更多、更复杂的事物，当一个人的认识深奥到不能再深奥的程度，他就掌握了普遍真理和绝对真理，这样的人也就超越了我们这些凡夫俗子，成了我们所难以理解、难以企及的至人、神人。"至人神矣！大泽焚而不能热，河汉冱而不能寒，疾雷破山，飘风振海而不能惊。若然者，乘云气，骑日月，而游乎四海之外，死生无变于己，而况利害之端乎？"显而易见，对于王倪，实际上也是对于庄子，这样的至人、神人更是想象之中的，也是难以理解和捕捉的。但是，这种想象又绝对不是毫无根据、毫无意义的。只要我们将之作为一种精神现象，作为一种能够感受但却无法在理性上十分明确地予以把握的事物，我们就会感到，庄子所描绘的这种现象并不是不存在的。从老子、孔子到鲁迅等中国历代伟大思想家的思想，历经中国社会的沧海桑田，历经各种思想潮流的亵渎、攻击和破坏，甚至它们之间也是相互辩驳、相互攻击的，但它们不但没有从根本上被颠覆和被毁灭，反而越来越显示出它们的独立价值和意义，它们不是"大泽焚而不能热，河汉冱而不能寒，疾雷破山，飘风振海而不能惊"的吗？——它们是不朽的。而它们之所以不朽，不是作为物质实体的不朽，不是作为某种思想教条的不朽，而是一种精神的，一种可感而不可言说的意义上的不朽。它们并不与我们的思想（假若我们的各种感受和体验、各种想法和观点也可以称之为思想的话）活动在同样一个层面上，而像是在我们思想的上空翱翔着。而这，也就是庄子所说的"乘云气，骑日月，而游乎四海之外"，是我们难以把捉的。（正是在这样一个领域里，历代的学者都企图通过研究活动而完善对它们的认识，但事实证明我们又是无法穷尽对它们的认识的，研究只是自我提高、自我完善并与自己的读者进行交流的一种力式，是实现自我精神升华的一种现实途径）。对于他们，"死生无变于己，而况利害之端乎！"（"生死对他们都没有影响，更莫提区区利害关系了！"）

十六

《齐物论》的第三则寓言：长梧子与瞿鹊子的对话——在"齐物论"的意义上论"圣人"。我们知道，在人类的理性认识活动中，"定义"起着举足轻重的作用。"定义"是人根据一个事物的主要特征对该事物做出的高度精炼的理性概括。在人类理性思维的过程中，"定义"的作用就是事物本身所起到的作用，人们是将一个事物的"定义"作为这个事物本身来感受、理解和运用的。但是，作为言语范畴（"指"）的"定义"与作为存在范畴（"所指"）的事物本身，是没有必然的联系的。"定义"都是由特定的人做出的，它反映着特定的人对该事物的特定的理解和把握，而这种理解和把握则不一定是完全可靠的；其次，人们永远不能仅仅根据一个事物的"定义"来理解和把握事物的本身，人们对"定义"的理解和把握更依靠其对事物本身的感受和了解。在这则寓言里，庄子通过长梧子、瞿鹊子和孔子三个人物，围绕对"圣人"的理解，展示了三种对"定义"的态度。

在这则寓言里，瞿鹊子被庄子设定为孔子的学生，长梧子则是庄子哲学的代言人。瞿鹊子曾经听孔子说过，圣人是"不从事于务，不就利，不违害，不喜求，不缘道，无谓有谓，有谓无谓，而游乎尘垢之外"的人。瞿鹊子将这话说给长梧子听，并说孔子认为他对圣人的这种描述是"孟浪之言"，是极为粗疏的，并不精确全面，而他则认为孔子说的话是"妙道之行"，是完全可靠的。长梧子则说，对于"圣人"，连黄帝都感到困惑难解，别说是孔子了。（"是黄帝之所听荧也，而丘也何足以知之!"）也就是说，长梧子认为，孔子并不真正懂得"圣人"，所以他对"圣人"所下的"定义"也不精确可靠。这并不意味着对孔子本人的绝对否定，反而有对孔子的肯定的意味，因为连黄帝对于"圣人"的表现也是困惑难解的，孔子并不真正理解"圣人"也就没有什么可以大惊小怪的了。再联系到瞿鹊子所说的"夫子以为孟浪之言"，更说明孔子是"知之为知之，不知为不知"（《论语·为政》）。他对瞿鹊子说的那些话，是为了教育瞿鹊子，所以同时告诉他自己的这些话只是"孟浪之言"，并非精确全面的。瞿鹊子并没有真正理解孔子的话的意思，反将孔子的话当成了"妙道之行"，反映了他自己的局限性。从下面的行文可以看出，长梧子的话主要是为了破除瞿鹊子思想中的窒碍，使他不要将对"圣人"的理解停留在孔子那个"定义"上，而并不在批驳孔子关于"圣人"的定义。他指出，瞿鹊子过早地想懂得什么样的人是"圣人"，正像刚刚看到鸡蛋就想得到一只司夜的鸡，刚刚看到弹子就想吃烤斑鸠肉一样（"且汝亦大早计，见卵而求时夜，见弹而求鸮炙"），只是记住了孔子给"圣人"下的一个粗浅的定义，就认为自己懂得了"圣人"，是比孔子更不理解"圣人"的一个人。

当我们将长梧子的话与孔子的话两相比较之后，我们才能够感到，孔子对"圣人"的定义仍然停留在李泽厚所说的"实践理性"的层面上，是通过对现实人的局限性的直接否定而在语言层面实现的一种虚幻的超越，而并没有站在"圣人"的精神高度上来理解"圣人"。举例来说，我们平常人是怕苦、怕死的，我们感到这是我们的局限性，于是就用"一不怕苦，二不怕死"来否定怕苦、怕死的行为。但是，这种否定形式的确定性，仍是由被否定的事物赋予的。怕苦、怕死的心理现象是真实存在的，所以这种"否定"也具有确定性，但这并不意味着"一不怕苦，二不怕死"这种"心理现象"的确定性，因为它仍然不是在与产生怕苦、怕死心理完全不同的另外一个精神境界上提出问题的，而在那个精神境界上，一定是没有苦与不苦、死与不死的差别的。也就是说，这种否定形式与被否定的事物实际是处在同样一个精神层面上，因而这种否定也是虚幻的、想象中的。当我们将武松作为一个"一不怕苦，二不怕死"的英雄来崇拜的时候，我们还是立于怕苦、怕死的心理之上的，因为武松自己是不会将自己作为一个"一不怕苦，二不怕死"的英雄来崇拜的。在句式上，上述孔子对"圣人"的定义也是用一系列否定词语构成的，正像我们的学生守则大都是用"不吸烟、不喝酒、不打架、不骂人、不损害公共财物"一类的否定词语构成的一样。这种语言形式在行为规范的意义上是有其警戒作用的，可以帮助学生在理智层面上分清哪些是学校欢迎的，哪些是学校反对的，在行为层面划清"允许"和"不允许"的界限，但在人的精神发展上，这些条文式的规则是没有根本性的作用的。这种句式可以在语言上将"圣人"与"凡人"异常明确地区分开来，而在定义者的直感直觉中，很可能还根本无法从"凡人"中辨识出哪是"圣人"、哪是"凡人"来。所以，在长梧子看来，这种关于"圣人"的定义并不能起到真正的认知作用，它是"圣人"在没有"圣人"意识的人的观念中被扭曲了的反映。

如果说孔子的定义是以世俗的是非标准界定"圣人"的，而长梧子则是在庄子"齐物论"的观念上界定"圣人"的。"圣人"是得"道"之人，是绝对真理的化身，而绝对真理是无法用语言表述的（"大道不称"），但人与人之间的交流又必须通过语言，所以长梧子只能用语言启发瞿鹊子体悟"道"、体悟"圣人"的存在。正是在这种"称"其"不称"的意识下，所以长梧子说："予尝为女妄言之，女亦以妄听之。"我们必须注意到，长梧子首先说的不是什么样的人是"圣人"，而是首先启发瞿鹊子在想象中进入"圣人"的精神境界之中去，然后再在这样一种精神境界中体验圣人所能够体验到的东西。所以，我认为，下面一段话的意思实际是说：你要想知道什么样的人是"圣人"，何不想象自己依傍日月，怀抱宇宙，与日月宇宙融为一体，将自己置身于混乱昏暗的世界之中。在那时，你就会忘掉事物间的尊卑贵贱，将万事万物都视为平等的，一视同仁，互相尊重。"众人"总是汲汲于彼此的是非短长，而圣人对这些是漠然无觉、不受其影响的，他将宇宙、人类的整个历史都视

庄子的平等观（下）

为一脉相承的统一整体，万事万物都不以"是非"相分，而以"存在"（"是"）相互包蕴，你中有我，我中有你。（"奚傍日月，挟宇宙，为其胲合，置其滑涽，以隶相尊。众人役役，圣人愚芚，参万岁而一成纯。万物尽然，而以是相蕴。"）显而易见，这里所说，也就是上面所说的"唯达者知通为一，为是不用寓诸庸"的意思。长梧子以此指出，瞿鹊子那种极力将"圣人"同"凡人"在形式上就严格区别开来，认为"圣人"是"游乎尘垢之外"的人，是与"凡人"截然不同的人，其实是在尊"圣人"卑"凡人"、以"圣人"为贵、以"凡人"为贱的不平等意识的基础上形成的。依照这样的观念，他是不会真正理解"圣人"的。在"圣人"的意识中，"圣人"与"凡人"不是以是非相分的，不是对立的关系，不是上下尊卑的关系，而是"以是相蕴""以隶相尊"的，是平等的。

在"圣人"的意识中，空间范围的万事万物都是平等的，时间链条上的各种不同的存在形式也是平等的。这同时也适于人的思想意识。人的想法是会改变的，人的意识是不断流动着的，其中任何一种思想、观念、意见、想法都是相对的，而不是绝对的，将其中任何一种绝对地固定下来，称之为"是"，而将另外一些思想、观念、意见、想法，视之为"非"，成为自觉排斥的对象，都将使我们失去整体感，失去对人类或对一个人思想意识流变的整体意识，即失去"道"，并导致思想的僵化和精神的枯竭，所以长梧子接着说，你怎能知道喜欢活着就不是一种糊涂想法呢？你怎能知道厌恶死亡就不是少失故居而不知归来的人的行为呢？（"予恶乎知说生之非惑邪？予恶乎知恶死之非弱丧而不知归者邪？"）丽姬在初嫁晋王的时候，"涕泣沾襟"，及至婚后，"与王同筐床，食刍豢"，感到很幸福，才后悔当初不该哭泣。人的感觉、感受、思想、认识是会变化的，所以你怎能知道丈夫死了的人不会后悔当初不该为丈夫祈求长生呢？（"予恶乎知夫死者不悔其始之蕲生乎"）梦里饮酒作乐的人早晨醒了后可能因遇到痛苦的事情而悲泣，梦里哭泣的人早晨醒了后可能兴致勃勃地去打猎，在做梦的时候，并不知道自己是在做梦。梦中又可能占其梦，睡醒了之后才知道这是一个梦。如果将来的人有了大的觉悟，不会认为我们现在是在做着一个大梦吗？愚昧的人自以为很清醒，自以为自己什么都知道。但到底是现在的君主感受中的世界和人生是正确的呢，还是现在的牧圉感受中的世界和人生是正确的呢？说得准吗？只要想到这些，我们就会知道，你的老师孔子和你的想法，不过都是一个梦罢了。我说你是做梦，也是一个梦。如果为我这些话起一个名字，就可以称为"吊诡"，是一些怪异之言。万世之后，或者能够遇到能够理解我这些话的大圣人，但也只是暂时遇到而已。（"梦饮酒者旦而哭泣，梦哭泣者旦而田猎。方其梦也，不知其梦也。梦之中又占其梦焉，觉而后知其梦也。且有大觉，而后知其大梦也。而愚者自以为觉，窃窃然知之。君乎？牧乎？固哉？丘也与女，皆梦也；予谓女梦，亦梦也。是其言也，其名为吊诡。万世之后，而一遇大圣知其解者，是旦暮遇之也。"）

这则寓言之所以是"寓言"，就是因为庄子设计了三个具体的人物，而这三个人物有着三种不同的精神境界，彼此构成了不同的思想关系，这就为我们更精确、更细致、更具体地感受和理解他们的话语内涵提供了可能性。孔子是瞿鹊子的老师，作为一个老师，他像我们现在的老师一样，是为了学生适应现实社会的要求、在现实社会得到顺利的成长和发展实施对学生的教育的，"圣人"则是他为了引导学生"向善"而树立起来的一个学习的榜样。他知道"圣人"不像他所说的那样简单，但他只能向自己的学生这样介绍"圣人"，以唤起学生对"圣人"的崇拜之情，并用这崇拜之情强化他的"向善"之心。也就是说，在教育实践的意义上，孔子对"圣人"的描述尽管是粗浅的，但却不是没有其独立的价值和意义的；瞿鹊子是孔子的学生，在对"圣人"的理解上，他显然是三人中最粗浅的。吸引他的实际不是"圣人"自身，而是孔子对"圣人"的描述。这个描述唤起了他对"圣人"的向往之情，所以他认为这个描述已经是很精彩的。他不能接受他的老师所说的"孟浪之言"的说法。但是，必须看到，这也正反映了瞿鹊子强烈的求知欲望和高涨的追求热情，他也像现在的一些有理想、有追求热情的青年一样，虽然思想并不深刻，虽然连自己也说不清自己追求的到底是什么，却体现着人类不断向上的愿望和要求，其价值和意义未必在我们这些老气横秋的教授、学者之下；毫无疑义，就思想谈思想，长梧子比孔子和瞿鹊子都更深刻，他对"圣人"的解说也更得"圣人"的神髓，是庄子哲学的代言人。为了引导瞿鹊子站在"圣人"的精神高度理解"圣人"，他用自己的

庄子的平等观（下）

语言对"圣人"做了不同于孔子和瞿鹊子的新的解读。在这时，就有了瞿鹊子、孔子和长梧子三种不同的"圣人"观，也产生了这三种不同的"圣人"观的关系的问题。我们看到，在他要在孔子、瞿鹊子两种"圣人"观的基础上陈说自己的"圣人"观的时候，他对孔子和瞿鹊子是有所批评的。他批评孔子"何足以知之"，批评瞿鹊子"亦大早计，见卵以求时夜，见弹而求鸮炙"，说明他的"圣人"观也不能不在"言辩"的层面上建立起来，也不能逃脱"言辩"层面的"是非"标准，而当将自己的见解表达了出来，当自己的"圣人"观也成为与孔子、瞿鹊子的"圣人"观同时存在的一种"圣人"观（我认为，这就是下文所说的"化声以相待"），按照他的"齐物论"的观念，这种"是非"标准就是不合理的了。我们发现，当他将瞿鹊子实际引导到"圣人"的立场上之后，他的思路发生了一个明显的转折。在这时，长梧子开始将自己的"圣人"观与孔子、瞿鹊子的"圣人"观并列起来，不再以是非相分。他说："丘也与女，皆梦也；予谓女梦，亦梦也。"自然在未来的更根本的觉醒（"大觉"）之后，三者都是一个"梦"。彼此也就没有绝对的是非分别了。它们都是一种观念，一种观念性的存在，一种存在的思想观念。长梧子的"圣人"观对于长梧子，孔子的"圣人"观对于孔子，瞿鹊子的"圣人"观对于瞿鹊子，都是具有其独立的存在意义和价值的，它们之间"以是相蕴"，而非"以是非相分"。没有瞿鹊子，孔子、长梧子的"圣人"观无由产生；没有孔子，瞿鹊子无由产生对"圣人"的向往和崇拜，长梧子无由产生对瞿鹊子讲说"圣人"的兴致；没有长梧子，孔子、瞿鹊子的"圣人"观也无以呈现出自己的相对性。整个世界、整个人类、整个人类的文化，都是以这种"以是相蕴"的整体格局的形式存在和演化发展的。总之，在其存在论的意义上，这三种"圣人"观是"齐"的，平等的。

那么，它们之间就不能通过辩论分出是非曲直吗？庄子通过长梧子的口回答说：不能！"既使我与若辩矣，若胜我，我不若胜，若果是也？我果非也邪？我胜若，若不吾胜，我果是也？而果非也邪？其或是也？其或非也邪？其俱是也？其俱非也邪？我与若不能相知也。则人固受其黮暗，吾谁使正之？使同乎若者正之？既与若同矣，恶能正之？使同乎我者正之？既同乎我矣，恶能正之？使异乎我与若者正之？既异乎我与若矣，恶能正之？使同乎我与若者正之，既同乎我与若矣，恶能正之？"（"即使我与你辩论，假若你胜了我，我没有胜过你，你果然是对的吗？我果然是不对的吗？假若我胜了你，你没有胜过我，我果然是对的吗？你果然是不对的吗？不论谁是谁非，或都是都非，我和你都不能有共识。在这种是非之辩中，人的心灵原本是昏暗不明的，我让谁来纠正呢？让与你相同的人吗？自然他与你相同，怎能纠正我呢？让与我相同的人吗？自然他与我相同，怎么纠正我呢？让与我和你都不相同的人吗？自然他与我、与你都不相同，怎么纠正我呢？"）

在这里，我认为有必要加以说明的是，学术辩论有两种：其一是在同一个价值观念体系内部的具体是非关系的辩论，其二是在不同价值观念体系之间的是非关系的辩论。在同一种价值观念体系内部，那些体现这个价值观念体系的根本性质的价值标准，是辩论双方都应该承认的，也都应该遵从的，只要具体的是非关系在特定的条件下与辩论双方都自然认可的更根本的价值标准发生了联系，至少在这种条件下的辩论双方是能够也应该取得共识的。例如，在西方基督教文化内部，在中国儒家伦理道德体系内部，在马克思主义思想学说的内部，等等，如若在一些根本问题上也无法取得一致，说明这样一种价值观念体系已经发生了内部的分裂。显而易见，庄子所说的第二种情况，即在不同的价值观念体系之间的是非关系。这样的辩论，因为彼此就没有完全统一的价值标准，仅仅通过是非关系的辩论是永远无法实现彼此的统一的，并且越是辩论，越是趋向于分裂。那么，人类不同的价值观念体系之间就没有统一性了吗？彼此之间就无法沟通、无法相互理解了吗？还是要通过它们之外的第四者、第五者等等来予以裁判呢？（"然则我与若与人俱不能相知也，而待彼也邪？"）在这时，庄子通过长梧子之口对上文已经提出的"和之以天倪"这个哲学命题，重新进行了更加具体的阐释：

化声之相待，若其不相待，和之以天倪，因之以曼衍，所以穷年也。何谓"和之以天倪"？曰：是不是，然不然。是若果是也？则是之异乎不是也已无辩；然若果然也，则然之异乎不然也亦已无辩。忘年，忘义，振于无竟，故寓诸无竟。（根据王先谦《庄子集解》

庄子的平等观（下）

对这段文字的前后顺序有所调整）

按照我的理解，这里的意思是说，如果你有不同的意见，不要先与别人争论是非短长。而是先要将自己的想法表述出来，使自己的思想学说与其他思想学说同时存在，构成相互对待、相互发明的关系，如果实在构不成这种关系，则"和之以天倪"，承认彼此的自然的（而非人为的、为了加害对方故意造作出来的）差别，使二者在这种自然的差别的基础上和平共处，共同发展，各自以各自的方式丰富自己、发展自己，持续不断，以至永久。这就像自然界的动物和植物、人类社会的男人和女人、哲学中的唯物论与唯心论，都不是在是非关系中为了证明对方的错误而存在与发展的，而是在自己的自然的基础上存在与发展起来的，其中的任何一方，既不会被对方消灭，也不会消灭对方，彼此构成的是相互对待、相互发明、相互促进的关系，即使构不成这种关系，也要在彼此的自然差别的基础上和平共处，承认二者都有平等的存在权利，不强求一致，使各自都在自己的基础上繁衍发展，各自开创各自的历史。

那么，怎样才能做到"和之以天倪"呢？这里指出，首先要将你认为不对的思想学说作为一种思想学说肯定下来，在存在论的意义上承认它存在的平等权利。"是"其"不是"，"然"其"不然"，例如，男人不是女人，但要承认女人也是"人"，承认"女人"也有生存的权利，承认女人与男人不同是合理的；唯物论不是唯心论，但唯物论者要承认唯心论也是一种哲学学说，承认唯心论也有作为一种哲学学说存在的权利，承认唯心论有与唯物论不同的哲学主张是合理的，即使不是在所有细节上都能够构成相互对待、相互促进的辩证统一的关系，至少在彼此自然差别的基础上也要和平共处，不能否定对方存在的基本权利。在这种情况下，即使你坚持的确确实实是真理，真理与非真理之间的界限也是非常清楚的，不需要与对方辩论是非曲直。这样，过去、现在和未来在存在论的意义上就没有了差别，它们都是一个历史的时刻，既不能以现在为标准否定过去，也不能以过去为标准否定现在，它们是不同的，但却构成了一个统一的历史过程；"义"与"不义"（在儒家文化中，"义"是处理人与人之间实际关系的最高准则）在存在论的意义上也没有了差别,没有"不义"也没有"义";没有"义"也没有"不义",彼此是相对待而存在,相比较而发展的,在人类的社会生活中,都有其自身存在的根据。(例如,雷曼兄弟的银行破产了,美国政府并不想挽救雷曼兄弟银行破产的命运,"见死不救",按照"义"与"不义"的标准,可谓"不义"之甚,但在人类社会中,这种"不义"是绝对不合理的吗?人类能从根本上消灭这种"不义"的行为吗?)不难看出,这样的境界就是上文所说的"有物、有封而未始有是非"的境界,是"道"的境界。在这时,也只有在这时,你观念中的世界才是一个完整的直感直觉的现象世界,是一个无穷无尽的宇宙空间,其中也包括各种不同的人和各种不同的思想。正是因为你在存在论的意义上将世界上的万事万物都视为平等的,将人类社会的各种不同的思想学说视为平等的,在自然差别的基础上承认它们各自存在的权利,所以你才能够用自己的思想包容这一切,同时也超越这一切。在这个无穷无尽的宇宙空间中,没有"今是而昨非"或"今非而昨是"的差别,没有事物与事物之间的"义"与"不义"的差别,自己的思想就可以在这无穷无尽的宇宙空间中自然地滋生蔓延、自由地驰骋飞翔了,与此同时,你的思想也在这无穷无尽的宇宙空间中存在和发展。

必须看到,长梧子的这番话,都是对"圣人"思想境界生成过程的描述,而"圣人"的思想境界同时也是"道"的境界,而"齐物观"则是这种境界之所以生成的关键所在,是"道"之枢纽,是"道"之"环中"。在这里,我们也可以看到,庄子哲学中的"圣人"与儒家思想学说中的"圣人"在其内涵上是有根本差别的。在儒家思想学说中,"圣人"是在其思想、言论和行为上完美无缺的人,是人类一切美好品质的集大成者,是真、善、美的化身,是与假、恶、丑绝缘的人,是可以成为世人直接效法的榜样的人,而庄子观念中的"圣人"则是在其内在精神上绝对自由的人,这样的"圣人"在外在表现上没有异于常人的确定的标志,其特异性是通过人的精神感受呈现出来的,所以庄子在《逍遥游》中说"至人无己,神人无功,圣人无名"。这样的"圣人"与"众人"的关系不是真、善、美与假、恶、丑的对立关系,而是包容与被包容的关系:"圣人"通过包容"世人"的相对合理性而成为绝对合理性的化身,"世人"与"世人"的关系则是"以是其所非而非其所是"相互排斥的人，是无法包容所有其他人的相对合理性的人。与此同时，庄子哲学中的"圣人"也不同于老子哲学中的"圣人"。老子哲学中的"圣人"虽然在其外部特征上迥异于儒家思想学说中的"圣人"，但在其基本功能上仍然着眼于社会实践的意义，是表面"无为"而实际是"无不为"的社会实践者，是以社会实践的成功与失败为其基本的价值尺度的。庄子哲学中的"圣人"则不以外部的具体社会实践为目的，不以成功与失败为标准，其终极的意义在于人的精神自由。如果我们从社会立场上体验他们各自的"圣人"观，我们就会感到，老子哲学中的"圣人"更是一个极端睿智而又负责任的人类社会的最高统治者（或曰"管理者"），他是一个能够充分利用人类社会的自然秩序以实现人类社会的和平与安定、不以个人的主观意志强行改变人类社会的自然状态、从而以最小的力量实现最大的统治（管理）效果的人；儒家思想学说中的"圣人"则是关心青少年成长和发展、意图通过人的培养实现人类现实社会的秩序化、从而实现人类社会的根本改善的最优秀的教师，他是一个为人类制定思想、言论和行为规范的人；庄子哲学中的"圣人"则是一个充分发展了的"人"，他是站在"个人"的立场上感受人、思考人的存在价值和意义的，是在这样一个立场上体验到精神自由对于人的生存和发展的至高无上的价值和意义的。所以，庄子哲学中的"圣人"就是一个精神绝对自由的人。

十七

《齐物论》的第四则寓言：罔两与景（影）的对话——人类理性与精神现象的关系。

从老子、孔子开始的中国先秦诸子文化的繁荣和发展，按照我的理解，标志着中国文化从自然时代和政治实践时代逐渐向社会理性时代的转化。我把传说中黄帝建国以前的时代称为中国文化发展史上的自然的时代。在那个时候，中华民族的祖先已经积累了大量的自然科学的和人类精神的成果，但那更是在人类生活的自然流程中不自觉地积累和流传下来的，而不是超越于人类自然生活而被有意识地创造出来的。国家产生之后，政治成为人类社会生活中的一项特殊的事业，也是超越于人类自然生活的第一项带有全社会规模的社会事业。国家的出现，从整体上改变了人类生活的基本面貌。在那个时代，几乎全部社会生活都在与国家政治的关系中发生着或显著，或隐蔽的变化。但在那时，政治还主要停留在政治实践的历史阶段，而没有完整、系统的政治观念作为政治实践的思想基础，零碎的、片断的政治观念只是直接政治实践经验的记录和直接政治需要的表达，《尚书》中的政治思想基本上停留在这样一个层面上。真正的政治理论是从《老子》和《论语》开始的，不论是老子，还是孔子，都开始自觉地、主动地思考人类社会，思考人类社会的政治治理，从而也形成了自己独立的政治理想，开创了中华民族理性地认识自己、认识社会，并以理性认识指导自己的生活实践的历史。儒家思想学说的迅速传播，孔子社会地位的迅速提高，标志着那时的人们对人类理性认知能力的惊异和喜悦，理性崇拜几乎是那个时代社会思想的主要特征。老子、孔子之后的诸子百家，几乎都是以理性地认识世界、认识人类社会为其特征的。这种情况，与西方古希腊、罗马文化也有很大不同。具体的原因不说，但在实际上，西方古希腊、罗马的理性时代开始于神话时代、史诗时代和戏剧时代之后，古希腊神话、荷马史诗和古希腊戏剧直到苏格拉底、柏拉图、亚里士多德走上西方文化历史的舞台的时候，仍然保留着自己独立的、强大的思想影响，不论是苏格拉底、柏拉图对文学艺术的批判性否定，还是亚里士多德对文学艺术的高度肯定，都从一个侧面反映了古希腊、罗马文化的这一特征。也就是说，艺术地把握世界与理性地把握世界是古希腊、罗马时代西方知识分子把握世界的两种主要方式。"我从小就对荷马怀着热爱和敬畏之心"[①]，这是苏格拉底开始批判荷马之前的一个前提性的告白。中国先秦诸子则有所不同，尧、舜、禹、汤、文、武、周公这些古代政治帝王的政治经验几乎是他们社会思想建构的主要基础，即使后人对《诗经》中的诗的重视，也是以对孔子思想学说的重视为基础的。也就是说，艺术地把

[①] 柏拉图：《国家篇》，载《柏拉图全集》第2卷，王晓朝译，人民出版社，2003，第613页。

庄子的平等观（下）

握世界的方式在先秦诸子那里并不是一种独立地把握世界的方式，理性地把握世界的方式在他们那里自觉不自觉地被视为人类把握世界的唯一方式，从而也将自己的思想学说视为世界和人类社会的绝对真理，认为这个世界上的一切都是可以用理性进行把握的，都是可以包括在一种正确的思想学说中的。这种意识，通过儒家思想学说长达两千余年的统治和五四以后西方科学认识论的传播，一直贯穿到我们的当代社会。但是，人类社会的一切都是可以被认识的吗？都是可以被彻底认识的吗？庄子在这则寓言中提出的质疑，就是面对当时社会的这种观念提出的，并且直到我们当代社会，仍然应当重新提出这个问题。

这个问题，庄子是通过"影"（自然现象）和"梦"（精神现象）这两种意象提出的。

在这则寓言中，庄子首先提出了自然现象中的"影"的问题。

关于"影"这个有目共睹的自然现象在人类思想史上的认识价值，亦即作为一个具有哲学意蕴的文学意象的启示意义，我们可以举出两个旁证：其一是古希腊柏拉图通过苏格拉底之口讲述的洞穴故事，其二是现代中国鲁迅的散文诗《影的告别》。

"请你想象有这么一个地洞，一条长长的通道通向地面，和洞穴同宽的光线可以照进洞底。一些人从小就住在这个洞里，但他们的脖子和腿脚都捆绑着，不能走动，也不能扭过头来，只能向前看着洞穴的后壁。让我们再想象他们背后远处较高的地方有一些东西在燃烧，发出火光。火光和这些被囚禁的人之间筑一道矮墙，沿着矮墙还有一条路，就好像演木偶戏的时候，演员在自己和观众之间设有一道屏障，演员们把木偶举到这道屏障上面去表演。"柏拉图以这样一个设定，说明人类看到的现实世界只是一些"影子"。"如果某一天突然有什么事发生，使他们能够解除禁锢、矫正迷雾，那会是一种什么样的情景。假定有一个人被松了绑，他挣扎着站了起来，转动着脖子环顾四周，开始走动，而且抬头看到了那堆火。在这样做的时候，他一定很痛苦，并且由于眼花缭乱而无法看清他原来只能看见其阴影的实物。这时候如果有人告诉他，说他过去看到的东西全部都是虚假的，是对他的一种欺骗，而现在他接近了实在，转向比较真实的东西，看到比较真实的东西，那么你认为他听了这话会怎么回答呢？如果再有人把那些从矮墙上经过的东西一样样指给他看，并且逼着他回答这是什么，在这种时候，你难道不认为他会不知所措，并且认为他以前看到的东西比现在指给他看的东西更加真实吗？""如果强迫他看那火光，那么他的眼睛会感到疼痛，他会转身逃走，回到他能看得清的事物中去，并且认为这些事物确实比指给他看的那些事物更加清晰、更加精确，难道不会吗？""再要有人硬拉着他走上那条陡峭崎岖的坡道，直到把他拉出洞穴，见到了外面的阳光，你难道不认为他会很恼火地觉得这样被迫行走很痛苦，等他来到阳光下，他会觉得两眼直冒金星，根本无法看见任何一个现在被我们称作真实事物的东西？""我想要有一个逐渐适应的过程，他才能看见洞外高处的事物。首先最容易看见的是阴影，其次是那些人和其他事物在水中的倒影，再次是这些事物本身，经过这样一个适应过程，他会继续观察天象和天空本身，他会感到在夜里观察月光和星光比白天观察太阳和阳光要容易些。""经过这样一番适应，我认为他最后终于能观察太阳本身，看到太阳的真相了，不是通过水中的倒影或影像来看，也不借助于其他媒介，而是直接观察处在原位的太阳本身。""这时候他会做出推论，认为正是太阳造成了四季交替和年岁周期，并主宰着可见世界的所有事物，太阳也是他们过去曾经看到过的一切事物的原因。""如果在这种时候他回想起自己原先居住的洞穴，想起那时候的智力水平和一同遭到禁锢的同伴，那么他会为自己的变化感到庆幸，也会对自己的同伴感到遗憾。""如果洞穴中的囚徒之间也有某种荣誉和表扬，那些敏于识别影像、能记住影像出现的通常次序、而且最能准确预言后续影像的人会受到奖励，那么你认为这个已经逃离洞穴的人还会再热衷于获得这种奖励吗？他还会妒忌那些受到囚徒们的尊重并成为领袖的人，与他们争夺那里的权力和地位吗？或者说，他会像荷马所说的那样，宁愿活在世上做一个穷人的奴隶，一个没有家园的人，受苦受难，也不愿再和囚徒们有共同的看法，过他们那样的生活，是吗？""如果他又下到洞中，再坐回他原来的位置，由于突然离开阳光而进入洞穴，他的眼睛难道不会因为黑暗而什么也看不见吗？""如果这个时候那些终生监禁的囚徒要和他一道'评价'洞中的阴影，而这个时候他的视力还很模糊，还来不及适应黑暗，因为重新习惯

庄子的平等观（下）

黑暗也需要一段不短的时间，那么他难道不会招来讥笑吗？那些囚徒难道不会说他上去走了一趟以后就把眼睛弄坏了，因此连产生上去的念头都是不值得的吗？要是那些囚徒有可能抓住这个想要解救他们、把他们带出洞穴的人，他们难道不会杀了他吗？"①……这个高度浓缩了柏拉图认识论的洞穴故事，就是以自然现象中的"影"为主要意象构成的。"影"对人的启示是：并不是人类的所有"认识"都是真实可靠的；它可能只是一个"影"。

在散文诗《影的告别》中，鲁迅把自己和自己的思想想象成一个"影"。这个"影"不是自己自由意志的产物，而只是现实世界的一个"影子"，是受制于这个现实世界的，是徘徊于明暗之间的。它不满于自己的这种被动状态，而希望离开现实世界而"独自远行"，但不论是在黑暗中，还是在光明中，都意味着"影子"自身的毁灭："黑暗又会吞并我，然而光明又会使我消失"②。

通过以上两个旁证，我们至少可以说明，"影"作为一个意象在人类思想史上是具有不可取代的重要性的，它体现了人类各种不同思想现象和精神现象的一个方面的基本特征：人类各种不同的思想现象和精神现象是不具有人们常常以为有的那种绝对的真实性的，也是没有自己完全的独立性的；它被诸多不可知的因素所制约、所决定，没有较为稳定的本质意义和思想内涵。但是，在先秦诸子的思想学说中，几乎只有庄子对于"影"这个自然现象的哲学意蕴给予了高度的重视，我认为，仅此一点，就可以说明庄子哲学是有其不可小觑的独立性和深刻性的。

"罔两，景外之微阴也。"③可以视为"影子的影子"。"影子的影子"其行止不是以自己的主观意志为转移的，而是因"影子"的变化而

---

① 以上引文均见柏拉图：《国家篇》，载《柏拉图全集》第2卷，王晓朝译，第510—513页。

② 鲁迅：《野草·影的告别》，载《鲁迅全集》第2卷，人民文学出版社1981，第165—166页。

③ 郭象：《庄子注》，载《书韵楼丛刊·庄子》，上海古籍出版社，2002，影印本，第15页。

变化的。它像人类，特别是知识分子一样，希望在这被动性中找到自己的主动性，而这种主动性则只能在对"影子"的主动性的认识中才能找到，只能通过对"影子"自身变化"规律"的认识才能找到，但他在"影子"的行为中找不到这样的"规律性"，从而向"影子"提出责问："曩子行，今子止；曩子坐，今子起，何其无特操与？"（"你以前是走着的，现在却停了下来；你以前是坐着的，现在却站了起来。你的行为为什么就没有一定之规呢？"）实际上，这也是我们当代人，特别是知识分子经常向社会发出的抱怨声：你昨天讲反传统，今天又讲弘扬传统；你昨天讲自由主义，今天又讲保守主义。你为什么就没有一个固定的思想主张呢？实际上，我们的"社会思想"又何尝有自己的主动性呢？又何尝不是被"社会"的变化牵着鼻子走的呢？而我们的"社会"就有自己的主动性吗？它就能决定自己一定遵照事先规定好的步骤按部就班地变化吗？也不能！这，也是"影子"回答"影子的影子"的话："吾有待而然者邪？吾所待又有待而然者邪？吾待蛇蚹蜩翼也？恶识所以然？恶识所以不然？"（"我是有所凭借才这样的吗？我的凭借又有所凭借才这样的吗？我凭借蛇腹下面的横鳞和知了的翅膀才这样的吗？我知道这是怎么回事吗？我不知道这是怎么回事吗？"①）

十八

《齐物论》最后一则寓言：庄周梦蝶的故事——"物化"与人的自由。

如果说人类的认识对自然界的"影"还有更高程度的主动性，还可以将其视为一种纯粹客观的物理现象的话，"梦"则是在人类生活中最"不可理喻"的一种精神现象。在人类生活中，"梦"可以认为是人的心灵、人的精神、人的文化对于外在的物质世界具有其不容回避的独立性的第一个也是最有力的一个证明。只要我们不仅仅在理性认识的范围内

---

① 译文引自王世舜主编：《庄子译注》，王世舜、史晓平、周民、李庆珍译注，山东教育出版社，1984，第50—51页。

庄子的平等观（下）

定义事物、定义人和人的思想，我们就会感到，"梦"并不比我们感官感觉中的任何物理现象更不真实。"梦"是每一个做过梦的人都"看"到过、"经历"过的，但却不是用我们的肉眼和肉身"看"到过和"经历"过的。它是一种心灵现象、精神现象，是人类心灵在失去人类理性的直接监管之后独立运作的结果。"梦"的特征是：它是，但也只是一种"结果"，一种"现象"；它的"原因"永远是被严密地遮盖起来的，因而也是无法按照因果律而重新复制的。一个哲学家、思想家可以斩钉截铁地预言人类的未来，但却无法预见自己当晚将会做一个什么样的"梦"；它的"本质"永远是模糊不清的，是消融在具体现象之中的。如果说人类的理性认识总是企图用"原因"说明"结果"，用"本质"说明"现象"，"梦"则从根本上颠覆了因果论和本质论思维方式的绝对合理性与绝对有效性。在这里，也就有了一个如何感受和理解"梦"的问题，如何感受和理解"梦"与人、"梦"与人的生命的联系的问题。实际上，直至现在，我们多数人还是将"梦"排斥在真实的世界之外的，还是不承认"梦"的真实性，不承认"梦"也是人的一种基本存在形式的。对于人生，"梦"是与"醒"有着同等重要地位的一种存在形式。正像终其一生都浑浑噩噩地生活在梦境中的人是一个不正常的人一样，那些终其一生都没有进入过梦乡、在任何时候都"清醒"得像一架计算机一样的人，同样是一些十分可怕的人。"庄周梦蝶"的故事之所以以其诡奇谲美的形式牵动着中国知识分子的神经，就是因为只有通过庄子哲学，中国知识分子才将每一个人都能明确感到的这种"梦"而"醒"、"醒"而"梦"的人生状态揭示了出来。

在上文长梧子与瞿鹊子的对话中，长梧子就曾经以"梦"与"醒"的两种精神状态比喻人的思想的变化。他说："梦饮酒者旦而哭泣，梦哭泣者旦而田猎。方其梦也，不知其梦也。梦之中又占其梦，觉而后知其梦也。且有大觉，而后知此其大梦也。而愚者自以为觉，窃窃然知之。君乎？牧乎？固哉！丘也与女，皆梦也；予谓女梦，亦梦也。"也就是说，即使人类在"醒"的状态下产生的各种思想，也有"梦"和"醒"的两种状态，当人对一个事物有了更加清醒的认识，此前的认识在这个人的意识中也像是梦境中的感受一样。"醒"也如"梦"，而"梦"

也如"醒"。"醒"和"梦"的差别并不是绝对的，更没有一个绝对的"是"与"非"、"真实"与"虚幻"的界限。"实"中有"虚"，"虚"中有"实"，实实虚虚，虚虚实实，才是各种人生状态的整体特征。实际上，这也是庄子"齐物论"在"梦"和"醒"关系上的具体运用——作为人的两种不同的存在状态，"梦"和"醒"具有完全平等的地位。而在这则"庄周梦蝶"的寓言中，则直接将人类的"梦"和"醒"的两种精神状态结合起来，揭示了"梦"而"醒"、"醒"而"梦"的人生状态的整体特征。

　　必须指出，正是因为庄子是在"齐物论"的意义上对待"梦"与"醒"的关系的，正是因为庄子认为对于人生，"梦"和"醒"具有同等重要的价值和意义，所以庄子在这里所表达的人生哲学，与后来中国知识分子常常持有的"人生如梦"的人生观念是截然不同的。"人生如梦"的意义是单向度的，其中的"梦"，是有确定意义内涵的概念"名"，是"虚幻"的代名词，是"醒"（真实）的反义词。而庄子这则寓言中的"梦"和"醒"则是双向度的，"梦"不是绝对的"虚幻"，"醒"也不是绝对的"真实"。庄子的人生哲学既不是纯粹理性主义的，也不是纯粹虚无主义的。在庄子哲学中，"梦"与"醒"与其说是反义词，不如说是像"桌子"和"椅子"、"茶壶"和"茶碗"这样两个互补并行的概念，是"齐物论"意义上的，二者共同构成一个整体，并在其整体机制中发挥自己独立的作用，离开任何一个都不是完整的。与此同时，"梦"和"醒"自然是具有同等价值和意义的人生状态，"庄周"与"蝴蝶"也就是同一个人的两种不同的表现形式：蝴蝶是梦中的庄周，庄周则是醒时的蝴蝶。醒时的庄周是包含着精神内涵的物质实体，梦中的蝴蝶则是包含着物质内涵的精神现象。在这里，庄子通过"梦"和"醒"这两种人生状态的区分，实际区分了人的物质性和精神性。物质性的庄周带有更高程度的确定性，但精神性的蝴蝶却带有为物质性的庄周所不可能具有的自由性。"栩栩然胡蝶也。自喻适志与！"物质性的庄周是不能飞翔的，而精神性的庄周则是能够飞翔的。蝴蝶的飞翔，就是庄周心灵的飞翔，庄周精神的飞翔："栩栩然蝴蝶"，是一个自由地、轻盈地飞舞着的"美丽"。

庄子的平等观（下）

在这里，我们同时也能够感受到庄子"齐物论"（平等论）与"逍遥观"（自由论）的有机联系。如上所述，庄子的"道"是建立在"有物、有封而未尝有是非"的基础之上的。具体到人生的不同生存状态的关系中，庄子是承认有"梦"和"醒"两种不同的生存状态的，这两种不同生存状态的界限也是十分清晰的，但庄子并没有在这两种不同生存状态之间分出是非、真假、美丑这样的价值论上的等级差别，他没有肯定一个而否定另外一个，褒扬一个而贬低另外一个，没有像我们一样认为"醒"是正常的而"梦"是不正常的，"庄周"是实在的而"蝴蝶"是虚幻的，但也没有像一些诗人或艺术家一样，认为"梦"是超凡脱俗的而"醒"是琐屑卑陋的，庄周是酒囊饭袋而蝴蝶是天仙美女。在庄周的语言学中，它们都是"齐"的，都是平等的，是相对待而存在的。在空间的关系上，它们构成的是一个完整的结构："醒"亦"梦"，"梦"亦"醒"，"醒"中有"梦"，"梦"中有"醒"；在时间关系上，它们构成的是一个变化的链条：由"醒"而"梦"，由"梦"而"醒"，循环往复，贯穿于人生的全过程。但也正因为如此，庄子才将人的精神从人的肉体的禁锢中放飞出来，使读者感到了人的内在精神的自由性。总而言之，在这则寓言里，庄子将自己的"逍遥"观念与"齐物"观念融为了一体，将自己的自由观念与平等观念融为了一体。如果说他的《逍遥游》是起于"逍遥"、起于"自由"而落脚于"齐物"、落脚于"平等"的话，他的《齐物论》则是起于"齐物"、起于"平等"而落脚于"逍遥"、落脚于"自由"的。

"周与胡蝶，则必有分矣，此之谓物化。"关于"物化"，我的理解与过往学者的看法都不相同。郭象《庄子注》曰："夫时不暂停而今不遂存，故昨日之梦于今化矣，死生之变岂异于此，而劳心于其间哉。方为此则不知彼，梦为胡蝶是也；取之于人，则一生之中，今不知后，丽姬是也，而愚者窃窃然自以为知生之可乐，死之可苦，未闻物化之谓也。"[1]成玄英《庄子疏》曰："夫新新变化，物物迁流，譬彼穷指，方

---

[1] 郭象：《庄子注》，载《书韵楼丛刊·庄子》，上海古籍出版社，2002，影印本，《齐物论》第16页。

兹交臂。是以周蝶觉梦，俄顷之间，后不知前，此不知彼。而何为当生虑死，妄起忧悲！故知生死往来，物理之变化也。"①他们都把庄子的"物化"理论与他的"外生死"的观念等同起来，我认为，在这里，是有"过度阐释"之嫌的。实际上，这里的"梦"和"醒"，都是一种"生"的状态，由庄周而为蝴蝶，由蝴蝶而为庄周，是在两种"生"的状态之间的往来变化，而不是在"生"和"死"之间的往来变化。但也正是在两种"生"的状态之间的往来变化，所以"梦"的状态不是人的"生"意的冷寂化，而是人的精神呈现出更加自由、更加生意盎然的状态。"栩栩然胡蝶"就是这自由的、美丽的、生意盎然的精神的象征。"梦"与"醒"是两种不同的生命状态："醒"的状态是人的各种感官感觉最活跃的状态，这也是人的生命力的表现形式之一，但在这时，人的心灵、人的精神则在极为活跃的感官感觉的遮蔽下暂时处于休眠状态，而在"梦"的状态下，各种感官感觉进入休眠状态，而人的心灵、人的内在精神却有了更加自由、更加广阔的活动空间。这种变化，是通过从庄周向蝴蝶、从此物向彼物的变化而具体表现出来的。在现代哲学中，这种现象称为"对象化"，是说人在精神上可以将自我对象化为某个客体，从而能够在精神上像这个客体一样感受周围的世界，并对周围的世界做出这个客体所能够做出的反应。这在文学艺术创作过程中是可以清楚体验到的一种精神现象，而在"梦"的状态，人的这种对象化的能力则能够达于极致。一个"鹰"的意念，可以使人翱翔于高空；一个"鱼"的意念，可以使人游弋于江湖。这时的人，在精神上实际已经化而为鹰、为鱼，庄周和蝴蝶的关系，实际也就是庄周可以对象化为蝴蝶而又可以从蝴蝶回归于本体的关系。在生与死之间，是无法构成这种对象化亦即"物化"的关系的。

不论是现代哲学中的"对象化"理论，还是庄子的"物化"观，所阐释的都是人类的一种精神现象，即人类的自由想象的能力。自由想象，首先是人的想象，所以不论是多么丰富奇诡的想象，都是有一个想象的主体的。在这里，想象的主体就是庄周。"梦为胡蝶"是其现象，

---

① 《南华真经注疏》上册，郭象注、成玄英疏，中华书局，1998，第59页。

是其结果，但"梦"的主体还是人，还是庄周，是"庄周梦为胡蝶"。"庄周梦为胡蝶"不是现在之事，而是"昔者"之事；不是现在时态，而是过去时态。这种"过去"之事是怎样留存于"现在"的？是通过庄周的记忆而留存于庄周现在的意识之中的，它是储藏于"现在"的"过去"，而不是仅仅存在于"过去"的"过去"。"栩栩然胡蝶也，自喻适志与！不知周也。"这是梦中之觉，梦中之感，梦中失去自我意识的情景。但所有这些，仍然是留存于庄周现在记忆之中的，所谓"不知周"也是现在"知为周"的结果。"俄然觉，则蘧蘧然周也。""觉"是由"梦"而"醒"的过程，由"梦"而"醒"的转变，这个转变连接了庄周对于过去时两个时段的记忆，当庄周在意识中将这两个时段的不同记忆并列在一起的时候，也就有了一个以"周"为本体与以"蝴蝶"为本体将两种不同的感觉整合为一个整体的方式："不知周之梦为胡蝶与？胡蝶之梦为周与？"必须看到，即使这种疑问也是由现在的想象主体庄周产生的，而不是由"想象"本身产生的，不是由"蝴蝶"产生的。但是，这到底是现在的庄周所可能产生的疑问，是他的意识自由游弋的结果，从"梦为蝴蝶不知周"，到"蘧蘧然觉为周"，再到"不知周之梦蝶还是蝶之梦周"，都是他内在心灵的自然变化，也是他的精神自由游弋的过程。所以我们尽管知道是"周之梦蝶"而不是"蝶之梦周"，但当我们读到"不知周之梦为胡蝶与？胡蝶之梦为周与？"的时候，心里仍然有一种轻松灵动、舒适自然的感觉。——它是一种精神性的真实，而不是一种物质性的真实。

在这里，我们似乎还应注意叙述主体与想象主体的细微差别。这个寓言文本，用的不是第一人称，而是第三人称，尽管我们知道庄周就是庄子，但庄子在这里用的不是"我""吾"，而是庄周这个具体的名字，这就使作为想象主体的庄周与作为叙述主体的作者有了细微的差别。整个意识变化的过程，是以庄周为主体的，但在这个想象主体的意识中，自我与蝴蝶却是纠缠在一起的，但当从叙述主体的角度看待庄周和蝴蝶这两个物质实体的时候，其间的分别就成了不可质疑的。"周与胡蝶则必有分矣"，它们是两个"物"而非一个"物"，但也正是因为它们是两个"物"，"庄周梦蝶"的现象才充分说明了，在精神上，在意识中，像孙悟空可以有七十二变一样，一个"物"是可以变为另外一个"物"的。作者说，这就是"物化"。所以，庄子所说的"物化"绝不是在生死之间的往来变化，而是在"物"与"物"、"存在者"与"存在者"之间的往来变化。它更表现为人与世间万物的关系。

假若说中国古代也有自己的"美学"，我认为，中国古代的美学就应当从庄子的"物化"理论讲起。直至现在，中国知识分子仍然更重视传统儒家知识分子的"天人合一"的思想，并用这种观念概括中国古代文学艺术的总体特征。实际上，儒家这种"天人合一"的思想，更是中国传统"大一统"思想的产物。它所追求的是人与自然、人与人、自然与自然的"同一性"，但是，"同一性不可能建立自身，除非通过一种差异的效果"①。中国古代的文学艺术尽管长期受到传统儒家"大一统"思想的束缚和禁锢，但却是在这种束缚和禁锢中寻求个人精神自由的结果。人在本能上就不愿将自身纳入儒家知识分子在"天人合一"思想旗帜下为人所制定的统一的社会秩序之中去，人在本能上就是希求自由、希求精神解放的。在这里，庄子的"物化"理论恰恰是人在外部社会的束缚和禁锢中寻求自己精神自由和解放的重要的（很可能也是主要的）途径和方式。当人在意识中不是以人的方式存在于周围环境中的时候，人所不能不接受的各种禁锢和束缚就从自己的意识中消失了，他在意识中成为另一"物"，同时也具有了这个"物"所能够享受到的自由。我们看到，中国古代的文学艺术，大半都是诗人们在精神上将自己"物化"的结果，他们将自己"物化"为"松"，物化为"竹"，物化为"大河奔流"，"物化"为"小桥流水"，"物化"为"梅"，"物化"为"菊"，"物化"为"骏马"，"物化"为"游鱼"，"物化"为所有在人的心灵中能够产生异样感触的事物。正是通过这种"物化"的过程，中国古代艺术家将自己在世俗生活中无法得到充分表现的内心感受充分表现出来，并寻求着与其他人的心灵沟通。我们之所以不能用"天人合一"概括这些文学艺术现象，就是因为，在这些文学艺术作品中，诗人们追求的不是"人"与

---

① 马克·弗罗芒·默里斯：《海德格尔诗学》，冯尚译，上海译文出版社，2005，第160页。

"物"的同一性，而是"人"与"物"的差异性。正是这种差异性，使诗人们感到自由，感到美，感到身心的愉悦和舒畅。"天人合一"是从"合"中来，是将人纳入所谓"天"的统一的秩序之中来，而"物化"则是从"分"中来，是在两个不同事物之间的往来变化。所以，庄子说："周与胡蝶，则必有分矣。此之谓物化。"

"梦"的美学意义，我们只要从中国古今两位最伟大的小说家的创作中就能充分地估量出来：曹雪芹的《红楼梦》，用"梦"概括了他这部文学巨著的全部内容；而鲁迅，当谈到他的小说创作的时候，首先说的是他的"梦"："我在年青时候也曾经做过许多梦，后来大半忘却了，但自己也并不以为可惜……这不能全忘的一部分，到现在便成了《呐喊》的来由。"[1]这在西方尼采、弗洛伊德等美学思想中也能得到充分的印证。

十九

关于庄子的《齐物论》，章太炎说："夫能上悟唯识，广利有情，域中故籍，莫善于《齐物论》。"[2]

庄子的《齐物论》是在承认当时诸子百家学说的合理性的基础上实现了对所有这些学说的超越并建构起了自己独立的思想学说的。我们甚至可以说，只有到了庄子，中国才有了真正意义上的文化哲学，才对知识分子的思想现象做了一次真正宏观的扫描和富有哲理深度的概括。更加难能可贵的是，庄子的文化理论并没有仅仅从文化本身的需要中寻找根据，像孔子的社会学说离开对"天"、对自然世界的感受和理解而仅仅从人类社会本身的需要寻找根据一样，而是将其文化理论同其对宇宙、对人类的整体认识结合起来，将其齐"物论"（在存在论的意义上，所有不同的思想学说都具有平等的存在价值和意义）建立在其"齐物"论（在存在论的

---

[1] 鲁迅：《〈呐喊〉自序》，载《鲁迅全集》第1卷，人民文学出版社，1981，第415页。

[2] 章太炎：《齐物论释定本》，载刘梦溪主编《中国现代学术经典·章太炎卷》，河北教育出版社，1996，第410页。

意义上，宇宙间的万事万物都具有平等的存在价值和意义）的基础上，从而将其文化理论真正上升到了世界观和人生观的高度，上升到了哲学的高度。我认为，庄子的《齐物论》作为一篇独立的哲学论文，不论在其思想的独创性和深刻性上，还是在其逻辑的缜密性和结构的完整性上，都达到了他的后继者所难以企及的高度。

在这里，我不想仅就《齐物论》而谈《齐物论》（我认为，仅仅在这个范围中，我们是很难充分理解它的全部价值和意义的），而更想在《逍遥游》和《齐物论》的结合上重新思考《齐物论》的价值和意义（我认为，正是在这样一个层面上，庄子的《齐物论》对于我们当代的中国人，特别是对于我们当代的中国知识分子，仍然具有不可低估的启示意义和借鉴价值）。

正像章太炎所指出的那样，《逍遥游》讲的是"自由论"，《齐物论》讲的是"平等论"。这使我们当代中国知识分子不能不想到中国20世纪的五四新文化运动。

如果我们重新回到中国20世纪初年五四新文化运动的现场，我们就会感到，当时有四个思想概念是有同等活跃的程度的（用现在的话来说，就是有同等高的点击率），这四个概念可以视为五四新文化运动的四个"关键词"。这四个思想概念是：自由、平等、民主、科学。与"自由"相对的是"不自由"，是思想专制、文化专制；与"平等"相对的是"不平等"，是封建的等级制度，是儒家的尊卑观念；与"民主"相对的是"不民主"，是政治专制，是政治上的专制制度；与"科学"相对的是"不科学"，是以伦理道德为主体的儒家思想对科学技术知识的轻视，是在儒家伦理道德思想体系治了学校教育、将科学技术知识的教育排斥在学校教育之外的情况下在中国社会上弥漫着的浓重的封建迷信思想。但是，这四个关键词在中国现当代文化发展史上的命运是极不相同的。时至今日，民主、科学这两个关键词尽管一次次受到文化复古主义思潮的冲击，但在中国社会上，特别是在中国知识分子中间，仍然是极为活跃的两个思想概念，它们是作为五四新文化运动的思想象征而活跃在中国现当代社会和社会文化之中的。而自由和平等，特别是平等，几乎已经在我们的文化辞典中消失了。自由有时还以"自由主义"的名目出现在社会文化中，但"自由主义"是一个思想派别，而不是整个中国社会及其文化的基础概念。在中国当代文化史上,"民主"也曾在"资产阶级民主"的名义下受到否定,有"资产阶级民主"和"民主"("无产阶级民主"或"人民民主")之分,不是一个完整意义上的褒义词,但现在我们已经不再做这样的区分,"民主"也成了一个完整意义上的褒义词,成为中国社会文化的一个基础概念,而"自由"则仍有"资产阶级自由"和"自由"(现实社会已经承认的"自由")的区别,不是一个完整意义上的褒义词,也不是中国社会文化的一个基础概念。

  这四个思想概念为什么在中国有着两种不同的文化命运呢?我认为,这要从中国固有的文化传统中来寻找原因。如果我们细致梳理这四个思想概念与中国传统文化的关系,我们就会知道,中国现代民主和科学的传统与中国古代儒家文化传统有着更加密切的关系,而中国现代自由和平等的思想则与中国道家文化,特别是庄子思想有着更加密切的关系。我们知道,中国文化的现代嬗变是在鸦片战争之后正式发生的,是在外国帝国主义军事侵略的强刺激下发生的,它首先动摇的是当时政治统治王朝的统治地位。在这种情况下,少数官僚知识分子开始重视西方的科学技术成果,而这少数官僚知识分子,从其文化传统而言,实际是儒家知识分子,甚至当他们开始提倡西方的科学技术的时候,仍然属于中国儒家的文化传统。他们是在维护现实封建王朝的政治统治的目的下提倡西方的科学技术的,是在忠君、爱国的旗帜下提倡西方的科学技术的。如果我们从这个切口返观中国古代文化传统,就可以发现,中国古代儒家文化在本质上并不是轻视科学和技术的,它在鸦片战争之后受到轻视科学技术的攻击,实际是在中国作为一个中央大国独立地、近乎孤立地存在于东方世界的时候,在中国的科学技术水平已经远远高于周围各国的情况下,科学技术的继续发展对于维系当时封建王朝的政治统治并没有多么直接和明显的作用,而对于与当时封建王朝有关的科学技术的发展,例如天文学、建筑学、军事学、医学、织造学、烹饪学等等,儒家知识分子原本是不加反对的。所有这些,在当时都是在学校教育之外的社会各项事业内部得到传承的,没有通过学校进行综合、系统教育的必要。鸦片战争之后,现代科学技术与现实国家政治统治政权的命运密切结合在了一起,他们立于传统儒家知识分子忠君爱国的思想立场上而重视现代科学技术的发展，并逐渐用西方的教育模式代替了中国古代的学校教育模式，实在也是中国儒家文化传统在进入近现代社会之后的一种发展形式，并不意味着中国传统儒家文化的消亡和另外一种文化传统的崛起。倒是那些一味拒绝学习西方科学技术的保守派，恐怕就不是真正从儒家知识分子忠君爱国的立场出发的，而只是维护自己已经获得的既得利益的方式，是没有传统儒家知识分子一向倡导的文化关怀和社会关怀的。直到现在，中国的科学技术仍然是作为国家的一项重要事业而得到重视和提倡的，"科学"这个思想概念也成为中国现当代社会及其文化的一个基本概念，连中国的"新儒家"也不再笼统地反对"科学"和科学技术的发展了。

"民主"这个思想概念，原本就源自于中国儒家的文化典籍，是儒家国家学说的核心和精髓，孟子"民贵、君轻"的思想在相当长的历史阶段上成为中国社会和社会文化中"民主"观念的主要内容，并在政治专制的社会条件下将"民主"这个思想概念以褒义词的形式传承至今。在传统儒家思想的观念中，国家是没有独立存在的价值和意义的，国家是为人民而存在的，是"为民做主"的，"民主"实际是国家存在的合理性与合法性的根本证明。"当官不为民做主，不如回家卖红薯"，不但是传统儒家知识分子的国家观念，也是绝大多数中国老百姓的国家观念。这种国家观念在晚清国家政治遇到严重危机的条件下，为那些具有了西方政治常识的在野知识分子提供了跨越科举和官阶而直接参政、议政的主要理论依据。在当时的历史条件下，"民主"这个概念实际是包含着两重含义的：其一，这些在野知识分子较之当时那些朝廷命官更能代表人民的意愿，是为民做主的，因而他们也应当成为国家政治体制中的一员。这是他们能够参政、议政的主要根据。没有这个根据，西方的君主立宪制乃至政治民主制度在中国就是一种一无可取的制度，不论当时的政治改良和政治革命都不会被中国知识分子所接受；其二，西方的君主立宪制度、民主政治制度，为这些在野知识分子提供了参政、议政的可能，因为在传统的官僚体制中，他们是不可能获得这种权利的。但这种制度本身却不是衡量一个知识分子能不能参政、议政的标准，其标准仍然是传统儒家能不能"为民做主"的标准。实际上，直至现在，"民主"这个思想概念,在我们中国社会和社会文化中,仍然是有这么两层含义的。对于广大的社会群众,"民主"的意义在于国家要代表人民的利益,为民做主,为人民服务;对于有从政、议政的积极性的知识分子,"民主"的意义在于可以在保证其人身安全的前提下通过选举参与政治的博弈。

在五四新文化运动之前,"民主"和"科学"这两个思想概念还是与中国儒家文化传统纠缠在一起的,不论是主张改良的康有为和梁启超,还是主张革命的孙中山,都没有将"民主"与"科学"同中国的儒家文化传统对立起来,因而它们也不是一种新的文化传统。只有到了五四新文化运动,"科学"和"民主"这两个概念才有了自己的独立性。这里的原因是明显的:这些外国留学的知识分子,特别是留学英美的知识分子,是将他们对西方教育、西方科学技术发展、西方政治制度及其运作方式的具体感受和了解作为对"科学""民主"这两个思想概念的阐释的,因而这两个思想概念在他们的观念中就与中国儒家的文化传统脱离了关系。在这时,在中国知识分子,特别是英美派知识分子中间,开始形成了"新文化"与"旧文化"的观念。所谓"新文化",就是以西方的"民主"和"科学"为主要思想原则的文化;所谓"旧文化",就是以中国古代社会的"专制"和"迷信"为主要特征的文化。但是,当"民主""科学"成为仅仅有本质性规定而无历史性规定的思想概念的时候,对于一个个具体的中国知识分子,就没有实际的可操作性了。这里的原因是非常明显的,因为不论是政治上的民主制度,还是整个社会的科学技术发展,都不取决于任何一个个体的人,更不取决于一个没有政治、经济权力的知识分子。这突出表现在胡适的思想道路和文化道路上。胡适是中国新文化运动的旗手之一,是"民主""科学"文化传统的孜孜不倦的倡导者,但他却没有、也不可能在推进中国民主化和科学化的进程中做出卓有成效的实际贡献,与此相反,在他以激进主义的姿态坚持着"民主""科学"的思想目标,有时甚至滑向"全盘西化论"的边缘的同时,他在具体文化选择上又常常表现出对现实政治专制制度和文化保守主义思潮的妥协倾向。时至今日,在文化上,在口头上,恐怕没有任何一个中国人不是拥护民主、拥护科学的,但中国民主化和科学化的进程,特别是民主化的进程却没有因为这种普遍的拥护态度而变得稍微顺畅和迅速。这实际是与建立在英美派知识分子思想基础上的"民主""科学"观有极为密切的关系的。在理论上,他们是站在美国现实政治制度和科学技术发展水平的高标准上看待中国现实的政治制度和科学技术发展的现状的,但当他们回到中国,却不能不在中国现实政治体制和中国科学技术体系的内部发挥自己个人的作用,并用自己的劳绩巩固和加强中国现实的政治体制和现实的科学技术体系。在理论上反对的,就是他们在实际上维护的;在理论上肯定的,就是他们在行动上反对的。他们永远在等待着一个临界点,但这个临界点却不是他们主动争取得到的。实际上,在西方文化的历史上,"科学"和"民主"并不仅仅是一种本质性的规定,而是有一个由专制到民主,由中世纪宗教神学统治到近代科学发展的道路的。当我们实际回到西方历史的这个发展道路上,我们就会看到,严格说来,"民主""科学"实际都不是一种个人的思想观念,而是一种社会文化现象或社会历史现象。直到现在,如果细致思考我们口头上常常说的"民主思想""科学思想",实际还是没有多少实质性的思想内涵的。什么是"民主思想"? 是在中国建立现代民主制度的思想? 是认真听取广大社会群众的意见的思想? 是在讨论具体问题时坚持少数服从多数的原则的思想? 这都是实际操作范围内的事情,而不是一种思想;什么是"科学思想"? 苏格拉底的哲学是不是一种"科学思想"? 孔子的伦理道德学说是不是一种"科学思想"? 如果是,那谁的思想又不是"科学思想"呢? 如果不是,它们不是仍然有自己存在的价值和意义吗? 当时的西方人,特别是西方知识分子,思想意识的变化,并不是从科学、从民主开始的,而是从中世纪宗教神学向人文主义、从"神"向"人"的转变开始的。西方启蒙主义者的思想口号是:自由、平等、博爱。

具体到鲁迅身上,我们就会看到,他作为一个新文化运动的先驱者之一,科学、民主只是他思想中的构成成分,但却不是他的思想的基点。他的思想的基点是人,是人的自由。他认为"科学""民主"只是西方文化的"荣华",而不是西方文化的"本原";"根柢在人"、"本

庄子的平等观（下）

原"在人的精神。①像胡适等英美派知识分子的科学、民主意识不是直接产生于中国传统的儒家文化一样，鲁迅的自由意识也不直接产生于中国传统的道家文化，但它与庄子思想的联系则是毫无疑义的。郭沫若说："我在日本初读（《鲁迅全集》——引者）的时候，感觉着鲁迅颇受庄子的影响，在最近的复读上，这感觉又加深了一层。因为鲁迅爱用庄子所独有的词汇，爱引庄子的话，爱取《庄子》书中的故事为题材而从事创作，在文辞上赞美过庄子，在思想上也不免有多少庄子的反映，无论是顺是逆。"②假若我们具体到整体的哲学倾向上，我认为至少在下列各点上，鲁迅是更接近庄子哲学的：其一，他们都不是从维护现实政治统治政权的统治秩序出发的，甚至也不是为了建立一个新的政治统治秩序，而是从个体生命自身的需要出发的，是从个体生命需要的角度对整个现实世界的回应；其二，他们都把人的物质生命和精神生命作为一个整体并着重突出精神生命对生命整体的重要性；其三，他们都把自由作为人的精神生命的存在形式：自由不是精神生命的静止状态而是精神生命在宇宙空间中的运动形式……鲁迅之所以没有将自己的自由意识直接纳入庄子思想的理论框架中进行阐释和发挥，其原因也是明显的：庄子是在思想专制、文化专制的局面尚没有正式形成的中国社会上提出自己的自由论的，他的精神自由主要表现在自身思维空间的开拓上，想象空间的扩大是其自由的主要表现形式，而鲁迅则是在空前严密的思想专制和文化专制的中国社会上形成自己的自由意识的，他的自由的要求与自由的意志是直接结合在一起的。如果说庄子的自由论就是自由论，鲁迅的自由论实际是自由意志论；庄子的自由是鹏鸟的飞翔的自由，鲁迅的自由是摩罗诗人反束缚、反禁锢、反对思想专制的自由。

留日时期的鲁迅，对"平等"并没有表现出多么大的兴趣，但恰恰是这个在理论上并不多么倡言平等的鲁迅，在五四时期的小说创作中却表现出较之同时代人更加深挚的平等意识。他对他的小说中那些"小人

---

①参看鲁迅：《坟·文化偏至论》，载《鲁迅全集》第1卷，人民出版社，1981。
②郭沫若：《蒲剑集·庄子与鲁迅》，载《郭沫若全集·文学编》第19卷，人民文学出版社，1992，第53页。

物"的同情性描写就是他的平等意识的最充分的表现。在这里,我认为,我们似乎应该意识到,鲁迅的平等意识不像其他中国知识分子一样,是从西方社会和西方现成思想中直接继承过来的,而像庄子一样,是从他的自由意识中自然生长起来的。当"自由"被理解为个体精神生命的基本存在形式的时候,事物与事物、人与人之间的自然差异就成为正常的、不具有价值等级意义的生命现象,彼此相区别的个体在存在论的意义上,就有了平等的价值。这就是庄子"齐物论"的逻辑,也是鲁迅思想的逻辑。鲁迅说:"其实人禽之辨,本不必这样严。在动物界,虽然并不如古人所幻想的那样舒适自由,可是噜苏做作的事总比人间少。它们适性任情,对就对,错就错,不说一句分辨话。虫蛆也许是不干净的,但它们并没有自鸣清高;鸷禽猛兽以较弱的动物为饵,不妨说是凶残的罢,但它们从来就没有竖过'公理''正义'的旗子,使牺牲者直到被吃的时候为止,还是一味佩服赞叹它们……"①"古今君子,每以禽兽斥人,殊不知便是昆虫,值得师法的地方也多着哪。"②

  但是,像鲁迅这样在生命本体的意义上将自由、平等的观念融为一体并作为自己一生的生命哲学的知识分子,即使在中国现当代社会,也是一个特例。而更多的,则是将其视为西方社会的一种先进的思想而加以宣传和提倡的,特别是到了青年学生中间,就主要集中到恋爱自由、婚姻自由、男女平等等外部的社会原则的范围中来。我认为,恰恰因为如此,这两个概念才在中国社会思想的演变过程中发生了分化。到了20世纪20年代,这两个概念已经有了裂变的痕迹,而到了20世纪30年代,二者的裂变就已经成了显在的事实。在这种分化中,"左翼文化"举起的更是"平等"的旗帜。关心底层人民群众的物质生存,追求政治、经济、文化上的平等权利,构成了中国30年代中国左翼文化的特征,但在很多左翼知识分子的观念中,"自由"好像只是资产阶级和小资产阶级

---

① 鲁迅:《朝花夕拾·狗·猫·鼠》,载《鲁迅全集》第2卷,人民出版社,1981,第233页。
② 鲁迅:《华盖集·夏三虫》,载《鲁迅全集》第3卷,人民出版社,1981,第41页。

庄子的平等观（下）

知识分子的奢侈品，是没有实际的社会意义和价值的。"我从前是尊重个性、景仰自由的人，但在最近一两年之内与水平线下的悲惨社会略略有所接触，觉得在大多数人完全不自主地失掉了自由，失掉了个性的时代，有少数的人要来主张个性，主张自由，总不免有几分僭妄……但在大众未得发展个性，未得享受自由之时，少数先觉者倒应该牺牲自己的个性，牺牲自己的自由，以为大众人请命，以争回大众人的个性与自由！"①郭沫若在向左翼文化转变过程中的这种思想动向，恐怕是很多左翼作家都有过的；左翼圈外的知识分子，则更以谈论"自由"为尚。自我标榜为"自由人""第三种人"的知识分子自不必说，就是以"新月派"为核心的英美派知识分子，以周作人为后台、以林语堂为主将的"论语派"知识分子，也常常以"自由主义知识分子"自居。但在这些知识分子中间，"平等"的意识则是极为淡薄的，"新月派"主将之一的梁实秋甚至援引英国《韦白斯特大字典》，说无产阶级是国家里只会生孩子的阶级。②"新月派"曾经提出过人权问题，但他们的"人权"似乎也不包括底层人民群众的生存权利和左翼作家的言论自由。实际上，这种分裂，直至现在，仍然是中国知识分子思想分裂的主要形式。那些自诩为自由主义的知识分子，仍然是以绝对否定历史上的左翼文化和左翼知识分子存在的合理性为前提的，好像左翼文化和左翼知识分子就不应当

---

①郭沫若：《文艺论集·序》，载《郭沫若全集·文学编》第15卷，人民文学出版社，1990，第146页。

②梁实秋的原话是："'普罗列塔利亚的文学'！多么崭新的一个名词。'普罗列塔利亚'这个名词并不新，是PROIETARIAT的译音，不认识这个外国字的人听了这个中文的译音，难免不觉得新颖。新的当然就是好的，于是大家都谈起'普罗列塔利亚的文学'，其实翻翻字典，这个字的含义并不见得体面，据韦白斯特大字典，PROIETARY 的意思就是：A citizen of the lowest ciass who served the state not with propety but oniy by having children.

"一个属于'普罗列塔利亚'的人就是'国家里最下阶级的国民，他是没有资产的，他向国家服务只是靠了生孩子。'普罗列塔利亚是国家里只会生孩子的阶级！〔至少在罗马时代是如此〕我看还是称做'无产阶级的文学'来得明白，比较的不像一个符咒。"（参见梁实秋：《偏见集·文学是有阶级性的吗？》，上海书店，1988）

享有思想的自由和人身的自由，而自诩为马克思主义的知识分子，则是以绝对否定历史上的右翼文化和右翼知识分子存在的合理性为前提的。好像右翼文化和右翼知识分子就不应当享有与左翼文化和左翼知识分子平等的政治权利和社会权利。试想，如若这样，自诩为自由主义知识分子的"自由"何在呢？自诩为争取社会平等的知识分子的"平等"何在呢？

我们看到，当晚清启蒙知识分子和五四新文化运动的倡导者将法国启蒙思想家的"自由、平等、博爱"的思想输入中国、力图用这种思想改造中国社会思想的时候，已经是作为一种普遍的社会理想而提出问题的。也就是说，自由、平等、博爱的思想原本不是他们固有的世界观念和人生观念，但以自由、平等、博爱为其基本思想原则的西方资本主义社会和西方资本主义文化是他们在空前严重的民族危机的条件下形成的新的社会理想和新的思想理想，因而也成为他们改造中国社会和改造中国社会思想的主要原则。但是，当他们抱着这样的社会理想而接受西方这样一种思想形式的时候，西方的这种思想形式恰恰是与西方外在的社会结构形式紧密结合在一起的，更是与西方知识分子内在的人生哲学观念结合在一起的。几乎从古希腊的雅典文化开始，自由、平等的思想观念就是与自由、平等的国家生活像连体婴儿一样拥抱在一起共同生长发育起来的。它们是一种思想原则，体现在不同思想学说之间的关系中，同时也是一种国家生活的原则，体现在国家法律的各项规定中。英国学者鲍桑葵在谈到古希腊政治的时候说："严格意义上的政治意识是这种国家经验的必要因素。要求'自治权'（其实也就是个人的自由权利——引者）——根据自己的法律管理——和要求'同等的政治权利'（其实也就是公民与公民之间的平等的政治权利——引者）——根据平等的法律管理——乃是希腊人的天性，尽管往往远未得到满足；而在历史的曙光中震撼着希腊世界的革命阵痛和为立法而作的不懈努力都显示了这种天性的勃勃生机。"①西方文艺复兴对古希腊、罗马文化的复兴，同时也是这种自

---

① 鲍桑葵：《关于国家的哲学理论》，汪淑钧译，商务印书馆，1995，第47页。

庄子的平等观（下）

由、平等意识的复兴，这种"希腊人的天性"的觉醒。正是这种"希腊人的天性"的觉醒，到18世纪的启蒙思想家那里，重新上升到思想原则、社会原则和政治理想的高度，并成为改造现实社会以及现实社会关系的理性尺度。也就是说，尽管西方启蒙思想家的思想具体表现为争取外部社会的自由和解放，表现为争取人与人外部社会关系上的博爱和平等，但他们之所以能够产生并坚持这种社会理想的内在意识基础仍然是"希腊人的天性"，仍然是对自由和平等的内在需求。在这里，还有一个文化史的事实是无法忽略的，即在西方近代文化史上，自由、平等的观念是伴随着贵族知识分子向社会知识分子转化的过程而成为社会思想的主潮的。所谓社会知识分子，实际就是不再拥有实际的政治特权和经济特权的知识分子，文化的接受、生产和传播是他们发挥自己独立社会作用的主要形式。对于他们，文化首先意味着什么？很多中国当代知识分子会认为，文化首先意味着知识和技能，意味着能够运用这些知识和技能为社会创造更多的财富，但只要我们回到从西方文艺复兴直到启蒙运动时期的西方知识分子那里，我们就会感到，这种概括实际是不符合当时的历史事实的。不论是此前的文艺复兴，还是此后的启蒙运动，西方近代文化的发展都首先表现为知识分子思维空间的进一步扩大，都首先表现为知识分子自由意识的觉醒，即使像哥白尼、伽里略、布鲁诺这样一些著名的自然科学家，首先产生的也是从中世纪宗教神学的统治下解放出来的自由要求。真正意义上的文化发展，总是同人的自由意识、自由要求的发展取着同样一个步调的。他们像庄子《逍遥游》中的鲲鹏一样，是能够飞得更高、看得更远的一些人。但当他们在思想上有了更大的自由要求的时候，他们却仍然处在社会不平等的关系中，社会的不平等束缚了他们的思想自由，使其自由意志无法得到正常的发挥，而要实现自己的自由意志，就必须争取社会的平等。正是在这样一种情况下，自由的观念和平等的观念成了同时发展着的两种观念，自由的要求和平等的要求也成了同时发展着的两种不同的社会要求。但当五四新文化的先驱者将西方自由、平等的思想作为一种思想形式输入到中国，中国绝大多数知识分子并不是在自己"自由平等的天性"的基础上接受它们的，而更是在反对等级化了的儒家伦理道德观念的基础上接受它的。

"自由"首先不是自己思想上的自由,而是被儒家伦理道德束缚着的行动上的自由,是在这种伦理道德束缚下得不到顺利实现的自然欲望和要求。这样的"自由"首先表现为知识分子个人欲望和要求的实现,而不表现为对底层社会群众自由精神和自由要求的重视;平等也首先不是思想意识中的平等,而是对现实社会上各种不平等现象的不满。这样的平等要求首先表现为要求结果上的平等、现象上的平等,在政治上要求平易待人,在经济上要求平均主义,而所有这些,都集中体现在底层社会群众的生活境遇中,与知识分子个人的自然欲望和要求没有必然的联系。所有这些,在中国文化的现代化过程中都发挥过不可忽视的积极作用,但在具体的发展过程中,二者的分裂也成了不可避免的趋势,并且因这分裂各自走向了自己的反面:更重视个人欲望和要求顺利实现的知识分子成了所谓"自由知识分子",但却漠视乃至反对"平等",不但对社会底层社会群众的挣扎和反抗采取袖手旁观的态度,甚至连这些具有同种思想倾向的知识分子之间也无法实现人道主义的救助,最终仍然无法摆脱对政治、经济强权的依附;更重视底层社会群众政治、经济地位改善的知识分子成了各种社会运动的参加者或拥戴者,但却漠视乃至反对"自由",不但不承认别人思想自由的权利,甚至也不承认自己思想自由的权利,最终仍然无法摆脱政治专制主义和文化专制主义的压迫,社会平等也只是一句空话。在这种情况下,我认为,我们重新重视对庄子哲学的思考就成了极为重要的思想课题。

必须看到,庄子的"自由"绝不仅仅是理念上的自由,绝不仅仅是对外部社会的一种要求,而是对自我内部精神运动形式的一种感觉、一种体验。也就是说,他首先感觉、体验到了自己精神上的自由,从而也实际地超越了在他之前所有知识分子为社会、为人类提供的现成的价值观念和价值标准。这是在他的生活环境和文化环境、在他的人生经历和知识积累、在他不断感受体验及其理性思考的过程中,在很大的程度上,也是在他的写作活动中,自然孕育出来的一种精神状态。他在这种精神状态下感到自由和愉悦,感到逍遥和自在。这是一种纯粹自我的感觉、自我的体验,而不是有待于他人的启示、教诲、奖掖、赞誉或表彰而随之派生的心灵现象。正是因为他这种自由的感觉和体验是纯粹自我的、原发的、无待的,所以他对外部世界也是没有特定的诉求的,他对外部世界的人和物的自由也是无需干涉的。不难看出,这同时也派生出了他的平等论,他的"齐物论",自我的自足性也使他感到世界上的万事万物都有自己的自足性,都应当依照自身的自然需求在自己的环境条件下自然地发生运演和变化,不应当受到他者的强制性干涉和压迫。这是一种意识自我和世界的方式,是一种世界观和人生观,而在这种世界观和人生观中,自由和平等才是无法分离的:自我的自由感觉使之感觉不到干涉他人自由的必要,在与他者的关系上是平等的。自我在精神上感觉不到自由,就必然在干涉和压制别人的行动中攫取自由的感觉,而干涉和压制别人的自由又是绝对不会体验到自由的愉悦和幸福的。前者是良性的循环,后者是恶性的循环。庄子为我们发明的就是一种良性循环的生存方式。只不过,在庄子的时代和在庄子的生活环境中,这种世界观和人生观的生成和表现,都还遭遇不到外部社会及其意识形态的干扰和破坏。正像生长在旷野里的一棵树、一株花,有这样一个种子,就发了芽,就长大了,就成了一个无法抹杀的存在。不论后人对其有何感想和评价,庄子的思想就通过其著作代代传承下来。而在后来的社会环境和生活环境中,政治的专制和文化的专制成了维系社会稳定的主要力量,自上而下的政治统治关系不但受到国家法律的保护,同时也受到社会伦理道德的保护,这赋予了任何一个人干涉和压制像庄子这样超越于固有价值观念和价值标准的自由思想的权利,使之不但无法得到周围人的理解和同情,而且还会遭到周围多数人的各种形式的干涉和压迫:"自由"成了招致更大"不自由"的根源。实际上,魏晋时期的社会知识分子就是在这种不自由的环境中坚持自己的自由要求的,但这时的"自由"已经无法表现为庄子式的"逍遥",而更表现为一种"自由意志",一种愤世嫉俗、遗世独立的思想倾向,一种非理性的反叛精神。显而易见,这种个人与社会的对立,少数对多数的抗战,在政教合一、政治专制和文化专制紧密结合在一起的社会条件下,是不可能得到实质性的胜利的,它充其量只是中国古代知识分子的自由意志在划过政治专制制度和文化专制制度的夜空、摩擦自燃时所发出的亮光,最终依然会像陨石一样消失在政治专制制度和文化专制制度的夜空中。随着"自由意志"

和反叛精神的屡次受挫，"逃避自由"就成了社会知识分子的普遍倾向，而所有脱离具体社会追求和人生追求、仅仅为了获得社会的承认而进行的自我修养、自我约束、自我惩戒，就是"逃避自由"的主要方式。宋明理学倡导的"存天理，灭人欲"就是中国广大社会知识分子在政教合一、政治专制和文化专制紧密结合在一起的社会条件下"逃避自由"的一种方式。自由的感觉、自由的体验、自由的追求意志渐渐淡漠了下去，庄子式的精神自由不但不再是中国知识分子内部精神体验的主要形式，不再是他们的"天性"，同时也不再是中国知识分子自觉追求的精神目标，社会关系的不平等作为一个社会的前提在中国知识分子的思想中被固定下来。庄子的哲学仍然存在着，但已经被驱逐出了任何社会关系的领域，而只成了对那些离群索居、孑然孤处的单个人生存方式的说明。实际上，对庄子人生哲学的这种理解方式本身，就是对庄子人生哲学的一种极大的歪曲。在庄子那个时代，庄子的人生哲学体现的绝对不是脱离现实的社会关系而追求纯粹个人生活安逸和幸福的倾向，而是通过对现实社会固有价值观念和价值标准的超越而获得精神自由和生活自由的方式，是实际地改善人类社会关系和人类生存状态的一种途径。直到五四新文化运动，在西方社会思想的影响下，中国知识分子才重新意识到"自由"和"平等"的社会价值，才将"自由"和"平等"上升到社会关系原则的高度，但在这时，绝大多数中国知识分子，包括那些提倡新文化的知识分子，却是在更多关注着西方外在的法律规定和伦理道德信条，而较少是在自我内在精神感觉和精神体验的基础上提出问题的。如上所述，这种首先要求外部社会确立"自由""平等"的社会规范而后才实现自己"自由""平等"的要求的思想倾向，必然导致"自由意识"和"平等意识"的分裂和对立，并在这种分裂和对立中各自走向自己的反面。几乎只有鲁迅，早在留日时期关注的就是"立人"的问题，就是中国人的精神发展的问题。他始终是在中国人的精神发展的过程中理解从西方近现代思想中输入的"自由"和"平等"这两个思想概念的。这使他有了超越西方"自由""平等"观念的特定性而将其内在化为自我的精神体验的可能。他是在实际地反抗中国社会思想的不自由中体验自己的思想自由的，是在实际地反抗中国社会的不平等中建构自

庄子的平等观(下)

己的平等观念的。我们看到,他的人生选择和文化选择较之其他中国知识分子有着一个极为突出的特点,即当他在中国社会及其思想的外在变动中实际地参与到一个争取思想自由的文化团体时,总是在这个团体中将社会平等的问题提高到与争取自由同等重要的高度来重视(例如五四时期,他几乎是将社会底层人民的苦难作为主要表现对象的唯一一个五四新文化运动的先驱者,实际是向五四新文化运动尖锐地提出了底层社会群众的精神解放和社会解放的问题),而当他实际地参与到一个争取社会平等的文化团体时,则总是在这个团体中将思想自由的问题提高到与争取社会平等同等重要的高度来重视(例如"左翼"时期,他几乎是始终坚守着自己思想的独立性和自由性、始终坚守着思想自由的原则的唯一一个左翼知识分子,实际是向左翼文学运动尖锐地提出了个性独立、思想自由的原则的问题),并因此而将"自由"和"平等"紧密结合起来,将自我意识中的"自由""平等"的观念同争取社会关系中的"自由""平等"原则的确立紧密结合起来。在这个意义上,我认为,真正继承了庄子"自由"和"平等"观念并将其提高到现代高度的是鲁迅,而不是那些自觉或不自觉回避现实社会中的不自由、不平等的所谓"自由主义"知识分子。仅从外部表现形态上,我们也可以看出,鲁迅的自由更像庄子所欣赏的鲲鹏的自由,而我们的自由至多也就是斥鴳一类小鸟的自由;而从文化传承的关系上,从庄子到魏晋文人再到章太炎、鲁迅,则是庄子自由、平等意识历史流变的主要脉略。他们的一个共同的特征,则是他们都是社会知识分子,都是代"个人"(整个社会关系中的"个人")立言的,而不是代君王或代圣贤立言的。他们既不是官僚知识分子,也不自认为是社会精英。

只要在这个意义上感受和思考庄子的《齐物论》,我认为,我们就会掂量出这篇两千余年前的哲学论文的重量来。

原载《社会科学战线》2009年第7期

庄子的生命观（上）
——庄子《养生主》的哲学阐释（上）

一

对于庄子的《养生主》，我认为，首先存在的是在哪一个思想层面上感受、理解和阐释它的思想意义的问题。必须看到，《庄子·内篇》七篇是一个完整的哲学体系，《逍遥游》是其自由观也是其价值观，《齐物论》是其平等观也是其认识论，《人间世》是其社会观，《德充符》是其道德观，《大宗师》是其真人观也是其文化本体论，《应帝王》是其政治观，而只要在这个完整的哲学体系中感受、理解和阐释《养生主》的思想意义，我们就会感到，《养生主》实际是庄子的生命观，是庄子对生命的哲学思考，表现的是庄子对生命的根本理解。我认为，只有在这样一个思想层面上阐释《养生主》的思想意义，我们才能够超越被道教文化世俗化了的养生论和被后代道家知识分子抽去了社会人生内涵的人生观，而在它理应具有的深度和广度上揭示其内在的意义和价值。

如果意识到《养生主》表现的就是庄子的生命观，我们还会发现一个明显的矛盾，即在《庄子·内篇》七篇之中，《养生主》是最短的一篇，就其本身，似乎并没有多么丰富的内容。老子哲学是一个宇宙论体系，孔子思想学说是一个社会学体系，庄子哲学则是一个人生哲学体系，生命观理应是他的全部哲学的核心和精华，理应有着更加丰富的内涵和更加奇崛的论述，而《养生主》却似乎没有完成这样一个任务。

在这里，我有一个想法，即《养生主》尾随《齐物论》而成为《庄子·内篇》的第三篇，不是刘向后来编辑的结果，而是庄子写作过程的自然顺序。在这个意义上，庄子的《养生主》实际上是庄子《齐物论》的另外一个枝杈。庄子的《齐物论》是庄子认识论的一个完整体系，是有其诡奇而又绵密的思维过程和推导过程的，是有纵深感的，但其最终仍然落脚于他的"齐物论"，他的平等观，完成的是他的认识论的叙述过程。宗教家之外的任何一个哲学家的生命观，都是建立在他的认识论的基础之上的，一个哲学家如何认识世界，如何认识社会和人生，同时也决定了他如何认识人的生命，在这个意义上，一个哲学家的认识论也孕育着他的生命观，是将其认识论具体运用于阐释人的生命现象的结果。在《齐物论》已经将庄子认识论的建构过程完整地叙述出来之后，他就没有必要重新叙述他的生命观的建构过程了，他就可以直接将其生命现象纳入《齐物论》的思维过程中进行分析和判断了。所以，我们完全可以将《养生主》视为在《齐物论》理论基础上另外设计的几则寓言，其作用是将《齐物论》的认识论导向对生命现象的认识，这就像在《齐物论》的主干上伸展出来的另外一个枝杈。

基于这样的认识，我认为，在我们感受、理解和阐释《养生主》的片断论述和各自独立的寓言故事的时候，必须将其纳入《齐物论》的认识论框架之中，作为在这个框架的支点上对其生命观的绽露和呈现。只有这样，我们才能为《养生主》找到一个足够广大的阐释空间，对其内容也才有一个更加切近、更加精确的理解方式和阐释方式。

二

时至今日，我们已经能够知道，世界上根本不存在唯一正确的生命观，基督教有基督教的生命观，佛教有佛教的生命观，孔子有孔子的生命观，鲁迅有鲁迅的生命观，所有的生命观都是在特定的建构基础上建构起来的，是与特定哲学家、思想家所关注的特定社会人生问题紧密联系在一起的。

那么，庄子生命观的建构基础又是什么呢？

庄子生命观实际是在庄子注意到中国知识分子文化得到初步繁荣发展并在中国社会受到普遍重视，中国知识分子反被自己所追逐的知识、思想、文化所异化的大量事实之后具体建构起来的。在老子、孔子这类最早的中国知识分子那里，知识、思想、文化是在他们关注着社会现实问题、在完善自己对现实社会人生的认识过程中受到重视的。不论他们的思想学说能不能起到改善政治、改善社会人生的实际作用，他们对于他们的思想学说都是有主体性的。也就是说，是他们驾驭着他们的思想学说，而不是他们的思想学说驾驭着他们，他们在自己的思想学说面前是自由的。如果说他们也感受到禁锢和束缚，那么，禁锢和束缚他们的是外部的社会现实，而不是他们的思想学说。他们的思想学说则是在反抗外部社会对他们的思想禁锢和束缚的过程中建构起来的，是他们思想的一种自我解放形式。仅就他们的思想学说与他们自身的关系而言，他们的思想学说是有利于他们的身心健康的，这也意味着一般意义上的知识、思想、文化发挥的是营养他们生命的作用，而不是戕害他们生命的作用。孔子说他"七十而从心所欲不逾矩"（《论语·为政》），"发愤忘食，乐以忘忧，不知老之将至"（《论语·述而》）；老子说"知常容，容乃公，公乃王，王乃天，天乃道，道乃久，殁身不殆"（《老子》第十六章）。说的就是他们的思想能够帮助他们达到完全自由的境界，对其身心健康发挥的也是积极的影响作用。但是，当中国知识分子的文化越来越受到社会的普遍重视，中国知识分子越来越可以凭借知识、思想、文化而获得政治上的权力和经济上的利益，就有越来越多的知识分子不是或主要不是为了现实社会人生的改善，而是为了或主要为了获得更高的政治上的权力和经济上的利益而重视知识、思想和文化。在这时，他们首先参与的是知识分子与知识分子的文化竞争，是用知识、思想和文化提高自己的知名度和影响力，以在众多知识分子的相互竞争中压倒对方而获得当时政治统治者的青睐和重用，但这也是他们心理发生变态的开始。在这种情况下，知识、思想、文化的获取已经不是或主要不是他们认识世界、认识社会人生、获得自我思想自由的途径和方式，而成为知识分子

庄子的生命观（上）

相互倾轧的工具和手段，并逐渐加强了知识分子相互之间的戒备心理和恐惧心理。对于当时中国知识分子的这种思想状况和心理状况，庄子在《齐物论》中是有极为细致的刻画和极为深刻的揭露的。

在《齐物论》中，庄子指出，那些自以为学问大的知识分子，放言不逊，气势凌人，不可一世；那些自以为学问小的知识分子，琐琐碎碎，呶呶不休，唯恐别人看不起他。他们在睡梦中精神也不得安宁，各种不同事物的印象纠缠在一起，纷至沓来，梦魂难安，一旦从睡梦中醒来，一个大千世界展现在他们眼前，各种不同事物也呈现出各种不同的形态和面貌，由于这些知识分子都是有"成心"的，都是先有一套自以为是的价值观念和价值标准的，所以当接触到外部世界的事物，就对事物有了自己是非、美丑、善恶的主观价值判断，有了"成见"，他们与该事物的关系也被固定下来。在外部的世界中，各种不同的事物原本是一个统一的整体，但到了这些知识分子的心灵中，由于加入了他们主观的是非、美丑、善恶的价值判断，反而成了一些矛盾重重、相互排斥、混乱无序、无法共存的思想观念，导致了这些知识分子日益加剧的内心矛盾和斗争。他们的内心原本充满了种种矛盾，但又必须装出知识渊博、思想深刻、远见卓识、智慧超群的样子，这就使他们有了各种"机心"，对人的态度再也不会做到真率自然、无遮无掩。他们有的人表面装作漫不经心的样子，内心却忐忑不安、心存疑虑；有的人则城府极深，暗藏玄机；有的人又深思熟虑、细心遮掩，但他们的内心都是恐惧的。小的恐惧使他们惴惴不安，大的恐惧使他们失魂落魄。他们说起话来，有时像刚刚离开弓弦的利箭，不讲道理，不加分析，就直接判断是非；有时又像发过咒语誓言一样固执己见，只能让人服从他，而绝对不会听从别人的意见。他们的精神好像秋冬的草木，日渐凋零衰颓，沉溺在自己的各种成见中，再也无法恢复对事物的鲜活的感觉和印象；他们的心灵像被滕缄牢牢地捆缚起来，十分闭塞，如阴沟中淤积多年的污水，死气沉沉，没有一点生气。他们喜怒无常，情绪极不稳定，一会儿喜，一会儿怒，一会儿哀，一会儿乐，一会儿忧心忡忡，一会儿唉声叹气，一会儿疑虑重重，一会儿惊怖不已，一会儿轻薄浮华，一会儿放纵自流，一会儿狂妄乖张，一会儿忸怩作态，像乐声从乐器的空虚处生发出来，像菌类从地气中蒸发出来，这些情绪无日无夜地轮流控制着这些知识分子，但他们又不知道这些情绪是怎样产生出来的。庄子感叹道：算了吧！算了吧！天天如此，夜夜如此，人可怎么活呀！（"大知闲闲，小知间间；大言炎炎，小言詹詹。其寐也魂交，其觉也形开，与接为构，日以心斗。缦者，窖者，密者。小恐惴惴，大恐缦缦。其发若机栝，其司是非之谓也；其留如诅盟，其守胜之谓也；其杀若秋冬，以言其日消也；其溺之所为之，不可使复之也。其厌也如缄，以言其老洫也；近死之心，莫使复阳也。喜怒哀乐，虑叹变热，姚佚启态，乐出虚，蒸成菌，日夜相代乎前。而莫知其所萌。已乎！已乎！旦暮得此，其所由以生乎！"）

显而易见，庄子对当时中国知识分子这些变态心理现象的感受和了解，不但是他的认识论的建构基础，也是他的生命观的建构基础。在这里，我们首先应当意识到的是：不论是庄子的认识论，还是庄子的生命观，关注的都是知识分子的文化与人的生命的关系问题，是如何使知识分子文化成为营养生命而不是戕害生命的药饵的问题。在《齐物论》中，当庄子揭示出中国知识分子这些变态心理现象之后，接着提出的就是人的生命的问题。他指出，人一旦生而为人，就有了自己的形体。人的形体如果不随着外部环境条件的变化而产生相应的自然的变化，就等于消极地等待自己最终的毁灭——死亡。在这种情况下，人的形体就会与周围的物体发生撞击，发生摩擦，像狂奔的马车一样一直奔向自己的毁灭，奔向死亡，而不知怎样停止下来。这对于人，不是十分悲哀的吗？终身劳苦而看不到成功，疲困辛苦而不知是为了什么。这对于人，不是十分痛苦的吗？即使不死，又有什么好处呢？人的躯体日趋衰朽，人的心灵也是这样，这不是人生的大悲剧吗？人生本来就是这么盲目的吗？还是只有我是盲目的，世界上自有不盲目的人存在呢？（"一受其成形，不亡以待尽。与物相刃相靡，其行尽如驰。而莫之能止，不亦悲乎！终身役役而不见其成功，苶然疲役而不知其所归，可不哀邪！人谓之不死，奚益！其形化，其心与之然，可不谓大哀乎？人之生也，固若是芒乎？其我独芒，而人亦有不芒者乎？"）

实际上，庄子的《养生主》开宗明义提出的也就是他的《齐物论》已经提出的这个问题，"吾生也有涯，而知也无涯。以有涯随无涯，殆已；已而为知者，殆而已矣"。这里的"知"实际就是《齐物论》中所说的"大知闲闲""小知间间"的"知"，是当时中国知识分子作为自己存在价值的主要标志而主动追逐的"知"。这样的"知"在很大程度上就是我们现在所说的"知识"，是对一个个事物的分别的认识和了解。这样的"知识"是分散的、具体的，因而也是无限的，不可穷尽的。所以庄子说"吾生也有涯，而知也无涯"，知识分子为了出人头地、狂热地追逐知识，以见多识广为荣，但自己的生命却是极其有限的。以有限的生命追逐无限的知识，精神上必然是疲惫的。依照这样的方式求知的人，能够求到什么呢？求到的不就是精神上的疲惫吗？不就是《齐物论》中所描写的那些变态心理现象吗？在庄子尖锐地批判了当时大量知识分子的知识观之后，在《齐物论》中提出的是他的"道"，在《养生主》中提出的则是他的"养生主"理论；在《齐物论》中庄子是通过"道枢"而悟"道"，在《养生主》中则是通过"督"而悟出他的"养生主"理论。由此可见，庄子《养生主》中的"督"就是他生命哲学中的"道枢"，而"养生主"就是他生命哲学中的"道"。

三

在《齐物论》中，庄子指出，知识，都是在认识主体与认识对象的关系中产生的，没有认识对象，也就无所谓认识主体，而没有认识主体，认识对象也就不能被认识（"非彼无我，非我无所取"）。而到了很多知识分子这里，在认识主体与认识对象发生关系、产生认识之前，已经在其前辈（"师"）那里接受了一种固定的思想学说，已经有了自己的一套固定的价值观念和价值标准，有了"成心"，他们带着这样的先入之见去认识事物，就有了自己固定的看法、固定的思想，而不同的知识分子是有不同的师传的，是有不同的价值观念和价值标准的，对同一个事物，因其"成心"之不同，因其价值观念和价值标准之不同，得出的结论也不同。这在不同知识分子之间就有了矛盾，有了差异，有了是非的争辩，这都是因为他们的价值观念和价值标准就是不同的，是非标准就是不同的。儒家知识分子有儒家知识分子的是非标准，墨家知识分子有墨家知识分子的是非标准,他们各以自己的是非标准,否定对方所肯定的,肯定对方所否定的("故有儒墨之是非,以是其所非,而非其所是")。这样的争论是不会有一个结果的,对这些知识分子的精神发展也是没有益处的。

庄子指出,要认识事物,与其争论是非,不如看清对象本身("莫若以明")。他认为,事物本身是无"此"无"彼"、无"是"无"非"的,"彼"与"此"、"是"与"非"都是在事物之间的关系中建立起来的,都是相对的,而不是绝对的,只要不在这种关系中看待事物,我们就接触到"道"的枢纽了("彼是莫得其偶,谓之道枢")。这个"道枢"不是任何一个具体事物,但又像枢纽一样立于"环中",是可以"转动"的,是可以指涉任何一个事物的,因此也可以称谓、说明任何一个事物、任何一个对象。一个事物可以视之为"是",那么,所有事物都可以视之为"是";要视之为"非",那么,所有事物都可以视之为"非"。在这个意义上,世界上的万事万物都是"齐"的,都是平等的,整个天地只是一个"名",万事万物都可以称为"马"("天地一指也,万物一马也")。对于庄子,这个能够称谓宇宙间所有事物的"名"就是"道",整个天地都可以称为"道",万事万物也都可以称为"道"。我认为,庄子这个"道",在当代哲学中,与西方存在主义哲学中的"存在"极为类似:世界上的万事万物尽管千姿百态,各不相同,但都是"存在者",所有的"存在者"都"存在"。在"存在论"的意义上,它们是齐一的,是平等的。

当庄子将自己的这种认识论用于认识人的生命,就有了他的独立的生命哲学。庄子早在《齐物论》中就指出,当时的一般人,都是通过人的身体的各种器官、各个部位的认识而认识人的生命的,是"知识"论的。但是,仅从这种分散的、各自独立的"知识",是不可能建立起统一的、有实质意义的生命观念的:"百骸、九窍、六藏,赅而存焉,吾谁与为亲?汝皆说之乎?其有私焉?如是皆有为臣妾乎?其臣妾不足以相治乎?其递相为君臣乎?其有真君存焉?如求得其情与不得,无益损乎其真。"也就是说,仅从我们对身体各个部位、各个器官的知识而言,它们都是存在的,但我与哪个器官更加亲近呢?你对它们都喜欢吗?还是有所偏爱呢?它们都像臣僚、婢妾那样供你使唤吗?它们之间不能相互治理吗?还是轮流执政呢?其中有没有一个器官可以管理其他所有器官

庄子的生命观(上)

呢?其实,知道了这些与不知道这些,又有什么两样呢?既无益于人,也无损于人。庄子这段话,分明是说,人的生命的根本并不在人身体的某一个器官,并不在身体的某一个部位,也不在这个器官与那个器官的关系,因为在所有这些器官中根本找不到一个像国家君主那样可以管理其他所有器官的器官,也不是所有器官都像我们使唤的臣僚、婢妾那样可以完全听从我们的使唤,这些器官之间也没有能力相互管理,人的生命的本根并不内在于身体器官。

直至现在,当我们思考我们生命本根的时候,仍然常常是从人体器官的某一部分出发的。在这里,"脑"和"心"是我们经常使用的两个基点。实际上,以"脑"为基点,就是以"知识"为基点,以"思想"(理性)为基点。如果我们从庄子生命观的角度考虑问题,我们就会知道,人的"知识"、人的思想,是人的生命的一种表现形式,但却不是人的生命的本体;正像庄子在《齐物论》中所揭示的那样,人的"知识"、人的"思想"可以营养人的生命,但也可以磨损乃至扼杀人的生命;以"心"为基点,就是以"感情"为基点,它也是人的生命的一种表现形式,而不是人生命的本体。人的"感情",也像人的"知识"、人的"思想"一样,可以营养人的生命,但也可以消耗乃至夺取人的生命。如果仅从文化与人的生命的关系出发,人的生命是有限的,人的知识是无限的,以有限的生命追逐无限的知识是不利于人的生命成长和发展的,仅仅依照感情的需要,或为善,或为恶,也是不利于人的生命的成长与发展的。所以,庄子在指出"知识论"不能代替"生命论"之后,也指出"道德论"("善恶论")同样不能代替"生命论"。从生命论的角度,庄子指出:"为善无近名,为恶无近刑"。为什么"为善无近名"呢?只要我们不是从一种抽象的道德观念出发,而是从人的生命需要出发,我们就会看到,做善事一旦得到社会公众的普遍赞誉,一个人一旦在社会上公开作为一个"大善人"、而不再作为一个普通的社会成员的面目出现,不但可以导致"伪善",导致名为行善而实为求名求利,而且也容易成为自身生命的一种负担,不但在行善中感觉不到行善的乐趣,反而会因行善而使自己陷入生命的困顿。社会需要做的善事是无限的,而一个人的能力却是有限的,用自己有限的力量承担一个无限沉重的社会责任,满足社会的一个无限的需求，人的生命就有一种不堪重负的感觉，人的精神也会陷入极不自由的状态。在这个意义上，我们就会看到，儒家知识分子将自己的人生目标从一开始就定格在"治国、平天下"这样高远的目标上，只要不陷入虚伪，就会消磨乃至戕害自身的生命。实际上，在矛盾重重、复杂多变的现实世界中，一个人是无法保证终其一生做的都是有利于别人的善事而没有做过任何不利于别人的恶事的。知识分子的知识、思想、文化不但无法保证一个人不会做任何不利于别人的恶事，而且使知识分子能够做成那些没有知识的人根本做不成的恶事。返观人类的历史，世界上最伟大、最崇高的事业都是有知识、有思想、有文化的人做成的，世界上最卑鄙、最残暴的事情也是有知识、有思想、有文化的人做成的。但从文化与生命的关系角度看，那些连国家法律也不能允许的恶事，一个人是不能做的，这不但会招来国家刑法对自我生命的戕害，即使在精神上也会造成自我内在人格的分裂（像陀思妥耶夫斯基《罪与罚》中的拉斯科尔尼科夫一样），有害于自己生命的成长和发展。总之，庄子通过"为善无近名，为恶无近刑"的判断，不但将其生命观与道德观区别开来，而且也从生命观的角度表达了对知识分子的基本道德要求：他并不要求人成为一个有口皆碑的"善人"，但也要求每一个人都要有一个道德底线。

"脑"和"心"、"知识"和"道德"都不是人生命的本根，那么，人生命的本根又在哪里呢？

庄子指出：在"督"。

关于"督"，郭嵩焘说："（王）船山云：奇经八脉，以任、督主呼吸之息。身前之中脉曰任，身后之中脉曰督。督者居静，而不倚于左右。有脉之位，而无形质。缘督者，以清微纤妙之气，循虚而行，止于所不可行，而行自顺，以适得其中。"① 我认为，只要通过《齐物论》中关于"道枢"的论述而理解庄子在这里所说的"督"，我们就会知道，这个"督"是不应该有一个完全落实的解释的，我们只能认为，它不是人身体

---

① 郭庆藩：《庄子集释》第1册，中华书局，1961，第117页注6引郭嵩焘语。

庄子的生命观（上）

上的任何一个器官、任何一个部位，也不是从任何两个或多个器官和部位的关系中产生的（"莫得其偶"），而从它出发，却又可以指代任何一个器官、任何一个部位。是为生命之"道"，是为"养生主"。在这时，人身体上的任何一个器官、任何一个部位，都是齐一的，都是平等的，没有任何一个器官和任何一个部位，处于统治和控制其他器官和部位的地位上，也没有任何一个器官和任何一个部位，受到其他器官和部位的统治和控制而不能按其本性自由地发挥自己的功能。这样，人的整个身体都处于一种完全和谐的状态，因而也是人的生命的最佳状态。在这个意义上，郭嵩焘所说的"无形质"，所说的"循虚而行"是可以体现庄子所说的"督"的特征的，但督脉之"督""主呼吸之息"，主要指人的呼吸器官及其作用。这与以"脑"、以"心"为基点仍大致是相同的。以"呼吸"为基点，也就是以"气"为基点，呼吸停止，气运断绝，人即死亡，但这仍然只是物质生命的表现形式，与精神生命没有必然的联系，与庄子作为"得其环中"的生命之"道枢"的"督"仍有根本的差别。至于其他注释家将"督"直接解释为"中"，将"缘督"解释为"顺守中道"的说法（如郭象注"缘督以为经"曰："顺中以为常也。"[1]成玄英疏曰："缘，顺也。督，中也。经，常也。夫善恶两忘，刑名双遣，故能顺一中之道，处真常之德，虚夷任物，与世推迁。养生之妙，在乎兹矣！"[2]），我认为是以儒家中庸之道对庄子学说的曲解，是不能以为据的。儒家的中庸之道是在同一个平面上为保持整体平衡而确立的核心、中点或中轴线，庄子之"道"则是从不同事物之间的平面关系中弹射出来，而在更高的层面上确立下来的一个超越任何具体事物而又与任何具体事物都相关的具有更高普遍意义的"名"（一个抽象名词）；儒家的中庸之道是现实性的、实用性的、可以言传的，庄子之道则是精神性的、抽象性的、不可以言传的。

我对"督"的理解，与前人都有不同。我认为，"督"就包含在前

---

[1]《养生主》，载《书韵楼丛刊·庄子》第1册，郭象注，上海古籍出版社，2002，影印本。

[2]《南华真经注疏》上册，郭象注、成玄英疏，中华书局，1998，第67页。

面这段文字中，是前面这段文字的本有之义。"督，察也。"①"吾生也有涯，而知也无涯，以有涯随无涯，殆已。已而为知者，殆而已矣"是"察"，"为善无近名，为恶无近刑"也是"察"。"察"的什么？"察"的是知识、道德与人、与人之"生"、人之"生存"、人之"生命"的关系，但归根到底，"察"的还是人之"生"、人之"生存"、人之"生命"。中国知识分子产生之后，中国知识分子文化产生之后，各种不同的思想学说也陆续产生出来，这些知识分子各有自己的思想主张，各有自己所关心的人类及人类社会的问题，并且以这样的问题为中心对人、对人的思想、对人的道德品质提出了各种不同的要求，建立了各种不同的规则，但在提出这些要求和规则之后，特别是到了这些思想学说的传承者那里，往往在重复着这些要求和规则的时候，却忘了人之所以为人的最本根的东西就是人的生命，是人要活着，要生存，并且要自由地活着、幸福地生存。知识分子的所有思想学说，知识分子的所有知识，知识分子为人类社会建立的所有规则和道德要求，归根到底还要从人之"生"、人之"生存"、人之"生命"的基点上来观察和了解、来分析和评判。如果说在前面这段文字中已经暗含着庄子对"生""生存""生命"的体察和关注，暗含着作为动词的"督"，那么，这里的"督"则是由动词转化而成的名词（动名词），指代的是生之意识、生存意识或生命意识（我们可以用"生命意识"一个词进行概括）。它首先是对个体人所说，但在这里，所有的人都是齐一的，都是相同的，"生""生存""生命"对任何一个人都是第一义的、首要的，与此同时，它不是人身体上的任何一个器官或一个部位，但又是人身体上任何一个器官或任何一个部位的基本性能：这些器官或这些部位作为人身体上的一个器官或一个部位，是有生命的，是活的，没有生命的、死的器官或部位（像解剖学中的人体器官或部位）实际已经不是我们所说的人的器官或部位。所以，它又是"道枢"，将"督"（"生命意识"）普遍化、抽象化（"缘督以为经"），就是"养生主"，就是作为普遍概念的"生命意识"。

---

① 许慎：《说文解字》，崔枢华、何宗慧校点，北京师范大学出版社，2000，第137页。

庄子的生命观（上）

"缘督以为经，可以保身，可以全生，可以养亲，可以尽年。""保身"是说保护生命不受到损害；"全生"是说使生命得到全面的发展，其中既包括物质生命的内容，更包括精神生命的内容；关于"养亲"，陈鼓应说："前后文看与'养亲'无关，且老、庄思想未曾论及养亲之事。'亲'或为'身'的借字。"①我同意此说。"保身"是说使生命不受到外物的损害，"养身"是说有益于生命的成长与发展；"尽年"则是使生命维持到自然生命能够维持的最高限度，用中国人常说的一句话，就是"寿终正寝"。显而易见，"保身""全生""养身""尽年"就是庄子衡量生命质量的四个标准，也是生命意识的四个基本内容。

四

在中国，《庖丁解牛》几乎是一个家喻户晓的寓言故事，是中学语文课本的常选篇目，但我认为，我们却极少从庄子哲学，特别是庄子生命哲学的角度对它所体现的思想进行过仔细的分析。

从传播学的角度，秦汉之后，庄子哲学是通过两个渠道在中国社会及其历史上传承下来的，因而我们对庄子哲学的理解也同时受到两个不同渠道的两种不同阐释方式的影响。其一是道教文化对庄子哲学的阐释。在道教文化将老子哲学和庄子哲学作为自己的圣典的同时，也将老子哲学和庄子哲学世俗化、实利化、物质化了，庄子的生命哲学也转化为道教各种不同养生方术的理论基础，其基本内涵是物质生命的延年益寿之道，这从本质上背离了庄子以精神生命为本体的生命哲学。其二是按照对隐逸知识分子的理解对老子哲学和庄子哲学的阐释。从后代知识分子的眼光看来，老子、庄子都是隐逸知识分子，是游离在社会政治结构之外的知识分子，这同时也是当时积极入世的儒、墨、法等诸家知识分子眼里的老子和庄子，以致司马迁也说老子"以自隐无名为务""老子，隐君子也"（《史记·老子韩非列传》）。但是，必须看到，老子，特别是庄子，作为隐逸知识分子，与后代所谓隐逸知识分子，是有许多本质差

---

① 陈鼓应：《庄子今注今译》上册，中华书局，1983，第95页。

别的，其中一个最根本的差异就是后代隐逸知识分子越来越成了一个社会的阶层，这个阶层既区别于官僚知识分子阶层，也区别于一般的社会群众。他们大都是地主阶级家庭出身的知识分子，不必从事实际的社会生产，因而也不太重视实际的生产知识和生产技能，在知识结构上与出世的官僚知识分子实际没有本质的差别，只是不以求取高官厚禄为目的，更厌恶官场的争权夺利和尊卑分明的礼仪制度罢了。在整体上，它是一个阶层；在个体上，它是一种身份，而在先秦时代的老子和庄子，是不会有这样一种阶层意识和由阶层意识所派生的身份意识的，老子作为"守藏史"，庄子作为"漆园吏"，从事的仍然是一种"俗务"，老子哲学甚至同时是一种政治哲学和斗争哲学，他们与儒、墨、法家知识分子的区别几乎仅仅在于如何看待人和人的生命的价值，如何看待文化与人的关系，从而也在于如何对待和从事这类的"俗务"，而不在于蔑视和厌弃一切与维持物质生命直接有关联的社会职业。也就是说，后代知识分子关于隐逸知识分子的观念与先秦道家知识分子的追求是不同的，带着这样的观念对老子哲学，特别是庄子哲学进行阐释和解读，也必然得出一些似是而非的结论。这些解读，甚至也严重影响到我们现当代知识分子对老子哲学，特别是庄子哲学的感受和理解。

毫无疑义，在庖丁解牛这则寓言里，庖丁就是一个得道者，就是一个掌握了生命之道——"养生主"的人。庖丁明确地说："臣之所好者，道也。"文惠君则说："吾闻庖丁之言，得养生焉。"也就是说，在这个意义上，庖丁同样是庄子观念中的一个至人、神人、圣人、真人。但在这里，也就有了一个怎样感受和理解庄子哲学中的"道"和至人、神人、圣人、真人的问题。

在《逍遥游》中，庄子指出，人的精神境界可以分为四个等级：其一是其知识能够胜任一种官职，其言行在乡里中是出众的，其道德能够得到一个君主的欢心和一个国家民众的信任，并且沾沾自喜于自己的成就。庄子说，对这样一类人，宋荣子感到有些可笑；其二是像宋荣子这样的人。宋荣子能够做到"举世誉之而不加劝，举世非之而不加沮"，能确定内与外的差别，能分辨荣与辱的界限，但也仅止于此。这类人，并不汲汲于世俗的声誉，但仍然不是完美无缺的；其三是像列子一类的

庄子的生命观（上）

人，能够御风而行，轻妙自然，十五天之后才回来，并不汲汲于世俗的幸福。但这类人，也只是能够免俗，仍然不能脱俗；其四便是至人、神人、圣人的境界。这类的人，能够把握天地运行的大势、驾驭六气各自不同的变化，从而在无边无际的宇宙中自由地翱翔。他们是没有任何世俗牵挂的。（"故夫知效一官，行比一乡，德合一君而征一国者，其自视也，亦若此矣。而宋荣子犹然笑之。且举世誉之而不加劝，举世非之而不加沮。定乎内外之分，辩乎荣辱之境，斯已矣。彼其于世，未数数然也。虽然，犹有未树也。夫列子御风而行，泠然善也，旬有五日而后返。彼于致福者，未数数然也。此虽免乎行，犹有所待者也。若夫乘天地之正，而御六气之辩，以游无穷者，彼且恶乎待哉！"）必须看到，这是庄子对人的各种内在精神境界的区分：在精神上，庄子意识中的至人、神人、圣人、真人是超凡脱俗的，是一尘不染的，但这并不意味着在其外部特征上也是与现实物质世界绝缘的，并不意味着他们像后代的隐逸知识分子一样是一些不食人间烟火的别一个族类，恰恰相反，庄子以他的哲学所照亮的不是那些胸戴"知识"的徽章而走出平凡的世界、从而成为凌驾在社会之上的权势者的存在价值和意义，而是那些在自己的日常生活实践和劳动实践中获得了心灵自由和精神幸福的人们。这同时也是他的哲学的必有之意。在《齐物论》中，庄子就曾指出，只要不在物与物的对比关系中判断事物的性质及特征，只要将世界上的万事万物都视为独立的个体，世界就是由所有这些独立个体构成的一个完整的整体，世界上的万事万物都是齐一的，都有自己独立的存在价值和意义，因而它们也"复通为一"。"复通为一"，这也是"达者"（得道者）认识方式的特点。一般人的认识，是分散的、孤立的，只有"达者"的认识才是相互联系、彼此沟通的，能够构成一个和谐的统一整体；一般人的分散的、孤立的认识，是为了实现某个实利性的目的，而"达者"的认识则不是为了某个具体的实利性的目的。在这个意义上，它是"无用"的。但也正因为它没有具体的针对性的用途，所以它只能寓于自己日常的生活实践和劳动实践中，成为"达者"感受和理解日常生活和周围世界的方式和习惯，而一旦将其寓于自己的日常生活实践和劳动实践中，这种认识方式就有了自己的作用，这个作用就是能够沟通所有的事物，使其联系为一个整体。而这种沟通所有事物、将其联系为一个整体的作用，就是"达者"之所"得"，是他的认识的自然发展。在这个认识的自然发展过程中，"达者"就不知不觉地接近了完整的、全面的认识，接近了"道"。这就有了一个认识的结果。有了这个结果，而又不知道这个结果是怎样产生的，这就是"道"。（"唯达者知通为一，为是不用而寓诸庸。庸也者，用也；用也者，通也；通也者，得也；适得而几矣。因是已，已而不知其然，谓之道。"严灵峰认为，上有"不用"，下又言"用"，疑"庸也者，用也；用也者，通也；通也者，得也。适得而几矣"一段文字系前人为"用"字作注而混入正文者，应删去。陈鼓应采用此说。①我认为，严灵峰、陈鼓应没有认识到，庄子在这里论述的恰恰是一种抽象的哲学观念在人的思想发展过程中发挥作用的基本形式。任何一种抽象的哲学观念，都是无法直接运用于一个具体的实利性目标的实现的，它只是人在整体上感受和理解周围的自然世界和现实社会人生的一种方式，但也正因为它是在整体上感受和理解周围的自然世界和现实社会人生的方式，所以它也能够将其对周围的自然事物和现实社会人生现象的观察和了解融为一个和谐的整体，并从而影响到他对具体事物的把握和处理。所以，这种抽象的哲学观念本身是"无用"的，但在一个人认识世界的过程中，其中也包括他的具体的生活实践和社会实践过程中，又是能够发挥其实际的作用的。庄子在这里说的是"达者知通为一"的思维发展过程，下文"为是不用而寓诸庸，此之谓以明"说的是"道"在人类认识世界的过程中发挥作用的形式，意谓"道"无法直接运用于实利性的认识目的，而只能成为人平时观察和了解周围的自然世界和现实社会人生的方式，这种方式就是不在物与物的对比关系中判断事物的性质和作用，而是将事物作为一个整体呈现出来。用我们平常的话来说，就是"看清楚""看明白"。其实，"以明"说的就是"庸也者，用也"，至于"以明"所自然产生的结果，因这里主要说的是这种认识方式，故不必重复上文所说。）

在这里，我们需要着重强调的是庄子对"道""为是不用而寓诸庸"特点的把握和了解。在下文，庄子还曾指出，"为是不用而寓诸庸，此之谓以明。"意思是说，"道"是不能直接用于实利目的的追求的，它只能寄寓在人的日常生活实践和劳动实践的过程中，这就叫"以明"，因为它的作用仅仅在于使人对周围的世界感受得更加清楚明白，将周围的世界变成一个澄明的世界。这也就是说，"道"，是不可能完全脱

---

① 陈鼓应：《庄子今注今译》上册，第64页。

庄子的生命观（上）

离开人的日常生活实践和劳动实践过程而独立存在的，它必须寄寓在日常生活实践和劳动实践的过程中。我认为，"为是不用寓诸庸"，用现代哲学的语言表述出来，那就是：精神性是寓于物质性而存在、抽象性是寓于具体性而存在、整体性是寓于个别性而存在的。当我们从"道"的这种性质和特点来理解庄子所谓"得道者"，所谓至人、神人、圣人、真人的时候，我们就会知道，庄子意识中的至人、神人、圣人、真人，绝对不是弃绝世事、仅仅以恬淡虚无为事的人，而就寄寓在从事着各行各业的生活实践和生产实践的人们之中，是不以实利主义目的从事自己的生活实践和劳动实践而在其过程中获得了思想自由和精神幸福的人。我认为，只有认识到这一点，我们才会感到《庖丁解牛》这则寓言与整个庄子哲学的内在联系。否则，它就是游离在整个庄子哲学之外并且有颠覆其整个哲学体系作用的破坏性因素。

庖丁是个厨师，用我们平常人的话来说，就是一个"厨子"，一个"做饭的"。"解牛"在平常人的语言中，就是"宰牛"。"宰牛的人"也可称为"屠夫""宰牛的"。这些称谓，都不是多么高雅的。"厨师"从事的不但是满足人的物质欲望——食欲的工作，并且也是厨师本人维持物质生存的手段。在这里，关键的问题不在于"厨师"这个职业本身是不是一个具有功利主义性质的职业、"解牛"本身是不是一个有着实利主义目的的行为，而是在于在从事这个职业的过程中和在"解牛"这个具体的行为中，庖丁是专注于实利主义目的呢，还是专注于自我的精神体验呢？我认为，只有我们在这样一个意义上理解庄子笔下的庖丁，我们才能感到：在现实的物质世界上，庖丁是一个平凡的人，从事的是人世间的一份庸常的工作，在世俗人的眼里他只是一个"俗人"，在庸常人的眼里他只是一个"庸人"，没有任何一个物质的标记将其与庸常世界的庸常事物区别开来，但在人的精神感受里，他却是一个不同凡响的人，因为他关注的不是实利主义的目的，而是一种超越的精神境界。所好者为"道"，所遇者为"神"，所依者为"理"，是"乘天地之正，御六气之辩，以游无穷"的一个至人、神人、圣人、真人。而这，也正是庄子之"道""为是不用寓诸庸"基本特征的具体体现。

自然"庖丁解牛"寓言中的庖丁就是庄子所说的至人、神人、圣人、真人一类的"得道者",也就有了一个如何理解庄子所说的"乘天地之正,御六气之辩,以游无穷"这个至人、神人、圣人、真人的根本特征的问题。晋代郭象是最早对这个命题做出哲学阐释的一个中国学者,但他的阐释却是极其笨重而又似是而非的。他写道:"天地者,万物之总名也,天地以万物为体,而万物必以自然为正。自然者,不为而自然者也。故大鹏之能高,斥鴳之能下,椿木之能长,朝菌之能短,凡此皆自然之所能,非为之所能也。不为而自能,所以为正也。故乘天地之正者,即是顺万物之性也;御六气之辩者,即是通变化之途也。如斯以往,则何往而有穷哉!所遇斯乘,又将恶乎待哉?此乃至德之人,玄同彼我者之逍遥也。苟有待焉,则虽列子之轻妙,犹不能以无风而行,故必得其所待,然后逍遥耳,而况大鹏乎。夫唯与物冥而循大变者,为能无待而常通,岂自通而已哉!又顺有待者,使不失其所待,所待不失,则通于大通矣。故有待无待,吾所不能齐也,至于各安其性,天机自张,受而不知,则吾所不能殊也。夫无待犹不足以殊有待。况有待者之巨细乎。"①显而易见,这是郭象将庄子之"道"混同于老子之"道"并以老子之"道"强行阐释庄子之"道"的结果。老子说:"人法地,地法天,天法道,道法自然。"(《老子》第二十五章)老子的"道"是一个惚恍的整体,其特征是"自然",是"自己而然",它"无为"而"无不为",在老子的"道"之外,再也没有一个主体,一个能够驾驭和控制"道"的变化趋势的主体存在,但老子之"道"是以"整体"观"整体",是直接体现"整体"的"圣王"之"道",是作为天下的象征的有德的"天子"之"道",庄子之"道"则是以"个体"观"整体",是作为个体的平民知识分子的世界观念和人生观念,他的"道"不只是一个"天地万物"的总名,而还是"天地万物"的本身。老子的"圣王"的整体性是不为自得的,是在完全被动的条件下自然具有的,他的任何主动的行为起到的只是将自我从其所体现的"天下"整体中分离出来的作用,庄子之"道"则是个体的平民知识分子依照特定的感受方式和思维

---

① 《逍遥游》,载《书韵楼丛刊·庄子》第1册,郭象注,上海古籍出版社,2002,影印本。

庄子的生命观(上)

路线主动建构起来的,是有其主体性的,也是有其主动性的。当以老子之"道"解释庄子之"道",就将庄子之"道"的主体性和主动性消解了。这具体表现在对"乘天地之正""御六气之辩"中的"乘"和"御"两个动词的翻译和阐释上。在这里,"乘"和"御"几乎是同义词,都有驾驭的含义。至人、神人、圣人、真人与"天地之正"和"六气之辩"的关系是"驾驭"与"被驾驭"的关系,亦即至人、神人、圣人、真人既被"天地之正"和"六气之辩"所负载,"天地之正"和"六气之辩"也被至人、神人、圣人、真人所掌握和控制,像驾车之人与车的关系一样,是主体与客体相互作用的结果。郭象"顺万物之性"的"顺"则是一个完全被动性的行为,对"万物之性"是没有主体性的。这个解释,几乎影响了两千余年以来中国知识分子对庄子哲学的根本理解,从而将庄子哲学改造成了一种否认人的主体性、主张消极被动地顺从外部物质世界及其变化趋势的虚无主义哲学。唐代道士成玄英在其《南华真经疏》中也说:"天地者,万物之总名。万物者,自然之别称。六气者,李颐云:'平旦朝霞,日午正阳,日入飞泉,夜半沆瀣,并天地二气为六气也。'又杜预云:'六气者,阴阳风雨晦明也。'又支道林云:'六气,天地四时也。'辩者,变也。恶乎,犹于何也。言无待圣人,虚怀体道,故能乘两仪之正理,顺万物之自然,御六气以逍遥,混群灵以变化。苟无物而不顺,亦何往而不通哉? 明彻于无穷,将于何而有待者也!"[①]成玄英不但继续以"顺万物之自然"解释庄子的"乘天地之正",而且将庄子"御六气之辩"的"六气"也落实为纯粹客观世界的物质差别,将人的主体性完全淹没在物质世界的客观性之中。到了中国现当代庄子研究者这里,则常常将西方唯物主义哲学中的所谓不依人的主观意志为转移的客观规律和法则用于对庄子哲学的解读之中,将"天地之正"直接解释为"天地的法则,亦即自然的规律"[②],岂不知庄子哲学作为一种精神哲学,与西方科学哲学恰恰立于不同的端点上。在庄子的精神哲学中,是不可能存在完全独立于主体性之外的客观性的,是不

[①]《南华真经注疏》上册,郭象注、成玄英疏,中华书局,1998,第9页。
[②]陈鼓应:《庄子今注今译》上册,中华书局,1983,第16页。

可能存在完全独立于人的精神世界之外的所谓客观规律与法则的。不但"天地之正"是依靠至人、神人、圣人、真人的精神感受在纷乱无序的世界上发现出来的，是"道通为一"的结果，而且"六气之辩"也是在至人、神人、圣人、真人的精神感受中具体呈现出来的，世俗之人既不能"乘天地之正"，也不会"御六气之辩"，因而更莫提"以游无穷"了。

　　我们到底应该怎样感受和理解庄子所说的"乘天地之正，御六气之辩，以游无穷"呢？我认为，只要具体到《庖丁解牛》这则寓言中，就什么问题也迎刃而解了。庖丁说："始臣之解牛之时，所见无非牛者。三年之后，未尝见全牛也。"显而易见，庄子之"道"并不像郭象所理解的那样，只是一个"总名"，只是一个不可分解的浑然整体。当庖丁眼前只有一个牛的整体形象时，他还是一个没有得道的生手，而只有到了"不见全牛"、其精神和官能"依乎天理"、从一个部位到另一个部位不停地运动并将其有机地联系为一个整体的时候，庖丁才成了得道之人。这里的"依乎天理"，实际就是"乘天地之正"的意思，"天理"既不是"全牛之性"，也不是"全牛"的自然本体，而是庖丁在解牛过程中所摸索出来的一条运刀的最佳路线，是肉与骨之间相互联系的一条空隙通道；"批大郤，导大窾，因其固然。""因其固然"不是弱化了主体性，不是主体对客体的顺从，而恰恰是主体性的呈现方式，是主体对客体特征的把握和利用，主体对客体是有主动性的。在这里，"固然"也不是不依主观意志为转移的客观规律与法则，因为它并非为庖丁解牛而存在的，而仅仅是牛的固有特征，只有庖丁掌握并利用了这种特征，才使之适合了解牛的需要。总之，庖丁解牛的方式在主体对客体特征的感受、了解和运用之中，而不是客体固有的规律和法则，不是主体消极顺从客体及其规律和法则的结果。在庖丁解牛的全部过程中，庖丁是有其主体性和主动性的。随顺自然不是庖丁的特征。

原载《社会科学研究》2009年第4期

庄子的生命观（下）
——庄子《养生主》的哲学阐释

五

"庖丁解牛故事，从正面阐发了养生的奥义，认为养生也应如解牛一样，遗形去智，避实就虚，'以神遇而不以目视'，这样才能达到享尽天年的目的。然而这则寓言所体现出来的客观意义，又远远超出了庄子的创作本意。它告诉人们只有像庖丁学解牛那样努力学习，勤于实践，才能熟能生巧、游刃有余，进而掌握事物的内在规律，从'族庖'上升为'良庖'，牛刀虽然用了十九年，而其'刀刃若新发于硎'。"①在这里，作者分明让我们看到，人们是可以从两个不同的角度概括和总结庄子的这个寓言故事的意义的：其一是从庄子哲学、庄子之"道"的高度，在本文中则是从精神论的高度；其二是从一般的知识论的高度，在本文中则是从技术论的高度。但是，我们必须看到，庄子的这则寓言故事所要超越的恰恰是作者作为"远远超出了庄子的创作本意"的所谓"客观意义"。也就是说，庄子并不是不了解在知识论、技术论意义上如何看待庖丁解牛，而是他认为仅仅从这样一个角度，是无法更加精确、更加深入

---

①方勇：《庄子解读》，华东师范大学出版社，2005，第53页。

地感受和理解这个寓言故事的真正意义和价值的。

"嘻！善哉！技盖至此乎？"这是文惠君看到庖丁解牛的情景后产生的第一印象，但庖丁却"释刀"对曰："臣之所好者道也，进乎技矣。"庖丁的意思是说，我所爱的是"道"，已经超出了"技"的层面。这个"技"（"技术""技艺"）的层面，实际就是知识论的层面，是在知识的基础上建立起来的，是将某个方面的知识运用到纯熟程度的结果。正像上文作者所说，对于"知识"，首先要"学习"，首先需要调动眼、耳、鼻、舌、身、心、脑等身体器官的力量，"以目视"，使这些感觉器官与学习对象——外在于自我的客观事物及其规律或法则——建立起牢固的联系，将其内在化，所以上文作者特别指出"学习"要"努力"，要迫使自己的感觉器官多付出一些时间和精力，才能保障自我的身体器官与学习对象建立起牢不可破的联系；"知识"，是要运用于实践的，因为只有运用于实践的知识，才会转化为特定的实用性效果，使知识成为"有用"的知识。"实践"是一个过程，是将相关的知识依照先后的固定顺序连接起来使之成为一个有序的、趋向于特定结果的统一过程。这个过程是可以重复的，也必须重复的，要想将这个过程更加顺利、更加有效地复制出来，就要像上文作者所说，"勤于"实践，迫使自己多做几遍，并且要认真做，集中自己的精力去做，这样才能越做越熟练，越做越灵巧，所谓"熟能生巧"。在这个时候，你才会感到，你已经掌握了这个外在于自我的客观事物的内在规律和法则，已经能够依照这些规律和法则使对象发生向符合自己意愿的特定目标的变化。显而易见，在开始阶段，庖丁也是从这个"技术""技艺"的层面起步的，"始臣之解牛之时，所见无非牛者"，并且是以"全牛"的形象呈现在自己眼前的，是"以目视"的，是自我感觉器官的对象。但在三年之后，他超越了这个技术的层面，进入了"道"的境界。那么，庖丁为什么认为自己已经"进乎技"，已经超越了"技术""技艺"的层面了呢？显而易见，在庖丁（实际也是庄子）看来，"道"与"技"是相联系的，但又是有根本差别的两个层面。这个差别，用当代哲学的术语来说，实际就是"自由"和"必然"的差别。在"技"的层面，是人的主体性受制于客体、受制于客观对象的层面。主体对客体是没有超越性的。不论技术多么熟练，主体

庄子的生命观(下)

都是被纳入一个外在于自我的客观过程的,这个客观过程是先在的,不变的,主体只是完成这个客观过程的一个工具和手段,是没有自己的自由性的,像卓别林所扮演的那个工厂的工人,仅仅无意识地演示着一个固定的工作程序,是身体器官在无休止地进行劳作而主体心灵却停止了活动的状态,因而主体感觉不到精神的畅快和心灵的愉悦。而庖丁解牛,严格说来,已经不是一个固定的客观过程,而是一个主体心灵自由游弋的过程。在这个过程中,庖丁是"以神遇而不以目视"的,是"官知止而神欲行"的,不是人的思想跟在一个早已规定好了的客观过程的后面,而是人的精神走在这个实践过程的前面,自己为自己开辟前进的道路,因而这个过程也不是对以往任何一个客观过程的简单重复,每一次都是一个创造的过程,每一次都能够感觉到创造的喜悦。像一个真正的诗人在写诗,在一般人看来,这个诗人所写的每一首诗所运用的都是相同的写诗的技巧,而只有这个诗人才能够清晰地感到,他的每一首诗都是一个创造的过程,因而也充满了创作的冲动和创造的喜悦。在这时,也只有在这时,这个过程对于人的意义和价值已经不在于最终的结果,不在于最终的实利目的,而更在于这个过程本身,正像一个游戏对于人的价值和意义在于游戏过程的本身,并不在其游戏的结果。但与此同时,它本身却依然是一个劳动过程,完成的依然是一项与人的物质生命的存在和发展息息相关的工作,而不仅仅是精神性的。也就是说,在庄子看来,"道"的境界既不是一个完全虚空的纯粹精神的境界,也不是一个完全实利化的纯粹物质的世界,而是一个将人的物质性融化在精神性之中的超越性的世界。它超越了人的物质实利追求,同时也使人的精神追求具有了现实的内容。

在文惠君初见庖丁解牛的情景时,惊叹的是庖丁的"技术",而在听完庖丁的解释之后,则说:"善哉!吾闻庖丁之言,得养生焉。"为什么文惠君在理解了庖丁的解牛之道以后同时也理解了人的养生之道呢?因为"精神"是有超越性的,是不受具体过程制约的。"技术"是从属于特定目的的,因而也是受到特定客观过程制约的,解牛的过程不同于解羊的过程,木匠的技术不同于铁匠的技术,仅从技术的意义上,彼此是不能相通的,而"精神"则是有超越性的,同样一种精神在不同的条件下可以转化为各种不同的客观过程，所以，庖丁的解牛之道同时也是人的生命之道、养生之道。"庖丁为文惠君解牛，手之所触，肩之所倚，足之所履，膝之所踦，砉然响然，奏刀騞然，莫不中音，合于《桑林》之舞，乃中《经首》之会。"在这里，庖丁身体的各个部分都处在运动的状态，这种运动的状态同时也是一种生命状态。人是活的，人的各个器官和各个部位也是活的，活的肌体就要运动，人为地限制这些器官和部位的运动是不利于人的生命的成长和发展的，但这种运动却不是按照外在的需要摆好的各种姿势，而是人的各个器官和部位在当时的精神活动带动下发生的自然的、自由的变化，没有主观意志指挥它们，没有理智的要求控制它们，这样的变化，在整体上呈现着高度和谐的状态，不但发出的声音像优美的乐曲，其身体的动作也像优美的舞蹈，舒适自然，和谐流畅。显而易见，这是有益于身体健康的，是符合于养生之道的。这个"道"不在于对哪个身体器官的重视和保养，而在于统摄身体各个不同器官的主体精神的自然性和自由性。——这种自然的、自由的精神状态，就是养生之主，就是生命之道。

当我们像文惠君一样将庖丁解牛的过程同时理解为人的生命的过程，我们就会感到，庖丁之"刀"同时也可以理解为人的"生命力"，是人的"生命力"的象征。"良庖岁更刀，割也；族庖月更刀，折也。今臣之刀十九年矣，所解数千牛矣，而刀刃若新发于硎。"在这里，我们首先应该意识到的，就是庄子的人生观念绝对不像后代隐逸知识分子一样，是主张恬淡无为的，是将脱离正常人生过程的所谓"怡情养性"放在第一位的。正如他在《齐物论》中所说，人"一受其成形，不亡以待尽，与物相刃相靡，其行进如驰，而莫知能止"，人生是不可能一帆风顺的，是不可能不与周围的事物发生冲撞和摩擦的，这就需要人具有强旺的生命活力，以克服人生道路上的困难。在庄子的意识中，人的生命力也正像庖丁手中的刀一样，是为了解决人生道路上的困难的，是需要锋利和坚韧的。但也正因为人生道路上是有困难的，这些困难是需要用自己的生命力量去战胜的，所以保持自己生命力的强旺，使自己的生命力像庖丁手中的刀一样永远锋利坚韧，也就成了养生的关键之所在。正是在这样一个意义上，才有了一个如何对待困难和克服困难的问题。当将

庄子的生命观（下）

这个问题提交到当时知识分子文化思想的范围内，我们就会看到，在孔子的文化思想中，还是特别重视知识和文化对自我成长和发展的作用和意义的，因而也将学习的过程视为营养和壮大自己生命力量的过程。他说："古之学者为己，今之学者为人。"（《论语·宪问》）程颐的解释是："为己，欲得之于己也。为人，欲见知于人也。""古之学者为己，其终至于成物。今之学者为人，其终至于丧己。"①当子路以自己的勇敢炫示于人的时候，孔子警告他说："暴虎冯河，死而无悔者，吾不与也。必也临事而惧，好谋而成者也。"（《论语·述而》）当子路听到孔子对自己勇敢精神的赞扬而感到高兴时，孔子则立即批评他说："由也好勇过我，无所取材。"（《论语·公冶长》）也就是说，在孔子看来，知识与文化是为了生命的成长和发展的，而绝对不是相反，人的生命是为了知识的增长和文化的发展的。但当知识和文化在社会上受到了普遍的重视，知识和文化被社会更多的人当成了一种独立的价值，就有更多的人不是在关切自己的生命成长和发展的意义上意识知识和文化的作用，而是将知识和文化作为自己生命价值和意义的外在标志，并以之炫示于人。在这时，知识分子反而将自己生命的成长和发展置于漠然无觉的地位，而以大量消耗乃至毁灭自己生命力的方式去追逐所谓客观的知识和文化。他们掌握了这些所谓的客观知识和文化，也不是为了克服自己人生道路上不能不克服的困难，而是为了将越来越多的困难背负到自己的身上，并以承担了自己根本无法承担的困难为荣。在孔子之后发展起来的儒家文化传统，越来越将"治国、平天下"这种无限遥远的人生理想和无限沉重的社会责任，加在一个个生命极其短暂、力量极其弱小、作用极其有限的个体知识分子身上，使一批批真诚的儒家知识分子像飞蛾扑火一样在严酷的政治斗争中丧失了生命，却不可能带来相应的社会的改善和人性的进化，而更大量的儒家知识分子则陷入到经常的自觉与不自觉的虚伪之中，将最狭隘自私的实利目的纳入最玄虚空洞的精神目标之中，其精神同样不得自由，其生命力同样得不到正常的发挥。实际上，直至现在，这种人为文化而不是文化为人的异化现象，仍然是世界现当代文化的主

---

①引自朱熹：《四书章句集注》，中华书局，1983，第155页。

导趋势，从而使人类文化呈现出各种不同的畸形状态，对人类的生命造成了各种形式的戕害。我认为，只要在这样一个文化背景上理解庖丁解牛这则寓言故事，我们就会感到，庄子的人生哲学绝对没有逃避人生困难的意味，而是为了更有效地克服人生道路上的困难，将人的生命潜力发挥到它的最高的限度。庖丁之"刀"不是闲置不用的，而是用来发挥其实际作用的，但它在发挥自己实际作用的过程中，却不是去寻找"困难"，而是去寻找"自由"；不是去寻找"阻力"，而是去寻找"空间"。"批大郤，导大窾，因其固然，技经肯綮之未尝，而况大軱乎！"也就是说，要避开所有能够避开的困难，将力量集中在那些根本无法避开的困难之上，从而减少刀的磨损、保持其固有的锋利和坚韧，以更有效地发挥"刀"的作用。"今臣之刀十九年矣，所解数千牛矣，而刀刃若新发于硎。"庖丁之"刀"较之别人用了更长的时间，所解之牛也比别人更多，而其"刀"仍然是锋利和坚韧的。这具体到人的生命哲学中来说，就是一个人活了比别人更长的时间，做了比别人更多的有益的事情，而其生命力却仍然十分强旺。为什么呢？因为他没有浪费自己的生命力量，没有将自己的生命力用于它根本无法承担也不必承担的任务之上。"彼节者有间，而刀刃者无厚，以无厚入有间，恢恢乎其于游刃必有余地矣。是以十九年而刀刃若新发于硎。"对于人生来说，虽然人生的道路上充满各种艰难险阻，虽然人的生命是为了克服这些艰难险阻的，但人生却不是为了寻找艰难险阻来克服的，也不是为了在克服艰难险阻的过程中向别人显示自己的生命力的强旺的，而是为了寻找自己生存和发展的空间的，是为了自己生活得更加自然、更加自由的，因为只有这样，人的生命力才能够保持久远，才能更加有效地战胜自己人生道路上不能不战胜的艰难险阻。"虽然，每至于族，吾见其难为，怵然为戒，视为止，行为迟。动刀甚微，謋然已解，如土委地。提刀而立，为之四顾，为之踌躇满志，善刀而藏之。"这个补充，对于理解庄子的人生哲学，真是太重要了。庄子是主张绕开人生道路上的困难吗？不是！他是主张要以更加充沛的生命活力和更加有效的努力战胜自己不能不面对的困难，并且在与困难的战斗中体验到自己生命的力量，增强自己对生命的信念。"提刀而立，为之四顾，为之踌躇满志，善刀而藏之。"这是一

庄子的生命观（下）

种何等骄矜自满的心态啊！

我们看到，"庖丁解牛"在其正面的意义上展示了庄子的生命观念，但他的生命观念又是建立在他的文化观念的基础之上的。对于庄子当时以至我们当代的多数知识分子，知识、文化更是一种才能，一种认识或改造外部世界的工具和手段，是外在于自己生命的诸多附加因素，而只有庄子，首先将知识和文化视为实现人的自由、实现人的生命价值的前提条件。知识和文化不是外在于人的，而是人的生命的基本构成要素。这样的知识和文化，既不是分散的、孤立的，也不是恍惚混沌的，而是"通而为一"的知识整体，是"道"。在表现形式上，"道"与"技术""技艺"极为相似，但"道"是对"技术""技艺"的超越，是从客观过程中解放出来、获得了自由的人的主体精神。人的生命之道，人的养生之主，不是对哪一个身体器官和部位的重视和保养，而是能够将所有身体器官和部位构成一个和谐整体与统一生命过程的自由和自然的精神，是"神"，"形"之"神"。

六

"右师一足"这则寓言，颇为费解。成玄英曰："凡人之貌皆有两足共行，禀之造物。故知我之一脚，遭此形残，亦无非命也。欲明穷通否泰，愚智亏全，定乎冥兆，非有巧拙。达斯理趣者，方可全生。"①王先谦曰："形残而神全也。知天则处顺。"②王叔岷曰："生而两足，固是自然。生而一足，亦是自然。必执著两足为自然，则不知生而一足之自然矣。"③傅佩荣曰："一足既然成为事实，只要接受而不介意，也就与自然的无异了。"④……所有这些解释，似乎都与庄子《养生主》的立意大相径庭。既然两足是自然，一足也是自然，只要成为事实的都是自

---

① 《南华真经注疏》上册，郭象注、成玄英疏，中华书局，1998，第70页。
② 王先谦：《庄子集解·庄子集解内篇补正》，中华书局，1987，第30页。
③ 王叔岷：《庄子校诠》上册，中华书局，2007，第110页。
④ 傅佩荣：《解读庄子》，线装书局，2006，第41页。

然，都是"命"，庄子还有什么必要讲养生之道呢？我认为，所有这些解释，大都囿于庄子在《德充符》中所说的"道与之貌，天与之形，无以好恶内伤其身"的观点以及其中对几个"兀者"的描述。但是，庄子的《德充符》立意在"德"，对其中几个"兀者"的"德"也有具体的描述，不但有其"天"所与之"形"（身体的形状），同时更有"道"所与之"貌"（精神的形象），而这里的右师，则只有"天"所与之"形"，而没有"道"所与之"貌"。对他的"德"也没有具体的描述和交代，是不能与《德充符》中的几个"兀者"相提并论的。庄子《养生主》开宗明义便指出，"为善无近名，为恶无近刑"，这里的右师分明是"刑余之人"，不论其原因何在，都有违于庄子的养生之道，强以"自然"解释，反而让人感到极不"自然"。

庄子自然要讲养生之道、生命之道，就必然有其所认为的健全的生命、健全的人性的观念。"庖丁解牛"体现的就是庄子的这种观念。但它主要揭示了庖丁的人生态度，而不是他的整体的生命形态，与"右师一足"构不成直接的对照。我认为，与其能够构成直接对照的是下一则关于泽雉的寓言。

很显然，"泽雉"体现的就是庄子对于健全的生命形态的认识。泽雉"十步一啄，百步一饮，不蕲畜乎樊中"。在这里，分明隐含着庄子的这样一种认识："天"，或者"自然"，赋予一个生命的形体，原本是为了活动的，原本是为了通过活动而求取生存的。它有双足，是为了行走的；它有长喙，是为了啄食的；它有各种不同的身体器官和身体部位，都是为了发挥其不同的作用以延续其生命的。对于一个生命，这不是不正常的，而恰恰是一种最合理、最正常的生命存在形式。在这种生命形态中，生命在精神上也是自由的、强旺的。形神兼备，是谓"全生"。如果将其畜于樊笼中，尽管它没有了谋食之劳，并且享有较之同类更加充足而优良的养料，表面上也显得很神气，但对于它，这并不是一件好的事情（"神虽王，不善也。"）。

我认为，这里所说的"神虽王，不善也"与"右师一足"这则寓言是有前后照应的关系的。"右师"，是地位很高的一种官职，是直接服务于国王的，大概也是一个很有知识、很有文化的人才能担任的官职。这

庄子的生命观（下）

样一个人的生命形态，与"十步一啄，百步一饮"的泽雉，恰成一个鲜明的对照。泽雉是为自己谋食的，右师则不必为自己的衣食而奔波劳碌。右师有知识，但他的知识不是自己求生存求发展的知识，而是为国王服务的，是有利于国王而未必有利于自己的知识；他也有高官厚禄，但这高官厚禄却不是他自己原本拥有的，而是国王赋予他的。国王有赋予他高官厚禄的权力，也有剥夺他的高官厚禄乃至他的生命的权力。在他与国王的关系中，他是没有自己的自由的，正像生活在樊笼中的一只鸟，虽然受到主人的豢养，显得很神气，但其生命却是没有保障的，从庄子生命之道的角度，绝对不是一个好的选择。"神虽王"的"王"，显然是一语双关的。对于樊中泽雉，更应用"旺"，"王"只是"旺"的同音假借字，只有对于右师，才更应用"王"，"旺"则是"王"的基本含义。右师的地位在"万人之上、一人之下"，颇近于"王"，其职责又是想王之事、为王谋划的，在意识上俨然自己就是一个"王"，在广大国民面前，自然就有一种为"王"的神态，趾高气扬，不可一世，牛气得很。

右师一足，显然是受刑的结果。谁能施刑于他？显然只有国王。这充分说明右师是生活在樊笼中、桎梏中的，人身是不自由的，精神更是不自由的。"道与之貌"，"人之貌有与也"，也就是说，生命之道是使人有两只足的，但右师只有一只足，说明他的生命形态是畸形的，是违背生命之道的。但为什么又说他的一足不是人之所为，而是天之所为呢？因为在庄子看来，天生其形，是为了让人用的，是为了让人活动而为自己求取生存的。现在右师养尊处优，不必为自己的生存而劳碌奔波，双足与一足对于他根本没有差别，所以国王砍掉了他的一条腿，也是合乎天意的，也是合乎自然的要求的。

这是对右师的嘲讽和鞭挞，同时也是对中国知识分子畸形文化思想的揭露和批判。知识、文化，原本是为了人类生活得更加自由和幸福而被人类创造出来的，但当人类的知识和文化被创造了出来，中国知识分子却更深地陷入到人生的桎梏和牢笼之中，更严重地脱离了人类自然与自由的生命活动，更严重地丧失了自己求生的本能和求生的意志，将知识与文化异化为压制、禁锢乃至毁灭人类生命同时也毁灭自己的法规和信条。

我们中国知识分子应当从右师的命运中汲取深刻的教训。

七

生命观是与死亡观紧密联系在一起的，有什么样的生命观，就有什么样的死亡观，因为它们都系于一个人对生命的理解和认识。

在"秦失吊老聃"这则寓言中，庄子特别提出了"帝之悬解"说。他说："适来，夫子时也；适去，夫子顺也。安时而处顺，哀乐不能入也。古者谓是帝之悬解。"对于这个"帝之悬解"，向来的解释是"解其倒悬"之义。成玄英说："帝者，天也。……天然之解脱也。"[①]陈深说："'悬'如倒悬之悬，困缚之义。"[②]宣颖说："人为生死所苦，犹如倒悬，忘生死，则悬解矣。"[③]我认为，这种解释有些牵强。"适来，夫子时也；适去，夫子顺也。"庄子并不认为人生是痛苦的，又有什么"倒悬"可解呢？庄子讲"养生主"，讲"缘督以为经"，讲"保身""全生""养身""尽年"，明明讲的是重视生命，何来"忘生"之义？"生"不忘，"死"亦不能忘，"生死"的界限也不会忘。"忘生死"其实是后人附会到庄子生命哲学中的一个命题，不但不符合庄子关于养生的观念，也与他的根本的哲学思想相违背。我认为，这个"帝之悬解"，应该理解为站在超越于（高悬于）生与死的更高的视点上（古代人称之为天帝的视点上）对生与死的理解和认识。在这个视点上，"生"还是"生"，"死"还是"死"，"死"和"生"的界限仍然是分明的，但却不是以"死"的标准感受和认识"死"、以"生"的标准感受和认识"生"，也不是以"生"的标准感受和认识"死"、以"死"的标准感受和认识"生"，而是对"生"和"死"及其关系有一种超越性的理解和认识，这其实就是从庄子之"道"的高度对"生"和"死"的理解和认识。

我们知道，庄子之"道"不同于老子之"道"。老子之"道"是一个混沌的整体，这个整体是不能区分的，区分了，就不是老子所谓的

---

① 《南华真经注疏》上册，郭象注、成玄英疏，中华书局，1998，第72页。

②③ 陈鼓应：《庄子今注今译》上册，中华书局，1983，第104页。

庄子的生命观（下）

"道"了，而庄子之"道"则不是一个混沌的整体，而是建立在"有封而未始有是非"的层面上的。也就是说，对世界上的万事万物，是有清晰的区分的，是明确彼此的差别的，但这种差别是它们本身的差别，而不是在人的主观好恶基础上做出的是非、美丑、善恶的差别。在这时，各种不同的事物都是平等的，都是"齐"的，都有其独立存在的价值和意义，而将所有这些事物联系在一起的就是"道"。"道行之而成，物谓之而然"，"道"是联系万事万物的，是通过运行而将万事万物联系为一个整体的，而事物则是通过称谓、通过人给予的一个"名"而显示其存在的独立性的。我们看到，庄子的生死观，正是将他的"道"、他的认识论、他的哲学运用于解释人的生死现象的结果。在儒家思想的基础上，生是幸福的，死是悲哀的；在佛家思想的基础上，生是痛苦的，人生皆苦，物质生命是要超越的，超越了六道轮回，超越了所有的物质生命，达于涅槃，方为圆满境界。而在庄子的哲学中，"生"与"死"则只是人的生命的两种不同的存在形式，也是整个生命过程的两个不同的阶段，它们是通过"生""死"这两个"名"、这两个概念被称谓出来的。在这个意义上，"生"就是"生"，"死"就是"死"，两者有区别，只是没有是与非、对与错、乐与哀、圆满与残缺的差别。"齐物论"在生命观上的应用，就是将"生"与"死"视为平等的，齐一的。但"齐生死"不是"忘生死"。"齐生死"是不在价值论的意义上区分生与死的价值的高低，"忘生死"是主体对生死及其之间的区别无所意识。"生"与"死"是平等的，齐一的，"生"与"生"、"死"与"死"也是平等的，齐一的。一个人不论生在怎样的一个时代，不论生在怎样的一个环境，都应该像"十步一啄，百步一饮"的泽雉一样求其自身的生存，求其自身生命的延续，也应像庖丁一样，为自己寻找更广阔的自由发展的空间，尽量久远地保持自己强旺的生命活力，以自由的精神克服人生道路上的困难。后代中国知识分子那种"生不逢时"的感慨，那种"命运多舛"的哀叹，都不是以生命自身的价值为价值的，而是以人生的现实条件的优劣为价值的。对于所有的人都不可避免的死亡，则应以平静的心态待之，不厌生求死，也不贪生怕死，而是让其自然地死去。对于这样的生死观，"安时"不是消极无为，"处顺"不是妥协逃避，"哀乐不能入"也不能认为是无情无义，而是从"道"，从整个人类社会、整个人类历史的高度感受和认识人的生死现象的结果。

这种"帝之悬解"，亦即庄子之"道"，不以哀乐观生死，但并没有抹杀生与死的联系与区别："指（脂）穷于为薪，火传也，不知其尽也。"也就是说，一个人的生命，像燃烧的"薪"，作为物质生命的"薪"，是要燃烧净尽的，是要死去的，但作为精神生命的"火"，却通过人类传承下来，一代一代，不可穷尽。——在这里，"火"就是超越于生死之上的"精神生命"，就是生命之"道"。

在这则寓言中，实际上包含着三种人对于生死的三种观念：其一是老聃与秦失的生死观念。老聃是道者，秦失是老聃的朋友，也是道者，他们之间是以"道"相交的。因为平时以"道"相交，所以秦失向来是以"道"判断与理解老聃的，是将老聃视为一个"至人"的。庄子在《逍遥游》中说："至人无己"，"至人"是没有个人性的，因而也是没有纯粹属于个人之间的思想感情的，所以当秦失看到老聃死后，有很多人哭他，就说："始也吾以为其人也，而今非也。"但是，这并不意味着老聃不是一个道者。仅就老聃本人的生死观，是"安时而处顺，哀乐不能入的"，但庄子同时认为，"道"是没有具体用途的，"为是不用寓诸庸"，"道"就寓于庸常的事物中，道者也是生活在平常的世俗人之中的，因而也使其他人将其视为一个平平常常的人，一个世俗的人，并对之产生平常人与平常人之间的世俗的个人情感。庄子分明认为，任何具体的事物，都是相对的，而不是普遍的、绝对的，至人、神人、圣人、真人更是对人的精神发展的极限性的概括，是不可能完全体现在一个具体人的身上的。正像我们现在说一个人是共产主义者，只是说他信仰共产主义，共产主义是他的思想的总体倾向，而不是说他的一切言行都是共产主义化的。对于老聃，我们也应作如是观。其二是那些在老聃死后真诚地悼念他的世俗的人。庄子在《大宗师》中说："古之真人，不知说（悦）生，不知恶死。"他们不是真人，当然是悦生恶死的。他们对老聃有个人间的世俗情感联系，老聃死后，他们以痛哭悼念他："有老者哭之，如哭其子；少者哭之，如哭其母。"仅就这些人的情感表现，庄子是没有明显的恶感的。但是，当他们汇聚在一起，都来悼念老聃的

庄子的生命观（下）

时候，必然有不想说话而说话的，有不想痛哭而痛哭的。（"彼其所以会之，必有不蕲言而言，不蕲哭而哭者。"）也就是说，这种集体悼念死者的礼仪形式，是建立在世俗人的个人情感联系的基础之上的，但它同时也使那些"不蕲言而言，不蕲哭而哭者"混迹于其中，造成了人的虚伪。所以，人类不能满足于这种世俗的个人情感联系，要有一种超越于生死之上的生命观念。秦失之"三号而出"，归根到底，也是为了将自己与那些"不蕲言而言，不蕲哭而哭者"区别开来。其三就是那些"不蕲言而言，不蕲哭而哭者"。庄子认为他们是反叛自然、背离自己真实的思想感情（"遁天倍情"）的一些人，是一些忘记了自然赋予自己的禀赋和本性（"忘其所受"）的人，并且说这就是古代人所认为的因反叛自然而理应受到惩罚（古者谓之遁天之刑）的人。

综上所述，我认为，庄子的《养生主》是直接建立在《齐物论》的哲学框架之上的。只有在《齐物论》的完整的哲学框架之上，我们才能更加充分、也更加精确地理解《养生主》的思想意义和价值。

原载《社会科学研究》2009年第5期